MCSE Coach Windows 2000 Netzwerk Infrastruktur

MCSE Coach Windows 2000 Netzwerk Infrastruktur

Christoph Lindemann

DATA BECKER

Copyright	© 2001 by DATA BECKER GmbH & Co. KG Merowingerstr. 30 40223 Düsseldorf
	1. Auflage 2001
Lektorat und Produktmanagement	Ulrich Dorn
Textverarbeitung und Gestaltung	DTP-Studios Teuber, Herten DTP-Studios@businessnet.de
Umschlaggestaltung	Inhouse-Agentur DATA BECKER
Druck	freiburger graphische betriebe, Freiburg
E-Mail	buch@databecker.de

ISBN 3-8158-2112-6

Wichtiger Hinweis

Die in diesem Buch wiedergegebenen Verfahren und Programme werden ohne Rücksicht auf die Patentlage mitgeteilt. Sie sind für Amateur- und Lehrzwecke bestimmt.

Alle technischen Angaben und Programme in diesem Buch wurden von den Autoren mit größter Sorgfalt erarbeitet bzw. zusammengestellt und unter Einschaltung wirksamer Kontrollmaßnahmen reproduziert. Trotzdem sind Fehler nicht ganz auszuschließen. DATA BECKER sieht sich deshalb gezwungen, darauf hinzuweisen, dass weder eine Garantie noch die juristische Verantwortung oder irgendeine Haftung für Folgen, die auf fehlerhafte Angaben zurückgehen, übernommen werden kann. Für die Mitteilung eventueller Fehler sind die Autoren jederzeit dankbar.

Wir weisen darauf hin, dass die im Buch verwendeten Soft- und Hardwarebezeichnungen und Markennamen der jeweiligen Firmen im Allgemeinen warenzeichen-, marken- oder patentrechtlichem Schutz unterliegen.

Inhaltsverzeichnis

Einleitung

Dieses Buch ist kein Nachschlagewerk, sondern dient der Vorbereitung auf die Examensprüfung 70-216 der Firma Microsoft. Dementsprechend hoch sind die Anforderungen an den Leser.

Um dieses Buch sinnvoll einsetzen zu können, sollten Sie mit Ihren Prüfungsvorbereitungen bereits so weit begonnen haben, dass Ihnen die theoretischen Grundlagen zu Windows 2000 vertraut sind. Sie finden in diesem Buch einen theoretischen und einen praktischen Übungsteil. Im theoretischen Teil vermitteln wir Ihnen noch einmal gezielt die Schwerpunkte des Wissens, das Sie in der Prüfung benötigen. Im praktischen Teil gehen wir gezielt auf die einzelnen Fragenkomplexe der Prüfung mit den entsprechenden Szenarien und Antworten ein. Um Ihnen das Verständnis der Fragen zu erleichtern, sind die beiden Teile des Buches so aufeinander abgestimmt, dass Sie die Themenkomplexe in beiden Teilen unter denselben Begriffen wiederfinden.

Kapitel 1

70-216 Das Windows 2000 Netzwerk-Infrastruktur-Examen

1. 70-216 – Das Windows 2000 Netzwerk-Infrastruktur-Examen

Das Microsoft-Examen 70-216 ist eines der Basisbestandteile zum Microsoft Certified Systems Engineer im Windows 2000-Track. Dieses Examen bietet unserer Meinung nach den größten Überblick über den Umgang mit Windows 2000 im Netzwerk.

Implementieren und Administrieren einer Windows 2000 Netzwerk-Infrastruktur

Dieses Examen überprüft Ihre Fähigkeiten zur Installation, Verwaltung, Überwachung, Konfiguration und Fehlerbeseitigung bei den Themen DNS, DHCP, Remote Access (externer Zugang), Netzprotokolle, IP Routing und WINS in einer vernetzen Infrastruktur unter Windows 2000. Außerdem überprüft dieser Test Ihr Wissen über die Verwaltung, Darstellung und Fehlerbeseitigung in den Themenbereichen Netzwerkadressierung und Zertifikatdienste. Vor der Prüfung sollten Sie die im Folgenden aufgeführten Themenbereiche beherrschen.

Installieren, Konfigurieren, Verwalten, Überwachen und Fehlerbeheben von DNS in einer Windows 2000 Netzwerk-Infrastruktur

Installieren, Konfigurieren und Fehlerbeheben bei DNS

- Installieren des DNS-Serverdienstes
- Konfigurieren eines Root-Namensservers
- Konfigurieren von Zonen
- Konfigurieren von Zwischenspeicherservern
- Konfigurieren eines DNS-Clients
- Konfigurieren von Zonen für dynamische Aktualisierungen

- Testen des DNS-Serverdienstes
- Erstellen von Zonenübertragungen im DNS
- Erstellen manueller DNS-Ressourcenaufzeichnungen
- Verwalten und Überwachen von DNS

Installieren, Konfigurieren, Verwalten, Überwachen und Fehlerbeheben von DHCP in einer Windows 2000 Netzwerk-Infrastruktur

Installieren, Konfigurieren und Fehlerbeheben bei DHCP

- Installation des DHCP-Serverdienstes
- Erstellung und Verwaltung von DHCP-Bereichen, Bereichsgruppierungen und Multicastbereichen
- Konfigurieren von DHCP für die DNS-Integration
- Autorisation von DHCP-Servern im Active Directory
- Verwaltung und Überwachung von DHCP

Konfigurieren, Verwalten, Überwachen und Fehlerbeheben von Remote Access in einer Windows 2000 Netzwerk-Infrastruktur

Konfiguration und Fehlerbehebung von Remote Access

- Konfigurieren eingehender Verbindungen
- Erstellen von Zugangsrichtlinien
- Konfigurieren von Zugangsprofilen
- Konfigurieren eines virtuellen privaten Netzwerks (VPN)
- Konfigurieren von Multilinkverbindungen
- Konfigurieren von Routing und Remote Access für eine DHCP-Integration

Verwalten und Überwachen von RAS

RAS-Konfiguration

- Konfigurieren von Authentisierungsprotokollen
- Konfigurieren von Verschlüsselungsprotokollen
- Erstellen von RAS-Richtlinien

Installieren, Konfigurieren, Verwalten, Überwachen und Fehlerbehebung von Netzwerkprotokollen in einer Windows 2000 Netzwerk-Infrastruktur

Installation, Konfiguration und Fehlerbehebung von Netzwerkprotokollen

- Installieren und Konfigurieren von TCP/IP
- Installieren des NWLink-Protokolls
- Konfigurieren von Netzwerkbindungen

Konfigurieren der TCP/IP-Filter

Konfiguration und Fehlerbehebung der Netzwerkprotokoll-Sicherheit

- Verwalten und Überwachen des Netzwerkverkehrs
- Konfiguration und Fehlerbehebung von IPSec
- Aktivieren von IPSec
- Konfigurieren von IPSec für den Transportmodus
- Konfigurieren von IPSec für den Tunnelmodus
- Anpassen von IPSec-Richtlinien und -Regeln
- Verwalten und Überwachen von IPSec

Installieren, Konfigurieren, Verwalten, Überwachen und Fehlerbehebung von WINS in einer Windows 2000 Netzwerk-Infrastruktur

Installieren, Konfigurieren und Fehlerbehandlung von WINS

- Konfiguration der WINS-Replikation
- Konfiguration der NetBIOS-Namensauflösung
- Verwalten und Überwachen von WINS

Installieren, Konfigurieren, Verwalten, Überwachen und Fehlerbehebung von IP-Routing in einer Windows 2000 Netzwerk-Infrastruktur

Installieren, Konfigurieren und Fehlerbehandlung von IP-Routingprotokollen

- Aktualisieren einer Windows 2000-basierten Routingtabelle mittels statischer Routen
- Einsatz von Routing bei Bedarfswählverbindungen

Verwaltung und Überwachung von IP-Routing

- Verwaltung und Überwachung von statischen Routen
- Verwaltung und Überwachung von Routen an Anschlüssen
- Verwaltung und Überwachung von IP-Routingprotokollen

Installieren, Konfigurieren und Fehlerbehebung von NAT (Netzwerkadressübersetzung)

- Installation von ICS (**I**nternet **C**onnection **S**haring)
- Installation von NAT
- Konfiguration von NAT-Eigenschaften
- Konfiguration von NAT-Schnittstellen

Installieren, Konfigurieren, Verwalten, Überwachen und Fehlerbehebung von Zertifizierungsdiensten

- Installation und Konfiguration von Zertifikatdiensten
- Ausstellen und Widerrufen von Zertifikaten
- Entfernen des **E**ncrypting **F**ile **S**ystem (EFS), Wiederherstellen verschlüsselter Daten

Kapitel 2

Über das Microsoft-Zertifizierungsprogramm

2. Über das Microsoft-Zertifizierungsprogramm

Häufig sind Ihnen sicher schon die Abkürzungen MCSE oder MCP begegnet. Hinter diesen Abkürzungen verbirgt sich eine Vielzahl von Zertifikaten. Direkt an diese Zertifikate ist ein Schulungsprogramm der Firma Microsoft gekoppelt, in dem das Wissen um die Microsoft-Produkte vermittelt wird. Dieses MCP-Programm ist die Grundlage der Zertifizierungen von IT-Professionals durch Microsoft.

Zertifizierung zum Microsoft Certified Professional

Die Abkürzung MCP steht für das **M**icrosoft Education and **C**ertification **P**rogram. Dieses Programm soll den Kandidaten das Wissen vermitteln, das für die sinnvolle Nutzung der unterschiedlichen Informationstechnologien auf Microsoft-Basis notwendig ist. Sie bilden sich also sehr firmenspezifisch aus und werden dann von dieser Firma auch mit einem Zeugnis versehen, das explizit Auskunft über ihre Fähigkeiten gibt.

Die Erfordernisse der Aus- und Weiterbildung im Bereich Informations- und Kommunikationstechnologien haben zu völlig neuen Wegen der Qualifizierung geführt. Nicht mehr der klassische Weg über Schulen und Universitäten führt zum angestrebten Ziel, einem schriftlichen, anerkannten Wissensnachweis, sondern die neu entstandenen Zertifikate der Hard- und Softwareschmieden geben Auskunft über Wissen und Leistungsfähigkeit eines Mitarbeiters.

Auslöser dieser Entwicklung war nicht zuletzt die Globalisierung des Arbeitsmarktes, die ein einheitliches Beurteilungskriterium für die Leistungsfähigkeit von Mitarbeitern benötigt. Die heute verfügbaren Zertifikate, auch die von Microsoft, erfüllen dabei einen wesentlichen Anspruch. Die Zertifizierungen und die Prüfungen sind überall auf der Welt inhaltlich und didaktisch gleich. Der Mindeststandard der Leistung, das Niveau, ist somit genau zu definieren. Daran koppelt sich dann die Aussage: Wer bei Microsoft zertifiziert ist, erfüllt die höchsten Ansprüche an einen EDV-Sachbearbeiter. Dabei werden durch die unterschiedlichen Prüfungen und Zertifizierungsvarianten die notwendigen Spezialisierungen angeboten.

Der Einstieg in das MCP-Programm beginnt mit dem ersten MCP-Zertifikat. Grundsätzlich erhalten Sie zu jedem bestandenen Examen im Windows 2000-Track ein MCP-Zertifikat. Die offizielle Beschreibung für den MCP lautet: „Microsoft Certified Professionals verschaffen sich umfangreiche Kenntnisse in mindestens einem Microsoft-Produkt und können dieses Produkt professionell einsetzen.“ Die einzelnen MCP-Prüfungen sind gleichzeitig die Bausteine auf dem Weg zum MCSE.

Die unterschiedlichen Zertifizierungsarten

Neben den klassischen Zertifizierungen für die Betriebssystemschiene MCP, MCP+I, MCP+SB, MCSE, MCSE+I gibt es bei Microsoft dann noch weitere Zertifikate. Diese befassen sich dann mit besonderen Themenkomplexen, wie SQL Server, Internet Information Server, Exchange, Visual C++ und anderen Themen.

MCSE, der Microsoft Certified Systems Engineer

Um Ihnen erst einmal einen Überblick über die Prüfungen zur Microsoft-Zertifizierung zu geben, haben wir Ihnen in den folgenden Grafiken die beiden wesentlichen MCSE-Tracks mit den sie einschließenden MCP-Einzelprüfungen zusammengestellt.

MCSE- und MCDBA-Tracks unter Windows 2000

Der Track zum Microsoft Certified Systems Engineer im Windows 2000-Track sieht folgendermaßen aus:

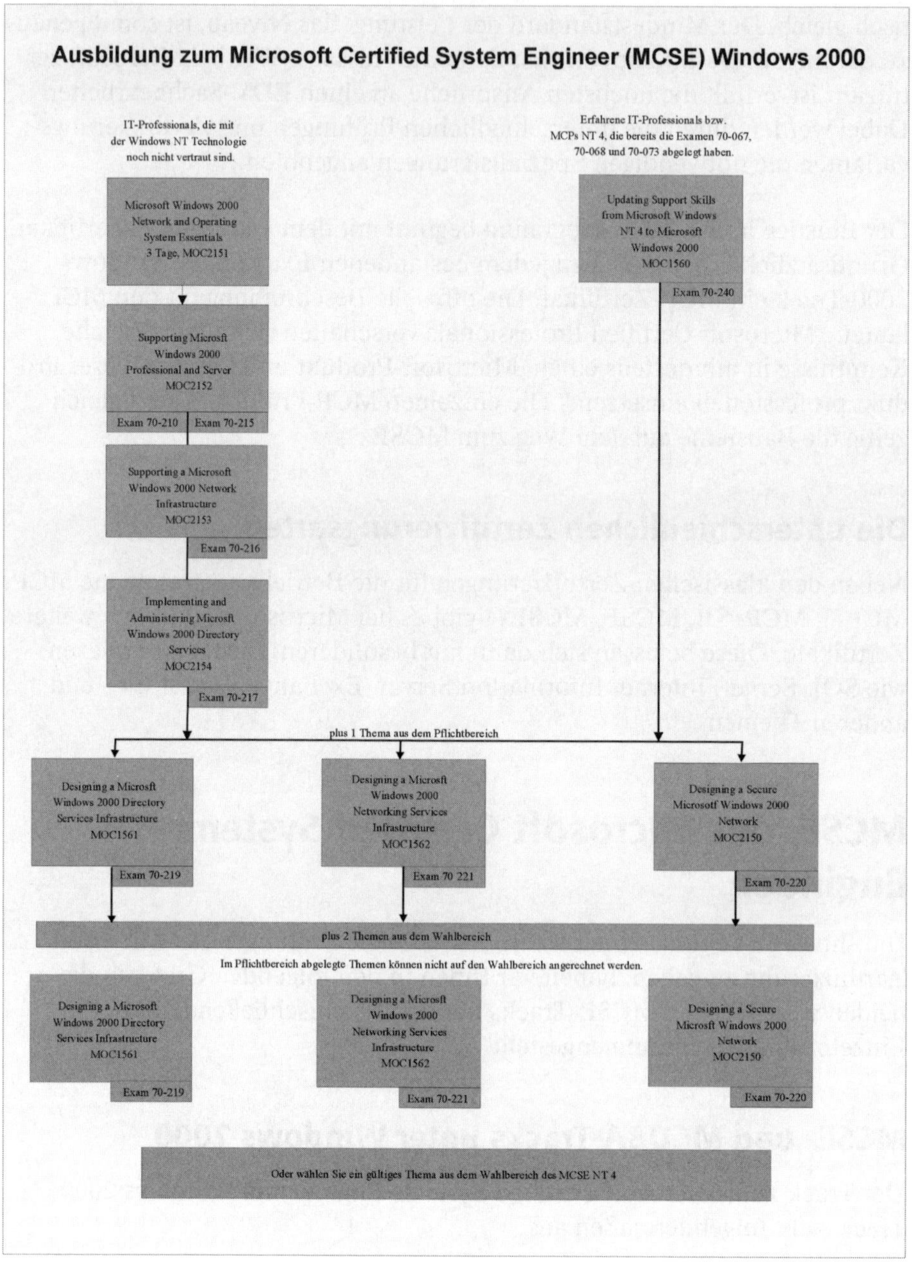
Ausbildung zum Microsoft Certified System Engineer (MCSE) Windows 2000
IT-Professionals, die mit der Windows NT Technologie noch nicht vertraut sind.
Erfahrene IT-Professionals bzw. MCPs NT 4, die bereits die Examen 70-067, 70-068 und 70-073 abgelegt haben.
Microsoft Windows 2000 Network and Operating System Essentials 3 Tage, MOC2151
Updating Support Skills from Microsoft Windows NT 4 to Microsoft Windows 2000 MOC1560
Exam 70-240
Supporting Microsft Windows 2000 Professional and Server MOC2152
Exam 70-210
Exam 70-215
Supporting a Microsoft Windows 2000 Network Infrastructure MOC2153
Exam 70-216
Implementing and Administering Microsft Windows 2000 Directory Services MOC2154
Exam 70-217
plus 1 Thema aus dem Pflichtbereich
Designing a Microsft Windows 2000 Directory Services Infrastructure MOC1561
Exam 70-219
Designing a Microsft Windows 2000 Networking Services Infrastructure MOC1562
Exam 70 221
Designing a Secure Microsotf Windows 2000 Network MOC2150
Exam 70-220
plus 2 Themen aus dem Wahlbereich
Im Pflichtbereich abgelegte Themen können nicht auf den Wahlbereich angerechnet werden.
Designing a Microsoft Windows 2000 Directory Services Infrastructure MOC1561
Exam 70-219
Designing a Microsft Windows 2000 Networking Services Infrastructure MOC1562
Exam 70-221
Designing a Secure Microsft Windows 2000 Network MOC2150
Exam 70-220
Oder wählen Sie ein gültiges Thema aus dem Wahlbereich des MCSE NT 4

Der Track zum Microsoft Certified Data Base-Administrator im Windows 2000-Track sieht wie folgt aus:

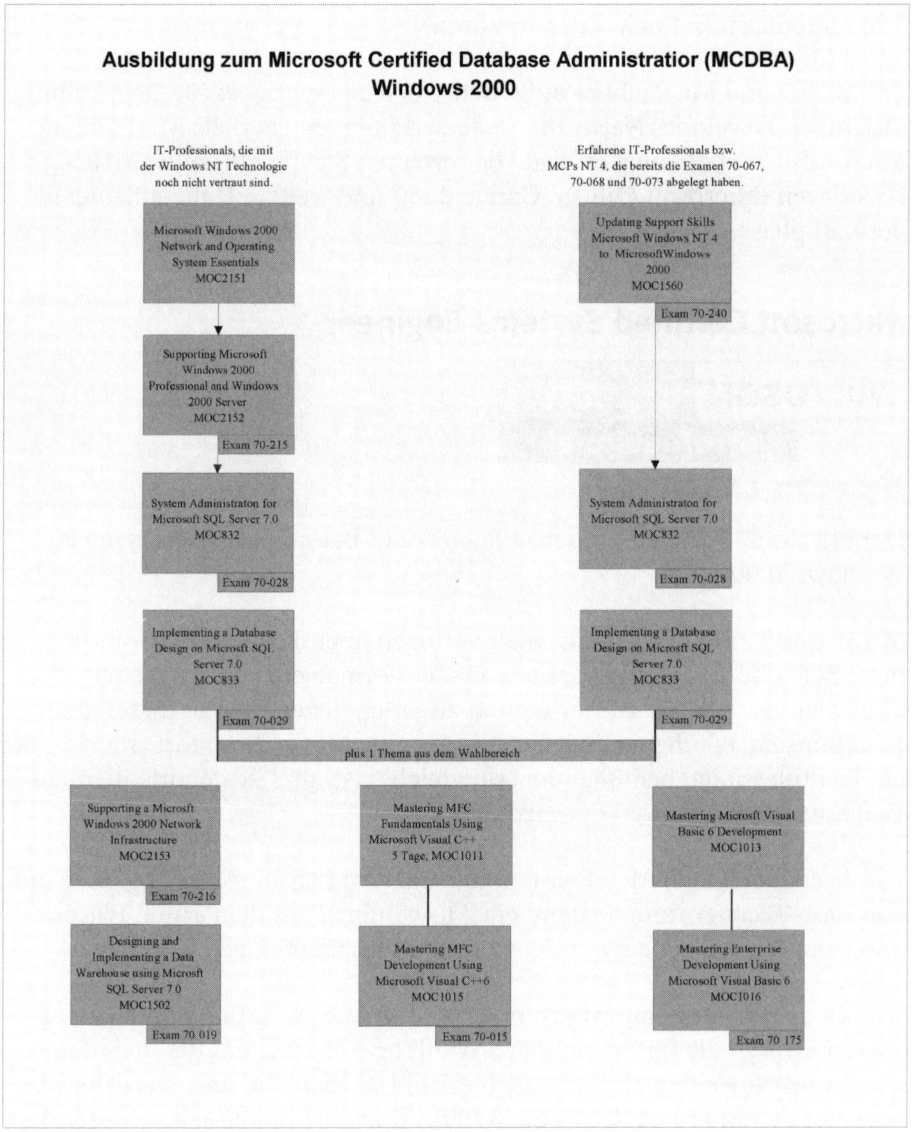

Methoden auf dem Weg zum MCSE

Für die Ausbildung zum Microsoft Certified Systems Engineer gibt es verschiedene Trainingsmethoden, die sich auch alle miteinander kombinieren lassen. Sie können das klassische Training in einem Microsoft Certified

Technical Education Center absolvieren oder in einem anderen Ausbildungsunternehmen die notwendigen Kenntnisse erwerben. Eine weitere Methode ist das Selbststudium, unter Zuhilfenahme der frei käuflichen Schulungsunterlagen in Buch- oder Heftform.

Für MCSD und MCP gibt es außerdem noch ein spezielles MSDN-Training (**M**icro**s**oft **D**eveloper **N**etwork), in dessen Rahmen ein Selbststudium mit Microsoft-Unterstützung erfolgt. Hier erhalten Sie die offiziellen MOC-Unterlagen (**M**icrosoft **O**fficial **C**uricculum) und weitere Unterstützung in der Lernphase.

Microsoft Certified Systems Engineer

Der Microsoft Certified Systems Engineer auf Basis des Betriebssystems Windows 2000.

MCSE-zertifizierte IT-Professionals verfügen über die Qualifikation, Windows NT- und BackOffice-basierte IT-Plattformen effizient zu planen, zu implementieren sowie zu warten und zu unterstützen. Hinter dieser kurzen Funktionsdarstellung verbirgt sich die geballte Masse der Informationen, die ein IT-Professional benötigt, um erfolgreich, zeit- und kostenorientiert ein Windows 2000-Netzwerk zu verwalten.

Die Ausbildung zum MCSE erfolgt in mehreren Schritten. Sie beginnen mit den Basis-Examen, auf die dann ein Auswahlfach aus dem ersten Pluspaket und zwei Auswahlfächer aus dem zweiten Pluspaket folgen.

Je nach speziellen Bedürfnissen und beruflicher Schwerpunktausrichtung sollten Sie sich die für Sie richtigen Wahlkurse aussuchen. Bei Bedarf können natürlich weitere MCP-Examen erlangt werden, die über das geforderte Muss für den Microsoft Certified Systems Engineer hinausgehen. Beschränkungen in den Zusatzqualifikationen gibt es nicht.

Die Basisexamen zum Windows 2000-Track sind die Tests 70-210, Installing, Configuring and Administering 70-215, 70-216 und 70-217.

Gehören Sie zu den Kandidaten, die schon einmal MCSE-Examen im Windows NT 4.0-Track abgelegt haben, kann es sein, dass Ihnen die Basisprüfungen erlassen werden. Voraussetzung dafür ist, dass Sie die Examen 70-067, 70-068 und 70-073 erfolgreich absolviert haben. Für diese Kandidaten bietet Microsoft einen Test an, der die Basistests zusammenfasst und ersetzt. Dies ist der Test 70-240, Microsoft Windows 2000 Accelerated Exam for MCP's certified on Windows NT 4.0.

An den Basisteil schließt sich jetzt für alle Examenskandidaten der so genannte Plusteil an. Der Plusteil untergliedert sich wieder in einen Basis- und einen Wahlteil. Aus dem Basisteil muss jeder Kandidat eine Prüfung und aus dem Wahlteil zwei Prüfungen ablegen. Der Plusteil beinhaltet die Prüfungen 70-219, 70-220 und 70-221.

Achten Sie darauf, dass es Examen gibt, die sowohl als Basis- als auch als Wahltest verfügbar sind. Sie können natürlich einen Test nur einmal zum MCSE anrechnen lassen, egal, ob im Basis- oder im Wahlbereich abgelegt.

An den Plus-Basisteil schließt sich der Wahlteil der MCSE-Prüfung an. Hier müssen Sie zwar noch zwei weitere Examen ablegen, es geht hier jedoch viel nach Neigung und Interesse zu den einzelnen Themenschwerpunkten.

Als Wahlprüfungen stehen die Examen 70-219, 70-220, 70-221 und 70-222 zur Verfügung.

Plus-Examen aus dem NT 4.0-Track

Bei den beiden Plusteilen des Examens können auch die schon abgelegten Examen aus dem Windows NT 4.0-Track angerechnet werden, soweit diese wieder Bestandteil des Windows 2000-Tracks sind. Voraussetzung ist natürlich, dass die entsprechenden Examen zum Zeitpunkt der Anrechnung noch gültig sind.

Microsoft Certified Systems Engineer + Internet

Eine weitere Steigerung des MCSE stellt der MCSE + I dar. Für diese Zertifizierung müssen Sie über die Anforderungen des MCSE hinaus weitere Arbeitsbereiche professionell abdecken können. Als Microsoft Certified Systems Engineer + Internet müssen Sie zusätzlich zum bisherigen Wissen die Planung, Entwicklung und Wartung komplexer Intranet- und Internetlösungen beherrschen.

Zur Erlangung des Zertifikats MCSE + I müssen Sie sechs Pflichtexamen und drei Wahlexamen ablegen. Dabei sind die beiden ersten Pflichtexamen absolut verpflichtend und bei den weiteren vier Pflichtexamen können Sie aus einer Liste aus verschiedenen Examensgruppen einzelne Prüfungen auswählen. Sie müssen dabei immer mindestens eine Prüfung aus einer Examensgruppe ablegen.

Aus der langen Liste der Wahlexamen können Sie die drei Wahlprüfungen frei auswählen. Hierbei sind wieder verschiedene Varianten möglich. Sie können sich also zwischen unterschiedlichen Prüfungen in einem Examensbereich entscheiden.

Kapitel 3

Microsoft Windows 2000 im Überblick

3. Microsoft Windows 2000 im Überblick

Windows 2000 ist die technologische Fortentwicklung des bekannten Windows NT. Auf dessen Kernel basiert das neue Windows. Der Anspruch an Windows 2000 wurde von Microsoft so formuliert:

„Windows 2000 soll das beste Server-, Desktop- und Mobile-Betriebssystem für Unternehmen aller Größen werden. Dabei wird auf eine positive Verschmelzung der guten Eigenschaften von Windows 98 und Windows NT gesetzt."

Das bedeutet für Sie, Sie finden in Windows 2000 einiges dort, wo es auch bei Windows 98 versteckt war. Ebenso ist die Funktionalität der Verwaltung stark an Windows 98 angelehnt – das Ganze auf der Basis von Windows NT, vor allem im Bereich Sicherheit und Zuverlässigkeit.

Wichtige Informationen rund um Windows 2000

In den folgenden Kurzbeiträgen haben wir Ihnen die wichtigsten Standardinformationen rund um Windows 2000 zusammengestellt.

Window NT 4-Kernel, das Fundament

Die Basis von Windows 2000 bildet der leicht modifizierte Kernel von Windows NT 4.0. Sie finden hier die Trennung in User- und Kernelmode als Schichtenmodell wieder, das einige zusätzliche Aufgaben bekommen hat. Einige dieser Aufgaben sind das Active Directory (der Microsoft Directory Service), die Plug & Play-Funktionalität und das Power-Management.

Dass sich am Kernel etwas verändert hat, bemerken Sie zuerst positiv daran, dass die Anzahl der notwendigen Reboots bei allen Konfigurationsänderungen drastisch zurückgeht. Bei Windows 2000 ist der Neustart des Systems nur noch bei cirka zehn verschiedenen Konfigurationsänderungen notwendig. Bei NT 4.0 waren es über 50 Situationen, die einen Neustart des Systems notwendig machten.

Absicherung gegen Systemabstürze

Erhebliche Verbesserungen hat Windows 2000 im Bereich der Absicherung gegen Systemabstürze aufzuweisen. Häufig hat sich der Systemadministrator die Haare gerauft, wenn der blaue Bildschirm von NT mit einer Fehlermeldung auftauchte. Gegen derartige Störungen setzt Microsoft jetzt auf eine Sammlung von Lösungen. Zum einen verhindert das neue System File Protection, dass Installationsroutinen von Softwareprogrammen oder Hardwaretreibern einfach Systemdateien überschreiben. Kommt es zu einem solchen Zugriff, werden die Originaldateien direkt wiederhergestellt. Außerdem ist Microsoft dazu übergegangen, jeden einzelnen Treiber der Hard- und Softwareentwickler zu zertifizieren. Ist ein Treiber nicht durch Microsoft zertifiziert, übernimmt Microsoft auch keine Verantwortung für dessen Funktion. Sie werden deshalb bei jeder passenden und unpassenden Gelegenheit vom Betriebssystem auf diesen Umstand aufmerksam gemacht. Haben Sie Ihre Version von Windows 2000 entsprechend konfiguriert, lässt dieses eine Installation von nicht zertifizierten Treibern erst gar nicht zu.

Hat sich das System dennoch einmal völlig verabschiedet, können Sie auf die neuen Bootoptionen von Windows 2000 zugreifen. Zum einen steht Ihnen, wie aus Windows 98 bekannt, ein abgesicherter Bootmodus zur Verfügung. Diesen können Sie zur Analyse des Systems einsetzen. Außerdem gibt es jetzt die Möglichkeit, das System nur mit einer Kommandozeile (SRC: **S**ystem **R**ecovery **C**onsole) zu starten. Von dieser Kommandozeile aus können Sie dann auf Ihr NTFS-System zugreifen. Natürlich nur, wenn Ihnen das Administrator-Passwort vertraut ist. Denn dieses wird zum Booten in die Kommandozeile benötigt.

Windows 2000 im Netzwerk

Der Spagat ist nicht unerheblich. Windows 2000 Server soll Ihnen ein Netzwerkbetriebssystem anbieten, das sich intuitiv bedienen lässt. Dazu kommen vor allem im Multimediabereich viele Neuerungen. Sie können jetzt auf DirectX ebenso zugreifen wie auf AGP, Plug & Play, USB, IrDA, Firewire und andere neue Dienste und Standards. Vor allem im Bereich der großen LANs und WANs soll mit dieser neuen Netzwerktechnologie der Entwicklungsvorsprung der Konkurrenz von Novell und anderen Anbietern aufgeholt und zum Teil auch umgekehrt werden.

Vor allem auf der Protokollebene hat eine Bereinigung stattgefunden. Zukünftig wird von Windows 2000 Server durchgängig die IP-Version 4 verwendet, IPv6 wird zur Zeit nicht unterstützt. Zur Erhöhung der Sicherheit im Netzwerk wird IPSec verwendet. Dadurch kann jede Kommunikation zwischen verschiedenen Windows 2000-Knoten verschlüsselt werden. Außerdem ist es nun möglich, via Internet sichere VPNs (**V**irtual **P**rivate **N**etworks) aufzubauen. Dazu steht Ihnen ein Security Configuration Toolset als Snap-In für die Microsoft Management-Konsole zur Verfügung.

Netzwerkverwaltung und Dienste

Eine sprunghafte Verbesserung lässt sich bei der Netzwerkverwaltung und der Verwaltung der zugehörigen Dienste feststellen. Durch die intuitive Benutzerführung hat sich die Zeit für die Einrichtung und Konfiguration eines Windows 2000 Servers um Größenordnungen nach unten bewegt. Ebenso wurden die Komponenten wie Internet Information Server 5.0, Terminal-Service und Remote Installation Services deutlich verbessert. Bei diesen und vielen anderen Diensten bietet Windows 2000 jetzt Setup-Hilfen an. Damit wird es auch für den nicht so versierten Verwalter eines kleineren Unternehmensnetzwerks möglich, in kurzer Zeit ein Netzwerk aufzubauen und auch zu verwalten.

Multimedia-Netzanwendungen

Auf dem Sektor der Multimedia-Netzanwendungen bietet Microsoft Windows 2000 auch eine Vielzahl an Neuerungen. Die aus der Entwicklung des Internet bekannten Features wie Video, Audio und Telefonie sollen mit Windows 2000 Server auch in lokalen Firmennetzwerken nutzbar gemacht werden. Ermöglicht wird diese Funktionalität durch die Einbindung von Standards wie Tapi, H.320 und anderen.

Um den möglichen Zusammenbruch des Netzes durch Überlastung zu verhindern, hat Windows 2000 einige weitere Tools mit Namen Policy-Tools bekommen. Diese ermöglichen zusammen mit Active Directory die optimale Ausnutzung der Netzwerkressourcen und verhindern eine Überlastung des Netzwerks. Damit verbunden ist eine gezielte Steuerung und Zuteilung der verfügbaren Bandbreiten für einzelne User.

Windows 2000 und die Hardware

Die Anforderungen an die Hardware sind bei Windows 2000 denen von Windows NT 4.0 vergleichbar. Sie sollten auch bei Windows 2000 unbedingt die Angaben in der HCL (**H**ardware **C**ompatibility **L**ist) befragen. Denn nicht jede Hardwarekomponente verträgt sich mit Windows 2000. Sie finden die HCL im Internet unter:

http://www.microsoft.com/hcl/

Damit die Installation und Konfiguration der unterschiedlichsten Hardwarekomponenten nicht weiterhin zum Abenteuer werden kann, hat Microsoft in Windows 2000 eine funktionsfähige Plug & Play-Komponente integriert. Um die aktuellsten Treiber zur Verfügung zu haben, wird häufig direkt auf die entsprechenden FTP- oder HTTP-Seiten der Hardwareanbieter zurückgegriffen.

Windows 2000 Server und seine Dienste

Windows 2000 Server enthält im Bereich der Fileservices einige neue Features, auf die Administratoren schon lange gewartet haben. Dazu gehört die Möglichkeit, Speichergrenzen festzulegen, die den nutzbaren Plattenplatz für den individuellen Anwender oder die spezielle Applikation einschränken.

Bei den Diensten finden Sie jetzt auch den IIS (**I**nternet **I**nformation **S**erver), die Terminal-Services (ehemals Hydra), die Cluster-Services (früher Wolfpack) und die Remote Installation Services. Alle diese Dienste gehören ab sofort zur Grundausstattung von Windows 2000 Server. Damit weist dieses Serverbetriebssystem alle Merkmale auf, die Sie von einem vollständigen Server erwarten können.

Windows 2000 Professional ist das Standard-Desktop-Betriebssystem von Microsoft für alle kommerziellen Anwendungen. Die wesentlichen Features von Windows 2000 Professional sind der geringe Verwaltungsaufwand von Windows-basierten PC-Umgebungen durch IntelliMirror-Technologie, die benutzerfreundliche Windows 98-Oberfläche, außerdem Funktionen wie Plug & Play und Power-Management. Im Untergrund arbeitet die bewährte Windows NT-Technologie, die für Begriffe wie Verfügbarkeit, Stabilität, Datensicherheit und Leistungsfähigkeit steht. Bei Windows 2000 Professional besteht jetzt eine bessere und erweiterte Treiberunterstützung gegenüber Windows NT, realisiert durch das kompatible Windows-Treibermodell sowie die Advanced Configuration Power-Schnittstelle.

Windows 2000 Professional

Mit Windows 2000 Professional können Sie eine einfache und zentrale Systemverwaltung umsetzen, die deutlich weniger Vor-Ort-Service erfordert. Mit automatischen Spiegelungen von Daten, Benutzerrechten und Konfigurationen verkürzen sich die Installationszeiten neuer PCs ganz erheblich. Weiter hilft die flexible und zentrale Vergabe und Verwaltung von Benutzerrechten und -profilen.

Für den Anwender stellt sich Windows 2000 Professional jetzt als produktive und ergonomische Arbeitsumgebung dar, die eine Kombination der Windows 98-Funktionen mit den Sicherheits- und Leistungsmerkmalen von Windows NT bietet. Entscheidende Verbesserungen der Systemsicherheit werden erreicht, da sich Daten, Applikationen, Systemrichtlinien etc. nach einem unvorhergesehenen System-Shutdown durch einfaches Einloggen wiederherstellen lassen. Die Benutzerdaten sind ab sofort ständig im Zugriff, egal, ob sich der Anwender on- oder offline befindet. Nach jedem Neuzugang zum Netzwerk werden die aktuellen Daten auf dem Server oder auf dem Notebook synchronisiert. Sie können jedem Benutzer auf jedem PC nach dem Einloggen seinen persönlich eingerichteten Arbeitsplatz mit seinen Dateien verfügbar machen, für die er Zugriffsberechtigungen besitzt.

Im Überblick: die Windows 2000-Serverfamilie

Die Microsoft Windows 2000-Serverfamilie umfasst mehrere Mitglieder, die alle Anforderungen unterschiedlichster Umgebungen erfüllen. Der Windows 2000 Advanced Server soll mittlere bis große Umgebungen in einem modernen Serverkonzept verwalten. Windows 2000 Server ist für den Intraneteinsatz in kleineren Unternehmen konzipiert, während Windows 2000 Datacenter Server selbst allerhöchsten Ansprüchen in Enterprise-Umgebungen gerecht werden soll.

Als umfangreiche Weiterentwicklung der bewährten Windows NT 4.0-Plattform wartet die Windows 2000-Serverfamilie mit umfangreichen Fähigkeiten auf, deren Einsatz nicht nur für höchste Verfügbarkeit, Leistung und Sicherheit sorgen, sondern auch die Kosten der IT-Nutzung drastisch reduzieren soll.

Windows 2000 Server

Der Windows 2000 Server ist die Serverplattform für Dienste und Applikationen in kleinen und mittleren Firmen.

Windows 2000 Server ist dementsprechend innerhalb der Windows 2000-Serverfamilie von Microsoft für kleine Unternehmen optimiert. Als leistungsstarker Datei-, Druck-, Remote Access-, Web- und Applikations-Server nimmt sich Windows 2000 Server aller in kleineren Umgebungen anstehenden Aufgaben an. Hohe Geschwindigkeit, ausgezeichnete Stabilität und Sicherheit, Kompatibilität zu den Lösungen von Microsoft und anderen Herstellern sowie eine Vielzahl von Einsatzmöglichkeiten zeichnen dieses Serverbetriebssystem aus. Technologien wie Active Directory, Terminal Services, IIS und viele andere sind im Windows 2000 Server enthalten.

Bedienung, Konfiguration und Wartung von Windows 2000 Server erfolgen über die bekannte grafische Oberfläche. Hilfreiche Assistenten führen auch unerfahrene Administratoren einfach und problemlos durch die verschiedenen Einrichtungsprozesse. Die Assistenten erleichtern zum Beispiel die Freigabe von Ordnern zur gemeinschaftlichen Verwendung, das Einrichten von Wählverbindungen zum Internet und die Planung regelmäßig wiederkehrender Aufgaben wie der Datensicherung. Hilfestellung leistet außerdem ein Tool für die gesamte Konfiguration des Servers, seiner Dienste sowie des ActiveDirectory.

Windows 2000 Server-Features im Überblick:

Feature	ja/nein
Höchste Applikations-Stabilität	ja
Optimierte Benutzeroberfläche	ja
PCI, ISA, PC-Card, USB 1394 und Infrarot	ja
Erweitertes Plug & Play	ja
Umfassende Treiberverfügbarkeit	ja
Power-Management	ja
Ruhezustand (Hibernate Mode)	ja
Für Desktops und Notebooks	nein
Netzwerk-/Applikationsserver	ja
Active Directory-Domänenserver	ja
Klonen durch Festplattenduplizierung	ja
Installation über das Netzwerk	ja
Verwaltung über MMC	ja
Remote-Management	ja
Höchste Sicherheit	ja

Feature	ja/nein
Integration mit NetWare und UNIX	ja
Bidirektionale Synchronisierung mit Novell NDS	ja
Terminal Services	ja
IP-Loadbalancing mit 32 Servern	nein
Failover-Clustering	nein
Winsock Direct für gesteigerte Performance	nein
Prozesskontrolle für Workload-Management	nein
Maximale Anzahl von Prozessoren	4
Maximaler Arbeitsspeicher in GByte	4

Windows 2000 Advanced Server

Windows 2000 Advanced Server hat und kann erst einmal alles, was schon zum Windows 2000 Server gesagt wurde. Mit einer Unterstützung von bis zu acht Prozessoren im Server lässt sich Windows 2000 Advanced Server flexibel skalieren, sodass jederzeit genügend Rechenleistung zur Verfügung steht. Gleichzeitig beherrscht Windows 2000 Advanced Server den Umgang mit bis zu 8 GByte Arbeitsspeicher, um das volle Potenzial selbst anspruchsvoller Serverapplikationen auszuschöpfen. Unterstützt durch Technologien wie COM+, MQS und MTS ist Windows 2000 Advanced Server in der Windows DNA-Architektur ein optimaler Applikations-Server. Windows 2000 Advanced Server passt sich automatisch jeder Hardwareplattform an und erfordert weder beim nachträglichen Einstecken weiterer CPUs noch bei der Aufrüstung mit zusätzlichem RAM eine Rekonfiguration.

Windows 2000 Advanced Server-Features im Überblick:

Feature	ja/nein
Höchste Applikations-Stabilität	ja
Optimierte Benutzeroberfläche	ja
PCI, ISA, PC-Card, USB 1394 und Infrarot	ja
Erweitertes Plug & Play	ja
Umfassende Treiberverfügbarkeit	ja
Power-Management	ja
Ruhezustand (Hibernate Mode)	ja
Für Desktops und Notebooks	nein
Netzwerk-/Applikationsserver	ja
Active Directory-Domänenserver	ja
Klonen durch Festplattenduplizierung	ja
Installation über das Netzwerk	ja
Verwaltung über MMC	ja
Remote-Management	ja

Feature	ja/nein
Höchste Sicherheit	ja
Integration mit NetWare und UNIX	ja
Bidirektionale Synchronisierung mit Novell NDS	ja
Terminal Services	ja
IP-Loadbalancing mit 32 Servern	ja
Failover-Clustering	2
Winsock Direct für gesteigerte Performance	nein
Prozesskontrolle für Workload-Management	nein
Maximale Anzahl von Prozessoren	8
Maximaler Arbeitsspeicher in GByte	8

Windows 2000 Datacenter Server

Auch hier gilt, alles, was der kleinere Bruder kann, kann der große auch, und noch ein bisschen mehr.

Mit einer Unterstützung von bis zu 32 Prozessoren und 64 GByte Arbeitsspeicher stößt Windows 2000 Datacenter Server in bislang ungeahnte Dimensionen vor, die bisher Mainframes vorbehalten waren – und das alles auf der bekannten, verbreiteten x86-Plattform. Hiermit können große Unternehmen im Enterprise-Umfeld zum Beispiel Online-Transaktionen oder Data-Warehouse-Anwendungen auf der bewährten Windows 2000-Serverplattform realisieren. Außerdem können Application Service Provider mit Windows 2000 Datacenter Server tausenden von Anwendern über die Terminal Services eine integrierte, kundenorientierte Umgebung bereitstellen, die bisher undenkbar war.

Über die Features der anderen Windows 2000-Serverfamilienmitglieder hinausgehend, lässt sich bei Windows 2000 Datacenter Server ein ausgefeiltes Prozess-Management vornehmen. Feingradig ist steuerbar, welche Prozesse welche Ressourcen in welchem Umfang nutzen dürfen, während sich das Betriebssystem um die Einhaltung dieser Vorgaben kümmert. Versagt beispielsweise ein E-Mail-Server seinen Dienst, laufen Datenbank- und Webserver davon unberührt auf dem Serverrechner weiter.

Wie Windows 2000 Advanced Server verfügt auch Windows 2000 Datacenter Server über die automatische IP-Lastverteilung. Selbst bei stärkster Beanspruchung etwa durch Web- und Streaming-Media-Anwendungen bleibt so eine gleich bleibend hohe Zugriffsperformance im Intranet und Internet gewährleistet. Insgesamt bis zu 32 Server können dabei gemeinsam wirken, um sich die anfallende IP-Arbeit zu teilen und Überbelastung einzelner Server zu vermeiden. Für höchste Zuverlässigkeit bei geschäftlichen Anwendungen sorgt der Cluster-Dienst, der bei Windows 2000 Datacenter Server bis zu vier Serverknoten pro Cluster unterstützt.

Sollte ein Server aufgrund eines Defekts ausfallen oder wegen Hardwarewartungsarbeiten vom Netz genommen werden, erledigen die verbleibenden drei Knoten die zusätzlichen Aufgaben. Bis der vierte Server wieder seinen Betrieb aufnimmt, sind die anderen Knoten nur einer minimalen, in der Praxis kaum spürbaren Mehrbelastung ausgesetzt.

Für Rechenzentren, bei denen die Reduzierung des Serververwaltungsaufwands im Vordergrund steht, erweist sich Windows 2000 Datacenter Server ebenfalls als überaus interessant: Erstmals ist es möglich, mehrere einzelne Server (gleich, ob Single- oder Multiprozessor) zu einem einzigen Server zu konsolidieren. Auf dafür geeigneter Hardware können sogar mehrere Instanzen des Betriebssystems gleichzeitig in Betrieb sein: Bei einem 16-Prozessor-Server etwa lassen sich eine Instanz mit acht CPUs und zwei weitere Instanzen mit jeweils vier CPUs starten, sodass auf einem physikalischen Server drei virtuelle Server ihren Dienst versehen. Hierdurch versetzt Windows 2000 Datacenter Server Unternehmen in die Lage, beispielsweise sechs Vier-Prozessor-Maschinen durch einen 24-CPU-Server zu ersetzen.

Windows 2000 Datacenter Server-Features im Überblick:

Feature	ja/nein
Höchste Applikations-Stabilität	ja
Optimierte Benutzeroberfläche	ja
PCI, ISA, PC-Card, USB 1394 und Infrarot	ja
Erweitertes Plug & Play	ja
Umfassende Treiberverfügbarkeit	ja
Power-Management	ja
Ruhezustand (Hibernate Mode)	ja
Für Desktops und Notebooks	nein
Netzwerk-/Applikationsserver	ja
Active Directory-Domänenserver	ja
Klonen durch Festplattenduplizierung	ja
Installation über das Netzwerk	ja
Verwaltung über MMC	ja
Remote-Management	ja
Höchste Sicherheit	ja
Integration mit NetWare und UNIX	ja
Bidirektionale Synchronisierung mit Novell NDS	ja
Terminal Services	ja

Feature	**ja/nein**
IP-Loadbalancing mit 32 Servern	ja
Failover-Clustering	4
Winsock Direct für gesteigerte Performance	ja
Prozesskontrolle für Workload-Management	ja
Maximale Anzahl von Prozessoren	32
Maximaler Arbeitsspeicher in GByte	64

Kapitel 4

Installieren von Microsoft Windows 2000

4. Installieren von Microsoft Windows 2000

In diesem Kapitel werden die grundlegenden Funktionen und Arbeitsweisen eines Windows 2000 Server-Systems und dessen Installation erläutert.

Überlegungen vor der eigentlichen Serverinstallation

Bevor die eigentliche Serverinstallation ansteht, sind Vorbereitungen notwendig. Die Planungsüberlegungen zu Netzwerkumgebung und Topologie werden in den Designkursen zu Windows 2000 behandelt. Deshalb stellen wir Ihnen an dieser Stelle nur stichpunktartig die vorbereitenden Maßnahmen zur Planung und Umsetzung von Windows 2000-Serverumgebungen vor.

Sie sollten auf diesen Bereich bei der Neuanlage von Netzwerkstrukturen auf alle Fälle einen Schwerpunkt legen, da die spätere Anpassung und Skalierung von einmal geschaffenen Netzwerkumgebungen häufig mit sehr hohem Aufwand und unter Umständen auch Risiko verbunden ist.

Multiple-Boot-Konfigurationen

Windows 2000 Server kann grundsätzlich als Multiple-Boot-Konfiguration auf Rechnern mit weiteren Betriebssystemen parallel installiert werden.

Windows 2000 unterstützt dabei die Betriebssysteme:

- MS-DOS
- Windows 3.x
- Windows 95
- Windows 98
- Windows NT 4.0 oder höher
- OS/2 in der Version 1.x

Beim Einsatz von Multiple-Boot-Konfigurationen benötigen Sie für jedes Betriebssystem eine eigene Partition. Dadurch wird gewährleistet, dass jedes Betriebssystem auf seine eigenen Konfigurationsfiles zugreifen kann.

Als sicherheitsproblematisch ist die Kombination von Windows 2000 mit Windows 98 oder Windows 95 zu betrachten. Für eine solche Mischung muss die Bootpartition auf einem FAT- oder FAT32- Filesystem eingerichtet werden. Das hat zur Folge, dass die bekannten Sicherheitslücken entstehen und die NTFS-eigenen Vorteile nicht verfügbar sind.

Hardwareanforderungen

Die Hardwareanforderungen von Windows 2000 sind gegenüber den Vorgängern nicht gestiegen.

Intel-Plattformen

Auf Intel-Plattformen benötigen Sie für eine Windows 2000-Serverinstallation in der absoluten Mindestkonfiguration die folgenden Komponenten:

- Pentium-Prozessor, mind. 166 MHz
- mind. 64 MByte RAM
- 2-GByte-Festplatte mit 500 MByte freiem Speicherplatz
- VGA-Monitor
- Maus
- Tastatur
- CD-ROM-Laufwerk

Mit dieser Mindestkonfiguration können Sie dann zwar ein Betriebssystem installieren, aber für das Aufsetzen eines lauffähigen Servers bedarf es natürlich eines deutlich höheren Hardwareaufwands. Vor allem beim Arbeitsspeicher sollten Sie nicht sparen. Alles über einem GByte RAM beginnt wesentlich zu einem stabilen System beizutragen. Das gilt natürlich auch für Prozessoren, HDD-Controller und Festplatten.

Alpha-Plattformen

Windows 2000 Server auf Basis von Alpha-CPUs haben etwas andere Hardwareanforderungen.

Der Prozessor muss mindestens ein Alpha EV4 mit 200 MHz und neuster Firmware oder ein Prozessor jüngeren Datums sein. Für das Betriebssystem sind mindestens 400 MByte Speicherplatz auf der Systemfestplattenpartition notwendig. Außerdem benötigen Sie mindestens 96 MByte RAM. Die weiteren Anforderungen entsprechen denen der Intel-Plattform.

Windows 2000-Dateisysteme

Da es im Bereich der IT-Netzwerkstrukturen kein wichtigeres Thema als die Sicherheit von Daten und Anlagen gibt, sollten Sie Windows 2000 Server nur auf NTFS-5-Partitionen einrichten.

NTFS, New Technology File System

Beim Windows 2000-Dateisystem NTFS sind die Randbedingungen wie folgt definiert:

- Namenslänge bis 255 Zeichen
- Namen werden in UNICODE gespeichert
- keine Limitierung der maximalen Pfadlänge
- max. Partitionsgröße 2*10e64
- max. Dateigröße 2*10e64
- B-Baum (Extents, s. u.)

Attribute: Alles wird als Attribut einer Datei angesehen, auch die Daten selbst (Streams).

Beim NTFS 5 wird vom MFT (**M**aster **F**ile **T**able) ein Original und eine Kopie erstellt. Ebenso wird der Bootsektor als Kopie in der logischen Mitte der Festplatte abgelegt. Kleine Dateien (kleiner als 1.500 Byte) werden direkt im MFT gespeichert. Dies erlaubt einen schnellen Zugriff. Wird die Datei größer, so werden Extents angelegt, in denen der Inhalt gespeichert wird. Im zugehörigen MFT-Eintrag steht dann der Ort, an dem die Extents zu finden sind. Ähnlich wird mit den Directories verfahren. Kleine Directories werden direkt im MFT für den schnellen Zugriff gespeichert, große Directory-Informationen werden als B-Baum strukturiert in Extents ausgelagert. NTFS beherrscht auch Features, von denen Windows 2000 selbst keinen Gebrauch macht. Es sind zum Beispiel wie in UNIX symbolische Links möglich. Das bedeutet, es wird ein Verweis auf eine an einem anderen Ort gespeicherte Datei erzeugt. Auch mit den Resourceforks des Macintosh kommt NTFS zurecht, diese werden in einem Stream gespeichert.

Speichern von Daten
Herz des NTFS-Dateisystems ist der **M**aster **F**ile **T**able, kurz MFT.

Transaktions-Logs
Das Dateisystem bleibt nicht inkonsistent. Ein Datei-Update wird entweder vollständig oder gar nicht durchgeführt. Damit angefangene Operationen nicht verloren gehen, werden diese in einem Transaktions-Log gespeichert.

Hot-Fixing
Windows NT unterstützt Hot-Fixing, die Verschiebung von Daten von einem als defekt erkannten Festplattensektor auf einen intakten freien Sektor.

Das Windows 2000-Setup

Das Setup von Windows 2000 kann auf mehreren Wegen gestartet werden. Die einfachste Variante ist das Booten von der Windows-System-CD.

Ist der Server nicht CD-bootfähig, kann das Setup-Programm auch von Installationsdisketten ausgeführt werden. Diese können direkt von der CD mit dem Befehl *makedisk* erstellt werden.

Die dritte Möglichkeit ist die Installation des Windows 2000-Betriebssystems über ein Netzwerk.

Als Besonderheit ist bei den Installationsvarianten dann noch die unbeaufsichtigte Installation zu betrachten.

Der Installationsvorgang

Nach dem Booten des Rechners beginnt der Start der Installation. Der erste Teil der Installation ist zeichenorientiert und entspricht dem Part bei Windows NT. Die Setup-Routine überprüft die vorhandene Hardware, kopiert die notwendigen Dateien für ein rudimentäres Betriebssystem in den RAM und erfragt, ob eine Reparatur oder eine Wiederherstellung einer bereits existierenden Windows 2000-Installation durchgeführt werden soll.

Im grafischen Teil des Setups wird der Setup-Wizard ausgeführt. Hier werden die Einstellung des eigenen Standorts (einschließlich entsprechender Zahlen-, Währungs-, Datums- und Uhrzeitformate) sowie des Tastaturlayouts und die Installation mehrerer Sprachen beziehungsweise Zeichensätze, in denen der Anwender später Dokumente lesen und erstellen kann, vorgenommen.

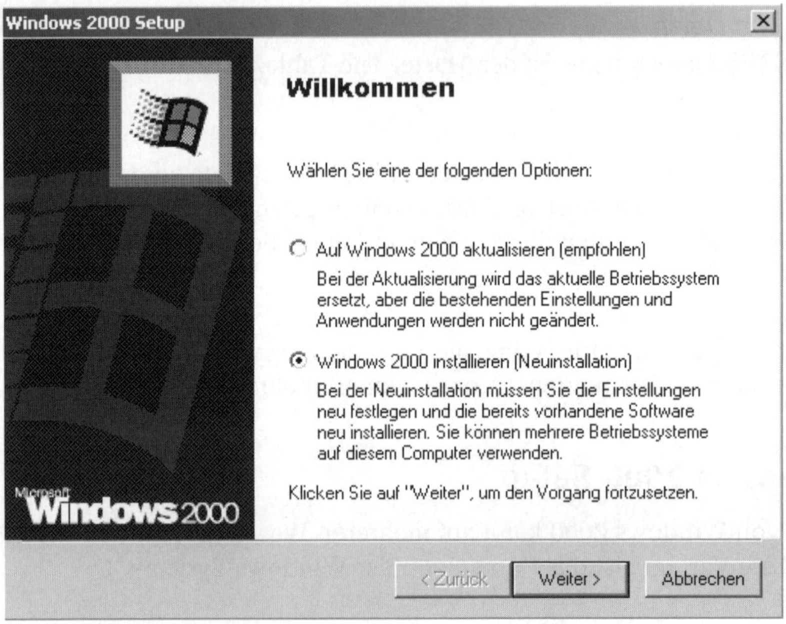

Das Setup-Fenster bei vorinstalliertem Windows

Windows 2000 verfügt über eine ausgefeilte Hardwareerkennung, die alle bei Microsoft zertifizierten Hardwareelemente automatisch erkennt. Dazu nutzt Windows 2000 die serienmäßige Plug & Play-Unterstützung. Diese Funktionen dienen auch zur nachträglichen Installation von Hardwarekomponenten und Geräten.

In der Systemsteuerung von Windows 2000 finden Sie den Hardware-Assistenten, der zur Einbindung und Konfiguration neuer Komponenten dient. Der Geräte-Manager listet alle Geräte übersichtlich auf und zeigt eventuelle Hardware- oder Konfigurationskonflikte an. Außerdem können Sie hier die einzelnen Komponenten nachträglich konfigurieren, deaktivieren oder deinstallieren.

Zur erfolgreichen Einbindung von Hardwarekomponenten benötigt Windows 2000 wie jedes andere Betriebssystem auch natürlich passende Treiber. Auf der Windows 2000-CD-ROM liefert Microsoft bereits zahlreiche Treiber mit aus, und zwar nicht nur für die Standardkategorien Drucker, Grafik und Netzwerk, sondern zum Beispiel auch für Digitalkameras, Infrarotgeräte, Scanner oder Soundkarten.

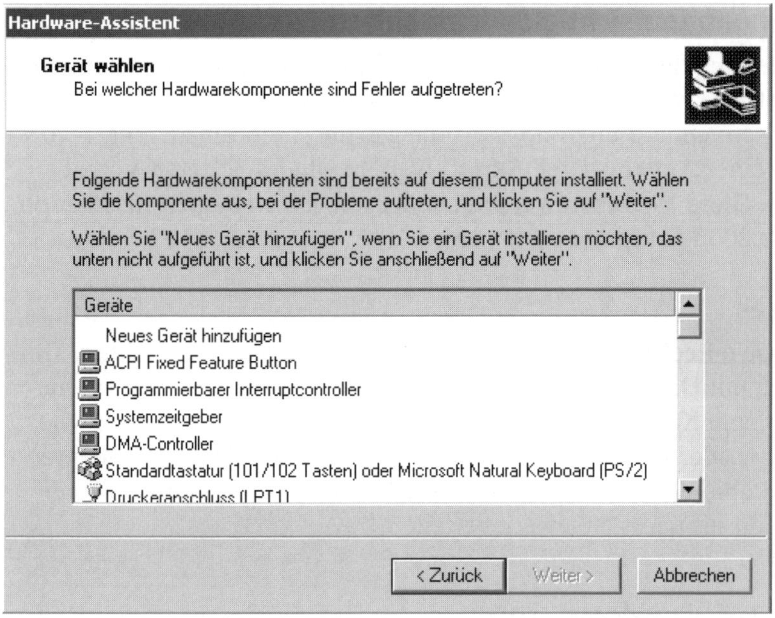

Die automatische Hardwareerkennung

Herstellerliste kompatibler Produkte

Eine Liste Windows 2000-kompatibler Produkte, mit Windows-Logo, finden Sie im Internet unter der Webadresse

`http://www.microsoft.com/windows/winlogo`

Anpassungen zur Netzwerkinstallation von Windows 2000

Voraussetzung zur Installation von Windows 2000 übers Netzwerk ist, dass die entsprechenden Computer bereits in ein existierendes Netzwerk eingebunden sind. Ansonsten muss der jeweilige Rechner per Diskette oder CD gebootet und am Netzwerk angemeldet werden. Über die Netzwerkanbindung wird dann die Verbindung zum Server mit den Windows 2000-Quelldateien aufgebaut. Um die verfügbaren Kapazitäten optimal zu nutzen, können die Quelldateien auf mehreren Servern im Netz verfügbar gemacht werden.

Bei der Netzwerkinstallation können Sie als Administrator den Ablauf Installation vorgeben und so die Dialoge festlegen, die der Anwender beantworten muss. Generelle Vorgaben wie zum Beispiel die Domänenzugehörigkeit und die Länderkonfiguration können dann vom Anwender bei der Installation nicht mehr verändert werden. Sie führen dazu eine so genannte unbeaufsichtigte Installation (engl. Unattended Setup) durch. Das Setup von Windows 2000 wird dabei von Skripts gesteuert.

Skripts zur unbeaufsichtigten Installation

Für die Erstellung der notwendigen Skripts finden Sie im Resourcekit von Windows 2000 Server das Utility Setup Manager. Mithilfe dieses Assistenten können Sie schnell und unkompliziert die gewünschten Einstellungen vornehmen. In einer Antwortdatei (Skript) werden alle festgelegten Vorgaben festgehalten. Diese Vorgaben werden bei der unbeaufsichtigten Installation im Windows 2000-Setup übernommen.

Disk-Images

Haben Sie viele Rechner mit einheitlichen Einstellungen einzurichten, können Sie auch mit Disk-Images arbeiten. Dazu erstellen Sie auf einem Referenzrechner eine Konfiguration, die Sie anschließend mit einem Tool wie Norton Ghost oder Powerquest Drive Image Professional auf alle weiteren Festplatten kopieren. Sie können auch ein Image der Originalpartition erzeugen und dieses übers Netzwerk verteilen.

Upgrade auf Windows 2000

Sie können grundsätzlich alle Windows-Betriebssysteme auf Windows 2000 upgraden. Das einfachste und unkomplizierteste Upgrade ist von Windows NT-Systemen auf Windows 2000 möglich. Dieses Upgrade wird durch die vielen Gemeinsamkeiten der beiden Betriebssysteme begünstigt.

- identische Registry-Datenbank und -Struktur
- gleiche Dateisystem- und Ordnerarchitektur
- identische Sicherheitsarchitektur
- gleiche Betriebssystem-Kernelarchitektur

Upgrade von Windows NT auf Windows 2000

Bei einem Upgrade von Windows NT auf Windows 2000 müssen Sie sicherstellen, dass für die Hardware des Rechners die Windows 2000-Treiber verfügbar sind. Sind diese nicht im Lieferumfang von Windows 2000 enthalten, müssen Sie versuchen, entsprechende Dateien von den Hardwareherstellern zu bekommen. Für ein Upgrade starten Sie dann einfach mit dem Befehl *Winnt32.exe* das Setup-Programm von Windows 2000 unter Windows NT.

Upgrade von Windows 95/98 auf Windows 2000

Das Upgrade von Windows 95/98 auf Windows 2000 erfordert etwas mehr Arbeit. Auch hier ist zuerst die Frage der Treiberverfügbarkeit für die Hardware zu prüfen. Da es für diese Betriebssysteme viele Hardwarekomponenten gibt, die nicht zu Windows NT kompatibel sind, ist auch das Treiberproblem etwas komplexer. Das gilt auch für die eingesetzten Softwareprodukte, die möglicherweise nicht zu Windows 2000 kompatibel sind. Probleme entstehen an dieser Stelle vor allem durch den unterschiedlichen Aufbau der Registry, die eine Übernahme der Einträge von Softwareprodukten unter Windows 95/98 auf die Registry von Windows 2000 verhindern. Um das Problem der Softwareumstellung von 95/98 auf Windows 2000 zu umgehen, empfiehlt es sich, kein Upgrade, sondern eine Neuinstallation durchzuführen. Mögliche Inkompatibilitäten werden so sofort sichtbar, unnötige Fehleinträge in der Registry können vermieden werden.

Das Installationsverzeichnis

Bei einer Installation von Windows 2000 Server auf eine formatierte, partitionierte Festplatte müssen Sie als Erstes das Installationsverzeichnis angeben. In dieses wird dann das Betriebssystem installiert. Die Verzeichnisstruktur von Windows 2000 entspricht der von Windows NT 4.0.

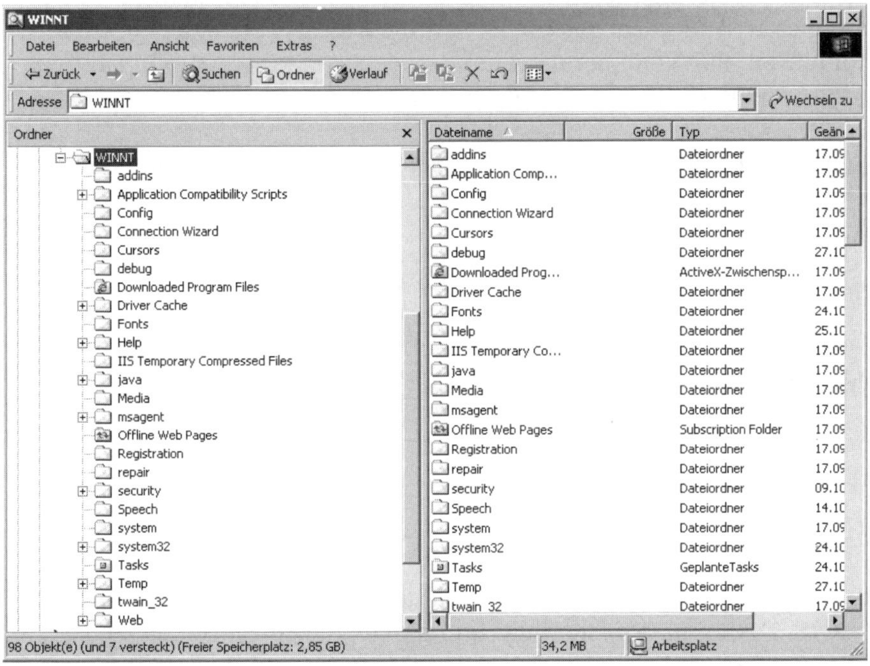

Der Verzeichnisbaum des Systemverzeichnisses

Die Konfiguration der Netzwerkdienste

Anders als bei Windows NT finden Sie die Netzwerkdienste jetzt direkt in der Systemsteuerung, in einem eigenen Ordner. Dadurch wird der Konfigurations- und Verwaltungszugriff deutlich erleichtert.

Rufen Sie die Netzwerk- und DFÜ-Verbindungen auf, werden in einem Ordner die vorhandenen Netzwerkverbindungen dargestellt.

Arbeiten Sie mit verschiedenen Netzwerkverbindungen, werden alle LAN-Verbindungen einzeln angezeigt. Zum Erstellen neuer Verbindungen dient der Netzwerkverbindungs-Assistent.

Um Netzwerkverbindungen zu verwalten oder zu konfigurieren, rufen Sie die Eigenschaften der entsprechenden LAN-Verbindung auf.

Vorteil der Statusabfrage

Mit der Statusabfrage kann man auf schnellem Wege erkennen, ob eine Verbindung aktiv ist oder ob Fehler auftreten.

Über die Eigenschaften einer LAN-Verbindung können Sie die zugehörige Netzwerkkarte konfigurieren und zugehörige Protokolle installieren oder deinstallieren. Außerdem passen Sie hier die Eigenschaften der einzelnen Protokolle an. Für Veränderungen an der Netzwerkkonfiguration ist unter Windows 2000 kein Rebooten des Systems notwendig.

Bei den TCP/IP-Einstellungen werden die folgenden Einzelkomponenten eingestellt:

- IP-Adresse
- Subnetzmaske
- Gateway
- DNS-Einstellungen
- WINS-Einstellungen
- IP-Sicherheit
- TCP/IP-Filter

Über die Eigenschaften der LAN-Verbindung konfigurieren Sie die Dienste für WINS, DNS und IP-Sicherheit. Im Rahmen der IP-Einstellungen geben Sie die IP-Adresse, die zugehörige Netzwerkmaske und einen eventuellen Gateway an.

Bei den DNS-Einstellungen wird der DNS-Server des LAN angegeben. Sind mehrere DNS-Server im Netzwerk vorhanden, bestimmen Sie über die Reihenfolge die Anfrage der einzelnen DNS-Server. Entscheiden Sie, ob primäre und verbindungsspezifische DNS-Suffixe angehängt werden, oder bestimmen Sie selbst ein DNS-Suffix für diese Verbindung.

Als Nächstes definieren Sie den WINS-Server des Netzwerks. Hier müssen Sie auch entscheiden, ob eine LMHOST-Abfrage aktiviert werden soll. Jetzt fehlen noch die Angaben zur IP-Sicherheit. Diese bestimmt die Routinen zum Wahren der Unversehrtheit der IP-Pakete, deren Authentizität und das Vertrauen der IP-Pakete, die von Computern im Netzwerk ausgetauscht werden.

Die IP-Sicherheitseinstellungen gelten für alle Verbindungen, die über TCP/IP abgewickelt werden.

Über die TCP/IP-Filtereinstellung können Sie die verschiedenen Ports des TCP/IP sperren. Dazu benötigen Sie die Kenntnis über die im Netzwerk verfügbaren Ports. Die Eingabe erfolgt nummerisch und bezeichnet den jeweiligen TCP- oder UDP-Port.

Hier eine Auszugsliste der wichtigsten TCP/IP-Ports:

Service Name	Port	Protokoll	Beschreibung
ftp-data	20/tcp		#FTP, data
ftp	21/tcp		#FTP. Control
telnet	23/tcp		
Smtp	25/tcp	mail	#Simple Mail Transfer Protocol
nameserver	42/tcp	name	#Host Name Server
nameserver	42/udp	name	#Host Name Server
nicname	43/tcp	whois	
domain	53/tcp		#Domain Name Server
domain	53/udp		#Domain Name Server
Tftp	69/udp		#Trivial File Transfer
http	80/tcp	www www-http	#World Wide Web
Ipx	213/udp		#IPX over IP
Login	513/tcp		#Remote Login
WINS	1512/tcp		#Microsoft Windows Internet Name Service
WINS	1512/udp		#Microsoft Windows Internet Name Service

Installationsstart und Winnt32.exe-Startoptionen

Sie können, wie schon zuvor erwähnt, Windows 2000 Server auf verschiene Arten installieren. Die einfachste Art ist die Installation mit einem bootfähigen CD-Laufwerk auf eine neu formatierte Festplatte. Hier folgen die unterschiedlichen Startoptionen der *Winnt32.exe*.

Installationsoptionen zu Winnt32

Die ausführbare Startdatei liegt bei Windows 2000 Server im Verzeichnis *CD:\I386* und hat den Namen *Winnt32.exe*.

Mit Aufruf der Datei startet das Installationsprogramm für Windows 2000 Server. Zur Parameterübergabe starten Sie die Installation an der Eingabeaufforderung.

- `winnt32 [/s:sourcepath] [/tempdrive:drive_letter] [/unattend[num][:answer_file]] [/copydir:folder_name] [/copysource:folder_name] /cmd:command_line] [/debug[level][:filename]] [/udf:id[,UDF_file]] [/syspart:drive_letter]`

Parameterbeschreibung

- `/checkupgradeonly:`
  Ein Installationscheck für die Upgrade-Tauglichkeit des Computers. Es findet eine Verträglichkeitsprüfung für die Betriebssysteme Windows 95 oder Windows 98 statt. Der Log-Report wird in das Installationsverzeichnis unter dem Namen *Upgrade.txt* geschrieben. Bei Windows NT 3.51- oder 4.0-Updates findet man den Report in der Datei *Winnt32.log* wieder.
- `/cmd:command_line`
  Bietet vor der endgültigen Installation die Möglichkeit einer Prompt-Eingabe.
- `/cmdcons:`
  Fügt eine Recovery Console zum Reparieren einer fehlerhaften Installation zum Start-Bildschirm hinzu.
- `/copydir:folder_name`
  Installiert ein zusätzliches Verzeichnis (Ordner), um zu Beispiel für eine bestimmte Firma oder Hardware Strukturtreiber oder andere Daten zu verteilen. Es können mehrere Ordner angegeben werden.

- `/copysource:folder_name`
  Fügt einen zusätzlichen Ordner (Verzeichnis) dem Installationsverzeichnis hinzu. Eine zusätzliche Verzeichnisstruktur kann zur Verteilung firmenspezifischer Treiber genutzt werden.
- `/debug[level][:filename]`
  Mit dem Parameter */debug* werden nach verschiedenen Log-Levels geordnete Systeminformationen ausgegeben und in eine Datei geschrieben. Je höher der Log-Level, desto detaillierter sind die Informationen.

Log-Level 0	Meldungen über Systemfehler
Log-Level 1	Fehlermeldungen
Log-Level 2	Warnungen
Log-Level 3	Informationen über Fehler
Log-Level 4	Jeder Prozessaufruf wird protokoliert

  Jeder höhere Log-Level schließt den niedrigeren ein.
- `/m:folder_name`
  Wechseln des Installationsverzeichnisses.
- `/makelocalsource:`
  Die Installationsdateien werden beim Installationsvorgang in ein anzugebenes Verzeichnis kopiert. So ist später, wenn die Installations-CD nicht verfügbar ist, die Möglichkeit gegeben, auf die Installationsdaten zuzugreifen.
- `/noreboot:`
  Verhindert den Reboot des PCs in der Installationsphase. Zusätzliche Kommandos können eingegeben werden.
- `/s:sourcepath`
  Beschreibt die Lage des Installationsordners von Windows 2000. Um gleichzeitig von mehreren Servern zu installieren, werden die Sourcedaten mehrfach angegeben.
- `/syspart:drive_letter`
  Mit diesem Parameter ist es möglich, Setup-Files zu einer anderen Festplatte zu übertragen. Wenn diese Festplatte in einem anderen PC eingebaut wird, kommt das Setup-Programm automatisch zur Ausführung. Der Schalter */syspart:drive_letter* kommt nur mit dem Schalter */temp drive:drive_letter* gemeinsam zur Anwendung.
- `/tempdrive:drive_letter`
  Angabe von einem Laufwerkbuchstaben zur Platzierung von Temp-Files. Aus dieser Partition wird Windows 2000 dann gestartet.

- `/unattend`

  Durch den Parameter */unattend* wird eine Benutzereingabe verhindert. Alle Einstellungen werden vom Master übernommen. Interessant für Standardinstallationen.

- `/unattend[num]:[answer_file]`

  Durch die Angabe eines *answer_file* können userabhängige Eingaben zur Installation abgefragt werden.

- `/udf:id[,UDF_file]`

  Wird für programmierte Installationen genutzt.

Weitere Varianten und Hilfen

Sollte kein bootfähiges CD-ROM-Laufwerk verfügbar sein, ist immer noch die Möglichkeit gegeben, es mit Treibern unter DOS zu starten. Man sollte jedoch bei dieser Installationsvariante DOS mit den Treibern *Himem.sys* und *Smartdrv.exe* konfigurieren. Die Startdatei für DOS lautet *Winnt.exe* und wird vom DOS-Prompt aufgerufen.

Sollten Sie in Ihrem System Mass Storage Controller (als SCSI, RAID oder Fibre Channel) einsetzen, muss vor der Installation von Windows 2000 Server eine Überprüfung stattfinden, ob die eingesetzte Hardware Windows 2000 Server-kompatibel ist. Eine aktuelle **H**ardware **C**ompatibility **L**ist for Windows 2000 (HCL) finden Sie auf der Windows 2000 Server CD unter dem Verzeichniss *\Support\Hcl.txt.*

Wurde die eingesetzte Hardware nicht in der HCL-Liste gefunden, besteht die Möglichkeit, beim Hersteller der Hardware einen aktuellen Treiber abzufordern. Jedoch haben noch nicht alle Hersteller ihre Treiber aktualisiert.

Hardware

Je standardisierter die Hardware, desto weniger Probleme treten auf.

Wenn auf dem Bildschirm dieses Bild erscheint, wurden die ersten Hürden der Installation übersprungen.

Windows 2000 Setup-Willkomen-Bildschirm

Windows 2000 über ein Netzwerk installieren

Die Remote-Installationsdienste bieten die Möglichkeit, Windows 2000 Professional über ein Netzwerk zu installieren. Damit können Sie neue Computer im Netzwerk automatisch mit einem richtig konfigurierten Betriebssystem ausstatten. Außerdem können Sie abgestürzte Arbeitsstationen schnell und einfach wieder in ihren Ausgangszustand versetzen.

Die einzelnen Arbeitsstationen melden sich dabei beim Booten automatisch an einem (RIS-)Server an, der dann die lokale Betriebssysteminstallation vornimmt. Im Zusammenspiel mit den IntelliMirror-Funktionen können die Benutzerprofile und Daten der Benutzer sowie erforderliche Software über Gruppenrichtlinien automatisch installiert und konfiguriert werden.

Die neuen Computer verbinden sich über das Netzwerk mit dem Remote-Installationsserver und identifizieren sich über ihre GUID, eine einzigartige Maschinenkennung, die vom Hardwarehersteller definiert wurde. Nach dieser Identifizierung reagiert der Remote-Installationsdienst mit den jeweiligen Installationsoptionen. Notwendigerweise muss die Netzwerkkarte der neuen Arbeitsstation dieses RIS-System unterstützen.

Servervoraussetzungen

Der Remote-Installationsdienst benötigt im Netzwerk den DNS-Service, das DHCP-Protokoll und Active Directory. Der Server für den Remote-Installationsdienst muss nicht selbst DNS-Server und DHCP-Server sein.

Außerdem müssen folgende Voraussetzungen erfüllt sein:

- Etwa 2 GByte Platz auf einer Festplatte des Servers, am besten definieren Sie eine eigene Partition für den Remote-Installationsdienst.
- Der Remote-Installationsdienst kann nicht auf dem Systemdatenträger installiert werden.
- Die Partition für den Remote-Installationsdienst muss mit NTFS formatiert sein. Sie darf nicht verschlüsselt sein und auch kein **D**istributed **Fi**le**s**ystem (DFS) verwenden.

Außerdem benötigen Sie eine Windows 2000 Professional-CD. Die Serverversion lässt sich nicht Remote installieren.

Installation des Remote-Installationsdienstes

Falls noch nicht vorhanden, installieren Sie als Erstes einen DNS-Server im Netzwerk. Wählen Sie dazu unter *Systemsteuerung/Software* die Option *Windows-Komponenten hinzufügen*. Klicken Sie hier doppelt auf *Netzwerkdienste*. Hier sehen Sie sofort, ob der DNS-Server bereits installiert ist. Wenn nicht, markieren Sie ihn hier und installieren ihn mit *OK*.

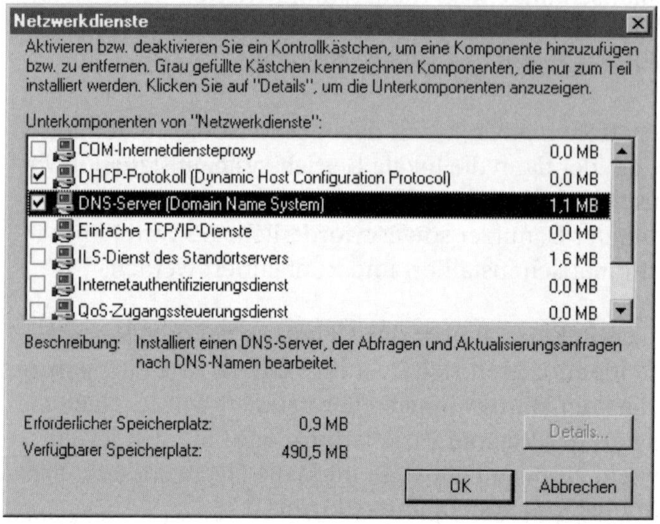

Der DNS-Server in der Liste der Netzwerkdienste

Installieren und konfigurieren Sie anschließend unter *Netzwerkdienste*, falls noch nicht geschehen, einen DHCP-Server. Stellen Sie weiter sicher, dass Active Directory installiert ist und funktioniert und dass ein Domänencontroller im Netzwerk existiert.

Installieren Sie unter *Systemsteuerung/Software* die Remote-Installationsdienste (dazu ist die Windows 2000 Server-CD-ROM erforderlich).

Rufen Sie nach dem Neustart das Programm zur Konfiguration des Servers (*Start/Programme/Verwaltung/Konfiguration des Servers*) auf. Klicken Sie hier auf *Installation fertigstellen*. Automatisch wird der Assistent zur Konfiguration der Remote-Installationsdienste gestartet.

Dieser Assistent fragt als Erstes ein Verzeichnis ab, in dem die Installationsdaten abgelegt werden sollen. Das Verzeichnis muss auf einem NTFS-Laufwerk liegen und sollte mindestens 2 GByte freien Speicherplatz zur Verfügung haben. Möchten Sie später mehrere Clientimagedateien dort ablegen, brauchen Sie entsprechend mehr Speicherplatz. Außerdem müssen Sie das Verzeichnis mit den Original-Windows 2000-Installationsdateien, üblicherweise das CD-ROM-Laufwerk, in dem sich die Windows 2000 Professional-CD befindet, angeben.

Wenn Sie die Option *Auf Dienstanfragen von Clients antworten* aktivieren, lässt sich der Remote-Installationsserver auch zum Installieren neuer Computer verwenden. Andernfalls antwortet er nur den Arbeitsstationen, die im Netz bekannt sind und wieder auf ihren ursprünglichen Zustand konfiguriert werden sollen. Diese Einstellung können Sie nachträglich jederzeit ändern.

Innerhalb des *RemoteInstall*-Verzeichnisses auf dem Server können Sie jetzt ein Unterverzeichnis für das erste Installations-Image angeben sowie eine Bezeichnung und einen kurzen Kommentartext, anhand dessen sich später die verschiedenen Images unterschieden lassen.

Danach beginnt der langwierige Kopiervorgang der Installationsdateien von der CD-ROM auf den Server.

Anschließend wird der Remote-Installationsdienst automatisch gestartet. Auf dem Server wird dabei automatisch eine Freigabe REMINST angelegt, die alle notwendigen Daten enthält, auf die die Arbeitsstationen zugreifen müssen.

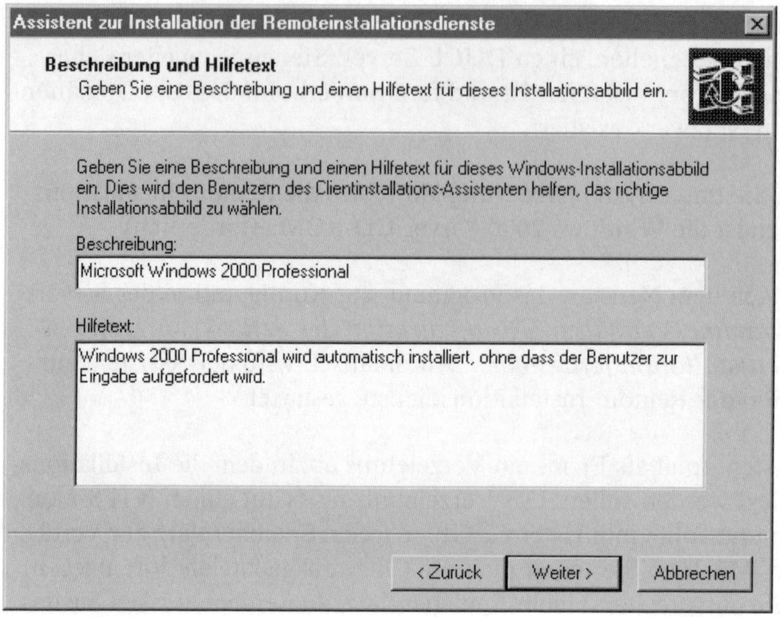

Beschreibung und Kurztext zur Imagedatei

Konfiguration des Remote-Installationsservers

Zur Konfiguration des Remote-Installationsservers wählen Sie den entsprechenden Rechner in *Active Directory Benutzer und Computer*. Die Server finden Sie dort entweder unter *Computers* oder unter *Domain Controllers*.

Öffnen Sie das Eigenschaftenfenster des Remote-Installationsservers und aktivieren Sie die Registerkarte *Remoteinstallation*. Hier können Sie unter anderem die Einstellungen für die Unterstützung von Clientcomputern ändern.

Wählen Sie *Erweiterte Einstellungen*. Auf der Registerkarte *Neue Clients* legen Sie jetzt fest, wie die Namen der Arbeitsstationen gebildet werden und wo sich diese in der Verzeichnisstruktur einordnen sollen. Im Listenfeld gibt es verschiedene Standardeinstellungen für die Bildung des Computernamens aus dem Namen des Anwenders.

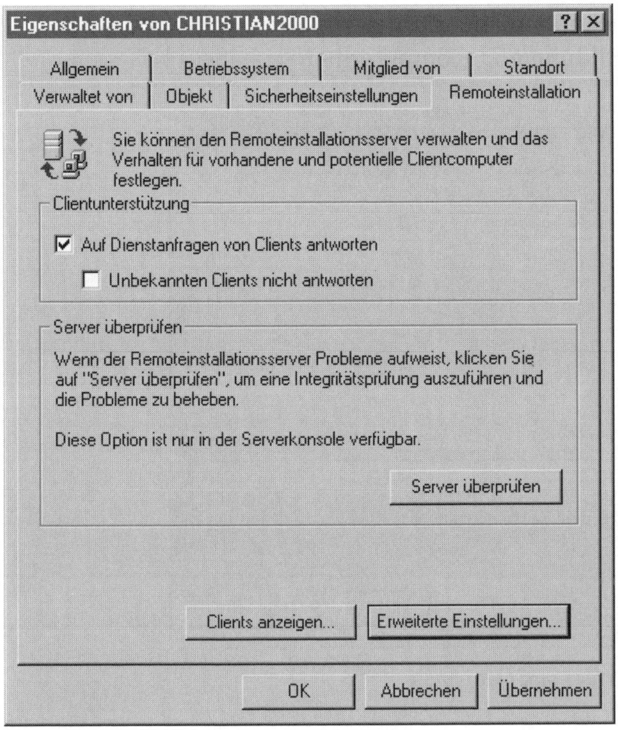

Eigenschaften eines Remote-Installationsservers

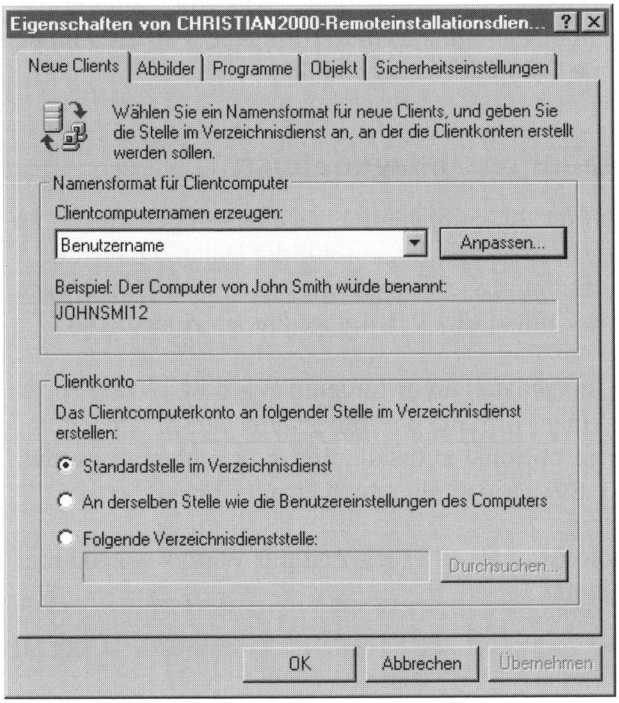

Einstellungen für Computernamen

Mit *Anpassen* können Sie entsprechend Ihrer Netzwerkstruktur eigene Regeln zur automatischen Bildung von Computernamen festlegen.

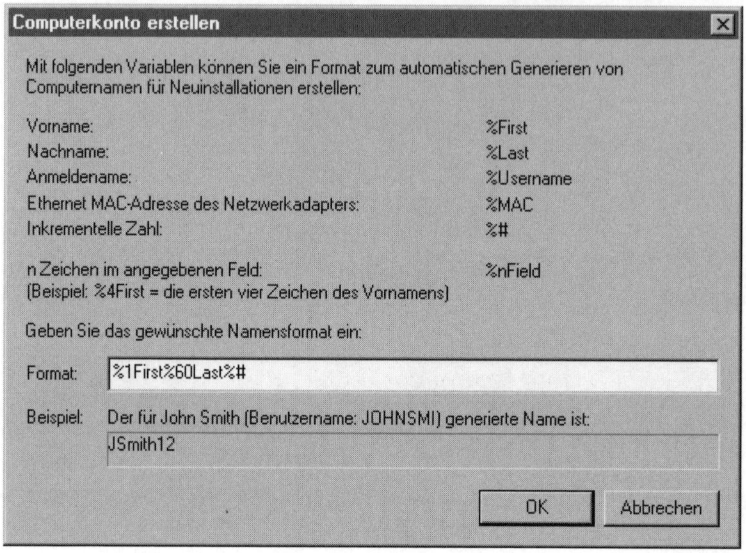

Benutzerdefinierte Einstellungen für Computernamen

Die Benutzer werden beim Starten des Installations-Assistenten auf der Arbeitsstation nach ihrem Namen gefragt. Aus dieser Eingabe wird anhand der festgelegten Regeln der neue Computername gebildet.

Verwaltung der Installations-Imagedateien

Auf der Registerkarte *Abbilder* finden Sie eine Liste aller auf dem Server gespeicherten Imagedateien. Hier steht zu Beginn nur die Datei, die bei der Installation des Remote-Installationsservers erstellt wurde. Mit *Hinzufügen* starten Sie einen Assistenten, um zusätzliche Imagedateien zu erstellen.

Hiermit können Sie neue Imagedateien von anderen Windows 2000 Professional-CDs erstellen oder einer vorhandenen Imagedatei verschiedene Optionen hinzufügen. Für diese optionalen Installationsmöglichkeiten werden einige Dateien mitgeliefert, Sie können aber auch eigene verwenden.

Der Remote-Installationsdienst unterstützt zur Zeit nur Windows 2000 und keine anderen Betriebssysteme.

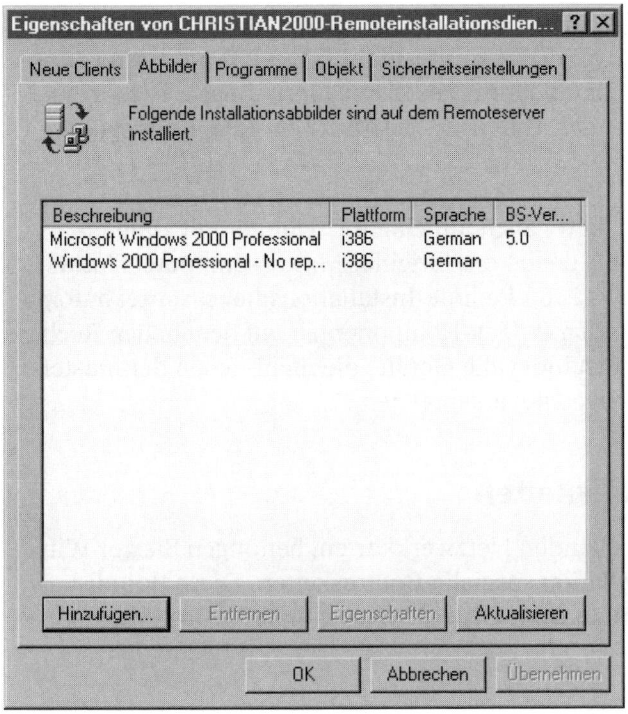

Liste der Installations-Imagedateien

Installations-Images von einem Master-Computer

Mit dem Remote-Installationsdienst können Sie mehrere neue Rechner genauso konfigurieren, wie ein bestehender Rechner konfiguriert ist. Dazu erstellen Sie von dieser einen Arbeitsstation eine Imagedatei, die dann über den Remote-Installationsdienst auf den anderen installiert wird.

So können Sie auch Programme installieren, die vom Windows Installer nicht unterstützt werden. Installieren Sie dazu diese Programme auf dem Master-Computer und konfigurieren Sie dort alle Einstellungen, wie Desktop-Layout, Startmenü oder Internet-Proxy-Konfiguration.

Nachdem dieser Master-Computer so konfiguriert ist, wie es die weiteren Arbeitsstationen werden sollen, starten Sie das Programm Riprep vom Remote-Installationsserver. Zum Erstellen solcher Imagedateien brauchen Sie Administratorrechte.

- `\\Server_name\REMINST\admin\i386\riprep.exe`

Dieses Programm entfernt zunächst alle computerspezifischen Parameter aus dem Betriebssystem, wie den **S**ecurity-**Id**entifier (SID) oder den Computernamen, und erstellt dann daraus ein Installations-Image. Dieses erscheint später in der Liste der Abbild-Dateien auf dem Remote-Installationsserver.

Eine solche Abbild-Datei kann auch auf einem Computer mit anderen Hardwarekomponenten als denen des Original-Master-Computers installiert werden. Der Windows 2000 Remote-Installationsdienst startet automatisch die Erkennung von Plug & Play-Komponenten auf dem neuen Rechner und konfiguriert selbstständig alle Geräte, die nicht denen der Master-Konfiguration aus der Imagedatei entsprechen.

Erstellen von Bootdisketten

Haben Sie keine entsprechenden Netzwerkkarten, benötigen Sie zur Windows 2000 Remote-Installation spezielle Bootdisketten. Diese Bootdisketten werden mit dem Remote Boot Disk Generator erstellt. Das Programm finden Sie unter:

- `\\Server_name\REMINST\Admin\I386\rbfg.exe`

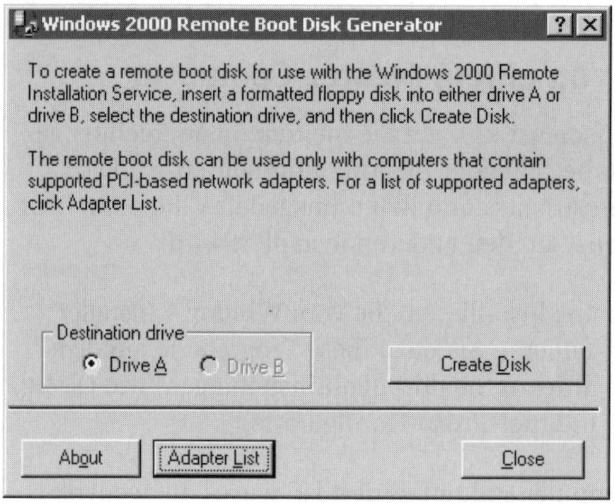

Der Remote Boot Disk Generator

Überprüfen Sie als Erstes mit *Adapter List*, ob die auf der Arbeitsstation verwendete Netzwerkkarte vom Remote-Installationsdienst unterstützt wird.

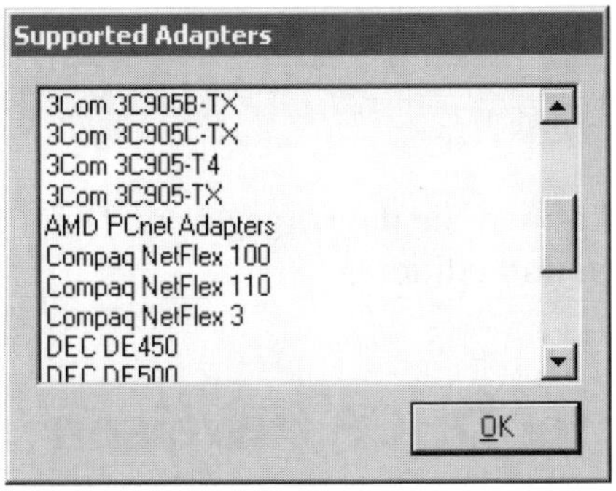

Liste unterstützter Netzwerkkarten

Anschließend können Sie mit *Create Disk* eine Bootdiskette für die Arbeitsstation erstellen.

Installation des Betriebssystems auf den Arbeitsstationen

Nachdem Sie den neuen Rechner mit einer Bootdiskette gestartet haben, erscheint automatisch ein textbasierter Installations-Assistent, der den Anwender zwischen automatischer und benutzerdefinierter Installation auswählen lässt. Diese Auswahlmöglichkeit lässt sich durch Gruppenrichtlinien einschränken.

Bei der benutzerdefinierten Installation werden einige Fragen zu Computername, Container-Objekt im Active Directory und anderen Optionen gestellt. Die automatische Variante beantwortet diese Fragen selbstständig anhand einer SIF-Datei, die mit dem Installations-Image auf dem Remote-Installationsserver abgelegt wird.

Keine eigenen Dateien auf der Festplatte

Weisen Sie alle Benutzer darauf hin, dass bei einer Neuinstallation des Betriebssystems über den Remote-Installationsdienst die Festplatte neu formatiert wird. Benutzer können also keine eigenen Dateien auf dem Rechner behalten. Vor der Installation muss alles gesichert werden.

Die Benutzer werden bei der Installation mit einem Textbildschirm begrüßt, der die verschiedenen Installationsmethoden zeigt. Hier können Sie als Administrator auch noch beliebige Hinweise an die Benutzer einfügen, wie zum Beispiel die Telefonnummer des firmeninternen Computer-Supports.

Die Datei finden Sie unter:

- `\\Server_name\REMINST\OSChooser\welcome.osc`

Für mehrsprachige Installationsoptionen können Sie die vorgegebene Datei *Multilng.osc* in *Welcome.osc* umbenennen und editieren.

Dynamische IP-Adressen per DHCP zuweisen

IP-Adressen in einem Netzwerk müssen eindeutig sein. Aus dieser Forderung resultiert, dass sie nicht beliebig vergeben werden können. Eine Möglichkeit ist, jedem Computer in einem Subnetz eine IP-Adresse fest zuzuordnen. Dies bedingt allerdings einen nicht unerheblichen Verwaltungsaufwand der vergebenen IP-Adressen. Die Alternative dazu ist die dynamische Vergabe von IP-Adressen bei jeder Anmeldung eines Clients im Netzwerk. Beim diesem Verfahren werden die vergebenen IP-Adressen aus einem IP-Adressen-Pool bezogen. Unter Windows 2000 gibt es einen besonderen Dienst, der für die Zuweisung von dynamischen IP-Adressen zuständig ist und sie verwaltet.

Dieser Dienst wird durch das **D**ynamic **H**ost **C**onfiguration **P**rotocol (DHCP) gewährleistet. Das Konzept benötigt einen DHCP-Server, der auf einem bestimmten Port achtet und einem anfragenden DHCP-Client eine IP-Adresse zuordnet. DHCP-Adressen werden mit dem DHCP-Manager auf dem Server bearbeitet. Hier wählt man einen DHCP-Server aus dem lokalen Netzwerk aus und erstellt für diesen Server eine IP-Adressenliste. Diese werden dann vom Server an die Clientrechner verteilt, die eine DHCP-Anfrage stellen. Eine vergebene IP-Adresse wird auch noch nach dem Abmelden des Rechners, der diese IP-Adresse zugewiesen bekam, für eine einstellbare Zeit reserviert. Der Vorteil dieses Verfahrens ist der geringe Konfigurationsaufwand.

Wesentlicher Nachteil ist, dass die Eindeutigkeit der IP-Adressen verloren geht. Ein Benutzer, mit dem man Daten per FTP austauschen möchte, hat bei jedem Anmeldevorgang eine neue IP-Adresse, sodass es ständiger neuer Konfigurationsarbeiten bedarf. Ein weiterer Nachteil ist die starke Belastung des DHCP-Servers, wenn viele Rechner gleichzeitig (z. B. ein Pool) eine IP-Adressenanfrage stellen.

DHCP Up: Motivation für Bootmechanismen

Mit der Entwicklung von mobilen Systemen wie Systemen mit drahtloser Übertragung oder Laptops mit Netzanschluss ergibt sich das Problem, dass BOOTP zu statisch für die Konfiguration dieser Systeme ist. Die Ursache liegt darin, dass BOOTP nur gestattet, Konfigurationsinformationen einem Hostsystem statisch zuzuordnen. Außerdem muss bei BOOTP der Netzadministrator für jeden Host die Konfigurationsinformationen einzeln in einem Konfigurationsfile des BOOTP-Servers niederlegen. Dadurch ist BOOTP nicht in der Lage, einzelne Rechner dynamisch mit einer Konfiguration zu versorgen. Große Probleme bekommt man mit BOOTP vor allem, wenn Rechner sehr flexibel in unterschiedlichen Netzen eingesetzt werden oder wenn weniger freie IP-Adressen vorhanden sind als Interessenten für eine IP-Adressenanfrage.

Dynamic Host Configuration Protocol

DHCP wird heute schon in vielen Bereichen zur Konfiguration von IP-Systemen eingesetzt und eignet sich gut zur Konfiguration mobiler Systeme. DHCP erweitert das BOOTP-Protokoll, indem es einem Rechner oder IP-System die Möglichkeit bietet, seine IP-Adresse schnell und dynamisch zu erhalten. Damit ein DHCP-Server IP-Systeme dynamisch mit IP-Adressen versorgen kann, muss der Netzadministrator ihm einen Satz IP-Adressen zur Verfügung stellen. Über diese IP-Adressen muss der DHCP-Server frei verfügen können, d. h., sie dürfen nicht von anderen Systemen im Netz belegt sein. Wenn nun ein Rechner, der so genannte DHCP-Client, in das Netz eintritt, nimmt er mit dem DHCP-Server Kontakt auf. Der Server wählt eine seiner freien Adressen aus und vermittelt sie dem neuen Rechner.

Dabei unterstützt DHCP auch BOOTP-Anfragen. Bei DHCP gibt es dabei drei Arten der Adressvergabe. Bei der manuellen Vergabe von IP-Adressen werden diese wie beim BOOTP-Protokoll von einem Administrator vergeben. Beim automatischen Vergabeverfahren bekommt ein neu hinzugekommener Rechner vom Server automatisch eine permanente IP-Adresse zugeteilt. Beim dynamischen Vergabeverfahren bekommt der neu Hinzugekommene wie beim automatischen Verfahren eine IP-Adresse, jedoch nur für eine beschränkte Zeit, die so genannte Leasezeit. Dabei wird der Begriff Lease auch als Bezeichnung für die Erlaubnis verwendet, die Netzressourcen zu nutzen, die der DHCP-Server zugänglich macht. Bei der Vergabe von Adressen ist zu beachten, dass ein System, das mehrere IP-Adressen benötigt, für jede Adresse eine eigene Adressenanfrage unter DHCP starten muss.

DHCP Options

Die Informationen für die Konfiguration sowie die IP-Adresse werden dem DHCP-Client mit den DHCP Options mitgeteilt. Diese werden an Protokolldateneinheiten/PDUs angehängt, die zwischen DHCP-Server und DHCP-Client ausgetauscht werden. Die Länge des Option-Teils einer DHCP-PDU ist dabei variabel mit einer Mindestlänge von 312 Oktetts.

Welche Konfigurationsinformationen bzw. IP-Adressen zur Verfügung stehen, entnimmt ein DHCP-Server einer Datei mit Konfigurationsinformationen, auf die er lesend zugreift. Es wird weiterhin im Rahmen des Protokolls davon ausgegangen, dass sowohl beim Server als auch beim Client eine konsistente Datenhaltung existiert, d. h., sowohl der Server als auch der Client merken sich die aktuelle Konfiguration des Clients. Dies geschieht beim Server sowohl innerhalb einer Datenstruktur zur Laufzeit wie auch innerhalb einer Datenbasis, die als Schutz vor Ausfällen des Serverprogramms in einem File niedergelegt wird. Das genaue Format dieser Datenbasis und der Datenstruktur wird aber vom Protokoll nicht vorgeschrieben; das Format hängt von der Implementierung innerhalb der DHCP-Server-/Clientsoftware ab.

Sicherheitsmechanismen

Beim Einsatz von Computern stellen sich oft auch Probleme wie das eines nicht autorisierten Zugriffs auf die bereitgestellten Ressourcen durch Benutzer. Aus dieser Problemlage heraus hat man sich seit längerem Verfahren überlegt, die Rechner vor ungewolltem Zugriff schützen. Jeder Benutzer eines UNIX-Systems beispielsweise kennt wohl die Login-Prozedur, bei der man ein nur dem Benutzer bekanntes Passwort eingeben muss, bevor man die bereitgestellten Dienste des Systems nutzen kann. Gerade beim Einsatz von mobilen Systemen wie Laptops, die über eine Infrarot- oder eine andere drahtlose Verbindung an ein Netz angeschlossen sind, kann die Notwendigkeit einer Authentisierung von zugangsberechtigten Benutzern entstehen. Mittlerweile existieren schon zahlreiche Verfahren, um die Sicherheit im Umgang mit Computern zu gewährleisten. Bei vielen Verfahren werden übertragene Daten mit kryptologischen Verfahren verschlüsselt, wobei Codes als Schlüssel verwendet werden, die nur dem Benutzer bzw. dem Netzbetreiber bekannt sind. Bei den Verschlüsselungsverfahren kennt man Sender und Empfänger von kodierten Nachrichten. Bemühungen um die Sicherheit in IP-Netzen werden von Workgroups wie der IP Security Workgroup vorgenommen. Welches oder welche Verfahren zur Sicherung eines Systems oder Netzes verwendet werden, hängt zum größten Teil von der so genannten Policy der Betreiber ab. Die Policy wiederum, also die Strategie, mit der die Sicherheit erreicht werden soll, hängt teils von den lokalen Gegebenheiten, teils von den individuellen Ansprüchen der Netzbetreiber ab.

DNS – Namensauflösungen im Netzwerk

In diesem Kapitel bringen wir Ihnen die Namesauflösung im Netzwerk näher.

DNS-Planung

Wie bekannt, ist der Mensch nur in beschränktem Maße in der Lage, sich Zahlen und Zahlenkombinationen zu merken. Hingegen ist die Wiedererkennungsrate bei Begriffen und Wortgebilden sehr hoch. Aus diesem Grund wurde die Möglichkeit entwickelt, IP-Adressen Namen zuzuordnen. Die Aufgabe der Namensauflösung übernimmt der DNS-Dienst (**D**omain **N**ame **S**ystem). Zur Planung einer DNS-Struktur für Ihr Netzwerk müssen Sie entscheiden, wie viele DNS-Server Sie benötigen und welche Funktionen (Forward-Lookup, rekursives Forward-Lookup und Reverse-Lookup) der oder die Server ausführen sollen.

DNS-Aufgaben

Im Wesentlichen hat DNS die Aufgabe, mittels Forward-Lookup einen symbolischen Namen, bezeichnet als vollqualifizierten Domänennamen (**F**ully **Q**ualified **D**omain **N**ames, FQDNs), in eine IP-Adresse umzuwandeln. Für eine Standard-DNS-Planung können Sie dementsprechend die anderen Funktionen des DNS außer Acht lassen.

Eine weitere Aufgabe von DNS ist die Unterstützung bei der Verschlüsselung des Replikationsverkehrs über öffentliche Netze. Es stehen für diese Aufgabe die Dienste IPSec (**I**nternet **P**rotocol **Sec**urity) und VPN (**V**irtual **P**rivate **N**etwork) bereit.

Die DNS-Struktur

Um sich für einen grundlegenden DNS-Aufbau zu entscheiden, ist es notwendig, als Erstes zu entscheiden, ob mit oder ohne Active Directory Service im Netzwerk gearbeitet werden soll. In Abhängigkeit davon müssen Sie entweder eine DNS-Standardstruktur oder eine Active Directory Service-DNS-Struktur für Ihr Netzwerk entwickeln.

DNS mit Active Directory Service

Wollen Sie sofort oder in absehbarer Zeit Active Directory Service als Verzeichnisdienst im Netzwerk einsetzen, sollte auch Ihre DNS-Infrastruktur darauf aufbauen. Die Funktionalität des DNS-Services ist dabei identisch zu der herkömmlichen. Unterstützt wird der Verzeichnisdienst von DNS durch folgende Faktoren:

- Einhalten der IETF-Spezifikationen (**I**nternet **E**ngineering **T**ask **F**orce).
- Der Active Directory Service-basierte DNS-Server stellt sich für andere DNS-Server als ein primärer Zonenserver dar.
- Durch die gemeinsame Replikationsinfrastruktur von Active Directory Service und Domain Name Service verringert sich der Verwaltungsaufwand im Netzwerk erheblich.
- Erhöhte Sicherheit durch Autorisierung der Domain Name Service-Server im Active Directory Service.

Sie benötigen für einen solchen Entwurf mindestens einen Domain Name Service-Server, der eine Active Directory Service-integrierte Zone unterstützt. Außerdem sollten Sie frühzeitig auf Erweiterungen des Domain Name Service-Entwurfs achten. Sie benötigen zusätzliche Domain Name Service-Server, wenn:

- Sie eine höhere Domain Name Service-Verfügbarkeit benötigen,
- die Antwortzeiten auf die Domain Name Service-Abfragen zu langsam werden,
- Sie bei geringer Bandbreite im WAN die Netzbelastung senken wollen, indem Sie an jedem Standort einen Domain Name Service-Server installieren.

Domain Name Service-Standardinfrastruktur

Haben Sie in Ihrem Netzwerk schon andere Betriebssysteme, auf denen ebenfalls Domain Name Service-Server arbeiten, bietet es sich an, auf Basis einer Domain Name Service Standardinfrastruktur zu arbeiten. Diese Standardstruktur bietet Ihnen dabei folgende Merkmale:

- Einhalten der IETF-Spezifikationen (**I**nternet **E**ngineering **T**ask **F**orce).
- Verfügbarkeit von Domain Name Service-Zonetypen mit primären und sekundären Zonen.

Bei einer Domain Name Service-Standardinfrastruktur ist das Hinzufügen zusätzlicher Domain Name Service-Server bei folgenden Randbedingungen notwendig:

- Sie wollen durch Redundanz eine höhere Verfügbarkeit erreichen.
- Sie wollen durch einen oder mehrere zusätzliche Standard-Domain Name Service-Server die Antwortzeiten auf Domain Name Service-Anfragen senken.
- Sie wollen den Datenverkehr im WAN senken und installieren an jedem Standort einen Domain Name Service-Standardserver.

Nachteile der Standardinfrastruktur

Setzen Sie eine Standard-Domain Name Service-Infrastruktur ein, gehen Ihnen die Vorteile der Anbindung an den Verzeichnisdienst verloren. Diese Nachteile wirken sich auf unterschiedliche Weise aus:

- In der Standardstruktur kann der Domain Name Service-Server beim Ausfallen eines primären Zonenservers die Domain Name Service-Zonendatenbank nicht mehr aktualisieren.
- Es können keine expliziten Domain Name Service-Server-Autorisierungen durchgeführt werden. Dadurch besteht das Risiko der Identitätsänderung von Domain Name Service-Servern innerhalb einer Zone.
- Es gibt keine einheitliche Struktur von DNS und ADS im Netzwerk.

Vorüberlegungen zum Entwurf

Bei der Planung der Domain Name Service-Infrastruktur müssen Sie sich für einen hierarchischen oder einen horizontalen Entwurf entscheiden. Ein hierarchischer Entwurf entspricht den meisten Firmenorganisationen und dürfte deshalb für die meisten Fälle der richtige Entwurf sein. Arbeiten Sie in Projektorganisationen, ist ein horizontaler Entwurf in Erwägung zu ziehen.

Bei folgenden Randbedingungen sollten Sie einen hierarchischen Entwurf wählen:

- Ihr Netzwerk wird eine große Anzahl von Hosts und/oder Standorten haben.
- Sie können die Domain Name Service-Abfragen auf mehrere Abschnitte aufteilen.
- Die unterschiedlichen Standorte Ihres Netzwerks benötigen jeweils eigene Domain Name Service-Datenbanken.

Für einen horizontalen Entwurf sprechen diese Randbedingungen:

- Sie haben im Netzwerk nur wenige Hosts oder eine geringe Anzahl von Standorten.
- Die Domain Name Service-Abfragen werden immer über das gesamte Netzwerk ausgeführt.
- Sie verwalten Ihre Domain Name Service-Datenbank zentral.

Sicherheit bei DNS-Entwürfen

Häufig erfolgen bei Netzwerken mit öffentlichen IP-Adressen die Domain Name Service-Zonenreplikationen auch über das öffentliche Netzwerk (Internet). Daraus ergibt sich ein erhebliches Sicherheitsrisiko. Deshalb sollten Sie erwägen, den Datenverkehr über das öffentliche Datennetz zu verschlüsseln. Für diesen Zweck stehen unter Windows 2000 die Dienste IPSec und VPN zur Verfügung. Der Umgang mit diesen Sicherheitsdiensten wird in gesonderten Kapiteln ausführlich beschrieben.

Zusätzlich zu den Verschlüsselungsmethoden steht Ihnen beim Einsatz von Active Directory Service natürlich die Erhöhung des Sicherheitsstandards durch die Autorisierung der Domain Name Service-Server beim Verzeichnisdienst zur Verfügung.

Die DNS-Datenbank

DNS ist eine globale, verteilte Datenbank, die auf einem hierarchischen Namensystem basiert. Das Namensystem wurde entwickelt, um Hosts (Computer und andere Netzwerkgeräte) im Internet und anderen TCP/IP-Netzen eindeutig identifizieren zu können.

Die Wurzel der DNS-Datenbank wird vom Internet Information Center verwaltet. Die TOP-Level-Domänen werden je Organisation und Land zugewiesen.

- Der DNS-Name besteht aus zwei Teilen:
- Domänenname und
- Hostname

Zusammen bekannt als vollqualifizierter Domänename (**F**ully **Q**ualified **D**omain **N**ame, FQDN). Beachten Sie, dass der DNS Name aus mehreren Teilen bestehen kann, wobei die einzelnen Teile durch Punkte getrennt sind. DNS verwendet ein Client-Server-Modell. Der DNS-Namenserver enthält Informationen über einen Teil des globalen Adressraums, wie z. B. ein privates Intranet. Client Computer können so konfiguriert werden, dass sie den DNS-Server nach dem Mapping für Hostname zu IP-Adressen abfragen, dieses ist nötig, um eine Verbindung zum Internet oder zu einer anderen Intranet-TCP/IP-Netzressource aufzubauen.

Einstellungen für DNS-Zugriff

Die Konfiguration des DNS-Zugriffs auf einen oder mehreren DNS-Servern erfolgt unter der Netzwerkkonfiguration, in der Registerkarte *Erweiterte TCP/IP-Einstellungen*.

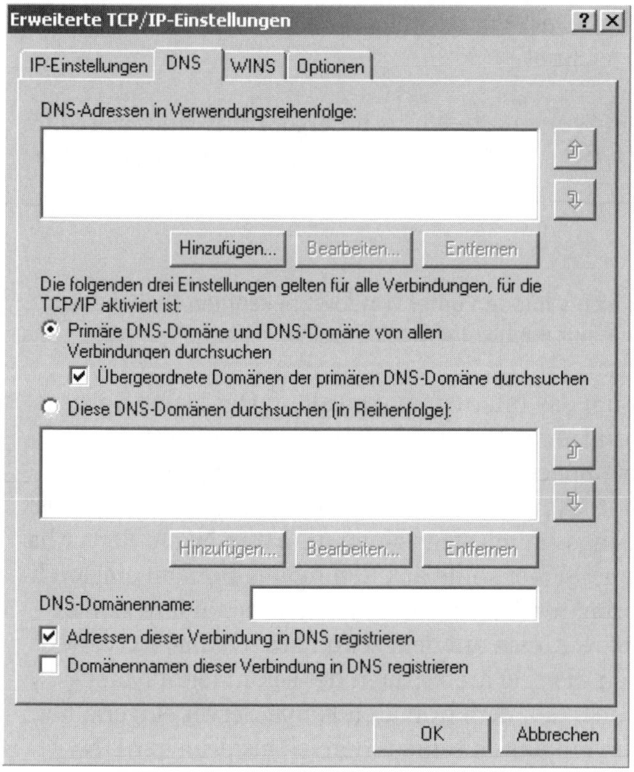

Die Registerkarte Erweiterte TCP/IP-Einstellungen

Wenn sich in Ihrem Netzwerk ein oder mehrere DNS-Server befinden, sollten sie in der Konfiguration eingetragen werden, da eine Anfrage zur Namensauflösung von einem DNS-Server schneller beantwortet wird als die Ermittlung über Broadcast und NSlookup.

Funktionsweisen des DNS

Das DNS indiziert Hostnamen in einer hierarchischen Datenbank. Diese Datenbank kann verteilt verwaltet werden. Die hierarchische Organisation ist vergleichbar mit der Verzeichnisstruktur von Betriebssystemen. Es ist eine umgekehrte baumartige Struktur, bei der die Wurzel oben und die Zweige unten stehen. Namen, die alle Knoten zwischen dem Wurzel- und dem Endknoten enthalten, werden vollqualifizierte Domänennamen (FQDN, **F**ully **Q**ualified **D**omain **N**ame) genannt. Der Wurzelknoten im Domain Name Space (der hierarchischen Datenbank) wird Wurzel (Root) oder Hauptdomäne (Root Domain) genannt. Jeder Knoten im Baum trägt einen Namen, der bis zu 63 Zeichen lang sein kann. FQDN beginnen immer mit dem Ziel-Namen und gehen zum Root zurück. Die einzelnen Knoten werden durch Punkte getrennt. Das Wurzelverzeichnis wird durch einen nachgestellten Punkt gekennzeichnet.

Domänen, die direkt dem Wurzelverzeichnis untergeordnet sind, werden Top Level Domains genannt. Jeder Top Level Domain werden weitere Domänen untergeordnet.

DNS-Domänen

DNS-Domänen haben nichts mit den unter Windows bekannten Domänen zu tun. Domäne bezeichnet nur die hierarchische Struktur.

DNS wurde entwickelt, um das Internet zu verwalten. Der Name Space ist zu umfangreich, um zentral verwaltet zu werden. Es ist daher erforderlich, die Verwaltung des Name Space an Sub-Domänen zu delegieren. Der gesamte Name Space wird in Zonen unterteilt. Zonen sind Untermengen des DNS-Baums. Jede Zone muss mindestens einen primären Name-Server haben. Ein sekundärer Name-Server sollte aus Redundanzgründen eingerichtet werden. Auf einem primären Name-Server werden sekundäre Zonen eingerichtet, die als primäre Zonen auf dem sekundären Name-Server existieren. Umgekehrt werden die primären Zonen des sekundären Name-Servers als sekundäre Zonen auf dem primären Name-Server eingerichtet. Der sekundäre Name-Server kann in seinem Bereich als primärer DNS-Server dienen, dort fungiert der primäre Name-Server dann als sekundärer Name-Server. Die Zonendaten müssen die Name-Server untereinander austauschen.

Auswertung von DNS-Abfragen

Fragt eine Anwendung Daten vom DNS ab, benutzt sie einen Resolver. Der Resolver ist die Client-Seite einer Client-Server-Verbindung. Der Resolver erzeugt die DNS-Abfrage und sendet diese an den Name-Server. Der Name-Server sendet die Antwort an den Resolver, der die Daten verarbeitet und an die Anwendung liefert.

Der Resolver in einem Host muss mit mindestens einer IP-Adresse eines Name-Servers konfiguriert werden. Wenn der Resolver eine IP-Adresse zu einem Namen benötigt, so nimmt er Kontakt zu dem Name-Server auf, dessen IP-Adresse ihm bekannt ist. Der Name-Server liefert die IP-Adresse zu einem Namen, wenn sie ihm bekannt ist. Kennt er die IP-Adresse nicht, wird die Anfrage zum übergeordneten Name-Server weitergeleitet. Wenn nötig, wird die Anfrage bis in die oberste Ebene von Name-Servern weitergeleitet, bis die Anfrage aufgelöst werden kann. Der Name-Server speichert die Ergebnisse der letzten Namensauflösung in einem lokalen Zwischenspeicher. Dies verkürzt die Anfrage, wenn die IP-Adresse zur Namensauflösung sonst mehrere Name-Server durchlaufen müsste. Auch sind dem Name-Server hierdurch Adressen anderer Name-Server in anderen Zweigen des Baums bekannt. Hierdurch kann die Anfrage direkt an einen Name-Server in einem anderen Zweig geleitet werden, ohne den Umweg über die oberste Ebene von Name-Servern zu gehen.

MS-DNS-Server

Der Microsoft-DNS-Server wird über das Symbol *Konfiguration des Server* in dem Ordner *Verwaltung* aufgerufen.

Windows 2000 Server konfigurieren

Für die Installation des DHCP-Servers starten Sie den Assistenten für Windows-Komponenten.

Der Assistent für Windows-Komponenten

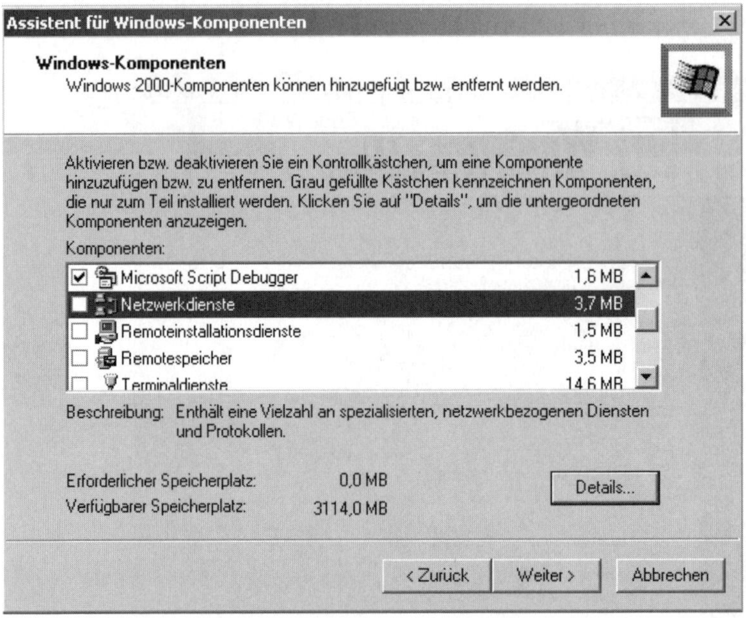

Windows 2000 Server-Komponenten hinzufügen/entfernen

Nach Aufruf des Assistenten für Windows-Komponenten werden Ihnen alle installierten Komponenten aufgelistet. Unter der Rubrik *Netzwerkdienste* finden wir eine Reihe von netzwerkbezogenen Diensten und Protokollen.

Die Rubrik *Netzwerkdienste* enthält folgende Unterkomponenten:

- `Com-Internetdienstproxy`
  Ermöglicht es DCOM (**D**istributed **C**omponent **O**bject **M**odel), durch HTTP über den Internet Information Server übertragen zu werden.
- `DHCP-Protokoll` (**D**ynamic **H**ost **C**onfiguration **P**rotocol)
  Ermöglicht es einem Netzwerk, einem Host, der sich mit dem Netzwerk verbindet, automatisch eine temporäre IP-Adresse zuzuweisen.
- `DNS-Server` (**D**omain **N**ame **S**ystem)
  Verarbeitet DNS-Abfragen und Aktualisierungsanfragen.
- `Einfache TCP/IP-Dienste`
  Unterstützt die folgenden TCP/IP-Dienste: Zeichengenerator, Datei Discard, Echo.
- `Internetauthentifikationsdienst`
  Verifiziert Authentisierungsanfragen, die durch das RADIUS-Protokoll emfangen wurden.
- `LDAP-Dienst des Standortservers`
  Durchsucht TCP/IP-Stacks und aktualisiert Verzeichnisse mit den aktuellsten Benutzerinformationen.
- `QoS-Zugangsteuerung`
  Ermöglicht Ihnen die Angabe der Qualität der Netzwerkverbindung jedes Subnetzes.
- `WINS-Dienst` (**W**indows **I**nternet **N**ame **S**ervice)
  Bietet einen NetBIOS-Namensdienst für TCP/IP-Clients, die NetBIOS-Namen registrieren und auswerten müssen.

In diesem Abschnitt interessiert uns nur der DNS-Server. Dieser wird durch Markieren installiert.

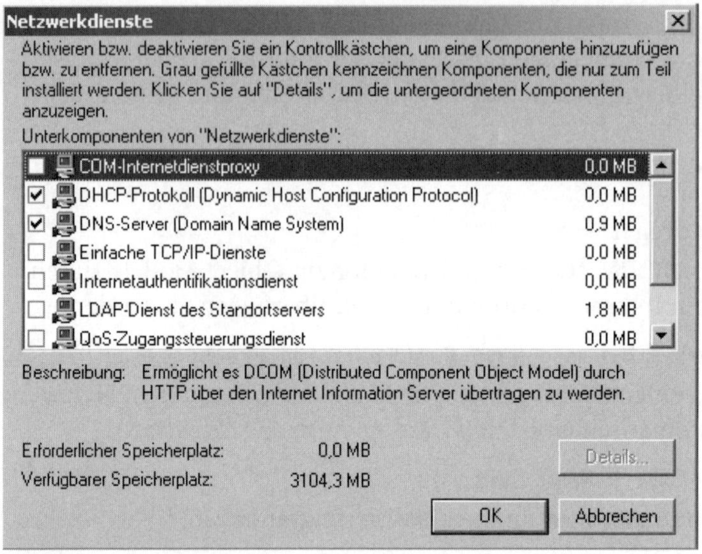

Netzwerkdienste DNS

Nach der Installation können Sie DNS über die Verwaltung oder über den Server-Manager administrieren.

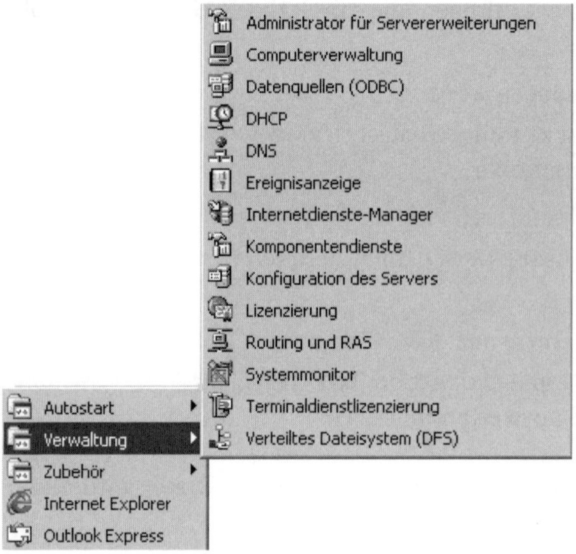

Der Ordner Verwaltung mit den Administrationstools

Um uns die Konfiguration von DNS-Server zu erleichtern, wurde auch für DNS ein Assistent für die DNS-Serverinstallation eingerichtet. Er wird nach der Installation durch den DNS-Manager aufgerufen.

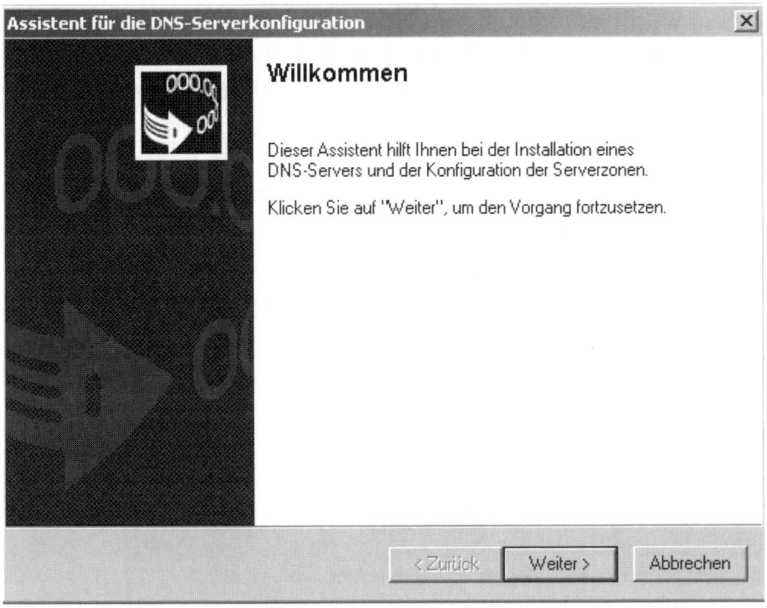

Der Assistent für die DNS-Serverinstallation

Zum Betrieb von DNS muss mindesten ein Stammserver vorhanden sein, damit DNS ordnungsgemäß ausgeführt werden kann. Denn DNS ist eine globale, verteilte Datenbank, die auf einem hierarchischen Namensystem basiert.

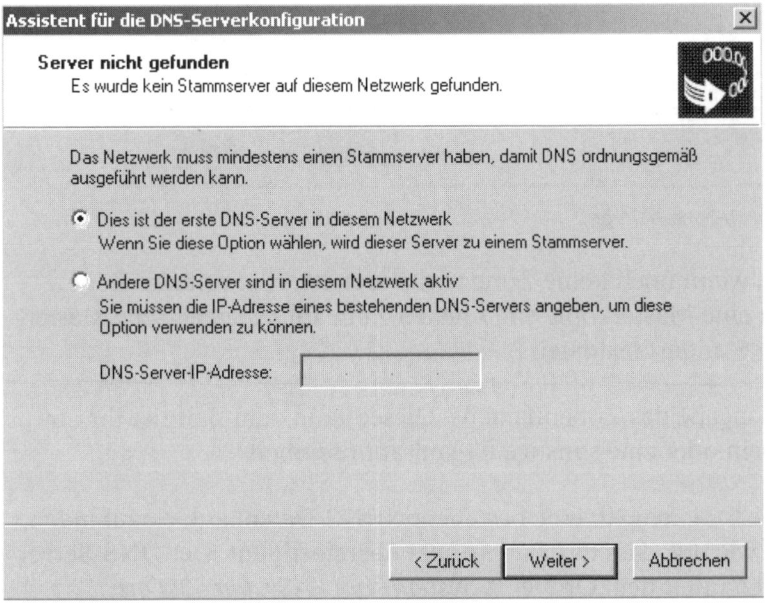

Der Assistent für die DNS-Serverinstallation mit der DNS-Abfrage

Das Namensystem wurde entwickelt, um Hosts (Computer und andere Netzwerkgeräte) im Internet und anderen TCP/IP-Netzen eindeutig identifizieren zu können. Sollten zur Zeit keine weiteren DNS-Server im Netzwerk vorhanden sein, so ist dieser als Stammserver zu definieren.

Es folgt die Frage nach den Forward Lookup-Zonen. Eine Forward Lookup-Zone ist eine Datenbank, mit deren Hilfe Namen und IP-Adressen aufgelöst und Netzwerkdienste gesucht werden können. Nach dem Erstellen einer Forward Lookup-Zone müssen Sie den Namen der Zone angeben (zum Beispiel *Firma.de*).

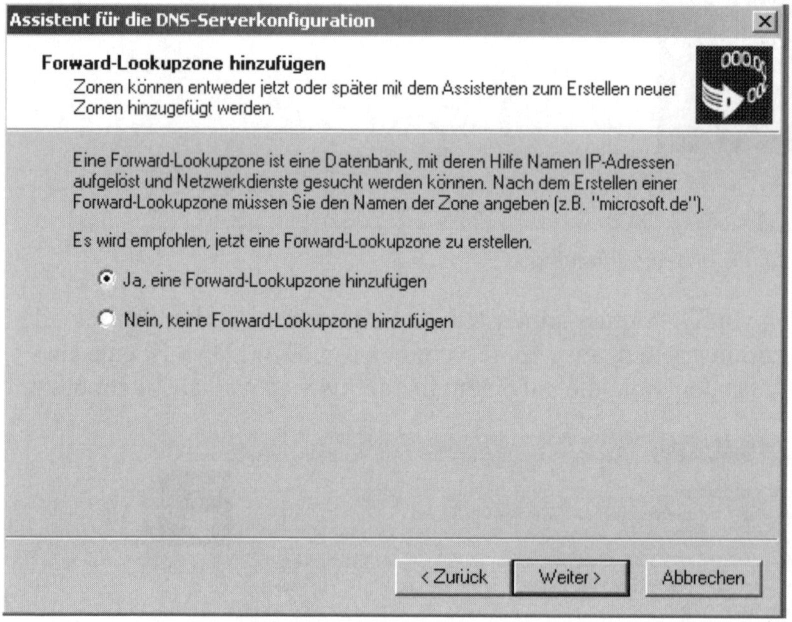

Die Forward Lookup-Zone-Abfrage

Erstellen Sie, wenn noch keine Zone vorhanden ist, eine primäre Zone. Diese erstellt eine Masterkopie einer neuen Zone und speichert die Masterkopie in eine Standardtextdatei.

Es folgt die Eingabe des Zonennamens. Dieser kann zum Beispiel Ihr Firmennamen sein oder eine sonstige Organisationseinheit.

Es besteht die Möglichkeit, eine bestehende DNS-Datenbank einzubinden. Hierzu ist es wichtig, dass das Dateiformat übereinstimmt. Der DNS-Server sucht die Datei unter dem Ordner *%SystemRoot%\System32\Dns*.

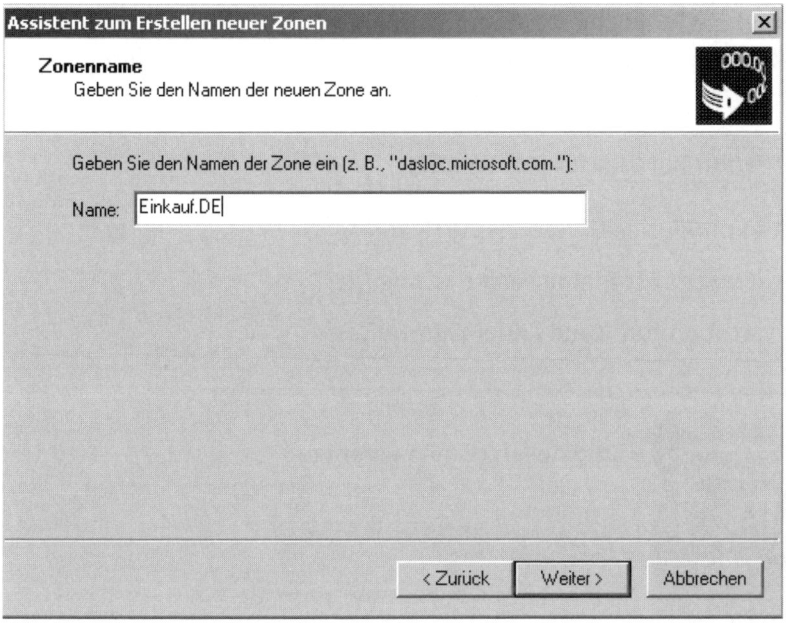

Die Eingabe des Zonennamens

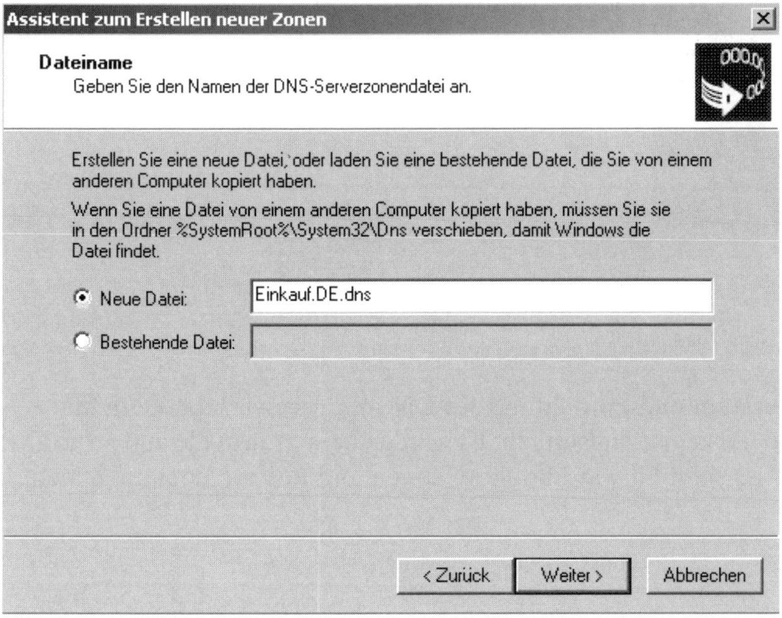

Die Eingabe des Dateinamens

Es besteht jetzt die Möglichkeit, Reserve Lookup-Zonen einzurichten, oder das wird später über den Assistenten zum Erstellen neuer Zonen durchgeführt.

Die Konfiguration hat folgendes Ergebnis:

- Name des konfigurierten Servers: *WIN2000TEST*
- Der Server wurde als Stammserver konfiguriert
- Die Forward Lookup-Zone lautet *Einkauf.de*

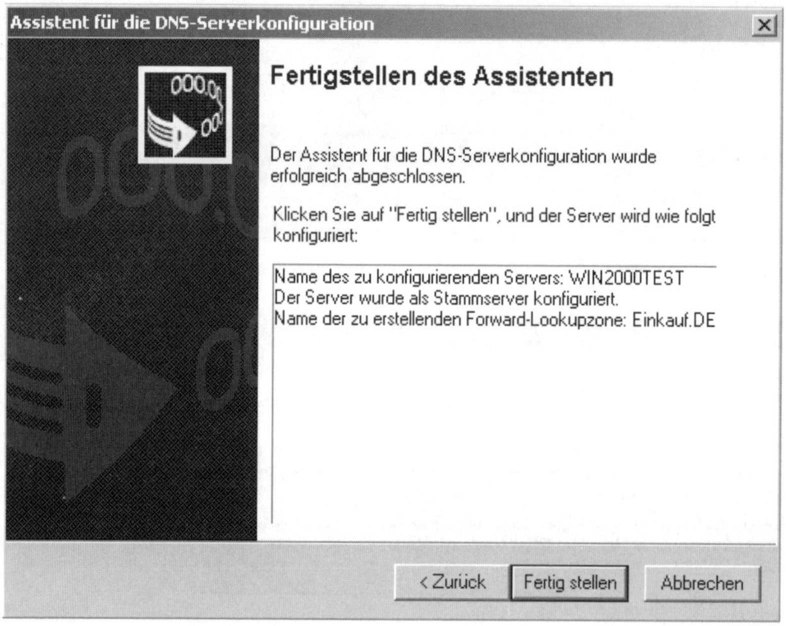

Die abgeschlossene Zoneninstallation

Zur Konfiguration und Einrichtung des DNS-Servers wird das DNS Management Tool (dnsmgmt) aufgerufen. Es werden beim Aufruf die in der Installation eingetragenen Forward Lookup-Zonen und Reserse Lookup-Zonen aufgelistet.

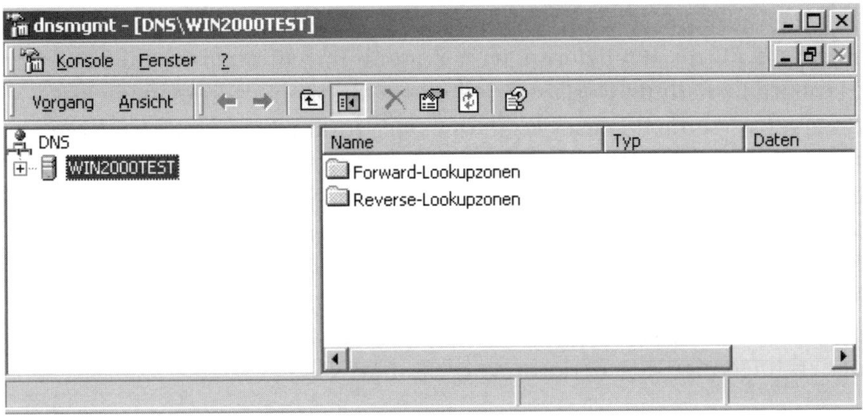

Das DNS-Management-Tool

Die auf dem Server WIN2000TEST eingerichtete Zone Einkauf.de hat folgende Eigenschaften: Unter der Registerkarte *Allgemein* sind der Status der Zone sowie der Typ aufgelistet. Eine Änderung des Zonendateinamens erfolgt ebenfalls in dieser Registerkarte.

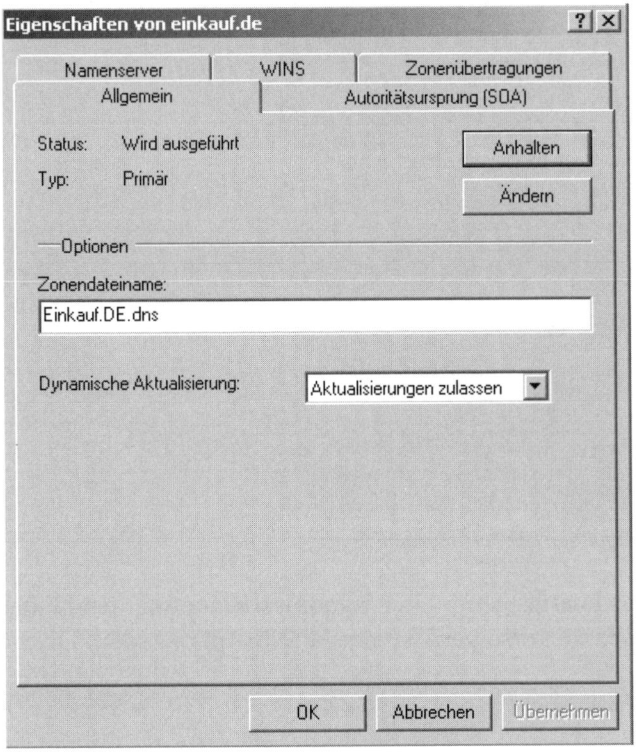

Die Registerkarte Allgemein der Zone Einkauf.de

Auf der Registerkarte *Zonenübertragungen* werden Einstellungen vorgenommen, die für die Replizierung von Zoneninformationen wichtig sind. In der Standardeinstellung werden Zoneninformationen an jeden weiteren DNS-Server versendet. Dieses kann in einem Intranet zur besseren Kommunikation zwischen den einzelnen Servern dienen, ist aber in Bezug auf Datenschutz und Datensicherheit nicht zu empfehlen. Jeder neu ins Netz gebrachte DNS-Server würde sofort mit den Zoneninformationen der anderen Server versorgt werden und ein Eindringling ins Firmennetz hätte sofort eine Liste der IP-Adressen mit Namenszuordnung. Aus Sicherheitsgründen sollte darum nur die Weitergabe an bekannte Server erfolgen. Einstellungen werden in folgender Registerkarte vorgenommen.

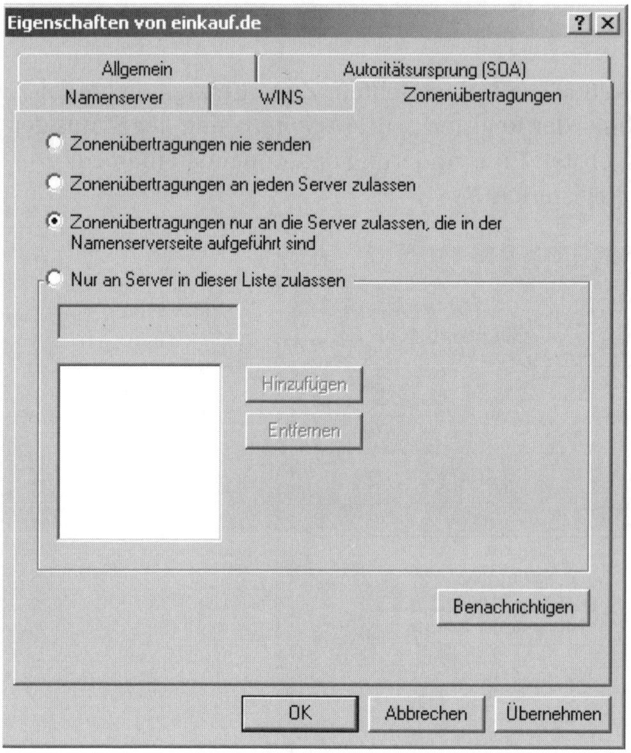

Die Registerkarte Zonenübertragungen der Zone Einkauf.de

Um ein IP-Netzwerk, das überwiegend unter Windows-Komponenten läuft, auch mit NetBIOS-Namen zu versorgen, ist eine WINS-Auflösung im DNS vonnöten.

Eine Beschreibung des WINS-Servers finden Sie im nächsten Kapitel.

Der Eintrag des WINS-Servers wird in dieser Registerkarte vorgenommen:

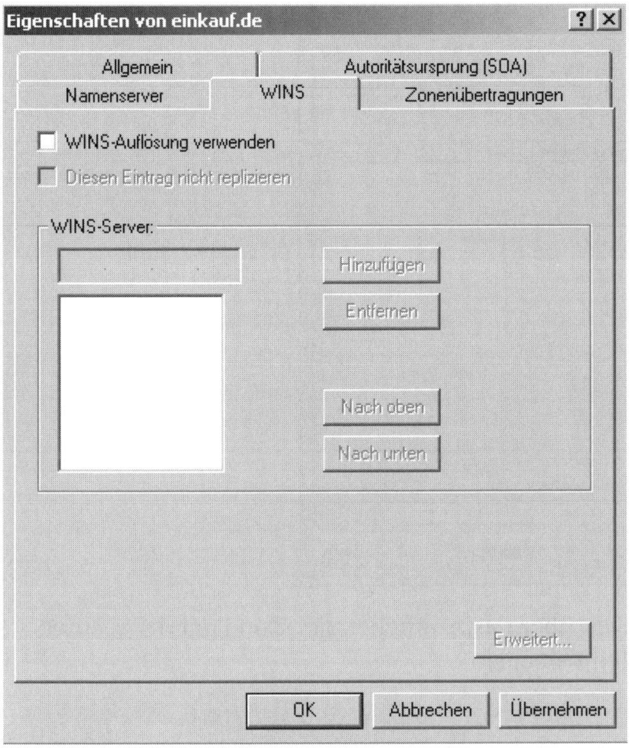

Die Registerkarte WINS der Zone Einkauf.de

Innerhalb der Registerkarte *Namenserver* werden weitere bekannte und verbindungswürdige DNS-Server eingetragen.

DNS-Server unter Linux

Hier können auch DNS-Server der UNIX-Welt eingetragen werden. DNS-Server unter Linux sind in vielen Firmen verbreitet.

Zur Zeit ist in diesem Beispiel nur der eigene DNS-Server eingetragen.

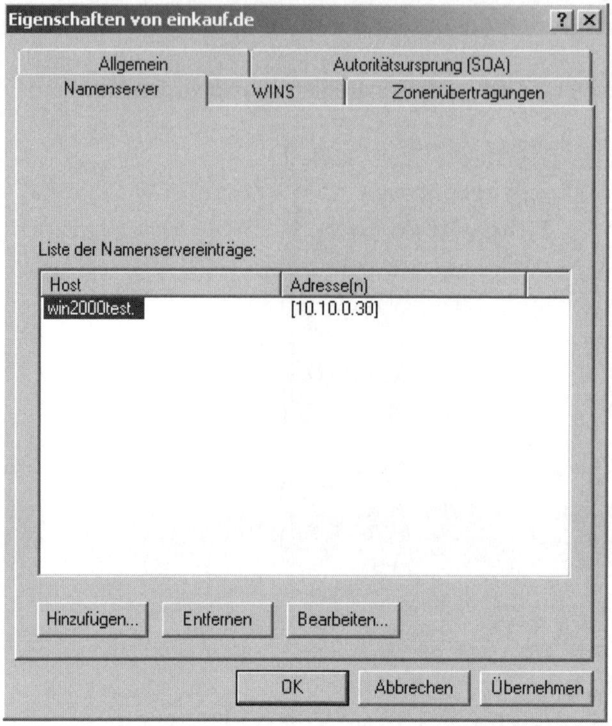

Die Registerkarte Namenserver der Zone Einkauf.de

Neue Hosteinträge erfolgen über das Anklicken der Zone mit der rechten Maustaste. Folgendes Menü erscheint:

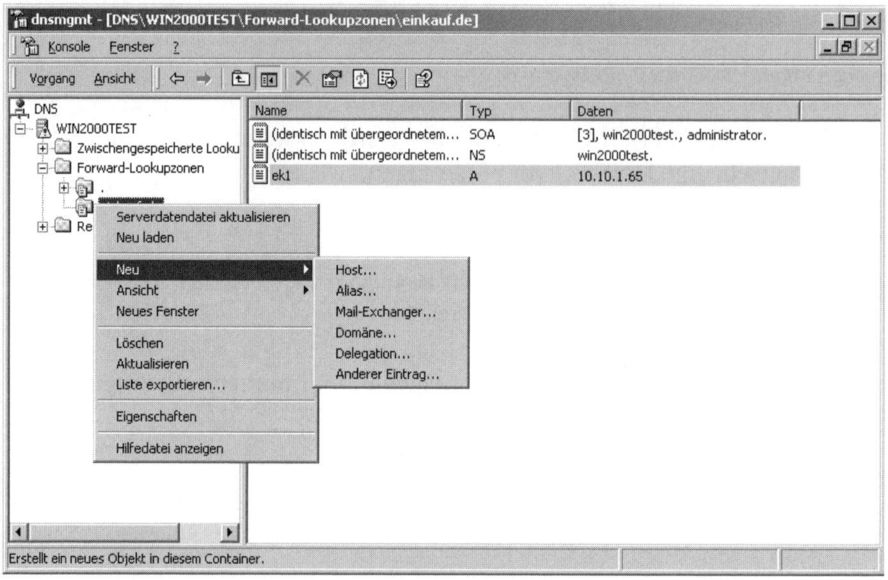

Eintrag neuer Host

Ein neuer Host wird automatisch in die Zone *Einkauf.de* eingetragen. Werden mehrere Zonen aktiviert, so ist der Aufruf der gewünschten Zone vorher vorzunehmen.

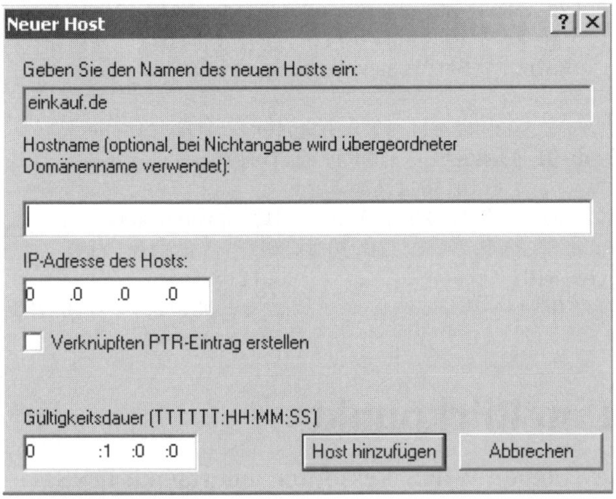

Der Hosteintrag

Als Beispiel der Funktionalität soll dieser Ping gelten:

- Ping ek1.einkauf.de [10.10.1.65] mit 32 Byte Daten:
- Antwort von 10.10.1.65: Bytes=32 Zeit<10ms TTL=128
- Antwort von 10.10.1.65: Bytes=32 Zeit<10ms TTL=128
- Antwort von 10.10.1.65: Bytes=32 Zeit<10ms TTL=128
- Antwort von 10.10.1.65: Bytes=32 Zeit<10ms TTL=128
- PING-Statistik für 10.10.1.65:
- Pakete: Gesendet = 4, Empfangen = 4, Verloren = 0 (0% Verlust)
- Ca. Zeitangaben in Millisek.:
- Minimum = 0ms, Maximum = 0ms, Mittelwert = 0ms
- Ping wird ausgeführt für 10.10.1.65 mit 32 Bytes Daten:
- Antwort von 10.10.1.65: Bytes=32 Zeit<10ms TTL=128
- Antwort von 10.10.1.65: Bytes=32 Zeit<10ms TTL=128
- Antwort von 10.10.1.65: Bytes=32 Zeit<10ms TTL=128
- Antwort von 10.10.1.65: Bytes=32 Zeit<10ms TTL=128
- PING-Statistik f r 10.10.1.65:
- Pakete: Gesendet = 4, Empfangen = 4, Verloren = 0 (0% Verlust)
- Ca. Zeitangaben in Millisek.:
- Minimum = 0ms, Maximum = 0ms, Mittelwert = 0ms

Ein Windows-Client hätte folgende Konfiguration:

- Windows 98 IP-Konfiguration
- Hostname . . . . : EK1.Einkauf.de DNS-Server . . . . : 10.10.1.30 Knotentyp . . . . : Hybrid NetBIOS-Bereichs-ID . . . . : IP-Routing aktiviert. . . . : Nein WINS-Proxy aktiviert. . . . : Nein NetBIOS-Aufl"sung mit DNS . : Ja
- 0 Ethernet Adapter :
- Beschreibung. . . . . : Novell 2000 Adapter. Physische Adresse . . . . . : 00-40-01-43-86-F2 DHCP aktiviert. . . . . . . : Ja IP-Adresse. . . . . : 10.10.1.65
- Subnet Mask . . . . : 255.255.192.0 Standardgateway . . . . . . : DHCP-Server . . . . : 10.10.1.30 Erster WINS-Server . . . . : Zweiter WINS-Server . . . : Gültig seit. . . . . . . : 31.10.99 12:05:53 Gültig bis . . . . : 08.11.99 12:05:53

Der WINS-Dienst im Blickpunkt

In diesem Kapitel sollen die Themen WINS-Ressourceneintrag mit DNS, eine Definition von WINS, die Funktion von WINS und weitere Themen rund um WINS behandelt werden.

WINS im Windows 2000-Netzwerk

WINS (**W**indows **I**nternet **N**aming **S**ervice) ist der Namensdienst von Microsoft, der entwickelt wurde, um NetBIOS-Adressen (**N**etwork **B**asic **I**nput/**O**utput **S**ystem) zu IP-Adressen aufzulösen. Alle Windows-Versionen vor Windows 2000 haben NetBIOS eingesetzt, um das Windows-eigene Netzwerkprotokoll NetBEUI bei der Namensauflösung zu unterstützen. WINS ist dem Namensdienst Domain Name Service sehr ähnlich und wird weiterhin benötigt, wenn Sie andere Windows-Versionen als Windows 2000 im Netzwerk einsetzen wollen.

Ein WINS-Server mit Standardeinstellungen kann mehrere zehntausend WINS-Clients unterstützen. Beschränkungen der Anzahl von Clients treten meistens beim Übergang von Subnets zu Subnets auf, da der Datentransfer im WAN durch die verfügbare Bandbreite beschränkt ist. Dieser Aspekt ist bei der Planung der Gateways (Router) zu berücksichtigen.

Die Tabelle stellt die Unterschiede zwischen WINS und DNS dar.

Merkmal	DNS	WINS
Namenstyp	Domänennamen und Hostnamen	NetBIOS
Programmierung	Winsock für TCP/IP	NetBIOS
Anwendungen	HTTP, FTP, Telnet und weitere Internetdienste	Microsoft-eigene Netzwerkdienste

Können Sie im Netzwerk auf WINS verzichten, sollten Sie dies auch tun.

Namensauflösung mit WINS

Kommen Sie um die Einbindung von WINS nicht herum, sollten Sie die folgenden Kriterien näher betrachten und vor einer Implementation in Ihre Gesamtnetzwerkplanung übertragen.

- Im Bereich Sicherheit unterstützt WINS Sie dadurch, dass nur ganz spezielle Gruppen von Administratoren Zugriffsrechte auf die WINS-Konfiguration haben.
- Eine Verwaltung des WINS-Servers ist nicht erforderlich, da die WINS-Clients automatisch ihre NetBIOS-Namen anmelden und freigeben. Die Verwaltung von WINS erfolgt zentral.
- Sie können WINS auf verschiedenen Servern mit redundanten WINS-Datenbankinformationen einsetzen und so die Leistung des WINS-Dienstes im Netzwerk erheblich erhöhen.
- Bei der Konfiguration ihrer WINS-Server können Sie diese anweisen, die WINS-Datenbank automatisch auf die anderen WINS-Server im Netzwerk zu replizieren. Sie sollten sich die Replikation protokollieren lassen, um die erfolgreiche Replikation zeitweise überprüfen zu können. Ist diese erfolgt, ist eine weitere Verwaltung des WINS-Servers nicht notwendig.

WINS-Clients

Zur Kommunikation mit den WINS-Clients wird vom WINS-Server das NetBIOS-Protokoll eingesetzt. Dazu werden vom Server die Funktionen Registrierung, Auflösung, Erneuerung und Freigabe unterstützt.

- Die Funktion Registrierung ermöglicht dem WINS-Client die Übermittlung des NetBIOS-Namens und der zugehörigen IP-Adresse (soweit fest zugeordnet) an den Server während des Initialisierungsvorgangs.

- Die Auflösung ist die Funktion, mit der der WINS-Server seine WINS-Datenbank nach den übermittelten Informationen über NetBIOS-Namen und IP-Adresse abgleicht. Anschließend werden die den NetBIOS-Namen zugeordneten IP-Adressen zurückgegeben.
- Zur Erneuerung rufen die WINS-Clients den WINS-Server an. Es werden in definierten Abständen die Informationen in der WINS-Datenbank und dadurch die Registrierung aktualisiert. Ist die Registrierung eines Clients abgelaufen, weil er sie nicht aktualisiert hat, werden die Registrierungsinformationen vom WINS-Server automatisch in der WINS-Datenbank gelöscht.
- Wird eine Arbeitsstation vom Netzwerk abgemeldet, teilt der WINS-Client dem WINS-Server dies mit und der WINS-Server deaktiviert die Registrierung des NetBIOS-Namens in der WINS-Datenbank.

Im Rahmen der WINS-Planung müssen Sie diese Aktionen berücksichtigen, vor allem wenn Sie eine Routerplanung erstellen. WINS verwendet IP-Broadcasts für die NetBIOS-Funktionen. Wollen Sie also in mehreren Subnets mit einem WINS-Server arbeiten, müssen Sie gewährleisten, dass die von Client und Server gesendeten IP-Pakete auch über die Router übertragen werden. Sie müssen in Ihrem Entwurf also sicherstellen, das Ihr Routerplan die Übertragung von IP-Broadcasts beinhaltet. Normalerweise ist diese Funktionalität in Standardrouterplänen deaktiviert.

Steht Ihnen in Ihrem Netzwerkplan kein IP-Broadcast-fähiger Router zur Verfügung, können Sie mit WINS-Proxy-Agent arbeiten. Dieser übernimmt dann die Übermittlung der NetBIOS-Informationen zwischen WINS-Client und WINS-Server über die Router hinweg. Eine nähere Beschreibung des WINS-Proxy-Agent finden Sie unter den Diensten.

Sicherheits-Tipp
Aus Sicherheitsgründen ist ein WINS-Proxy-Agent der Weiterleitung von Broadcastpaketen über Router vorzuziehen.

WINS: Windows Internet Name Service

Microsoft WINS (**W**indows **I**nternet **N**ame **S**ervice) ist ein RFC-kompatibler Dienst zur Zuordnung zwischen NetBIOS-Namen und IP-Adressen. WINS bietet Windows-basierten Clients einfachen Zugriff auf Ressourcen in TCP/IP-Netzwerken. WINS-Server verwalten Datenbanken mit statischen und dynamischen Zuordnungen zwischen Ressourcennamen und IP-Adressen. Da die Microsoft-WINS-Datenbank dynamische Namen- und IP-Adresseinträge unterstützt, kann WINS zusammen mit DHCP-Diensten die Konfigurationen und Verwaltung Windows-basierter TCP/IP-Netzwerke erleichtern.

Statische Namenslisten

Die einfachste Lösung ist eine Datei mit dem Namen und freigegebenen Ressourcen aller Clients und Server im Netzwerk. Durch Abfrage dieser Datei kann man sich einen Überblick über die verfügbaren Ressourcen verschaffen. Eine solche Datei sollte zentral im Netzwerk liegen, damit sie dort von den Clients abgerufen werden kann. Dieses Konzept ist einfach und ausreichend, wenn sich an der Struktur des Netzwerks nicht allzu viel ändert. Diese statische Namenslisten gibt es auch noch heute unter Windows NT. Es werden die Namen für die NetBIOS-Hostnamen in der Datei *Lmhosts* verwaltet, die DNS-Namen für TCP/IP-Netzwerke in der Datei *Hosts*. Beide Dateien befinden sich im Unterverzeichnis *%Systemroot%\System32\Drivers\Etc.*

Dynamische Listen

Eine einfache Erweiterung des Konzepts sind dynamische Listen. Hier fragt der Server alle Rechner des Netzwerks in regelmäßigen Abständen nach freigegebenen Ressourcen ab. So erfahren auch alle Clients in regelmäßigen Abständen von neuen Freigaben des Servers. Der entscheidende Nachteil dieser Lösung zeigt sich in großen Netzwerken mit umfangreichen Freigaben: Hier belastet das Aktualisieren der Listen das Netz.

WINS-Dienst

Die Namensauflösung kann bei Windows NT über zwei verschiedene Wege erfolgen. Der eine ist über DNS, der andere ist NetBIOS über TCP/IP, der so genannte WINS-Dienst (**W**indows **I**nternet **N**ame **S**ervice). Dieser WINS-Dienst setzt die Rechnernamen des Windows-Netzwerks in IP-Adressen um. Der WINS-Dienst kann in zwei Teilbereiche unterteilt werden, das Registrieren und das Auflösen der Namen: Beim Registrieren stellt der WINS-Dienst fest, welche Computer am Netzwerk angemeldet sind. Er vergibt für jeden angemeldeten Rechner einen eindeutigen Namen. Beim Auflösen werden diesen Namen Adressen im Netzwerk zugewiesen. Durch dieses Verfahren können nie zwei Arbeitsstationen mit gleichem Namen oder gleicher IP-Adresse im Netzwerk unterwegs sein. WINS-Server können in großen Netzen auch über Router hinweg abgefragt werden und verbinden somit auch die Subnetze miteinander. Nur in reinen Windows NT-Netzwerken, die nur Windows NT-Server und Windows NT-Workstations verwenden, kommt man auch ohne WINS-Service aus. Hier sorgen die Master-Browser in jedem Subnetz für eine Namensauflösung. WINS-Datenbanken werden in bestimmten Abständen aktualisiert, damit die Rechnernamen und die Zuordnungen der Adressen noch stimmen. Die Zeitintervalle für die WINS-Aktualisierung lassen sich frei konfigurieren. Der sekundäre WINS-Server sollte immer die gleichen Aktualisierungsintervalle verwenden wie der primäre WINS-Server.

Entlasten der Netzwerkzone

Ein sekundärer Server (WINS, DNS u. a.) dient immer dazu, bei stark ausgelasteten Netzwerkzonen den Datenverkehr für Abfragen an den primären Server zu verringern und somit die Netzwerkzone zu entlasten.

Die Konfiguration von WINS

Bei Windows 2000 Server stellt man alle Parameter des WINS-Dienstes mit dem WINS-Manager ein. Im WINS-Manager kann man WINS-Server festlegen und verwalten, Auswertungen der WINS-Dienste überwachen und festlegen, in welchen Zeitabständen die Datenbank des WINS-Servers aktualisiert werden soll. WINS verwendet für die Namensauflösung eine Datenbank, die durch Broadcasts im Netz aktualisiert wird. Diese Datenbank muss der WINS-Server regelmäßig aktualisieren. Zum Aktualisieren der Datenbank fordert der WINS-Server von den Clients die aktuelle Namenseinstellung an. Veraltete Einträge kennzeichnet der WINS-Server zunächst in der WINS-Datenbank, verwendet sie aber noch zur Namensauflösung. Alle Ereignisse des WINS-Dienstes werden von Windows NT protokolliert. Bestimmte Fehler werden in der Ereignisanzeige festgehalten. Der WINS-Manager verwendet zusätzlich noch die Protokolldatei *Jet.log*. In ihr werden die WINS-Ereignisse detaillierter festgehalten.

Zugriff auf einen WINS-Dienst

Die Einrichtung eines WINS-Dienstes ist, wie bei DNS, unter der erweiterteten TCP/IP-Konfiguration möglich. Tragen Sie unter *WINS-Adressen* die zu Ihrem Netzwerk gehörigen WINS-Server ein.

MS-WINS-Server

Der Microsoft WINS-Server wird über das Symbol *Software Windows-Komponenten Hinzufügen* im Ordner *Systemsteuerung* aufgerufen. Für die Installation des WINS-Servers starten Sie den Assistenten für Windows-Komponenten.

Nach Aufruf des Assistenten für Windows-Komponenten werden Ihnen alle installierten Komponenten eingeblendet. Unter der Rubrik *Netzwerkdienste* finden wir eine Reihe von netzwerkbezogenen Diensten und Protokollen.

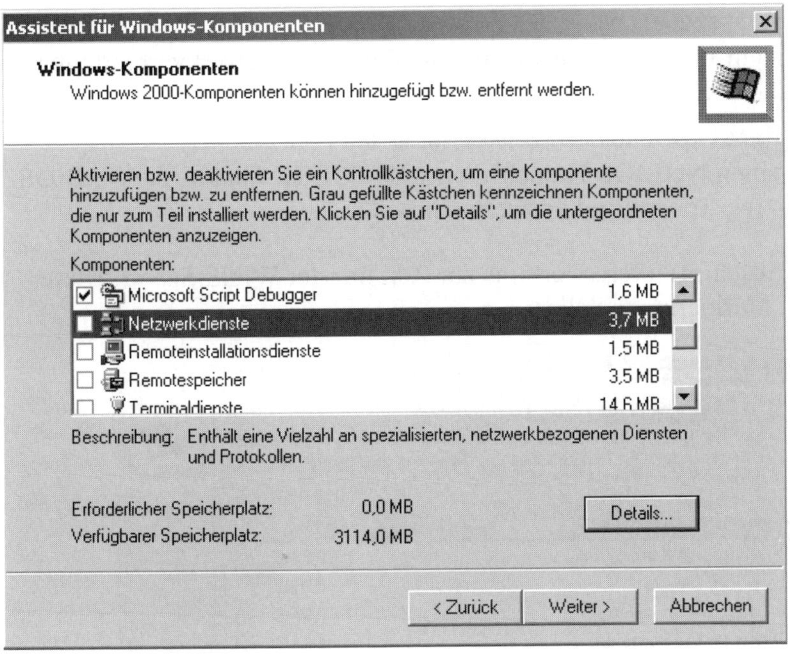

Windows 2000 Server Komponenten hinzufügen/ entfernen

Die Rubrik *Netzwerkdienste* stellt folgende Unterkomponenten:

- Com-Internetdienstproxy
  Ermöglicht es DCOM (**D**istributed **C**omponent **O**bject **M**odel), durch HTTP über den Internet Information Server übertragen zu werden.
- DHCP-Protokoll (**D**ynamic **H**ost **C**onfiguration **P**rotocol)
  Ermöglicht es einem Netzwerk, das mit dem Internet verbunden ist, einen Host, der sich mit dem Netzwerk verbindet, automatisch eine temporäre IP-Adresse zuzuweisen.
- DNS-Server (**D**omain **N**ame **S**ystem)
  Verarbeitet DNS-Abfragen und Aktualisierungsanfragen.
- Einfache TCP/IP-Dienste
  Unterstützt die folgenden TCP/IP-Dienste: Zeichengenerator, Datei Discard, Echo.
- Internetauthentifikationsdienst
  Verifiziert Authentisierungsanfragen, die durch das RADIUS-Protokoll emfangen wurden.
- LADP-Dienst des Standortservers
  Durchsucht TCP/IP-Stacks und aktualisiert Verzeichnisse mit den aktuellsten Benutzerinformationen.

- `QoS-Zugangsteuerung`
  Ermöglicht Ihnen die Angabe der Qualität der Netzwerkverbindung jedes Subnetzes.
- `WINS-Dienst (Windows Internet Name Service)`
  Bietet einen NetBIOS-Namensdienst für TCP/IP-Clients, die NetBIOS-Namen registrieren und auswerten müssen.

In diesem Abschnitt interessiert uns zur Zeit nur der WINS-Server. Dieser wird durch Markieren installiert.

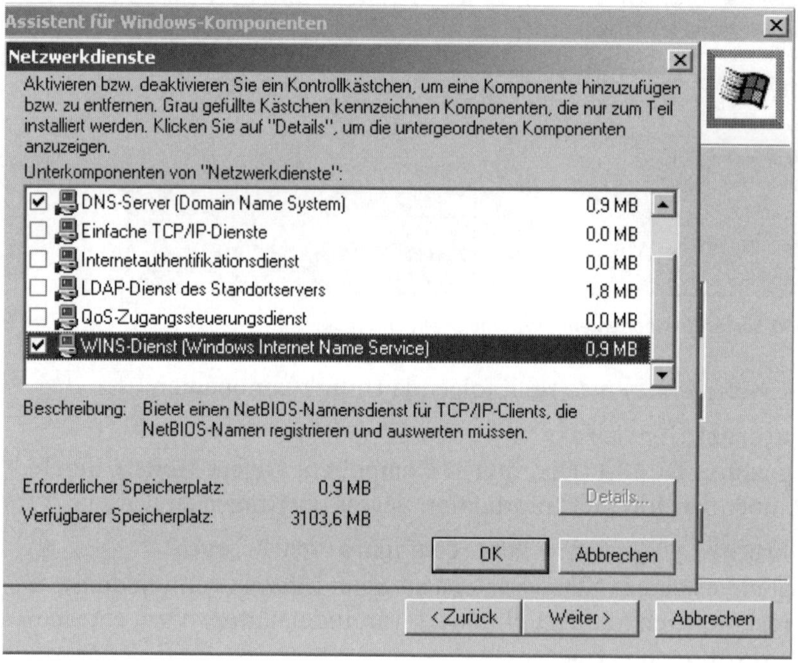

Netzwerkdienste WINS

Der Assistent für Windows-Komponenten konfiguriert nun den WINS-Dienst, der Status der Installation wird angezeigt.

Nach der Installation können Sie WINS über die Verwaltung administrieren.

Nach dem Starten des WINS-Servers kann die Administration erfolgen. Der Status des Servers und die letzte Aktualisierung werden angezeigt.

Auf der Eigenschaftskarte des WINS-Servers lassen sich auf der Registerkarte *Allgemein* das Aktualisierungsintervall der Serverstatistik und ein Pfad für die Sicherungskopie der WINS-Datenbank angeben.

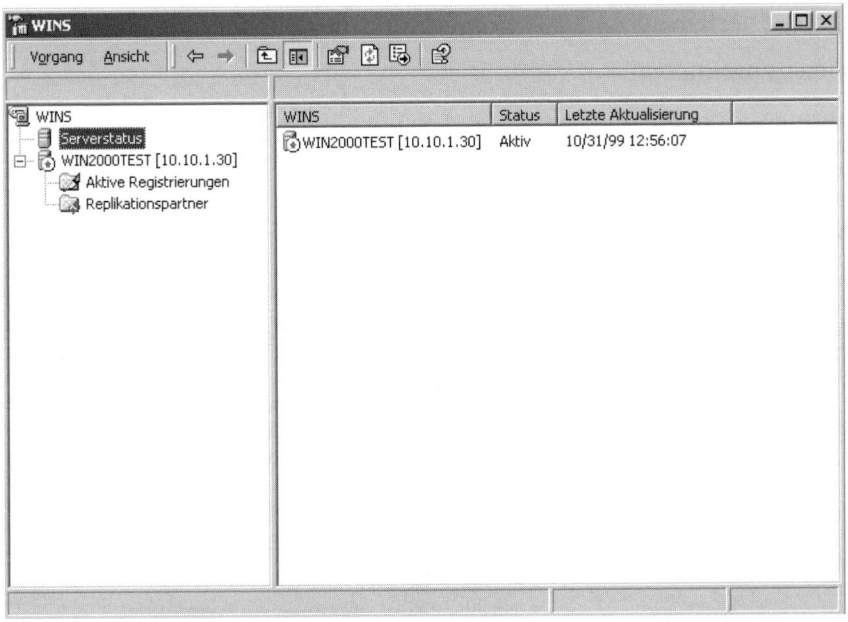

Der WINS-Administrator

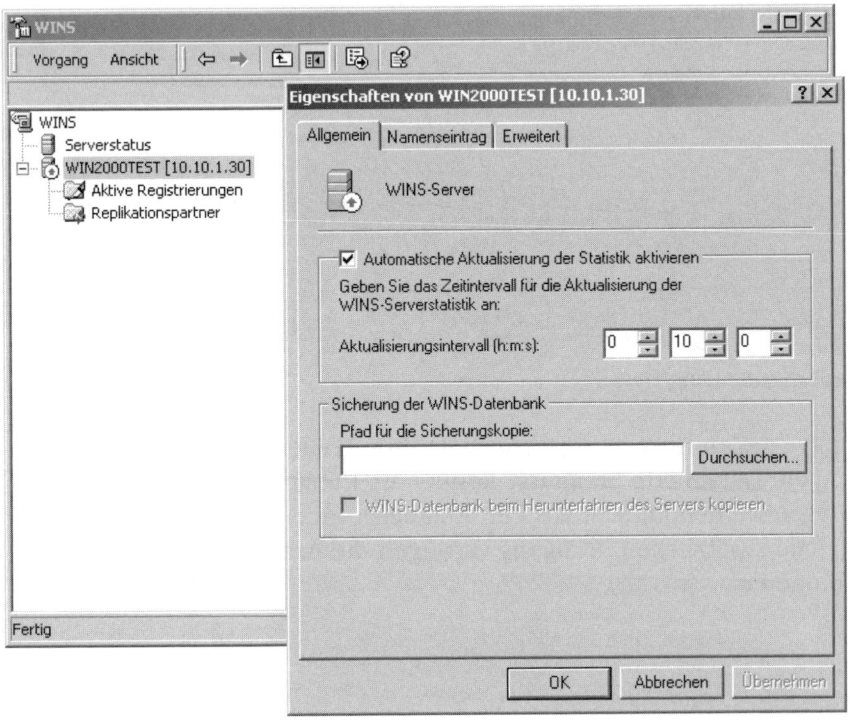

Die allgemeinen Eigenschaften des WINS-Servers

Auf der Registerkarte *Namenseintrag* werden die Daten für

- Erneuerungsintervall
- Alterungsintervall
- Überprüfungsintervall

eingegeben. Es kann auch eine Konsistenzprüfung der Datenbank aktiviert werden.

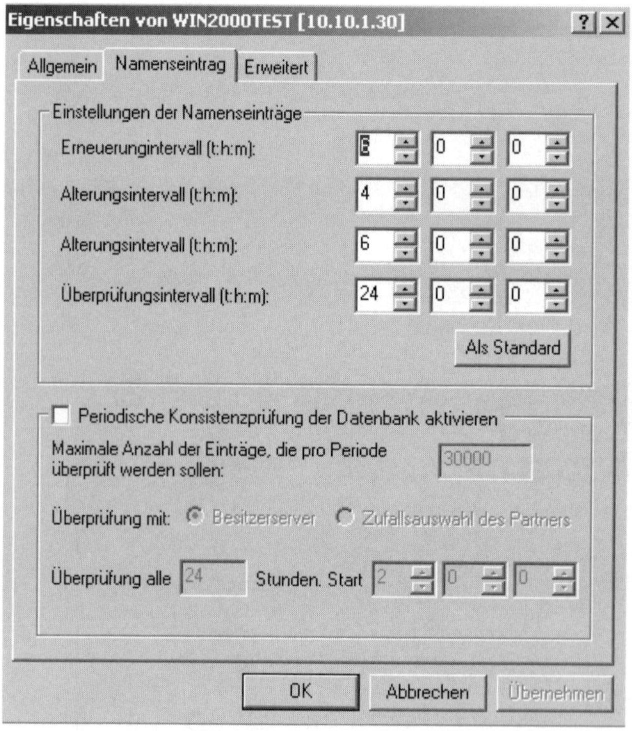

Namenseintrag des WINS-Servers

In der erweiterten Einstellung werden die Protokollierungseinstellungen vorgenommen. Detaillierte Ereignisse können im Ereignisprotokoll der Servers eingetragen werden, dies ist aus Performancegründen standardmäßig deaktiviert. Jede zusätzliche Eintragung verringert die Arbeitsgeschwindigkeit des Computers.

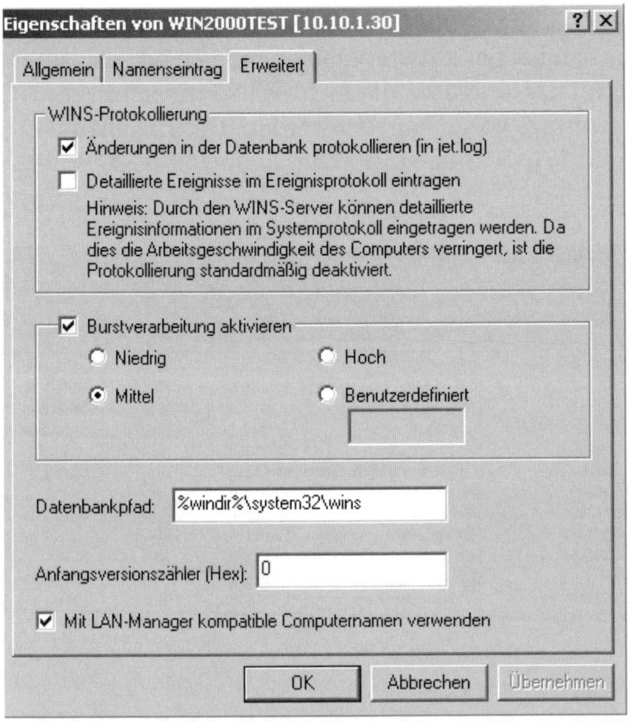

Erweiterte Eigenschaften des WINS-Servers

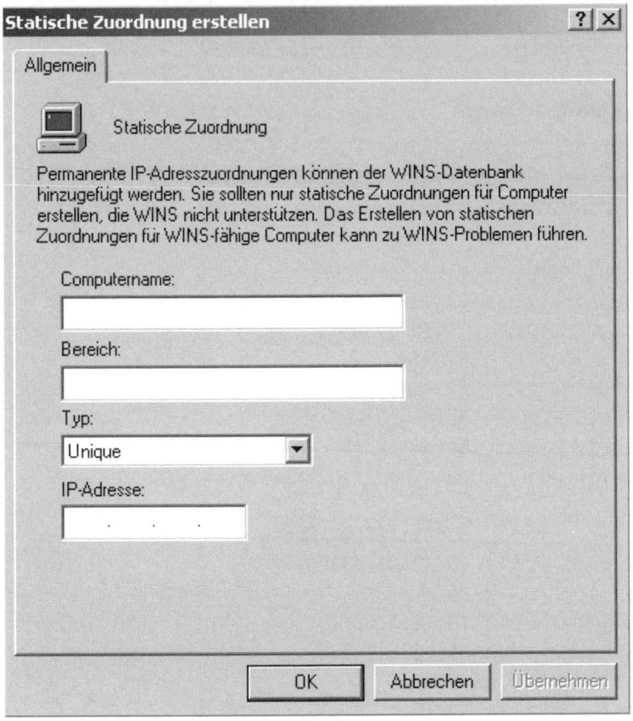

Die statischen Zuordnungen des WINS-Servers

Es ist sinnvoll, Windows 2000 Server oder Windows NT4.0 Server feste IP-Adressen zuzuweisen, da sich bei Servern der Domänenname oder Hostname nicht so schnell ändert. Für Computer, die nicht WINS unterstützen, können statische WINS-Einträge vorgenommen werden. Das Erstellen von statischen Zuordnungen für WINS-fähige Computer kann zu WINS-Problemen führen.

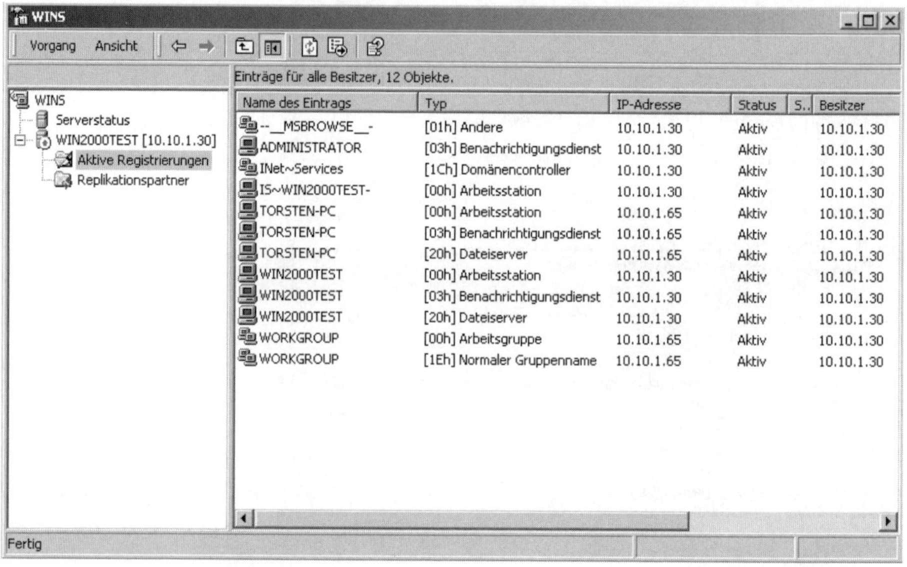

Der WINS-Manager und seine aktuellen Einträge

Werden mittels *ipconfig /all* bei einem Client die IP-Einstellungen ausgegeben, so wird folgende Konfiguration sichtbar:

- `Windows 98 IP-Konfiguration`
- `   Hostname . . . . . . . . . : EK1.Einkauf.de`
- `   DNS-Server . . . . . . . . : 10.10.1.30`
- `   Knotentyp . . . . . . . . . : Hybrid`
- `   NetBIOS-Bereichs-ID . . . . :`
- `   IP-Routing aktiviert. . . . : Nein`
- `   WINS-Proxy aktiviert. . . . : Nein`
- `   NetBIOS-Auflösung mit DNS . : Ja`
- `0 Ethernet-Adapter:`
- `   Beschreibung. . . . . . . . : Novell 2000-Adapter.`
- `   Physische Adresse . . . . . : 00-40-01-43-86-F2`
- `   DHCP aktiviert. . . . . . . : Ja`
- `   IP-Adresse. . . . . . . . . : 10.10.1.65`
- `   Subnet Mask . . . . . . . . : 255.255.192.0`
- `   Standardgateway . . . . . . :`
- `   DHCP-Server . . . . . . . . : 10.10.1.30`

- `Erster WINS-Server . . . . : 10.10.1.30`
- `Zweiter WINS-Server . . . . :`
- `Gültig seit. . . .  . . . . : 31.10.99 13:59:15`
- `Gültig bis. . . . . . . . . : 08.11.99 13:59:15`

Die aktiven Registrierungen sind im WINS-Administrationstool abrufbar.

Kapitel 5

Die Funktion des TCP/IP-Protokolls

5. Die Funktion des TCP/IP-Protokolls

Wesentlich für alle weiteren Schritte im Windows 2000-Serverumfeld ist das Verständnis des TCP/IP-Protokolls. Alle wesentlichen Dienste von Windows 2000 Server basieren auf TCP/IP. Viele Dienste, wie zum Beispiel Active Directory Services, sind zwingend auf dieses Protokoll angewiesen. Deshalb haben wir gleich zu Beginn des Buches das Thema TCP/IP behandelt. Sollten Ihnen die theoretischen Grundlagen vielleicht auch etwas trocken erscheinen, obwohl wir uns um die Lebendigkeit des Themas bemüht haben, sollte es Sie trotzdem interessieren. Ohne ein echtes Verständnis von TCP/IP ist nicht einmal die Planung eines Windows 2000-Netzwerks möglich. Und nun viel Spaß mit dem Protokoll, das Windows 2000 zum Laufen verhilft.

Internet Protocol-Grundlagen

Moderne Datenkommunikation ist das Verknüpfen und Interpretieren von großen Datenbeständen, die an vielen verschiedenen Stellen über den ganzen Globus verteilt sind. Um solche Transaktionen durchführen zu können, ist es nötig, dass die verschiedensten Rechner miteinander kommunizieren können. Dieser Datenaustausch geschieht über feste Leitungen und über die verschiedensten Übertragungsmedien. Der Ablauf der Kommunikation ist in einzelne Funktionsschichten und Protokolle aufgeteilt. Jedes dieser Protokolle (Schichten) hat eine ganz bestimmte Aufgabe, die als Dienst der darüber liegenden Schicht zur Verfügung gestellt wird. Jede Schicht verlässt sich wiederum auf die Dienste, die ihr die darunter liegende Schicht zur Verfügung stellt. Deswegen ist es notwendig, dass die Schnittstellen zwischen zwei Ebenen genau definiert sind. Während der Datenstrom in senkrechter Richtung stattfindet, findet die logische Kommunikation immer zwischen den gleichen Schichten statt.

Um die Kommunikation zwischen Rechnern bildlich darzustellen, wurde Ende der Siebzigerjahre das ISO/OSI-Referenzmodell der **I**nternationalen **S**tandardisation **O**rganisation (ISO) entwickelt.

Layer (Schicht)	OSI-Modell	
7	Anwendung	Application
6	Darstellung	Presentation
5	Kommunikation	Session
4	Transport	Transport
3	Vermittlung	Network
2	Sicherung	Date-Link
1	Physikalisch	Physikal

Die Schichten des OSI-Modells

Das OSI-Modell (**O**pen **S**ystems **I**nterconnection) basiert auf einer in sieben Schichten angelegten Struktur. Die Funktionen der einzelnen Schichten sind im Sinne eines herstellerunabhängigen, einheitlichen Kommunikationsmodells festgelegt. Jede einzelne Schicht stellt der übergeordneten Schicht bestimmte Dienstleistungen zur Verfügung. Über so genannte Primitives erfolgt die Kommunikation zwischen den Schichten. Der CCITT-Standard x.210 beschreibt grundlegend vier Typen von Primitives in Zusammenhang mit Diensten der Schichten 1 bis 6.

Vier Typen von Primitives	Beschreibung
Request	Dient zur Anforderung einer bestimmten Dienstleistung durch den Dienstleistungsbeauftragten.
Indication	Dient dem Dienstleistungslieferanten zur Anzeige, dass eine Diensteistung entweder vom Dienstleistungslieferanten selbst (Fehlermeldung) oder durch den Kommunikationspartner erfolgt ist.
Response	Dient zur Bestätigung einer vorher empfangenen Indication (Anzeige oder Meldung) einer Dienstleistung.
Confirm	Dient dem Dienstleistungsüberbringer als Bestätigung eines Request (vorhergegangene Anforderung).

Die OSI-Standards setzen in eindeutiger Weise die Funktionen (Dienstleistungen gegenüber benachbarten Schichten sowie Aktivierung derselben) und Protokolle (Satz von Regeln der Kommunikation einander entsprechender Schichten im OSI-Modell) fest. Das OSI-Modell schreibt das Durchlaufen aller Schichten bei der Kommunikation von Rechnern vor. Das Überspringen von einzelnen Schichten ist nicht zulässig.

Physikalische Schicht (1)

Beschreibt die elektrischen und mechanischen Eigenschaften von Übertragungsmedien. Ihre Aufgabe ist der Transport von unformatierten digitalen Informationseinheiten (Bits).

Die wesentliche Aufgabe der Bitübertragungsschicht ist die Bereitstellung des Übertragungskanals, über den der Informationsaustausch stattfindet. Unterhalb dieser Schicht befindet sich das physikalische Übertragungsmedium (Koaxkabel, Glasfaser oder anderes Medium), das nicht Bestandteil dieser Schicht ist und daher oft auch als Schicht 0 bezeichnet wird. In dieser ersten Schicht werden die für die Übertragung nötigen Parameter (Übertragungsgeschwindigkeit, Fehlerbedingungen oder Eigenschaften der physikalischen Verbindung) definiert. Grundsätzlich wird der Datenstrom in der gleichen Reihenfolge, in der er von der Leitung genommen wurde, an die nächste Schicht weitergeleitet. Hierbei sind folgende Übertragungsmodi und Verbindungen möglich: Die Punkt-zu-Punkt- oder Mehrfachverbindungen, Simplex-, Halb- oder Voll-Duplex-Betrieb, synchrone oder asynchrone Übertragung oder RS-232, Ethernet, x.21.

Sicherungsschicht (2)

Beschreibt die Prozeduren zur fehlergesicherten Übertragung von Daten über ein Medium. Ihre Hauptaufgaben umfassen im Wesentlichen die Fehlerbehebung und den geregelten Zugriff auf das Übertragungsmedium. Diese Schicht stellt gesicherte Übertragungsprozeduren zur Verfügung und ergänzt damit die Dienste der Bitübertragungsschicht. Hauptaufgabe der Sicherungsschicht ist die Beseitigung in der physikalischen Ebene aufgetretener Fehler durch Einsatz entsprechender Übertragungsprotokolle (z. B. HDLC = **H**igh **L**evel **D**ata **L**ink **C**ontrol). Hierbei werden die Daten in entsprechende Rahmen verpackt, die neben den eigentlichen Nutzdaten Sender- bzw. Empfängeradresse sowie Prüfsummen zur Fehlererkennung enthält. Die Sicherungsschicht kann in zwei Teilschichten (**M**edium **A**ccess **C**ontrol/**L**ogical **L**ink **C**ontrol) unterteilt werden: Die LLC beschreibt ein für alle Netzwerktechniken gleiches Protokoll zur Art der Übertragung. Es wird zwischen einer verbindungslosen und einer verbindungsorientierten Übertragung unterschieden. Die MAC hingegen beschreibt das konkrete Netzzugangsverfahren. Dieses Protokoll ist abhängig vom gewählten Übertragungsverfahren (z. B.: CSMA/CD, Token-Ring).

Vermittlungsschicht (3)

Beschreibt Prozeduren zum transparenten Austausch von Dateien zwischen adressierbaren Systemen. Man unterscheidet hierbei verbindungslose (Datagramme) und verbindungsorientierte (virtuelle Verbindungen) Prozeduren. Vermittlungsfunktionen (Routing) und Mehrfachausnutzung von Vermittlungsstrecken (Multiplex-Funktionen) zählen zu ihren Hauptaufgaben.

Hauptaufgabe der Vermittlungsschicht ist die Bereitstellung logischer Kanäle als Übertragungsverbindungen. Über diese können verschiedenen Netze miteinander verbunden werden. Einen wesentlichen Teil dieser Vermittlungsarbeit stellt die (optimierte) Wegwahl (Routing) dar. Hierbei kann über eine Mehrfachnutzung von Schicht-2-Verbindungen eine vorbestimmte Übertragungsqualität gesichert werden. Auf dieser Ebene werden die für die lokale Station bestimmten Informationen aus dem Datenstrom entnommen und den höheren Schichten zugeführt. Der sonstige Verkehr wird entsprechend vermittelt, wobei jedes Mal eine Fehlerkontrolle stattfindet.

Zum Beispiel: IP, X.25

Transportschicht (4)

Beschreibt Prozeduren zur fehlergesicherten Übertragung zwischen unterschiedlichen Systemen. Sie garantieren, dass alle Daten vollständig, ohne Fehler, frei von Duplizierungen und in der richtigen Reihenfolge geliefert werden. Die in dieser Schicht bereitgestellten Dienste sind für den Transport der Daten zwischen den Benutzern verantwortlich. Hierbei wird eine Erweiterung der Schicht-3-Dienste ermöglicht. Die Transportschicht bildet eine Art End-zu-End-Kontrollverbindung, die den Dialog zwischen zwei Benutzern steuert. Eine Transportverbindung baut sich dabei aus drei Phasen auf (Aufbau, Datenübertragung, Abbau), die mithilfe der weiter unten liegenden Schichten verwirklicht werden. Hierbei wird eine vom Benutzer definierte Qualitätsanforderung an die beteiligten Instanzen gestellt. Qualitätsmerkmale sind hierbei die Fehlerrate, Verbindungsauf- und Abbauzeiten, Verfügbarkeit der Verbindungen. Innerhalb der Transportschicht sind dabei fünf Klassen definiert:

Klasse 0: Direkter Aufsatz auf eine Verbindung der Vermittlungsschicht, ohne Fehlerbehandlung oder Qualitätsbetrachtungen.

Klasse 1: Wie Klasse 0, aber auftretende Fehler der Vermittlungsschicht werden behandelt, jedoch nicht weiter gemeldet.

Klasse 2: Multiplexing von Transportverbindungen. Bei geringer Qualitätsanforderung können mehrere Transportverbindungen über eine Netzwerkverbindung genutzt werden (Nachrichtenmultiplex). Bei höherer Qualitätsanforderung können mehrere Netzverbindungen für eine Transportverbindung zur Verfügung gestellt werden.

Klasse 3: Zusammenfassen der Klassen 1 und 2, um eine Fehlerbehandlung bei Multiplexverbindungen zu gewährleisten.

Klasse 4: Wie Klasse 3, aber mit speziellen Fehlerbehandlungen bzw. Korrekturen zur Sicherung eines einwandfreien (De-)Multiplexings.

Zum Beispiel: TCP

Kommunikationschicht (5)

Beschreibt Mechanismen zum Aufbau eines geregelten Dialogs zwischen Applikationen: Auf-/Abbau und Aufrechterhaltung von Verbindungen (Sessions), Festlegungen bezüglich der Form des Dialogs, gezieltes Aufsetzen nach Fehlersituation (Checkpoints).

Die Kommunikationsschicht stellt Dienste zur Synchronisation des Kommunikationsablaufs zur Verfügung. Damit wird die Überprüfung eines Dialogs zwischen den Kommunikationspartnern ermöglicht. Für die (Re-)Synchronisation wird die gesamte Übertragung in isolierte Dialogeinheiten unterteilt, die durch Hauptsynchronisationsmarken begrenzt wird. Jede solche Dialogeinheit muss vom Empfänger explizit bestätigt werden. Bei einem auftretenden Fehler kann nun an einer solchen Marke die Übertragung wieder aufgenommen werden. Für die Kommunikationsverbindungen werden Verbindungen der Transportschicht benutzt, wobei eine physikalische Verbindung nur während eines Datenaustauschs vorliegt. Durch Ausnutzung bestimmter Dienste können Verbindungen auf- und abgebaut werden, wobei zwischen einem geordneten Abbau ohne Datenverlust und einem ungeordneten Abbau mit Datenverlust unterschieden wird. Auch eine vorrangige (priorisierte) Datenübertragung ist möglich.

Zum Beispiel: Telnet, FTP

Darstellungsschicht (6)

Beschreibt Richtlinien in Hinblick auf Formate, Kodierung (z. B. Zeichensatz) und Syntax der Daten zur übergeordneten Anwendung.

Die bisherigen Schichten 1 bis 5 dienten hauptsächlich dem Transport und der Vermittlung der Datenströme, ohne auf deren Inhalt einzugehen. Die Darstellungsschicht hat nun dafür zu sorgen, dass eine einheitliche, von allen Kommunikationspartnern verständliche Sprachgrundlage zur Verfügung steht. Mit den in dieser Schicht vorhandenen Diensten bzw. durch die Auswahl bestimmter Protokolle wird eine Einigung über diese gemeinsame Darstellungsweise getroffen. Die DFÜ der Transfersyntax, die nach den Regeln der **A**bstract **S**yntax **N**otation (ASN.1) definiert ist, erfolgt auf der Anwendungsebene. Die Darstellungsschicht muss nun eine Transformation der lokalen Syntax in die Transfersyntax vornehmen und umgekehrt. Die so umgewandelten Daten werden über die Kommunikationsschicht dem Empfänger gesendet.

Zum Beispiel: Telnet, FTP, x.400

Anwendungsschicht (7)

Beschreibt eine Schnittstelle zwischen Anwendung und Kommunikationsprozessen (Dienstleistungen der Kommunikationsschichten). OSI unterteilt die Anwendungsschicht in drei grundsätzliche Funktionsbereiche: Benutzerelement (User Element; die eigentliche Schnittstelle zwischen Anwendungsprozess und Diensten der Kommunikation), CASE (**C**ommon **A**pplication **S**ervice **E**lements; definierten Funktionen von allgemeiner Bedeutung für eine Vielzahl von Anwendungen), SACE (**S**pecific **A**pplications **S**ervice **E**lement; definieren Funktionen für bestimmte Anwendungen wird File Transfer, E-Mail oder Terminal Access).

Die Anwendungsschicht stellt das Bindeglied zur Benutzeranwendung dar. Die 7. Schicht des OSI-Modells wird dabei in zwei Dienstgruppen unterteilt: **C**ommon **A**pplication **S**ervice **E**lements (CASE): **A**ssociation **C**ontrol **S**ervice **E**lements (ACSE) dienen zur Unterstützung der Kommunikation zwischen zwei verteilten Anwenderprozessen. **R**eliable **T**ransfer **S**ervice **E**lements (RTSE) garantieren eine zuverlässige Übertragung von Protokolldaten zwischen den verschiedenen Anwendungsschichten. **R**emote **O**peration **S**ervice **E**lements (ROSE) ermöglichen die Ausführung von Operationen auf anderen Systemen. **S**pecific **A**pplication **S**ervice **E**lements (SASE): **F**ile **T**ransfer **A**ccess and **M**anagement (FTAM) gibt dem Anwenderprogramm die Möglichkeit, auf entfernte Dateien zuzugreifen und deren Attribute zu verändern. **J**ob **T**ransfer and **M**anipulation (JTM) erlaubt das Abschicken eines Prozesses an einen anderen Rechner und die Kontrolle des dortigen Ablaufs. **V**irtual **T**erminal (VT) ermöglicht einen Dialogzugriff auf einen entfernten Rechner, unabhängig von der Art des Rechners bzw. des Terminals. **M**essage **H**andling **S**ystem (MHS) gewährleistet den Datenaustausch für E-Mail-Systeme gemäß dem X.400 Standard. **D**irectory **S**ervices (DS) sind Netzwerkanwendungen, die Informationen über die Teilnehmer eines Netzwerks verwalten und zur Verfügung stellen.

Zum Beispiel: Telnet, Ftp, x.400

Kommunikation zwischen den Schichten

Die Kommunikation zwischen zwei Partnern im Netz hat immer eine horizontale und eine vertikale Komponente. Jede Schicht N in einem System A kommuniziert mit Schicht N des Systems B auf gleicher Ebene (peer-to-peer). Die gültigen Regeln und Formate werden in einem Protokoll festgelegt. Man spricht hierbei vom Schicht-N-Protokoll. Bei allen Ebenen (außer der Ebene 1) handelt es sich um eine logische Kommunikation bzw. Verbindung. Nur auf Ebene 1 erfolgen eine physikalische Verbindung und die Übertragung der Daten. Damit die Daten auf System A bis auf das physikalische Übertragungsmedium und von dort auf System B wieder bis zur Anwendung kommen können, sind vertikale Kommunikationsmechanismen definiert.

Jede Schicht stellt der jeweils höheren Schicht Dienste zur Verfügung, die so genannten Services. Dabei greift sie auf die Dienste der unter ihr liegenden Schicht zurück und nutzt diese zur Realisierung ihrer eigenen Services. Dazu sind im Rahmen der Standardprotokolle Schnittstellen zwischen zwei Schichten definiert, an denen bestimmte Dienste über so genannte Dienstzugangspunkte (**S**ervice **A**ccess **P**oints – SAP) zur Verfügung gestellt werden.

Prozesskommunikation im Referenzmodell

Beim Ablauf einer Kommunikation zwischen Sender und Empfänger wird vom Sender das zu übertragende Datenpaket erzeugt, durchläuft die Schichten 7 bis 1, wobei jede Schicht die von ihr benötigte Steuerinformation hinzufügt, und wird über die physikalische Leitung übertragen. Auf der Seite des Empfängers findet der umgekehrte Prozess statt. Hier wird das empfangene Datenpaket durch die Schichten 1 bis 7 zum Empfängerprozess geleitet, wobei jede Schicht die für sie bestimmte Steuerinformation interpretiert und vom Datenpaket entfernt. Auf dem Weg von Sender und Empfänger kann das Datenpaket vom so genannten Vermittlungsrechner weitergeleitet werden. Dabei durchläuft es die unteren drei Schichten dieses Rechners, wird zu einem für die Vermittlungsschicht (Network Layer) verständlichen Format „entpackt“ und gemäß seiner Zieladresse weitergeschickt.

Das OSI-Modell in der Anwendung: TCP/IP

Die Abkürzung TCP/IP (**T**ransmission **C**ontrol **P**rotocol/**I**nternet **P**rotocol) benennt eine Protokollfamilie für die Kommunikation zwischen Computern unterschiedlicher Hersteller und ermöglicht den Zugriff auf heterogene Netzwerke. Grundsätzlich können TCP/IP-Protokolle auf verschiedenen Systemen (z. B. MS-DOS, UNIX ...) implementiert werden und unterstützen somit den Datenaustausch zwischen diesen verschiedenen Systemen. TCP/IP-Schichten 1-2: Die unteren Schichten sind explizit nicht definiert und somit den jeweiligen Systemumgebungen zuzuordnen. TCP/IP-Schicht 3: Die Vermittlungsschicht ermöglicht einen verbindungslosen Modus, der durch das IP-Protokoll realisiert ist. IP sorgt hierbei für die Adressierung im Netzwerk und dient als Schnittstelle zwischen Transportschicht und der physikalischen Schicht. TCP/IP-Schicht 4: Die Transportschicht beinhaltet zwei Programme zur Unterstützung von End-zu-End-Verbindungen. Über UDP wird der Datagramm-Dienst unterstützt, wobei die kontinuierliche Datenübertragung durch TCP abgewickelt wird. TCP/IP-Schichten 5-7: Die obersten Schichten enthalten unter anderem den Terminal-Dienst Telnet, TFTP/FTP zum Austausch von Dateien und SMTP zur Unterstützung eines einfachen E-Mail-Dienstes.

Kompakt: Die TCP/IP-Protokollfamilie

TCP/IP ist nicht nur ein einfaches Transportprotokoll auf dem Netzwerk. Es besteht aus einer ganzen Reihe möglicher Datenpaket-Arten, die zum Beispiel zum Verbindungsaufbau, zur Adressauflösung oder für das Routing verwendet werden. TCP/IP wurde Mitte der Siebzigerjahre speziell für das Internet als paketvermittelndes Netz (wie dem ARPANET) entwickelt. Ziel war es, auch in einer stark heterogenen Rechnerumgebung Daten austauschen zu können. Daten, die eventuell zwischen den unterschiedlichsten Rechnern der verschiedensten Hersteller ausgetauscht werden müssen, die unter den verschiedensten Betriebssystemen arbeiten (Windows, Linux, SCO, Sinex, HP, Apple), sich in unterschiedlichen Netzwerktopologien befinden und verschiedene Protokolle benutzen. TCP/IP ist als Übertragungsprotokoll des Internet in der Lage, dieses zu leisten. TCP/IP bezeichnet genau genommen nur die Kombination der Protokolle TCP (**T**ransmission **C**ontrol **P**rotocol (OSI 3) und IP (**I**nternet **P**rotocol OSI 4). Ein Paket ist ein Datenblock zusammen mit den Informationen, die notwendig sind, um sie dem Empfänger zuzustellen (ein Paket ist also nichts anderes als ein Paket im herkömmliche Sinn bei der Post – das Paket enthält die Daten, auf dem Paket ist die Adresse des Empfängers notiert). Das Datengramm (datagram) ist das Paketformat, das vom Internet Protocol definiert ist. Ein IP-Datengramm besteht aus einem Header und den zu übertragenden Daten. Der Header hat einen festen 20 Byte großen Teil, gefolgt von einem optionalen Teil variabler Länge. Der Header umfasst alle Informationen, die notwendig sind, um das Datengramm dem Empfänger zuzustellen. Ein Datengramm kann theoretisch maximal 64 KByte groß sein, in der Praxis liegt die Größe ungefähr bei 1.500 Byte (das hängt mit der maximalen Rahmengröße des Ethernet-Protokolls zusammen).

TCP/IP ist zum feststehenden Begriff für eine ganze Protokollfamilie geworden und umfasst auch einige externen Programme wie zum Beispiel die Terminalemulation Telnet. Diese müssen jedoch nicht zwangsläufig in jeder TCP/IP-Implementation vorhanden sein.

Tabellen der TCP/IP-Protokolle

Folgende Tabellen bieten einen kurzen Überblick über die wichtigsten TCP/IP-Protokolle und Zusatzprogramme. Auf die wichtigsten Protokolle wird in den weiteren Kapiteln genauer eingegangen. Alle anderen wurden wegen der Vollständigkeit in die Übersichtstabellen aufgenommen.

Transport

Folgende Protokolle sind auf der Schicht 4 für die Übermittlung der Daten zuständig:

Bezeichnung	Abkürzung	Beschreibung
Transmission **C**ontrol **P**rotocol	**TCP**	verbindungsbasierte Dienste (connections)
User **D**atagram **P**rotocol	**UDP**	verbindungslose Dienste

Routing

Folgende Protokolle sind für den Verbindungsaufbau zuständig:

Bezeichnung	Abkürzung	Beschreibung
Internet **P**rotocol	**IP**	Zuständig für die Übertragung von Informationen.
Internet **C**ontrol **M**essage **P**rotocol	**ICMP**	Zuständig für Statusmeldungen für IP.
Routing **I**nformation **P**rotocol	**RIP**	Bestimmt das Routing.
Open **S**hortest **P**ath **F**irst	**OSPF**	Alternatives Protokoll zur Bestimmung des Routings.

Netzwerkadressen

Protokolle und Tools für den Netzwerkbetrieb:

Bezeichnung	Abkürzung	Beschreibung
Adress **R**esolution **P**rotocol	**ARP**	Ermittelt MAC-Adressen aus IP-Adressen.
Domain **N**ame **S**ervice	**DNS**	Ermittelt IP-Adressen aus Maschinennamen.
Reserve **A**dress **R**esolution	**RARP**	Ermittelt IP-Adressen aus MAC Adressen.
Ping	**Ping**	Prüft, ob eine bestimmte Adresse im Netz vorhanden ist.

Benutzer-Service

Anwendungsprogramme des TCP/IP:

Bezeichnung	Abkürzung	Beschreibung
Boot **P**rotocol	**BootP**	Starten eines Netzwerkcomputers.
File **T**ransfer **P**rotocol	**FTP**	Überträgt Dateien.
Telnet	**Telnet**	Erlaubt Remote Logins.

Gateway-Protokolle

Protokolle für den Betrieb von Gateway zwischen verschiedenen Netzen:

Bezeichnung	Abkürzung	Beschreibung
Exerior **G**ateway **P**rotocol	**EGP**	Überträgt Routinginformationen für externe Netzwerke.
Gateway to **G**ateway **P**rotocol	**GGP**	Überträgt Routinginformationen zwischen Gateways.
Interior **G**ateway **P**rotcol	**IGP**	Überträgt Routing-Informationen für interne Netzwerke.

Sonstige

Protokolle und Anwendungsprogramme für den Netzwerk-Betrieb:

Bezeichnung	Abkürzung	Beschreibung
Network **F**ile **S**ystem	**NFS**	Lässt Verzeichnisse eines PCs auf einen anderen mounten.
Network **I**nformation **S**ystem	**NIS**	Verwaltet Benutzernamen im Netz.
Remote **P**rocedure **C**all	**RPC**	Erlaubt die Kommunikation zwischen verteilten Anwendungen.
Simple **M**ail **P**rotocol	**SMTP**	Überträgt elektronische Post.
Simple **N**etwork **M**anagement **P**rotocol	**SNMP**	Überträgt Statusmeldungen im Netz.

Adressierungen als Vernetzungsgrundlage

Die Adressierung ist die Grundlage der modernen Rechnerkopplung und Vernetzung. In den Siebzigerjahren waren die Hostanwendungen die klassische Datenverarbeitung. Die Hostanwendung besagte, dass jeder Terminal einen direkten Anschluss (über Knotenrechner oder Mehrfachsteuerungen) an den jeweiligen Host hatte. Damit war jeder Terminal eindeutig zu identifizieren. Nur durch die Eindeutigkeit eines Rechners im Netz ist eine Kommunikation möglich geworden. Durch die zunehmende Vernetzung mussten andere Möglichkeiten geschaffen werden, um eine Eindeutigkeit herzustellen.

Ethernet-Adressierungen

Grundlage des Datentransports von TCP/IP-Paketen auf dem Ethernet ist die eindeutige Adresse einer Netzwerkkarte, oft auch als NODE-Adresse oder MAC-Adresse bezeichnet.

Die Adresse besteht aus 6 Byte. Die ersten 3 Byte sind in der Regel Hersteller-spezifische Codes, die von der IEEE-Gesellschaft an jeden Hersteller eindeutig vergeben werden. Die letzten 3 Byte bilden eine fortlaufende Nummerierung aller Geräte, sodass die 6 Byte insgesamt weltweit eindeutig sind.

Ethernet-Adressen
(auch Hardware-/physikalische/MAC-Adresse)

1 Bit	1 Bit	22 Bit	22 Bit
I/G	U/L	Herstellercode (IEEE)	fortlaufende phys. Adresse

- 0 = Universell
- 1 = Lokal
- 0 = Individuell
- 1 = Gruppe

Beispiel:

08	00	20	1A	BF	01

Anhand der Ethernet-Adressen können Datenpakete mit Absender- und Empfänger-Adressen markiert und versandt werden. Das fertige Datenpaket wird als Frame bezeichnet.

IP-Adressenverwaltung

Zu den wichtigsten Voraussetzungen in TCP/IP-Netzwerken gehört die korrekte Konfiguration von IP-Netzwerkadressen. Da dieses die Grundlage der Netzstruktur ist und Fehler im Adressschema häufig zu erheblicher Frustration im Umgang mit der TCP/IP-Software führen können, wird in diesem Kapitel sehr detailliert auf die Schwachstellen und Fehlerquellen eingegangen.

Bei der Installation von TCP/IP-Protokollen gehen fast alle Hersteller von TCP/IP-Software davon aus, dass die Einrichtung des TCP/IP-Rechners von einer Person durchgeführt wird, die genau weiß, wie TCP/IP-Adressen und die dazugehörigen Subnetzmasken festgelegt werden.

Achtung bei falscher IP-Adressierung
Selbst bei kleinen Fehlern kann es zur Kommunikationsverweigerung des Rechners, Fehlern im Routing oder sogar Broadcaststürmen kommen.

TCP/IP-Adressen

Die Aufgaben der Netzwerkschicht (Schicht 3 des OSI-Modells) werden bei den TCP/IP-Protokollen vom **I**nternet **P**rotocol (IP) wahrgenommen. Die TCP/IP-Adressen sind fester Bestandteil dieses Protokolls. Jeder Host und Router im Internet hat eine 32 Bit lange IP-Adresse. Eine IP-Adresse ist eindeutig: Kein Knoten im Internet hat die gleiche IP-Adresse wie ein anderer. Maschinen, die an mehrere Netze angeschlossen sind, haben in jedem Netz eine eigene IP-Adresse. Einem Computer mit mehreren Netzwerkkarten wird demzufolge auch die entsprechende Anzahl an IP-Adressen zugewiesen. Netzwerke, die mit dem Internet verbunden sind, benötigen eine vom InterNIC (**Inter**net **N**etwork **I**nformation **C**enter) bzw. NA bereitgestellte Netzwerk-ID, damit die Eindeutigkeit der IP-Netzwerk-ID gewährleistet ist. Weitere Informationen hierzu finden Sie im Internet auf der InterNIC-Homepage unter http://www.internic.net. Seit einiger Zeit haben diese Aufgabe die **I**nternet **A**ssigned **N**umbers **A**uthority (IANA) bzw. ihre Vertreter in den verschiedenen Gebieten (**A**sia **P**acific **N**etwork **I**nformatrion **C**enter (APNIC), **A**merican **R**egistry for **I**nternet **N**umbers (ARIN), **R**eseau **IP** **E**uropeens (RIPE)) übernommen. Die Adressen werden nicht einzeln zugeordnet, sondern nach Netzklassen vergeben. Beantragt man IP-Adressen für ein Netz, so erhält man nicht für jeden Rechner eine Adresse zugeteilt, sondern einen Bereich von Adressen, der selbst zu verwalten ist.

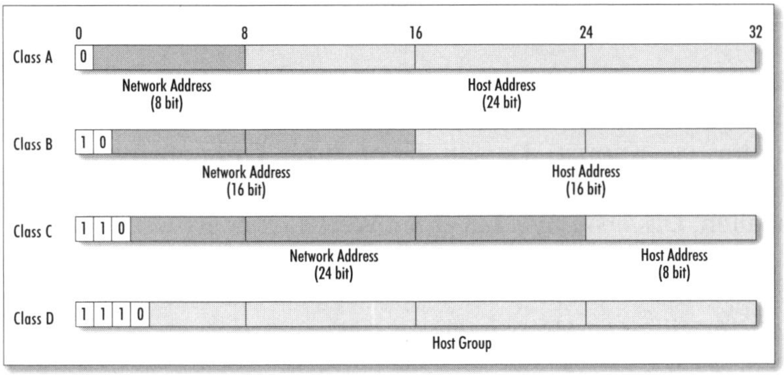

Netzwerkklassen im Detail

Wie die obere Abbildung zeigt, sind IP-Adressen in verschiedene Klassen mit unterschiedlich langer Netzwerk- und Hostadresse eingeteilt. Die Netzwerkadresse definiert das Netzwerk, in dem sich ein Host befindet: Alle Hosts eines Netzes haben die gleiche Netzwerkadresse. Die Hostadresse identifiziert einen bestimmten Rechner innerhalb eines Netzes. Ist ein Host an mehrere Netze angeschlossen, so hat er für jedes Netz eine eigene IP-Adresse.

IP-Zuweisungen

Eine IP-Adresse identifiziert keinen bestimmten Computer, sondern eine Verbindung zwischen einem Computer und einem Netz. Einem Computer mit mehreren Netzanschlüssen (z. B. ein Router) muss für jeden Anschluss eine eigene IP-Adresse zugewiesen werden.

IP-Adressen sind 32 Bit große Zahlen, die normalerweise nicht als Binärzahl, sondern in gepunkteten Dezimalzahlen geschrieben werden. In diesem Format wird die 32 Bit große Zahl in 4 Byte getrennt, die mit Punkten voneinander getrennt sind. Die Adresse 01111111111111111111111111111111 wird so z. B. als 127.255.255.255 geschrieben. Die niedrigste IP-Adresse ist 0.0.0.0., die höchste 255.255.255.255. Wie zuvor gesagt, sind IP-Adressen in Klassen unterteilt. Der Wert des ersten Bytes gibt die Adressklasse an:

Adressklasse	Erstes Byte	Bytes für die Netzadresse	Bytes für die Hostadresse	Adressformat*	Anzahl Hosts
Klasse A	1-126	1	3	N.H.H.H	2^{24} (~16 Mio.)
Klasse B	128-191	2	2	N.N.H.H	2^{16} (~64.000)
Klasse C	192-223	3	1	N.N.N.H	254

Verhältnis Netzadresse zu Hostadresse

N steht für einen Teil der Netzadresse, H für einen Teil der Hostadresse.

Klasse A:

Als erster Adresstyp sind die Adressen der Klasse A definiert. Sie besteht aus einem Oktett (das erste) Netzwerkadressen und drei Oktetten (zwei bis vier) Rechneradressen (Knoten). Das Bit der höchsten Ordnung hat immer den Wert = 0. Eine Klasse-A-Adresse kann deshalb die Werte zwischen 0 und 126 beinhalten. Das erste Byte hat einen Wert kleiner als 128, d. h., das erste Bit der Adresse ist 0. Das erste Byte ist Netzwerknummer, die letzten 3 Byte identifizieren einen Host im Netz. Es gibt demzufolge also 126 Klasse-A-Netze, bis zu 16 Millionen Hosts in einem Netz.

Byte	1. Byte	2. Byte	3. Byte	4. Byte	5. Byte	6. Byte	7. Byte	8. Byte
Dezimal	1	2	4	8	16	32	64	28
gesetzt	0	1	0	1	0	1	0	0
		2	+	8	+	32		

Beispiel für die Adresse 42.x.x.x (Nur bei Betrachtung des ersten Bit)

Unsere Adresse würde binär im ersten Oktett folgende Schreibweise haben:

- `01010100.x.x.x .`

Nun errechnet sich der Dezimalwert aus den Bytes 2, 4 und 6. Das heißt, das Bit 2 mit der Wertigkeit 2, das Bit 4 mit der Wertigkeit 8 und das Bit 6 mit der Wertigkeit 32 wurden gesetzt.

- `2 + 8 + 32 = 42.x.x.x`

Unsere IP-Adresse könnte z. B 42.1.1.5 sein. Die dazugehörige Netzwerkmaske hätte einen Wert von 255.0.0.0, da die gesamte Adressenmenge zur Host-Adressierung genutzt werden kann.

Klasse	**1. Oktett**		
Class A	0	Netzwerk 7 Bit	lokale Adresse 24 Bit
Class B	10	Netzwerk 14 Bit	lokale Adresse 16 Bit
Class C	110	Netzwerk 21 Bit	lokale Adresse 8 Bit
Class D	1.110	Multicastadresse	28 Bit

Diese Tabelle zeigt die Bedeutung des 1. Oktetts

Klasse B:

Ein Wert von 128 bis 191 für das erste Byte (das erste Bit ist gleich 1, Bit 2 gleich 0) identifiziert eine Klasse-B-Adresse. Die ersten beiden Byte identifizieren das Netzwerk, die letzen beiden Byte einen Host. Das ergibt 16.382 Klasse-B-Netze mit bis zu 64.000 Hosts in einem Netz.

Klasse C:

Klasse-C-Netze werden über Werte von 192 bis 223 für das erste Byte (die ersten beiden Bits sind gleich 1, Bit 3 gleich 0) identifiziert. Es gibt 2 Millionen Klasse-C-Netze, d. h., die ersten 3 Byte werden für die Netzwerkadresse verwendet. Ein Klasse-C-Netz kann bis zu 254 Hosts beinhalten.

Klasse D:

Klasse-D-Adressen, so genannte Multicastadressen, werden dazu verwendet, ein Datengramm an mehrere Hostadressen gleichzeitig zu versenden. Das erste Byte einer Multicastadresse hat den Wertebereich von 224 bis 239, d. h., die ersten 3 Byte sind gesetzt und Byte 4 ist gleich 0. Sendet ein Prozess eine Nachricht an eine Adresse der Klasse D, wird die Nachricht an alle Mitglieder der adressierten Gruppe versendet. Die Übermittlung der Nachricht erfolgt, wie bei IP üblich, nach bestem Bemühen, d. h. ohne Garantie, dass die Daten auch tatsächlich alle Mitglieder einer Gruppe erreichen.

Für das Multicasting wird ein spezielles Protokoll namens **I**nternet **G**roup **M**anagement **P**rotocol (IGMP) verwendet. IGMP entspricht grob ICMP mit dem Unterschied, dass es nur zwei Arten von Paketen kennt: Anfragen und Antworten. Anfragen werden dazu verwendet zu ermitteln, welche Hosts Mitglieder einer Gruppe sind. Antworten informieren darüber, zu welchen Gruppen ein Host gehört. Jedes IGMP-Paket hat ein festes Format und wird zur Übertragung in IP-Pakete eingekapselt.

Im Internet müssen die Netzkennungen eindeutig sein. Aus diesem Grund werden die (Netz-)Adressen, wie weiter oben schon gesagt, von einer zentralen Organisation vergeben. Dabei ist sichergestellt, dass die Adressen eindeutig sind und auch im Internet sichtbar sind. Dies ist aber nicht immer notwendig. Netze, die keinen Kontakt zum globalen Internet haben, benötigen keine Adresse, die auch im Internet sichtbar ist. Es ist auch nicht notwendig, sicherzustellen, dass diese Adressen in keinem anderen, privaten Netz eingesetzt werden. Aus diesem Grund wurden Adressbereiche festgelegt, die nur für private Netze bestimmt sind. Diese Bereiche sind in RFC 1918 (Address Allocation for Private Internets) festgelegt (RFC 1597, auf das sich oft auch neuere Literatur bezieht, ist durch RFC 1918 ersetzt). Diese IP-Nummern dürfen im Internet nicht weitergeleitet werden. Dadurch ist es möglich, diese Adressen in beliebig vielen nicht-öffentlichen Netzen einzusetzen. Die folgenden Adressbereiche sind für die Nutzung in privaten Netzen reserviert:

Klasse A: 10.0.0.0

Für ein privates Klasse-A-Netz ist der Adressbereich von 10.0.0.0 bis 10.255.255.254 reserviert.

Klasse B: 172.16.0.0 bis 172.31.0.0

Für die private Nutzung sind 16 Klasse-B-Netze reserviert. Jedes dieser Netze kann aus bis zu 65.000 Hosts bestehen (also z. B. ein Netz mit den Adressen von 172.17.0.1 bis 172.17.255.254).

Klasse C: 192.168.0.0 bis 192.168.255.0

256 Klasse-C-Netzte stehen zur privaten Nutzung zur Verfügung. Jedes dieser Netze kann jeweils 254 Hosts enthalten (z. B. ein Netz mit den Adressen 192.168.0.1 bis 192.168.0.254).

Jeder kann aus diesen Bereichen den Adressbereich für sein eigenes privates Netz auswählen. Die Zuteilung dieser Adressen bedarf nicht der Koordination mit der IANA oder einer anderen Organisation, die für die Zuordnung von IP-Adressen verantwortlich ist.

Auch die folgenden Netzadressen sind reserviert und haben eine spezifische Bedeutung:

Adressen mit der Netznummer 0 beziehen sich auf das aktuelle Netz. Mit einer solchen Adresse können sich Hosts auf ihr eigenes Netz beziehen, ohne die Netzadresse zu kennen (allerdings muss bekannt sein, um welche Netzklasse es sich handelt, damit die passende Anzahl Nullbyte gesetzt wird).

127 steht für das Loopback Device eines Host. Pakete, die an eine Adresse der Form 127.x.y.z gesendet werden, werden nicht auf einer Leitung ausgegeben, sondern lokal verarbeitet. Dieses Merkmal wird häufig zur Fehlerbehandlung benutzt.

Neben einigen Netzadressen sind auch bestimmte Hostadressen für spezielle Zwecke reserviert. Bei allen Netzwerkklassen sind die Werte 0 und 255 bei den Hostadressen reserviert. Eine IP-Adresse, bei der alle Hostbit auf 0 gesetzt sind, identifiziert das Netz selbst. Die Adresse 80.0.0.0 bezieht sich so z. B. auf das Klasse-A-Netz 80, die Adresse 128.66.0.0 bezieht sich auf das Klasse-B-Netz 128.66. Eine IP-Adresse, bei der alle Hostbyte den Wert 255 haben, ist eine Broadcastadresse. Eine Broadcastadresse wird benutzt, um alle Hosts in einem Netzwerk zu adressieren.

Fragmentierung

Damit Datengramme über jede Art von Netzwerk verschickt werden können, muss das Internet Protocol dazu in der Lage sein, die Größe der Datengramme dem jeweiligen Netz anzupassen. Jedes Netzwerk besitzt eine so genannte maximale Paketgröße (**M**aximum **T**ransfer **U**nit – MTU), die bezeichnet, dass nur Pakete bis zu dieser Größe über das Netz verschickt werden können. So dürfen z. B. Pakete, die über ein X.25-Netz verschickt werden sollen, nicht größer als 128 Byte sein. Ein Ethernet-Paket darf die Größe von 1.500 Byte nicht überschreiten. Falls die MTU eines Übertragungsmediums kleiner ist als die Größe eines versendeten Pakets, muss dieses Paket in kleinere Pakete aufgeteilt werden.

Es genügt allerdings nicht, dass die Protokolle der Transportschicht nun von sich aus einfach kleinere Pakete versenden. Ein Paket kann auf dem Weg vom Quell- zum Zielhost mehrere unterschiedliche Netzwerke mit unterschiedlichen MTUs durchlaufen. Aus diesem Grund muss ein flexibleres Verfahren angewendet werden, das bereits auf der Internetschicht kleinere Pakete erzeugen kann. Dieses Verfahren wird Fragmentierung genannt.

Unter Fragmentierung wird verstanden, dass das IP-Protokoll eines jeden Netzwerkknotens (sei es ein Router oder ein Host) in der Lage ist, empfangene Pakete gegebenenfalls zu zerteilen, um sie weiter über ein Teilnetz bis zum Zielhost zu übertragen. Jedes empfangende IP muss dazu in der Lage sein, diese Fragmente wieder zum ursprünglichen Paket zusammenzusetzen.

Damit Datenpakete erfolgreich zwischen zwei Computern gesendet und empfangen werden können, ist es erforderlich, dass die folgenden drei Werte richtig eingegeben werden:

- eine IP-Adresse
- eine Subnet Mask
- ein Standardgateway

Netzwerk- und Host-ID

Auch wenn eine IP-Adresse ein einzelner Wert ist, enthält sie trotzdem zwei Teilinformationen. Es handelt sich dabei zum einen um die Netzwerk-ID und zum anderen um die Host-ID des jeweiligen Computers.

- Durch die Netzwerk-ID werden sämtliche Systeme identifiziert, die sich physikalisch innerhalb desselben Netzwerks befinden. Allen Systemen eines physikalischen Netzwerks muss dieselbe Netzwerk-ID zugeordnet sein, die innerhalb des Netzwerkverbunds eindeutig sein muss.
- Durch die Host-ID wird eine Arbeitstation, ein Server, ein Router oder ein anders TCP/IP-Gerät innerhalb eines Netzwerks identifiziert. Innerhalb eines gegebenen Netzwerks mit einer Netzwerk-ID muss diese Adresse für jedes Gerät eindeutig sein.

Durch die Netzwerk- und die Host-ID wird für jeden mit einem TCP/IP verbundenen Computer festgelegt, welche Pakete empfangen bzw. ignoriert werden sollen und wie weit der Übertragungsbereich dieses Computers reicht.

Subnet Masks

Bei Subnet Masks handelt es sich um 32-Bit-Werte, mit denen der Empfänger von IP-Paketen die Netzwerk-ID von der Host-ID unterscheiden kann. Bei der Erstellung der Subnet Masks wird dem Teil, der die Netzwerk-ID repräsentiert, der Wert 1 und dem Teil, der die Host-ID repräsentiert, der Wert 0 zugewiesen. Dieser 32-Bit-Wert wird ausschließlich in der Dezimaldarstellung mit Punkten als Trennzeichen umgewandelt, wie in folgender Tabelle dargestellt.

Voreinstellungen der Subnet Masks für die Standard-IP-Adressklassen:

IP-Adressklassen	Bit für die Subnet Mask	Subnet Mask
CLASS A	11111111000000000000000000000000	255.0.0.0
CLASS B	11111111111111110000000000000000	255.255.0.0
CLASS C	11111111111111111111111100000000	255.255.255.0

IP (Internet Protocol)

IP übernimmt bei den TCP/IP-Protokollen die Aufgaben der Netzwerkschicht.

Das Internet Protocol ist im **R**equest **f**or **C**omment (RFC) definiert. IP unterstützt als ein von der darunter liegenden Schicht unabhängiges Protokoll eine Vielzahl von Netzwerktechnologien. Neben der Anpassung der Daten an die physikalischen Bedingungen des Datennetzes stellt das Internet Protocol den höheren Protokollschichten folgende Dienste zur Verfügung.

Datagrammservice

Die Datenblöcke der höheren Protokollschichten werden als Frame zum Kommunikationspartner über das Netz übermittelt. Diese Frames werden von IP mittels eines verbindungslosen Kommunikationsmechanismus zwischen den Kommunikationspartnern übermittelt. In der Praxis bedeutet dieses, dass IP nach dem Versenden des Frames keine zusätzlichen Dienste bereitstellt. Das Empfänger-IP überprüft zwar mittels einer Prüfsumme die Richtigkeit der Daten, es ist jedoch nicht in der Lage festzustellen, ob alle Frames in der richtigen Reihenfolge empfangen wurden. Diese Funktion überlässt das IP-Protokoll den höheren Schichten.

Spezifikation höherer Protokolle

Duch die Angabe von Protokollkennungen können höhere Protokolle definiert werden, an die der Paketinhalt abgeliefert werden soll.

Adressfunktion

IP leistet bei der Datenübermittlung weitere Zusatzdienste z. B. einen Adressierungsmechanismus, wobei jedes Datenpaket mit einer Sende- und einer Zieladresse versehen wird.

Fragmentierung und Reassemblierung

Die an der Kommunikation beteiligten Netze können unterschiedlich lange Datenpakete unterstützen. Deshalb bietet IP einen Mechanismus, um diese Datenpakete in Teilpakete zu zerlegen (Fragmentierung). Diese Paketfragmente werden beim Empfänger zu einen vollständigen Paket zusammengesetzt (Reassemblierung).

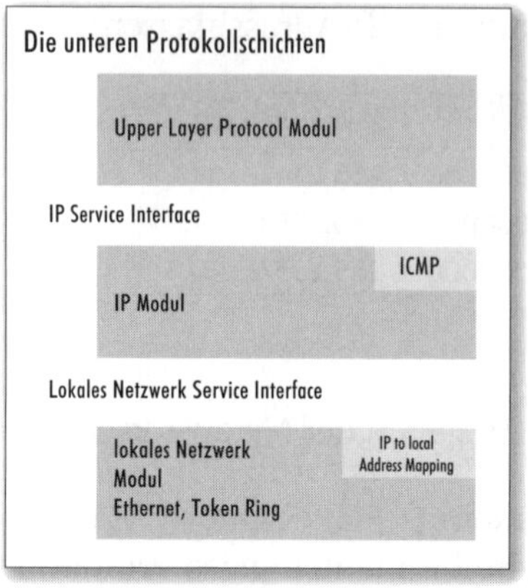

Schematische Darstellung der unteren Protokollschichten

Übersicht

Jedes Paket wird vom Internet Protocol als ein einzelnes vollkommen unabhängiges Datenpaket von Sender durch das Netz zum Empfänger übermittelt. Bei IP findet kein Verbindungsaufbau oder Verbindungsabbau statt. Für jedes Datenpaket wird innerhalb des Netzes ein von weiteren Datenpaketen unabhängiger Weg ermittelt. Auf dem Weg zum Empfänger können sich die Pakete überholen oder in einer geänderten Reihenfolge beim Empfänger eintreffen. IP überlässt es den Protokollen der Transportschicht, dieses zu richten. IP stellt außerdem keine gesicherte Verbindung zur Verfügung. Das heißt, es können Pakete auf ihrem Weg verloren gehen. IP verlässt sich auch hier auf die Protokolle der höheren Schichten, die den Verlust feststellen und die Sendewiederholung der Daten neu initiieren. IP ist auch nicht in der Lage, von der darunter liegenden Schicht abgelehnte Frames neu zu generieren und erneut zu übertragen.

Die Übermittlung der IP-Datenpakete erfolgt mittels eines Service. Dieser Service wird als verbindungsloser Paketübermittlungsdienst (send and pray) bezeichnet. Die Übermittlung der Datenpakete wird nicht garantiert, Pakete können verloren gehen und in unterschiedlicher Reihenfolge eintreffen. Jedes Datenpaket wird vollkommen unabhängig von weiteren Datenpaketen vom Sender zum Empfänger übermittelt. Die Vorteile dieses Dienstes besteht in seiner sehr schnellen Reaktionszeit. Er kann auch auf die sich ständig ändernde Laststituation durch eine dynamische Wegwahl reagieren. Jedes Datenpaket muss die vollständige Zieladresse enthalten, um übermittelt zu werden. Dieses führt zu einem erhöhten Protokoll-Overhead.

Die Übermittlung von Daten durch das Internet Protocol beginnt damit, dass ein Protokoll einer höheren Schicht Daten zur Übermittlung an das Internet Protocol übergibt. Das Internet Protocol verpackt diese Daten in einen IP-

Frame und reicht sie an die Übertragungsschicht zur Übermittlung über das Netz weiter. Befindet sich der Zielrechner am lokalen Netz, sendet IP den Frame direkt zum Zielknoten. Befindet sich der Zielrechner in einem entfernten Netz, sendet IP das Paket an den nächsten IP-Router. Das IP des Routers übermittelt das Paket über das Netz zum IP-Modul des Zielrechners oder zu einem weiteren Router. Ein Paket wird immer durch ein zusammenhängendes Netz von IP-Modulen zu seinem Bestimmungsort befördert.

Dienste

Für das Internet Protocol sind zwei Dienste festgelegt, das Sende-Primitiv (Send) und das Empfangs-Primitiv (Deliver).

Sende-Primitiv

Das Sende-Primitiv wird zur Übermittlung von Daten auf das Netzwerk verwendet und hat folgende Parameter:

Der Datenaufbau eines Sende-Primitivs:

Quelladresse	Source Adress
Zieladresse	Destination Adress
Protokoll	Protocol
Typeindikator	Type of Service
Identifikator	Identificator
Don't Fragment-Indikator	Don't Fragment-Flag
Lebenszeit	Time of Live
Datenlänge	Total Length
Optionen	Options
Daten	Data

Deliver-Primitiv

Das Deliver-Primitiv wird zum Empfang von Daten vom Netzwerk verwendet und hat folgende Parameter:

Der Datenaufbau eines Deliver-Primitivs:

Quelladresse	Source Adress
Zieladresse	Destination Adress
Protokoll	Protocol
Typeindikator	Type of Service
Datenlänge	Total Length
Optionen	Options
Daten	Data

Der IP-Header

Die TCP/IP-Protokolle wurden entwickelt, um Daten über ein paketvermittelndes Netz (wie das ARPANET) zu übertragen. Ein Paket ist ein Datenblock zusammen mit den Informationen, die notwendig sind, um sie dem Empfänger zuzustellen (ein Paket ist also nichts anderes als ein Paket im herkömmliche Sinn bei der Post – das Paket enthält die Daten, auf dem Paket ist die Adresse des Empfängers notiert). Das Datengramm (datagram) ist das Paketformat, das vom Internet Protocol definiert ist. Ein IP-Datengramm besteht aus einem Header und den zu übertragenden Daten. Der Header hat einen festen 20 Byte großen Teil, gefolgt von einem optionalen Teil variabler Länge. Der Header umfasst alle Informationen, die notwendig sind, um das Datengramm dem Empfänger zuzustellen. Ein Datengramm kann theoretisch maximal 64 KByte groß sein, in der Praxis liegt die Größe ungefähr bei 1.500 Byte (das hängt mit der maximalen Rahmengröße des Ethernet-Protokolls zusammen).

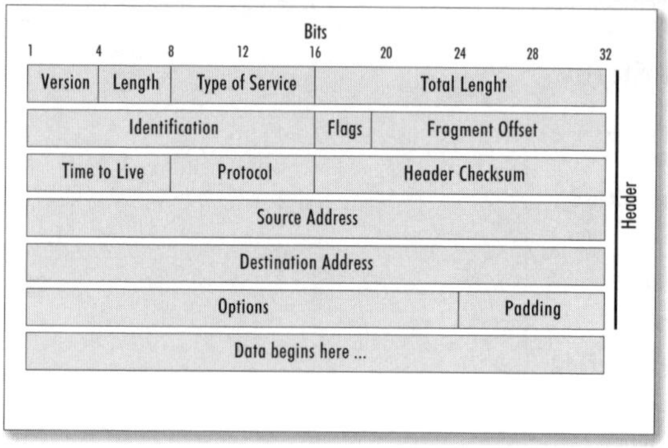

Übersicht über den IP-Header

Die Felder des in der Abbildung dargestellten Protokollkopfes haben die folgende Bedeutung: Das Versions-Feld enthält die Versionsnummer des IP-Protokolls. Durch die Einbindung der Versionsnummer besteht die Möglichkeit, über eine längere Zeit mit verschiedenen Versionen des IP-Protokolls zu arbeiten. Einige Hosts können mit der alten und andere mit der neuen Version arbeiten. Die derzeitige Versionsnummer ist 4, aber die Version 6 des IP-Protokolls befindet sich bereits in der Erprobung.

Length:

Das Feld *Length* (**I**nternet **H**eader **L**ength – IHL*)* enthält die Länge des Protokollkopfes, da diese nicht konstant ist. Die Länge wird in 32-Bit-Worten angegeben. Der kleinste zulässige Wert ist 5 – das entspricht also 20 Byte; in diesem Fall sind im Header keine Optionen gesetzt. Die Länge des Headers kann sich durch Anfügen von Optionen aber bis auf 60 Byte erhöhen (der Maximalwert für das 4-Bit-Feld ist 15).

Type of Servive:
Über das Feld *Type of Service* kann IP angewiesen werden, Nachrichten nach bestimmten Kriterien zu behandeln. Als Dienste sind hier verschiedene Kombinationen aus Zuverlässigkeit und Geschwindigkeit möglich. In der Praxis wird dieses Feld aber ignoriert, hat also den Wert 0.

Precedence (Bits 0-2) gibt die Priorität von 0 (normal) bis 7 (Steuerungspaket) an. Die drei Flags (D, T, R) ermöglichen es dem Host anzugeben, worauf er bei der Datenübertragung am meisten Wert legt: Verzögerung (Delay – D), Durchsatz (Throughput – T), Zuverlässigkeit (Reliability – R). Die beiden anderen Bit-Felder sind reserviert.

Total Length:
Enthält die gesamte Paketlänge, d. h. Header und Daten. Da es sich hierbei um ein 16-Bit-Feld handelt, ist die Maximallänge eines Datengramms auf 65.535 Byte begrenzt. In der Spezifikation von IP (RFC 791) ist festgelegt, dass jeder Host in der Lage sein muss, Pakete bis zu einer Länge von 576 Byte zu verarbeiten. In der Regel können von den Hosts aber Pakete größerer Länge verarbeitet werden.

Identification:
Über das Identifikationsfeld kann der Zielhost feststellen, zu welchem Datengramm ein neu angekommenes Fragment gehört. Alle Fragmente eines Datengramms enthalten die gleiche Identifikationsnummer, die vom Absender vergeben wird.

Flags:
Die Flags bestehen aus zwei Bits namens DF – **D**on't **F**ragment – und **MF** – **M**ore Fragments. Das erste Bit des *Flags*-Feldes ist ungenutzt bzw. reserviert. Die beiden Bits DF und MF steuern die Behandlung eines Pakets im Falle einer Fragmentierung. Mit dem DF-Bit wird signalisiert, dass das Datengramm nicht fragmentiert werden darf. Auch dann nicht, wenn das Paket dann evtl. nicht mehr weitertransportiert werden kann und verworfen werden muss. Alle Hosts müssen, wie schon gesagt, Fragmente bzw. Datengramme mit einer Größe von 576 Byte oder weniger verarbeiten können. Mit dem MF-Bit wird angezeigt, ob einem IP-Paket weitere Teilpakete nachfolgen. Dieses Bit ist bei allen Fragmenten außer dem letzten gesetzt.

Fragment Offset:

Der Fragmentabstand bezeichnet, an welche Stelle relativ zum Beginn des gesamten Datengramms ein Fragment gehört. Mithilfe dieser Angabe kann der Zielhost das Originalpaket wieder aus den Fragmenten zusammensetzen. Da dieses Feld nur 13 Bit groß ist, können maximal 8.192 Fragmente pro Datengramm erstellt werden. Alle Fragmente, außer dem letzten, müssen ein Vielfaches von 8 Byte sein. Dies ist die elementare Fragmenteinheit.

Time to Live:

Das Feld *Time to Live* ist ein Zähler, mit dem die Lebensdauer von IP-Paketen begrenzt wird. Im RFC 791 ist für dieses Feld als Einheit Sekunden spezifiziert. Zulässig ist eine maximale Lebensdauer von 255 Sekunden (8 Bit). Der Zähler muss von jedem Netzknoten, der durchlaufen wird, um mindestens 1 verringert werden. Bei einer längeren Zwischenspeicherung in einem Router muss der Inhalt sogar mehrmals verringert werden. Enthält das Feld den Wert 0, muss das Paket verworfen werden: Damit wird verhindert, dass ein Paket endlos in einem Netz umherwandert. Der Absender wird in einem solchen Fall durch eine Warnmeldung in Form einer ICMP-Nachricht (siehe weiter unten) informiert.

Protocol:

Enthält die Nummer des Transportprotokolls, an das das Paket weitergeleitet werden muss. Die Nummerierung von Protokollen ist im gesamten Internet einheitlich und im RFC 1700 definiert. Bei UNIX-Systemen sind die Protokollnummern in der Datei */Etc/Protocols* abgelegt.

Header Checksum:

Dieses Feld enthält die Prüfsumme der Felder im IP-Header. Die Nutzdaten des IP-Datengramms werden aus Effiziengründen nicht mitgeprüft. Diese Prüfung findet beim Empfänger innerhalb des Transportprotokolls statt. Die Prüfsumme muss von jedem Netzknoten, der durchlaufen wird, neu berechnet werden, da der IP-Header durch das Feld *Time-to-Live* sich bei jeder Teilstrecke verändert. Aus diesem Grund ist auch eine sehr effiziente Bildung der Prüfsumme wichtig. Als Prüfsumme wird das 1er-Komplement der Summe aller 16-Bit-Halbwörter der zu überprüfenden Daten verwendet. Zum Zweck dieses Algorithmus wird angenommen, dass die Prüfsumme zu Beginn der Berechnung 0 ist.

Source Address, Destination Address:

In diese Felder werden die 32 Bit langen Internetadressen eingetragen.

Options und Padding:

Das Feld *Options* wurde in den Protokollkopf aufgenommen, um die Möglichkeit zu bieten, das IP-Protokoll um weitere Informationen zu ergänzen, die im ursprünglichen Design nicht berücksichtigt wurden. Das Optionsfeld hat eine variable Länge. Jede Option beginnt mit einem Code von einem Byte, über den die Option identifiziert wird. Manchen Optionen folgt ein weiteres Optionsfeld von 1 Byte und dann ein oder mehrere Datenbyte für die Option. Das Feld *Options* wird über das Padding auf ein Vielfaches von 4 Byte aufgefüllt. Derzeit sind die folgenden Optionen bekannt:

End of Option List

Kennzeichnet das Ende der Optionsliste.

No Option

Kann zum Auffüllen von Bit zwischen Optionen verwendet werden.

Security

Bezeichnet, wie geheim ein Datengramm ist. In der Praxis wird diese Option jedoch fast immer ignoriert.

Loose Source-Routing, Strict Source-Routing

Diese Option enthält eine Liste von Internetadressen, die das Datagramm durchlaufen soll. Auf diese Weise kann dem Datenpaket vorgeschrieben werden, eine bestimmte Route durch das Internet zu nehmen. Beim Source-Routing wird zwischen Strict Source and Record Route und Loose Source and Record Route unterschieden. Im ersten Fall wird verlangt, dass das Paket diese Route genau einhalten muss. Des Weiteren wird die genommene Route aufgezeichnet. Die zweite Variante schreibt vor, dass die angegebenen Router nicht umgangen werden dürfen. Auf dem Weg können aber auch andere Router besucht werden.

Record Route

Die Knoten, die dieses Datengramm durchläuft, werden angewiesen, ihre IP-Adresse an das Optionsfeld anzuhängen. Damit lässt sich ermitteln, welche Route ein Datengramm genommen hat. Wie anfangs schon gesagt, ist die Größe für das Optionsfeld auf 40 Byte beschränkt. Deshalb kommt es heute auch oftmals zu Problemen mit dieser Option, da weit mehr Router durchlaufen werden, als dies zu Beginn des ARPANET der Fall war.

Time Stamp
Diese Option ist mit der Option *Record Route* vergleichbar. Zusätzlich zur IP-Adresse wird bei dieser Option die Uhrzeit des Durchlaufs durch den Knoten vermerkt. Auch diese Option dient hauptsächlich zur Fehlerbehandlung, wobei zusätzlich z. B. Verzögerungen auf den Netzstrecken erfasst werden können.

Weitere Details zu den Optionen sind in RFC 791 zu finden.

UDP – Das User Datagram Protocol

Das User Datagram Protocol ist auf der Schicht 4 (Transport) implementiert. Das **U**ser **D**atagram **P**rotocol (UDP) ist im RFC 768 definiert. UDP ist ein unzuverlässiges, verbindungsloses Protokoll. UDP trennt die Anwendungsprozesse von denen des Datentransports, stellt dem Benutzer einen netzunabhängigen Transportdienst zur Verfügung und erbringt höheren Protokollen einen Transaktionsdienst zum Versenden von Daten. UDP setzt direkt auf dem Protokoll IP auf. Es garantiert im Gegensatz zum TCP keine Ende-zu-Ende-Kontrolle, deshalb ist weder die Ablieferung eines Datagramms beim Empfänger, das Erkennen von Datagrammduplikaten, noch reihenfolgerichtige Übermittlung der Daten gewährleistet.

Schicht 4	TCP	**U**ser **D**atagram **P**rotocol (UDP)
Schicht 3	IP	
Schicht 2	Ethernet, FDDI, Token Ring	

UDP-Protokoll

Funktionsumfang

Das User Datagram Protocol stellt Applikationsprogrammen eine definierte Prozedur zur Verfügung, mit der mit minimalen Kontrollmechanismen Daten zwischen Kommunikationspartnern übermittelt werden können. UDP gewährleistet keine korrekte Übergabe der Daten an den Empfänger. Die übermittelten Daten werden vom Empfänger nicht bestätigt. Gehen Daten bei der Übertragung verloren, findet ein erneutes Senden nicht statt. Diese Aufgabe verlagert das UDP auf die darüber liegenden Applikationsschichten, die diese Funktion erfüllen müssen. Das User Datagram Protocol baut keine aktiven Verbindungen auf, sondern sendet die einzelnen Datenpakete aus völlig voneinander unabhängige Ereignisse. Das UDP überprüft die empfangenden Daten nur minimal auf Fehler.

Ein UDP-Segment besteht aus einem Header von 8 Byte, gefolgt von den Daten.

Der UDP-Header

Die Sender- und Empfänger-Portnummern erfüllen den gleichen Zweck wie beim Transmission Control Protocol. Sie identifizieren die Endpunkte der Quell- und Zielmaschine. Das Feld für die Länge enthält die Länge des gesamten Datengramms, inklusive der Länge des Protokollkopfes. Die Prüfsumme enthält die Internetprüfsumme der UDP-Daten, des Protokollkopfes und des Pseudo-Headers. Das Prüfsummenfeld ist optional. Enthält das Feld eine 0, wurde vom Absender keine Prüfsumme eingetragen und somit findet beim Empfänger keine Überprüfung statt.

Das User Datagram Protocol liefert über die Leistungen des Internet Protocols hinaus nur Portnummern für die Adressierung der Kommunikationsendpunkte und eine optionale Prüfsumme. Das Protokoll beinhaltet keine Transportquittungen oder andere Mechanismen für die Bereitstellung einer zuverlässigen Ende-zu-Ende-Verbindung. Hierdurch wird UDP allerdings sehr effizient und eignet sich somit besonders für Anwendungen, bei denen es in erster Linie auf die Geschwindigkeit der Datenübertragung ankommt (z. B. verteilte Dateisysteme wie NFS).

Multiplexen von Verbindungen

Um mehreren Prozessen den gleichzeitigen Zugriff auf das User Datagram Protocol zu ermöglichen, werden mehrere Ports (Zugangsadressen) zur Verfügung gestellt. Ein Verbindungpunkt wird aus einer IP-Adresse und der UDP-Portadresse gebildet. Dieser Verbindungspunkt wird auch Socket genannt.

Folgende Anwendungsprotokolle verwenden die Sockets:

- **T**rival **F**ile **T**ransfer **P**rotockol (TFTP)
- **Bootp**rotokoll (BootP)
- **D**omain **N**ame **S**ervice (DNS)
- **S**imple **N**etwork **M**anagement **P**rotocol (SNMP)

Der UDP-Multiplexmechanissmus

Der Multiplexmechanismus im UDP schafft Voraussetzungen zur Koexistenz einer Vielzahl von höheren Protokollen und Verarbeitungsprozessen in einem Rechner sowie die Nutzung von UDP durch eine Vielzahl von Verarbeitungsprozessen eines höheren Protokolls. Zur Identifikation der verschiedenen Datenströme vergibt das UDP in jedem Rechner die so genannten Portnummern. Über diese Portnummern erfolgt der gesamte Datenaustausch zwischen den Anwendungsprozessen und UDP. Die Vergabe der Portnummern an die Anwendungsprozesse geschieht dynamisch und wahlfrei. Für bestimmte häufig benutzte Anwendungsprozesse sind feste Portnummern vergeben.

Folgende Definitionen bestehen:

- Port: Eindeutige Zuordnung der UDP-Pakete zur nächsthöheren Schicht
- Socket: Eindeutige Adresse eines UDP-Verbindung, zusammengesetzt aus Internetadresse und Portnummer
- Well known Socket: Standardapplikation verwenden beim Verbindungsaufbau vorgegebene Portnummern.

Die wichtigsten UDP-Portnummern (Sockets) sind:

Name	Port
Reserviert	0
Echo	7
Users	9
DAYtime	13
Newtstat	15
Quote	17
Chargen	19
Telnet	23
Time	37
EIN 116	42
NICname	43
Domain Name Service	53
BootP	67/68
TFTP	69
WWW	80
SUNRPC	111
NTP	123
SNMP	161
SNMP Trap	162
UNIX Comsat	512
Unix Rwho	513
Syslog	514

Vergleich zwischen TCP- und UDP-Diensten

Diese Tabelle zeigt die Unterschiede zwischen TCP- und UDP-Protokollen

Funktion	TCP	UDP
End-zu-End-Kontrolle	ja	nein
Zeitüberwachung der Verbindung	ja	nein
Spezialfunktionen	ja	nein
Flusskontrolle über das Netz hinweg	ja	nein
Zuverlässige Datenübertragung	ja	nein
Geschwindigkeit	normal	hoch
Connectionless Service	ja	ja
Erkennung von Datagrammduplikaten	ja	nein
Reihenfolgerichtige Übertragung	ja	nein
Verbindung wird aufgebaut	ja	nein
Multiplexen von Verbindungen	ja	ja

TCP – Das Transmission Control Protocol

TCP ist für den Einsatz in paketvermittelten Netzen oder einem Verbund solcher Netze geeignet. Es leistet virtuelle Verbindungsdienste zur reihenfolgengetreuen, gesicherten Übertragung der Anwenderdaten. TCP ist die Basis für einen gesicherten Mechanismus oberhalb der ungesicherten Paketvermittlungsebene (Schicht 3 OSI). TCP baut direkt auf dem Internet Protocol auf und ermöglicht die Entdeckung von Datenverlusten, die automatische Neuübertragung von Datenpaketen und die Erkennung von Duplikaten.

Funktionsumfang

TCP unterstützt eine ganze Reihe von höheren Protokollen, die die Daten an Netzknoten übermitteln. Die wichtigsten Applikationsprotokolle, die das Transmission Control Protocol als Transportdienst nutzt, sind z. B.

- das Telnet Protocol
- das File Transfer Protocol
- das Simple Mail Transport Protocol
- das Remote Login Protocol

TCP verändert die Daten der höheren Protokolle nicht, sondern behandelt diese Daten als quasi gleichmäßigen Datenstrom. Dadurch bleibt die Datenstruktur erhalten. TCP segmentiert diese Daten zu diskreten Einheiten, die in einzelnen Datenpaketen gesendet und empfangen werden. Diese Einheiten werden auch Segmente genannt. Das TCP ist auf der Transportschicht völlig unabhängig von den jeweiligen netzspezifischen Eigenschaften. Deshalb können TCP-Pakete auch eine Länge von bis zu 65 KByte aufweisen.

Bei der Übertragung über ein Netzwerk wird das darunter liegende Internet Protocol gezwungen, diese Segmente in viele Pakete niedriger Ordnung zu fragmentieren. Da die meisten der früheren TCP/IP-Implementionen nicht in der Lage waren, eine maximale Segmentgröße von 65 KByte zu verarbeiten, wurde die maximale Segmentlänge automatisch auf die maximale Paketlänge des Übertragungmediums (z. B. Ethernet) begrenzt.

TCP vergibt an jedes Oktet des Datenstroms eine Sequenznummer. Das Empfänger-TCP ist dadurch in der Lage, die ankommenden Segmente in der richtigen Reihenfolge zusammenzusetzen und an das übergeordnete Protokoll als einen ununterbrochenen Datenstrom zu übergeben.

Dienste des TCP

Herstellung einer Vollduplexverbindung

Die TCP-Verbindung unterstützt einen gleichzeitigen, bidirektionalen Datenfluss zwischen TCP und dem entsprechenden höheren Protokoll.

Zeitliche Überwachung

Ein Abbruch der Verbindung, ein Rechnerausfall oder eine Überlastung von Leitungen kann die Übermittlung der Daten in einer spezifizierten Zeit (Time-Out) verhindern. Das TCP benachrichtigt das höhere Protokoll, dass die Übertragung nicht durchgeführt werden konnte. Das höhere Protokoll kann daraufhin die Verbindung abbrechen oder weitere Maßnahmen ergreifen.

Nummerierung

Das TCP nummeriert die Daten vor der Übertragung und übergibt diese Daten in der gleichen Reihenfolge an den Empfänger.

Vorrang und Sicherheitsstufen

Das TCP verknüpft mit jeder Verbindung die Sicherheit und Vorrangstufen, die von einem höheren Protokoll beim Verbindunsaufbau vergeben werden, und gibt diese Informationen in Form von Parametern an das Internet Protocol weiter.

Flusssteuerung aller übertragenen Daten

Das TCP steuert den Datenfluss über die Verbindung und versucht zu verhindern, dass ein Eingangspuffer überläuft und dadurch Daten verloren gehen können.

Fehlerprüfung
Das TCP überprüft alle Segmente auf Übertragungsfehler.

Die TCP-Service-Primitive

Das TCP-Protokoll ist wie auch das Internet Protocol sehr genau definiert. Die Definitionen beschreiben das Format des TCP-Datagramms, die einzelnen Felder im Header und den Ablauf der Datenpakete zwischen zwei gleichen Protokollebenen. Der TCP-Standard definiert funktionelle Bedingungen, die als Service-Primitiv und Parameter dargestellt sind. Service-Primitive sind Dienste, die zur Verfügung gestellt oder erbracht werden müssen. Im Gegensatz zum IP-Protokoll sind die TCP-Service-Primitive weitaus komplexer und mit mehr Funktionen ausgestattet.

Wie im Bild dargestellt, sendet Rechner 1 seine Daten über das Internet zu Rechner 2. Der Benutzer des sendenden TCP verwendet eines der Service-Request-Primitive, um TCP mitzuteilen, dass es einen Datenblock zum Empfänger übermitteln muss.

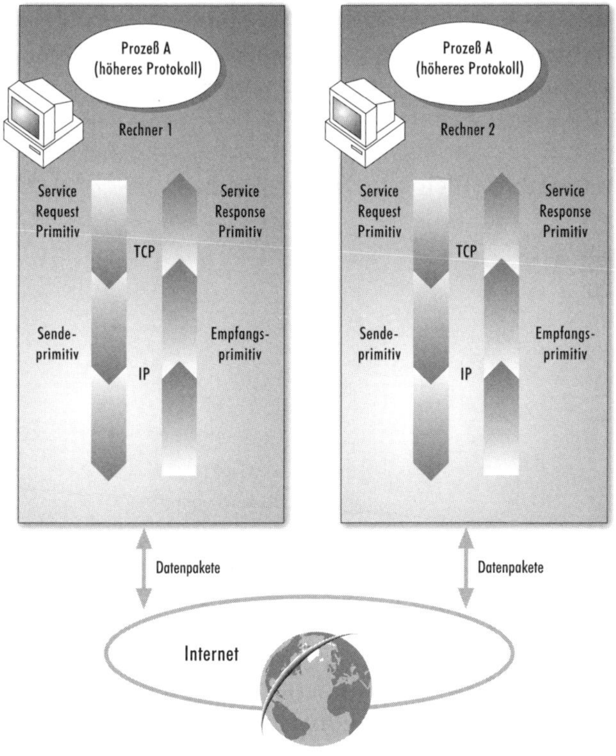

Verbindung der Rechner via Service-Request-Primtiv

Das TCP-Protokoll übermittelt an IP unter Verwendung des IP-Sende-Primitivs. Das IP-Protokoll verpackt den Datenblock zu einem Datagramm und übermittelt die Daten über das Internet zum IP des Rechners 2. Das Internet Protocol benutzt das Empfangs-Primitiv und übergibt die Datenblöcke an das TCP.

TCP-Multiplexmechanismus

Der Multiplexmechanismus im Transmission Control Protocol schafft die Voraussetzung zur Koexistenz einer Vielzahl von höheren Protokollen und Verareitungsprozessen in einem einzelnen Rechner sowie zur Nutzung von TCP durch die Verarbeitungsprozesse.

Zur Identifikation der verschiedenen Datenströme vergibt TCP in jedem Rechner die so genannten Portnummern. Über diese Portnummern erfolgt der gesamte Datenaustausch zwischen den Anwendungsprozessen und dem Transmission Control Protocol. Die Vergabe der Portnummern an die Anwendungsprozesse geschieht dynamisch und wahlfrei. Für häufig genutzte Anwendungsprozesse sind feste Portnummern vergeben. Zur eindeutigen Kennzeichnung eines TCP-Anwendungsprozesses werden die TCP-Portnummer und die Internetadresse des Host zu einem so genannten Socket zusammengefasst. Ein Socketpaar kennzeichnet eindeutig ein Paar miteinander kommunizierender Prozesse.

Die wichtigsten TCP-Portnummern (Well known Port)sind:

Protokoll	Portnummer
FTP-DATA	20
FTP-Control	21
Telnet	23
SMTP	25
Host Name Server	42
Who is	43
Domain Name Server	53
SUPDUP	95

Anhand der Abbildung soll das Konzept der logischen Verbindungen zwischen Socketpaaren verdeutlicht werden.

Die drei Netzknoten (Rechner A, B, C) sind durch das Internet verbunden. Jeder Rechner verfügt über eine eindeutige IP-Adresse. Jede IP-Einheit verfügt über mehrere unabhängige Ports und diesen Ports sind eindeutige Portnummern zugeordnet.

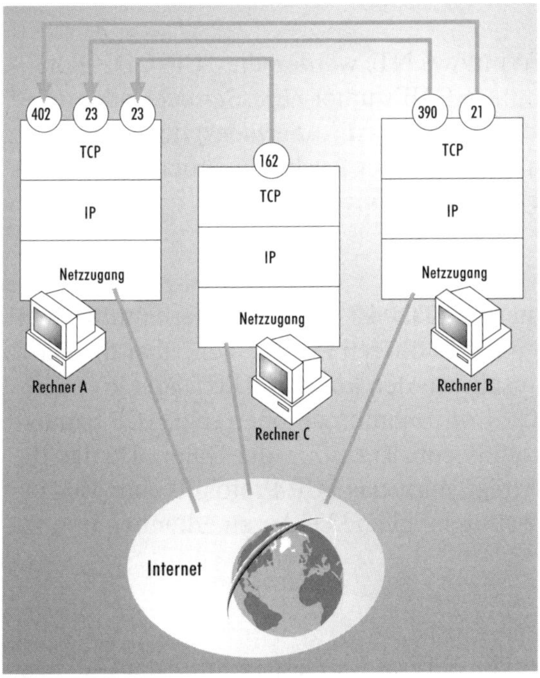

Logische Verknüpfung zwischen Socketpaaren

Rechner B will mit Rechner A mehrere Files austauschen und baut deshalb von seinem lokalen Port 402 zu dem Well known Socket 21 von Rechner B eine Verbindung auf. Ein Benutzer an Rechner B wählt sich vom lokalen Port 390 in den Rechner A ein und benutzt dort Port 23. Das Well known Socket 23 steht im Rechner A mehrmals zur Verfügung, da es sich um den Zugang zum Telnet-Protokoll handelt. Rechner C baut von seinem lokalen Port 162 ebenfalls eine Telnet-Verbindung zu Rechner A auf. Eine Verbindung wird aufgebaut, indem z. B. das TCP von Rechner B eine Anfrage zum Verbindungsaufbau (Connection Request) zum TCP des Rechners A sendet und mitteilt, dass eine Verbindung zu Port 23 erwünscht wird.

Der Connection Request wird ausgelöst, indem das Sende-Primitiv des Internetprotokolls benutzt wird. Im Sende-Primitiv werden automatisch die Sende- und die Zieladresse für die Verbindung festgelegt. Nachdem die logische Verbindung aufgebaut ist, werden alle zu übertragenden Daten vom Benutzer des Ports 390 in TCP-Segmente zerlegt und zu Port 23 auf Rechner B gesendet. Das Gleiche gilt für Rechner C. Jeder dieser Telnet-Ports akzeptiert und sendet nur Daten von und zu der zugeordneten Remote-TCP-Einheit.

Praxis

In allen UNIX-Rechnern (auch Windows NT) werden die TCP/UDP-Portnummern in einer Tabelle (z. B. unter UNIX unter */Etc/Services* oder unter Windows NT unter *Winnt\System32\Drivers\Etc\Services*) dem entsprechenden Dienst zugeordnet. Ein Löschen oder Auskommentieren eines solchen Eintrags sperrt den entsprechenden Service.

Verbindungs-Management

Eine der elementarsten Funktionen des TCP ist die Aufrechterhaltung einer gesicherten Verbindung zwischen zwei höheren Protokollen, über die Daten zwischen zwei TCPs ausgetauscht werden können. Die Daten können reine Benutzerdaten wie auch TCP-Kontrollinformationen sein. TCP benutzt das IP-Sende- und Empfangs-Primitiv zum Transport der Daten. Da das IP-Protokoll Daten ungesichert überträgt, muss das TCP-Protokoll über Mechanismen verfügen, die in der Lage sind, mögliche Fehler zu erkennen und zu beheben.

Sequencing

Die Benutzerdaten werden durch die Service-Request-Primitiv dem IP übergeben, dabei wird den eigentlichen Daten ein TCP-Header vorangestellt. Als Beispiel für Headerinformationen seien hier die Destinationenadresse, der Destination Port, der Source Port und die Flags erwähnt.

Nachdem das Datensegment mit TCP-Header-Information versehen ist, wird es in einem Segmentpuffer zwischengelagert. Diese Daten werden danach unter folgenden Bedingungen zum Empfänger übermittelt.

- Der Segmentpuffer ist mit Daten gefüllt.
- Der Timer, der den Segmentpuffer von Zeit zu Zeit leert, ist abgelaufen.
- Das Push-Flag ist bei den Steuer-Informationen, die vom User an das TCP übermittelt wurden, gesetzt.

Beim Leeren des Segmetpuffers wird gleichzeitig jedes Byte mit einer Sendenummer versehen. Diese Sendenummer wird auch Sequenznummer genannt und werden in die TCP-Headerinformation eingefügt. Um nicht für jedes Byte eine eigene Sequenznummer festzulegen, geschieht dies immer für ein Datensegment. Wenn beispielsweise 200 Byte auf einmal übermittelt werden, ist die Sequenznummer 200.

Beim nächsten Datensegent werden 23 Byte gesendet, so wird die Sequenznummer auf 223 hochgesetzt. Beim Empfänger kann anhand dieser Sequenznummer überprüft werden, ob alle Daten empfangen wurden und in welcher Reihenfolge die Daten an den User weitergegeben werden sollen. Wird dieser Puffer vom User gewählt, sendet das Empfänger-TCP eine Bestätigung an den Absender des Datensegments.

Dieses Datenpaket wird auch mit einer Nummer versehen, der so genannten Acknowlege-Nummer. Die Acknowlege-Nummer zeigt immer auf die nächste Sequenznummer, die der Empfänger beim nächsten Datensegment erwartet. Die Acknowlege-Nummer und die Sequenznummer lösen auch das Problem der verloren gegangenen Datensegmente. Geht ein Datensegment verloren oder sind die Daten fehlerhaft, so kann es vom Empfänger nicht bestätigt werden. Der Sender überprüft immer, ob der Empfang der Daten auch bestätigt wurde. Bei jedem Sendevorgang läuft ein Timer an und wird das Datenpaket während dieser Zeit nicht bestätigt, wird das Datensegment erneut gesendet.

Der TCP-Header

Die sendende und die empfangende TCP-Einheit tauschen Daten in Form von Segmenten aus. Ein Segment ist nichts anderes als die zu übertragenden Daten, versehen mit Steuerinformationen. Jedes Segment beginnt mit einem 20-Byte-Header, auf den Header-Optionen folgen können. Den Optionen folgen schließlich die zu übertragenden Daten.

Die Segmentgröße wird durch zwei Faktoren begrenzt: Erstens muss jedes Segment, einschließlich des TCP-Headers, in das Nutzdatenfeld des IP-Protokolls passen (65.535 Byte); zweitens hat jedes Netz eine maximale Transfereinheit (MTU – **M**aximum **T**ransfer **U**nit), in die das Segment passen muss. In der Regel ist die MTU einige tausend Byte groß und gibt die obere Grenze der Segmentgröße vor (z. B. Ethernet 1.500 Byte).

Läuft ein Segment durch eine Anzahl von Netzen und trifft dabei auf ein Netz mit einer kleineren MTU, so muss das Segment vom Router in kleinere Segmente aufgeteilt (fragmentiert) werden. Unabhängig von der Größe der MTU können dem TCP-Header und den Optionen maximal 65.535-20-20 = 65.495 Datenbyte folgen (die ersten 20 Byte beziehen sich auf den IP-Header, die zweiten auf den TCP-Header; die Länge der Optionen wird mit zu den Datenbyte gezählt). TCP-Segmente ohne Daten sind zulässig und dienen der Übermittlung von Bestätigungen und Steuernachrichten.

Die Felder des TCP-Headers haben die folgende Bedeutung:

Source-/Destination-Port

Die Felder *Source Port* (Quellport) und *Destination Port* (Zielport) adressieren die Endpunkte der Verbindung. Die Größe für die beiden Felder beträgt 16 Bit.

Sequence Number, Acknowledgement Number

Die Sequenznummer und die Bestätigungsnummer sind jeweils 32-Bit-Zahlen. Die Nummern geben die Stellung der Daten des Segments innerhalb des in der Verbindung ausgetauschten Datenstroms an. Die Sequenznummer gilt in Senderichtung, die Bestätigungsnummer für Empfangsquittungen. Jeder der beiden TCP-Verbindungspartner generiert beim Verbindungsaufbau eine Sequenznummer, die sich während des Zeitraums der Verbindung nicht wiederholen darf. Dies ist allerdings durch den großen Zahlenraum von 2^{32} wohl ausreichend gesichert. Diese Nummern werden beim Verbindungsaufbau ausgetauscht und gegenseitig quittiert. Bei der Datenübertragung wird die Sequenznummer vom Absender jeweils um die Anzahl der bereits gesendeten Byte erhöht. Mit der Quittungsnummer gibt der Empfänger an, bis zu welchem Byte er die Daten bereits korrekt empfangen hat. Die Nummer gibt allerdings nicht an, welches Byte zuletzt korrekt empfangen wurde, sondern welches Byte als Nächstes zu erwarten ist.

Offset

Das Feld *Offset* (oder auch *Header Length*) gibt die Länge des TCP-Headers in 32-Bit-Worten an. Dies entspricht dem Anfang der Daten im TCP-Segment. Das Feld ist notwendig, da der Header durch das Optionsfeld eine variable Länge hat.

Flags

Mit den sechs 1-Bit-Flags im *Flags*-Feld werden bestimmte Aktionen im TCP-Protokoll aktiviert.

URG

Wird das Flag URG auf 1 gesetzt, so bedeutet dies, dass der Urgent Pointer (Dringendzeiger) verwendet wird.

ACK

Das ACK-Bit wird gesetzt, um anzugeben, dass die Bestätigungsnummer im Feld *Acknowledgement Number* gültig ist. Ist das Bit auf 0 gesetzt, enthält das TCP-Segment keine Bestätigung, das Feld *Acknowledgement Number* wird ignoriert.

PSH

Ist das PSH-Bit gesetzt, so werden die Daten in dem entsprechenden Segment sofort bei Ankunft der adressierten Anwendung bereitgestellt, ohne sie zu puffern.

RST

Das RST-Bit dient dazu, eine Verbindung zurückzusetzen, falls ein Fehler bei der Übertragung aufgetreten ist. Dies kann sowohl der Fall sein, wenn ein ungültiges Segment übertragen wurde, ein Host abgestürzt ist oder der Versuch eines Verbindungsaufbaus abgewiesen werden soll.

SYN

Das SYN-Flag (**S**ynchronize **S**equenze **N**umbers) wird verwendet, um Verbindungen aufzubauen. Zusammen mit der Acknowledgement Number und dem ACK-Bit wird die Verbindung im Form eines Dreiwege-Handshake aufgebaut (siehe oben).

FIN

Das FIN-Bit dient zum Beenden einer Verbindung. Ist das Bit gesetzt, gibt dies an, dass der Sender keine weiteren Daten zu übertragen hat. Das Segment mit gesetztem FIN-Bit muss quittiert werden.

Window

Das Feld *Fenstergröße* enthält die Anzahl Byte, die der Empfänger ab dem bereits bestätigten Byte empfangen kann. Mit der Angabe der Fenstergröße erfolgt in TCP die Flusssteuerung. Das TCP-Protokoll arbeitet nach dem Prinzip eines Schiebefensters mit variabler Größe (Sliding Window). Jede Seite einer Verbindung darf die Anzahl Byte senden, die im Feld für die Fenstergröße angegeben ist, ohne auf eine Quittung von der Empfängerseite zu warten. Währen des Sendens können gleichzeitig Quittungen für die von der anderen Seite empfangenen Daten eintreffen. Eine Fenstergröße von 0 besagt, dass die Byte bis einschließlich der Acknowledgement Number minus 1 empfangen wurden, der Empfänger momentan aber keine weiteren Daten empfangen kann. Die Erlaubnis zum weiteren Senden von Daten erfolgt durch das Versenden eines Segments mit gleicher Bestätigungsnummer und einer Fenstergröße ungleich 0.

Checksum

Die Prüfsumme prüft den Protokollkopf, die Daten und den Pseudo-Header.

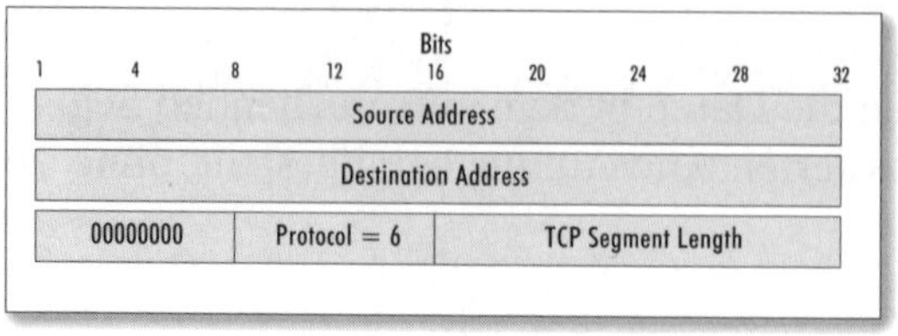

Der Pseudo-Header in der Prüfsumme

Der Algorithmus für die Bildung der Prüfsumme ist einfach: Alle 16-Bit-Wörter werden im 1er-Komplement addiert und die Summe wird ermittelt. Bei der Berechnung ist das Feld *Checksum* auf 0 gesetzt und das Datenfeld wird bei ungerader Länge um ein Nullbyte aufgefüllt. Führt der Empfänger des Segments die Berechnung auf das gesamte Segment aus – inklusive des Feldes für die Prüfsumme – sollte das Ergebnis 0 sein. Der Pseudo-Header enthält die 32 Bit großen IP-Adressen der Quell- und Zielmaschine sowie die Protokollnummer (für TCP 6) und die Länge des TCP-Segments. Die Einbeziehung der Felder des Pseudo-Headers in die Prüfsummenberechnung hilft, durch IP falsch zugeteilte Pakete zu erkennen.

Urgent Pointer

Der Urgent-Zeiger ergibt zusammen mit der Sequenznummer einen Zeiger auf ein Datenbyte. Dies entspricht einem Byteversatz zu einer Stelle, an der dringende Daten vorgefunden werden. TCP signalisiert damit, dass sich an einer bestimmten Stelle im Datenstrom wichtige Daten befinden, die sofort gelesen werden sollten. Das Feld wird nur gelesen, wenn auch das Urgent-Flag (s. o.) gesetzt ist.

Options

Das Optionsfeld soll eine Möglichkeit bieten, Funktionen bereitzustellen, die im normalen TCP-Protokollkopf nicht vorgesehen sind. In TCP sind drei Optionen definiert: End of Option List, No-Operation und Maximum Segment Size. Die wichtigste dieser drei Optionen ist die maximale Segmentgröße. Mit dieser Option kann ein Host die maximale Anzahl Nutzdaten übermitteln, die er annehmen will bzw. annehmen kann. Während eines Verbindungsaufbaus kann jede Seite ihr Maximum an Nutzdaten übermitteln, die kleinere der beiden Zahlen wird als maximale Nutzdatengröße für die Übertragung übernommen. Wird diese Option von einem Host nicht unterstützt, wird als Standard die Vorgabe von 536 Byte verwendet.

Padding

Das Feld *Padding* wird verwendet, um sicherzustellen, dass der Header an einer 32-Bit-Grenze endet und die Daten an einer 32-Bit-Grenze beginnen. Das Füllfeld wird mit Nullen gefüllt.

ICMP – Das Internet Control Message Protocol

Das ICMP ist neben dem Hauptprotokoll, dem IP, als Hilfsprotokoll auf der Netzwerkschicht (Layer 3 OSI) angesiedelt. Mit dem ICMP-Protokoll werden Fehlermeldungen und Informationsmeldungen zwischen Rechnern am Netz ausgetauscht.

Das ICPM-Protokoll im Zusammenspiel mit anderen Protokollen:

Schicht 4	TCP	**U**ser **D**atagram **P**rotocol (UDP)
Schicht 3	Internet Control Messages	Protokoll ICMP
Schicht 2	Ethernet, FDDI, Token Ring	

Das ICMP-Protokoll baut auf dem IP-Protokoll auf, das heißt, es wird vom IP behandelt, als sei es ein Paket der höheren Schicht. ICMP-Daten werden immer mit einem vollständigen IP-Header verschickt. Die eigentlichen ICMP-Meldungen befinden sich im Datenteil des IP-Pakets. Dies Meldungen des ICMP sind in zwei Klassen unterteilt: die Fehlermeldungen und die Informationsmeldungen.

Fehlermeldung des ICMP	Bedeutung
Destination Unrechable	Empfänger nicht erreichbar
Redirect	Wegumleitung

Informationsmeldung des ICMP	Bedeutung
Echo	
Informationen	
Timestamp	Zeitmessung
Address Mask	Adressmaske
Router Discovery	Routerfindung

Das **I**nternet **C**ontrol **M**essage **P**rotocol (ICMP) ist Bestandteil jeder IP-Implementierung und hat die Aufgabe, Fehler- und Diagnoseinformationen für IP zu transportieren. ICMP ist im RFC 792 spezifiziert. Oft wird ICMP auch für Testzwecke verwendet, etwa um zu ermitteln, ob ein Host derzeit empfangsbereit ist.

Durch seine Vielseitigkeit bietet ICMP aber auch leider die Möglichkeit, versteckte Nachrichten zu übermitteln. Ein Stichwort ist hier das so genannte ICMP-Tunneling. Beim ICMP-Tunneling wird das Datenfeld eines ICMP-Pakets genutzt, um Informationen zwischen Rechnern auszutauschen. ICMP-Tunneling ist aber keine Technik, die es eventuellen Datenspionen ermöglicht, in einen Rechner oder ein Netz einzubrechen.

ICMP hat sehr unterschiedliche Informationen zu transportieren. Deshalb ist nur der Grundaufbau des ICMP-Headers immer gleich, die Bedeutung der einzelnen Felder im Protokollkopf wechselt jedoch. Jeder ICMP-Nachrichtentyp wird in einem IP-Datengramm eingekapselt.

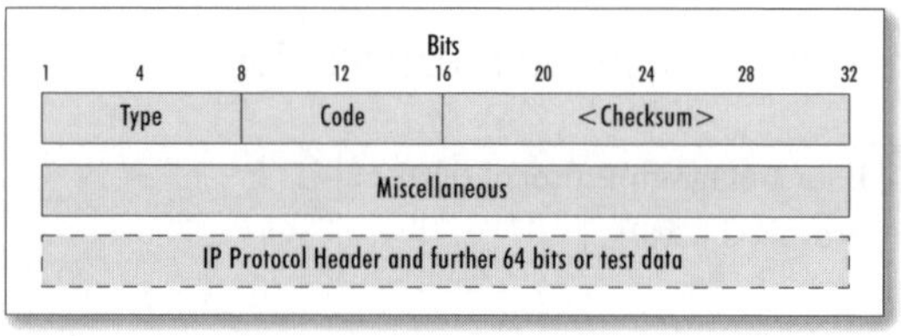

Allgemeiner Aufbau des ICMP-Headers

Die derzeit wichtigsten ICMP-Nachrichtentypen sind im Folgenden dargestellt.

Destination Unreachable (Ziel nicht erreichbar)

Diese Nachricht wird verwendet, wenn ein Netzwerk, Host, Protokoll oder Port nicht erreichbar ist, ein Paket nicht fragmentiert werden kann, weil das DF-Bit gesetzt ist oder die Source Route-Option nicht erfolgreich ist.

Source Quench (Quelle löschen)

Wird ausgesendet, wenn ein Host zu viele Pakete verschickt, die aus Kapazitätsmangel nicht mehr verarbeitet werden können. Der sendende Host muss dann die Rate zum Aussenden von Nachrichten verringern.

Parameter-Problem

Verständigt den Absender eines Datengramms darüber, dass das Paket aufgrund einer fehlerhaften Angabe im IP-Header verworfen werden musste.

Redirect

Wird ausgesendet, wenn ein Router feststellt, dass ein Paket falsch weitergeleitet wurde. Der sendende Host wird damit aufgefordert, die angegebene Route zu ändern.

Time Exceeded (Zeit verstrichen)

Diese Nachricht wird an den Absender eines Datengramms gesendet, dessen Lebensdauer den Wert 0 erreicht hat. Diese Nachricht ist ein Zeichen dafür, dass Pakete in einem Zyklus wandern, das Netz überlastet ist oder die Lebensdauer für das Paket zu gering eingestellt wurde.

Echo Reply, Echo Request

Mit diese Nachrichten kann festgestellt werden, ob ein bestimmtes Ziel erreichbar ist. Ein Echo Request wird an einen Host gesendet und hat einen Echo Reply zur Folge (falls der Host erreicht wird).

Timestamp Request, Timestamp Reply

Diese beiden Nachrichten sind ähnlich den zuvor beschriebenen Nachrichten, außer dass die Ankunftszeit der Nachricht und die Sendezeit der Antwort mit erfasst werden. Mit diesen Nachrichtentypen kann die Netzleistung gemessen werden.

IP verwendet ICMP zum Versenden von Fehler- und Diagnosemeldungen, während ICMP zur Übertragung seiner Nachrichten IP benutzt. Das bedeutet, wenn eine ICMP-Nachricht verschickt werden muss, wird ein IP-Datengramm erzeugt und die ICMP-Meldung in den Datenbereich des IP-Datengramms eingekapselt (siehe Abbildung).

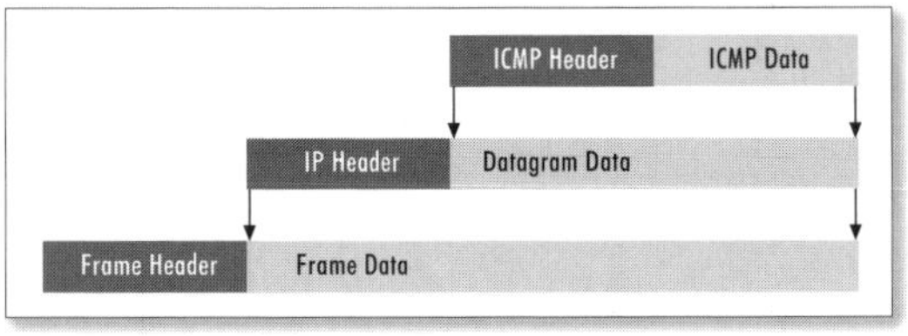

Versenden eines ICMP-Frame

Routing in vermaschten Netzen

Das Routing dient in vermaschten Netzen der Findung des besten und schnellsten Wegs. In großen, komplexen IP-Netzwerken lässt sich hierdurch außerdem der nutzbare Adressraum vergrößern und, falls notwendig, ein hierarchisches Netzwerk aufbauen.

Beim Einsatz des Layer 3 Routing sollte man sich jedoch immer darüber im Klaren sein, dass dieses zwar die effektivste Art des Routings ist, dass jedoch das Netzwerk und die Rechner hierfür genauer und durchdachter konfiguriert werden müssen. Außerdem ist ein Router vor allem softwaremäßig (durch falsche Routeneinträge) eine potenzielle Fehlerquelle.

Der Routingmechanismus

Ein Routing ist nur zwischen unterschiedlichen Netzwerken (IP-Netzwerkadressen) möglich. Geht man davon aus, dass ein Rechner H1 einen Rechner H2 erreichen will, der über drei Router (R1, R2, R3) mit dem lokalen Netz verbunden ist, spielt sich Folgendes ab.

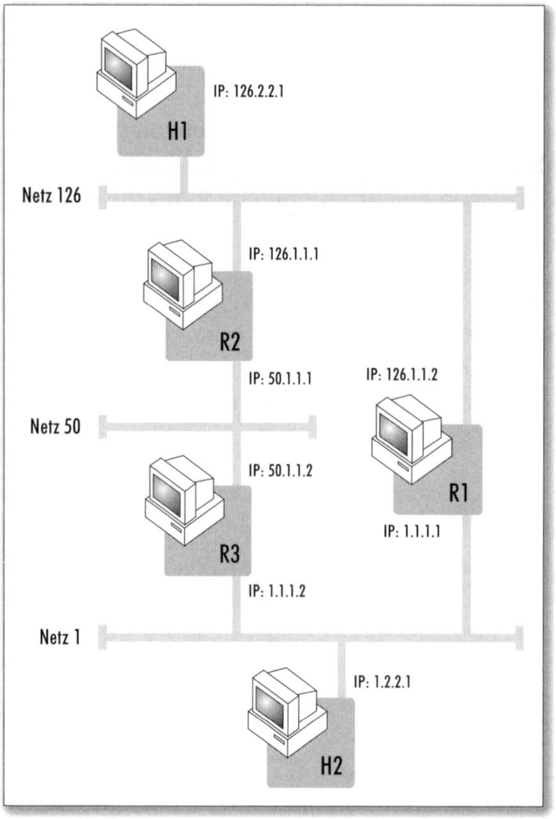

Schematische Darstellung des Routingmechanismus

Ein Benutzer am Rechner H1 im Netz 126 gibt die Zieladresse (1.2.2.1) für Rechner H2 ein. Bei der Eingabe dieser Adresse stellt der Rechner anhand des Vergleichs der Subnet Maske, Sourceadresse und der Zieladresse fest, dass diese Adresse nicht auf seinem Netz zu finden ist. Aufgrund eines internen Eintrags (seiner Routingtabelle) weiß der Rechner nun, welcher

Router in seinem Netzwerk den Weg zu dem gewünschten Zielrechner kennt, und schickt diesem sein Paket zu. Ist das Netz voll funktionstüchtig, kann das Paket sowohl an Router R1 als auch an Router R2 geschickt werden, was unter Umständen zu einer Duplizierung des Pakets führen würde. Aus diesem Grund darf nur genau ein Routereintrag in der Routingtabelle existieren. Es gibt dafür drei Wege:

- über feste Tabelleneinträge (statisches Routing)
- über einen einzigen festen Eintag (Standardrouting)
- über ein automatisches Update der Routingtabellen (dynamisches Routing)

Statisches Routing

Beim statischen Routing wird für jedes Netzwerk (unter Umständen sogar für jeden Rechner!) der zuständige Router in die Routingtabelle des Rechners eingetragen. Die Tabellen werden von einem Netzadministrator in den Routern angelegt. Jeder Weg zu jedem Netz muss manuell festgelegt werden inklusive der Anzahl der Hops und des nächsten Routers.

Die statische Methode hat folgenden Vorteil

Es kann genau nachvollzogen werden, welchen Weg ein Paket zwischen Sourcerechner und Empfänger genommen hat. Es sind keine zusätzlichen RIB (**R**outing-**I**nformations-**P**akete) zwischen den Routern nötig (geringere Netzlast).

Die statische Methode hat folgenden Nachteil

In größeren Netzen führen statische Tabellen zu einem kaum vertretbaren Verwaltungsaufwand, da jede neue Route bei einer Veränderung der Netztopologie eine Aktualisierung der Routertabellen nach sich zieht. Bei einem Ausfall eines der konfigurierten Router ist eine Kommunikation zwischen den Netzen nicht mehr möglich.

Standardrouting

In der Routingtabelle wird eine Routeradresse eingetragen, an die alle Pakete geschickt werden, die nicht aus dem eigenen Netzwerkadressbereich stammen. Dieser Router entscheidet dann, welches der günstigste Weg für das Paket ist. Standard Routing wird im Allgemeinen nur bei Hostrechnern, aber nicht bei Routern eingesetzt.

Die Standardmethode hat folgenden Vorteil

Es ergeben sich kurze Routingtabellen im Rechner. Es sind keine Routinginformationspakete zwischen den Rechnern nötig. Das Standardrouting ist leicht zu konfigurieren.

Die Standardmethode hat folgenden Nachteil

Wenn mehrere Router in einem lokalen Netz ansprechbar sind, genügt der Ausfall des Standardrouters, um keine Kommunikation mit anderen Netzen mehr zuzulassen.

Dynamisches Routing

Beim dynamischen Routing tauschen sowohl die Hosts als auch die Router so genannte **R**outing-**I**nformations-**P**akete (RIB) untereinander aus. Für diese Funktion verwenden die Router so genannten Router-Router-Protokolle, die diesen Informationsaustausch gewährleisten. Innerhalb einer Routingdomäne sorgen die **I**nterior **G**ateway-**P**rotokolle (IGP) dafür, dass jeder Router die Pfade zwischen den vorhandenen Datennetzen kennen lernt.

Die bekanntesten Interior Gateway-Protokolle sind:

- Routing Information Protocol (RIB)
- **O**pen **S**hortest **P**ath **F**irst-Protocol (OSPF)

Zwischen den verschiedenen Routingdomänen sorgt das **E**xterior **G**ateway-Protokoll (EG) dafür, dass jeder Router die vorhandenen Pfade zwischen den Datennetzen kennen lernt.

Durch die Routing-Informations-Pakete weiß jeder Rechner (Router), welcher Weg im Augenblick der beste zu seinem Ziel ist. Dadurch ist der Weg eines Pakets nicht festgelegt und kann sich jederzeit ändern. Zwischen Source und Destination ist auch ein unterschiedlicher Hin- und Rückweg möglich.

Die dynamische Methode hat folgenden Vorteil

Die Routingtabellen müssen nicht von Hand gepflegt werden. Jedes Paket wird über den derzeit optimalen Weg geschickt.

Die dynamische Methode hat folgenden Nachteil

Die Routingtabelle ist unter Umständen wesentlich länger als bei Standardrouting. Der Weg eines Pakets kann nicht vorhergesagt werden bzw. nicht reproduziert werden (Fehlersuche im großen Netzwerk). Auf einen lokalem Netz werden zusätzlich RIP-Pakete versendet. Auf jedem Rechner läuft ein zusätzlicher Prozess.

Der Einsatz von dynamischen Routingtabellen und alternativen Wegen in einem vermaschten Netz kann dazu führen, dass Datagramme endlos im Internet von Router zu Router geschickt werden. Dieses muss unbedingt verhindert werden, da ziellos kreisende Pakete Ressourcen fressen und die fehlergesicherten Protokolle der höheren Schichten davon ausgehen müssen, dass Datagramme nur eine bestimmte Lebenszeit haben. Zur Vermeidung von Endlosschleifen wird jedes Datagramm mit einem Zeitstempel versehen. Dieser Zeitstempel ist die verbleibende Lebenszeit des Datagramms. Fällt der Wert auf 0, muss das Datagramm per Definition zerstört werden.

Das Hop-Modell

Die einfachste Art, die Lebenzeit eines Datagramms zu bestimmen, besteht darin, den Wert des Zeitstempels bei jedem Durchgang durch einen Router um mindestens eine Ziffer herabzusetzten.

Source Routing

Es gibt zwei Arten des Source Routings, die beide im Operationsfeld des IP-Pakets festgelegt wurden: das Loose Source Routing und das Strict Source Routing. Beide Arten stützen sich auf eine beliebig lange Tabelle von Knotenadressen, die der sendende Rechner (Source) vorgibt.

Loose Source Routing

Der sendende Rechner generiert eine Adressliste, in der der gewünschte Weg durch das Internet bis zum Zielrechner beschrieben ist. Jeder Eintrag, bis auf die letzte Adresse, definiert Router, die auf dem Weg durchlaufen werden müssen. Der Sender übermittelt seine Daten zum ersten Router in der Routerliste. Das Internet Protocol des Routers setzt einen Pointer auf die nächste Adresse und sendet das Datenpaket. Da das Datagramm der Source Route folgt und durch das Hochsetzen des Pointers seinen Weg dokumentiert, wird dieser Mechanissmus auch als Record-Route bezeichnet. Im Gegensatz zum Strict Source Routing ist der Weg zwischen zwei Routern nicht zwingend festgelegt, d. h., dieser Weg kann auch über weitere Router führen, die nicht in den Routerdaten festgelegt sind.

Strict Source Routing
Der sendende Rechner generiert eine Adressliste, in der der gewünschte Weg durch das Internet bis zum Zielrechner beschrieben ist. Jeder Eintrag, bis auf die letzte Adresse, definiert die Router, die auf dem Weg durchlaufen werden müssen. Der letzte Eintrag gibt den Zielrechner an. Der Sender übermittelt seine Daten zum ersten Router in der Routerliste. Das Internet Protocol des Routers setzt den Wert des Pointers auf die nächste Adresse und überträgt das Datenpaket. Beim Strict Routing ist der Weg zwischen Sender und Empfänger eindeutig festgelegt, deshalb müssen die Router die Datagramme immer nur an den nächsten Knoten in der Liste senden.

FTP – File Transfer Protocol

Der Austausch von Daten stellt eine zentrale Anforderung bei der Vernetzung mehrerer Rechner dar. Die Vielfalt der am Markt befindlichen Rechnertypen macht den Einsatz von herstellerunabhängigen Standards notwendig. Das File Transfer Protocol ermöglicht es, Dateien unabhängig von Bauweise und Betriebssystem der Rechner auszutauschen. Das FTP-Protokoll versucht nicht, wie es bei den Telnet-Protokollen der Fall ist, einen Konsens all dieser unterschiedlichen Formen durch Übersetzung in ein allgemein verständliches Format (Network Virtual File) herzustellen. Es reduziert die Problemstellung im Allgemeinen auf Eigenschaften, die für alle Rechner von Bedeutung sind.

- Informationsdarstellung
- Kodierung der Daten (ASCII, binär)
- Organisation einer Datei
- Übertragungsweise

Das FTP bietet die Möglichkeit, Optionen entsprechend den tatsächlichen Gegebenheiten auszuhandeln. Die Rechner einigen sich vor Beginn der Übertragung auf Einstellungen, die bei beiden Systemen Unterstützung finden. Es ist die Aufgabe jedes Rechners, die Daten in entsprechender Form an den jeweiligen FTP-Dienst zu übergeben.

Innerhalb von FTP garantieren Funktionsmodelle den geordneten Ablauf des Protokolls. Der Benutzer kommuniziert über seine Benutzeroberfläche mit dem Client-PI (**P**rotocol **I**nterpreter). Aufgabe der Benutzeroberfläche ist es, die bewusst einfach gehaltene FTP-Diaglogstruktur in einen mehr oder weniger anwenderfreundlichen Befehlssatz zu wandeln. Der Client baut eine Verbindung zu seinem Gegenstück im FTP-Server (Steuerverbindung) über den Well known Port 21 auf. Der Verbindungsaufbau für die FTP-Steuerungsverbindung erfolgt nach den Regeln des TCP Three Way Handshakes. Der Client-Server Protocol Interpreter kommuniziert über diese gesicherte, fehlerfreie Verbindung mittels eines Satzes festgelegter Kommandos und Bestätigungen. Zum Austausch von Nutzdaten baut der Server-DTP (**D**ata **T**ransfer **P**rocess) eine zweite Verbindung, ausgehend vom Well known Port 20 (FTP-Datenverbindung) zu seinem Gegenstück im FTP-Client auf. Dieser Verbindungsaufbau für die FTP-Datenverbindung erfolgt ebenfalls nach den Regeln des TCP Three Way Handshakes. Nachdem alle Daten über die FTP-Datenverbindung an den Client Protocol Interpreter übertragen wurden, erfolgt der vollständige Abbau der FTP-Datenverbindung. Der Server Protocol Interpreter bestätigt den Abschluss der Operation über die Steuerleitung.

IPv6 – Das Internet Protocol Version 6

Das rasche (exponentielle) Wachstum des Internet zwingt dazu, das Internet Protocol in der Version 4 (IPv4) durch ein Nachfolgeprotokoll zu ersetzen.

Zukunftsversionen

Bis vor einiger Zeit wurde das Internet größtenteils nur von Universitäten, Regierungsbehörden (dies aber auch fast nur in den USA und hier vor allem vom Verteidigungsministerium) und einigen Firmen aus der Industrie genutzt. Seit der Einführung des World Wide Web (WWW) ist das Internet aber auch zunehmend für Privatpersonen, kleinere Firmen etc. interessant. Das Internet wandelt sich zu einem weltweiten Informations- und Unterhaltungssystem. Mit der ständig steigenden Anzahl von Benutzern des Internet werden sich auch die Anforderungen an das Netz ändern bzw. haben sich bereits geändert. Den Anforderungen, die z. B. Video-on-demand stellt, ist das Internet bzw. das Internet Protocol in der Version 4 nicht gewachsen. Auf das Internet Protocol kommen in der nächsten Zeit also völlig neue Anforderungen zu.

Classless InterDomain Routing – CIDR

Der Verknappung der Internetadressen wird zunächst versucht, mit dem **C**lassless **I**nter**D**omain **R**outing (CIDR) entgegenzuwirken.

Durch die Vergabe von Internetadressen in Klassen (Netze der Klassen A, B, C ...) wird eine große Anzahl von Adressen verschwendet. Hierbei stellt sich vor allem die Klasse B als Problem dar. Viele Firmen nehmen ein Netz der Klasse B für sich in Anspruch, da ein Klasse-A-Netz mit bis zu 16 Mio.

Hosts selbst für eine sehr große Firma überdimensioniert scheint. Tatsächlich ist aber oft auch ein Klasse-B-Netz zu groß. Für viele Firmen würde ein Netz der Klasse C ausreichen. Dies wurde aber nicht verlangt, da viele Unternehmen die Befürchtung hatten, dass ein Klasse-C-Netz mit seinen bis zu 254 möglichen Hosts nicht ausreichen würde.

Ein größeres Hostfeld für Netze der Klasse C (z. B. 10 Bit, das entspricht 1.022 Hosts pro Netz) hätte das Problem der knapper werdenden IP-Adressen vermutlich gemildert.

Dieses würde aber das Problem von explodierenden Routingtabellen entstehen lassen. Die Einträge wären explodiert.

Ein anderes Konzept ist das Classless InterDomain Routing (RFC 1519): Die verbleibenden Netze der Klasse C werden in Blöcken variabler Größe zugewiesen. Werden beispielsweise 2.000 Adressen benötigt, so können einfach acht aufeinander folgende Netze der Klasse C vergeben werden; das entspricht einem Block von 2.048 Adressen. Zusätzlich werden die verbliebenen Klasse-C-Adressen restriktiver vergeben (RFC 1519). Die Welt ist dabei in vier Zonen, von denen jede einen Teil des verbliebenen Klasse-C-Adressraums erhält, aufgeteilt:

Adressenbereiche	Globale Aufteilung
194.0.0.0 – 195.255.255.255	Europa
198.0.0.0 – 199.255.255.255	Nordamerika
200.0.0.0 – 201.255.255.255	Mittel- und Südamerika
202.0.0.0 – 203.255.255.255	Asien und pazifischer Raum
204.0.0.0 – 223.255.255.255	Reserviert für zukünftige Nutzung

Jede der Zonen erhält dadurch in etwa 32 Millionen Adressen zugewiesen. Vorteil bei diesem Vorgehen ist, dass die 32 Millionen Adressen einer Region im Prinzip zu einem Eintrag in den Routingtabellen komprimiert worden sind.

Internet Protocol Version 6 (The Next Generation)

Der vorrangige Grund für eine Änderung des IP-Protokolls ist auf den begrenzten Adressraum zurückzuführen. CIDR schafft hier zwar wieder etwas Luft, dennoch ist klar absehbar, dass auch diese Maßnahmen nicht ausreichen, um die Verknappung der Adressen für eine längere Zeit in den Griff zu bekommen.

Angesichts dieser neuen Anforderungen und der Probleme, die dadurch entstehen, begann die IETF (**I**nternet **E**ngineering **T**ask **F**orce) 1990 mit der Arbeit an einer neuen Version von IP. Die wesentlichen Ziele des Projekts sind Unterstützung von Milliarden von Hosts, auch bei ineffizienter Nutzung des Adressraums und eine Reduzierung des Umfangs der Routingtabellen. Vereinfachung des Protokolls, damit Router Pakete schneller abwickeln können. Höhere Sicherheit (Authentifikation und Datenschutz) als das heutige IP. Die Unterstützung von Multicasting durch die Möglichkeit, den Umfang zu definieren. Die Möglichkeit für Hosts, ohne Adressänderung auf Reise zu gehen. Die Möglichkeit der Weiterentwicklung. Außerdem die Unterstützung der alten und neuen Protokolle in Koexistenz für Jahre.

Im Dezember 1993 forderte die IETF mit RFC 1550 (**IP**: **n**ext **G**eneration (IPnG) White Paper Solicitation, Dez. 1993) die Internetgemeinde dazu auf, Vorschläge für ein neues Internet Protocol zu machen. Auf die Anfrage wurde eine Vielzahl von Vorschlägen eingereicht. Aus diesen Vorschlägen wurde von der IETF das **S**imple **I**nternet **P**rotocol **P**lus (SIPP) als Grundlage für die neue IP-Version ausgewählt.

Die folgende Beschreibung von IPv6 orientiert sich am Internet Draft vom 21. November 1997-**I**nternet **P**rotocol, **V**ersion **6** (IPv6) Specification (draft-ietf-ipngwg-ipv6-spec-v2-01.txt). Dieses Dokument gibt den neusten Stand der Spezifikation des Internet Protocols in der Version 6 wieder. Der Internet Draft enthält einige wesentliche Änderungen der Spezifikation gegenüber RFC 1883 (**I**nternet **P**rotocol, **V**ersion **6** (IPv6) Specification, Dez. 1995).

Die Merkmale von IPv6

Viele der als erfolgreich betrachteten Merkmale von IPv4 bleiben in IPv6 voll erhalten. Trotzdem ist IPv6 im Allgemeinen nicht mit IPv4 kompatibel, wohl aber mit den weiteren Internetprotokollen, insbesondere den Protokollen der Transportschicht (TCP, UDP); eventuell nach geringfügigen Modifikationen. Die Modifikationen betreffen im Wesentlichen die erweiterte Adressgröße (bisher 32 Bit auf nun 128 Bit).

Die wesentlichen Merkmale von IPv6

Adressgröße

Als wichtigstes Merkmal hat IPv6 gegenüber IPv4 größere Adressen. Statt bisher 32 Bit stehen nun 128 Bit für die Adressen bereit. Theoretisch lassen sich damit $2^{38} = 3{,}4*10^{38}$ Adressen vergeben.

Header-Format

Der IPv6-(Basis-)Header wurde vollständig geändert. Der Header enthält nur sieben statt bisher 13 Felder. Diese Änderung ermöglicht Routern, Pakete schneller zu verarbeiten. Im Gegensatz zu IPv4 gibt es bei IPv6 nicht mehr nur einen Header, sondern mehrere. Ein Datengramm besteht aus einem Basis-Header sowie einem oder mehreren Zusatz-Headern, gefolgt von den Nutzdaten.

Erweiterte Unterstützung von Optionen und Erweiterungen

Die Erweiterung der Optionen ist notwendig geworden, da einige bei IPv4 notwendige Felder nun optional sind. Darüber hinaus unterscheidet sich auch die Art, wie die Optionen dargestellt werden. Für Router wird es damit einfacher, Optionen, die nicht für sie bestimmt sind, zu überspringen. Dies ermöglicht ebenfalls eine schnellere Verarbeitung von Paketen.

Dienstarten

IPv6 legt mehr Gewicht auf die Unterstützung von Dienstarten. Damit kommt IPv6 den Forderungen nach einer verbesserten Unterstützung der Übertragung von Video- und Audiodaten entgegen. IPv6 bietet hierzu eine Option zur Echtzeitübertragung.

Sicherheit:

IPv6 beinhaltet nun im Protokoll selbst Mechanismen zur sicheren Datenübertragung. Wichtige neue Merkmale von IPv6 sind hier Authentifikation (authentication), Datenintegrität (data integrity) und Datenverlässlichkeit (data confidentiality).

Erweiterbarkeit:

IPv6 ist ein erweiterbares Protokoll. Bei der Spezifikation des Protokolls wurde nicht versucht, alle potenziell möglichen Einsatzfelder für das Protokoll in die Spezifikation zu integrieren. Vielmehr bietet IPv6 die Möglichkeit, über Erweiterungs-Header das Protokoll zu erweitern. Damit ist das Protokoll offen für zukünftige Verbesserungen.

Der IPV6-Header

Ein IPv6-Datengramm besteht aus dem Basis-Header, gefolgt von den optionalen Zusatz-Headern) und den Nutzdaten.

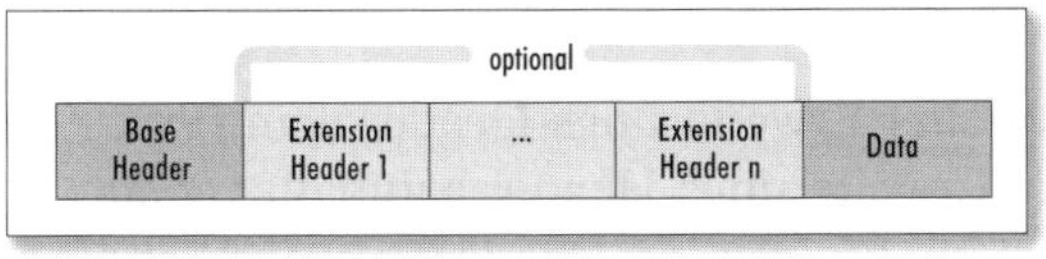

Allgemeine Form eines IPv6-Datengramms

Der IPv6-Basis-Header

Der IPv6-Basis-Header ist doppelt so groß wie der IPv4-Header. Der IPv6-Basis-Header enthält weniger Felder als der IPv4-Header, dafür ist aber die Adressgröße für die Quell- und Zieladresse von bisher 32 Bit auf nunmehr 128 Bit erweitert worden.

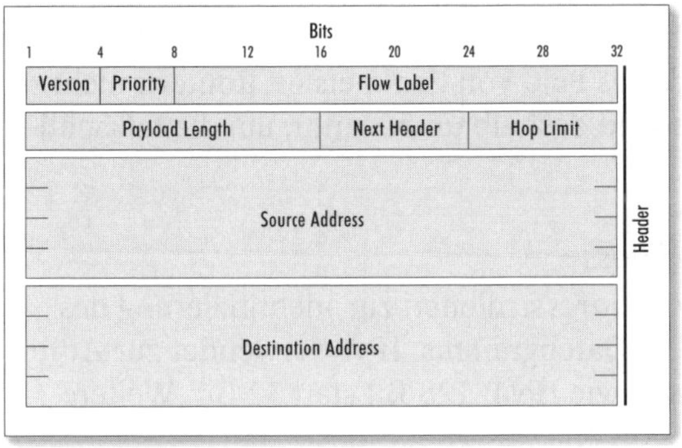

Der IPV6-Header in der Übersicht

Version

Mit dem Feld *Version* können Router überprüfen, um welche Version des Protokolls es sich handelt. Für ein IPv6-Datengramm ist dieses Feld immer 6 und für ein IPv4-Datengramm dementsprechend immer 4. Mit diesem Feld ist es möglich, für eine lange Zeit die unterschiedlichen Protokollversionen IPv4 und IPv6 nebeneinander zu verwenden. Über die Prüfung des Feldes *Version* können die Daten an das jeweils richtige Verarbeitungsprogramm weitergeleitet werden.

Payload Length

Das Feld *Payload Length* (Nutzdatenlänge) gibt an, wie viele Byte dem IPv6-Basis-Header folgen, der IPv6-Basis-Header ist ausgeschlossen. Die Erweiterungs-Header werden bei der Berechnung der Nutzdatenlänge mit einbezogen. Das entsprechende Feld wird in der Protokollversion 4 mit *Total Length* bezeichnet. Allerdings bezieht IPv4 den 20 Byte großen Header auch mit in die Berechnung ein, wodurch die Bezeichnung Total Length gerechtfertigt ist.

Next Header

Das Feld *Next Header* gibt an, welcher Erweiterungs-Header dem IPv6-Basis-Header folgt. Jeder folgende Erweiterungs-Header beinhaltet ebenfalls ein Feld *Next Header*, das auf den nachfolgenden Header verweist. Ist dies der letzte zu IPv6 gehörige Header, so gibt das Feld an, welches Transportprotokoll (z. B. TCP oder UDP) folgt.

Hop Limit

Mit dem Feld *Hop Limit* wird festgelegt, wie lange eine Paket überleben darf. Der Wert des Feldes wird nach jeder Teilstrecke gesenkt. Ein Datengramm wird dann verworfen, wenn das Feld *Hop Limit* auf 0 heruntergezählt ist, bevor das Datengramm sein Ziel erreicht hat. IPv4 verwendet hierzu das Feld *Time to Live*, das die Zeit in Sekunden angibt, die ein Paket überleben darf. Allerdings wird dieses Feld von den meisten Routern nicht so interpretiert. In IPv6 wurde das Feld deshalb umbenannt, um die tatsächliche Nutzung wiederzugeben.

Source Address, Destination Address

Die beiden Felder *Quell-* und *Zieladresse* dienen zur Identifizierung des Senders und Empfängers eines IP-Datengramms. IPv6 verwendet zur Adressierung viermal so große Adressen wie IPv4: 128 Bit statt 32 Bit. Weitere Änderungen gegenüber der Version 4:

Das Feld *Length* (**I**nternet **H**eader **L**ength – IHL) ist nicht mehr vorhanden, da der IPv6-Basis-Header eine feste Länge von 40 Byte hat. Das Feld *Protocol* wird nicht mehr benötigt, da das Feld *Next Header* angibt, was nach dem letzten IP-Header folgt (z. B. TCP oder UDP). Alle Felder die bisher zur Fragmentierung eines IP-Datengramms benötigt wurden, sind im IPv6-Basis-Header nicht mehr vorhanden, da die Fragmentierung in IPv6 gegenüber IPv4 anders gehandhabt wird. Alle IPv6-kompatiblen Hosts und Router müssen Pakete mit einer Größe von 1.280 Byte (RFC 1883 legte diese Größe noch auf 576 Byte fest) unterstützen. Durch diese Regel wird eine Fragmentierung im Prinzip nicht notwendig. Empfängt ein Router ein zu großes Paket, so führt er keine Fragmentierung mehr durch, sondern sendet eine Nachricht an den Absender des Pakets zurück. In dieser Nachricht wird der sendende Host angewiesen, alle weiteren Pakete zu diesem Ziel aufzuteilen. Das bedeutet, dass von den Hosts erwartet wird, dass sie von vornherein eine Datengrammgröße wählen, die keine Fragmentierung voraussetzt. Dadurch wird eine größere Effizienz bei der Übertragung erreicht, als wenn Pakete von Routern auf dem Weg fragmentiert werden müssen. Das Feld *Checksum* ist nicht mehr vorhanden, da die Berechnung der Prüfsumme sich nachteilig auf die Leistung der Datenübertragung ausgewirkt hat. Das Entfernen der Prüfsumme aus dem Internet Protocol hat zu heftigen Diskussionen geführt. Die eine Seite kritisierte das Entfernen der Prüfsumme, während die andere Seite argumentierte, dass Prüfsummen etwas seien, was auch von Anwendungen übernommen werden könne, sofern sich die Anwendung tatsächlich um Datenintegrität kümmere. Ein weiteres Gegenargument war, dass eine Prüfsumme auf der Transportschicht bereits vorhanden sei, weshalb innerhalb der Vermittlungsschicht keine weitere Prüfsumme notwendig sei. Letztendlich fiel die Entscheidung, dass IPv6 keine Prüfsumme enthalten solle.

Erweiterungs-Header

IPv6 nutzt das Konzept der Erweiterungs-Header, um eine effiziente Datenübertragung und eine Erweiterung des Protokolls zu ermöglichen. Der erste Punkt ist leicht ersichtlich: Der Basis-Header enthält nur Felder, die unbedingt für die Übermittlung eines Datengramms notwendig sind, erfordert die Übertragung weitere Optionen, so können diese über einen Erweiterungs-Header angegeben werden. IPv6 sieht vor, dass einige Merkmale des Protokolls nur gezielt benutzt werden. Ein gutes Beispiel ist hier die Fragmentierung von Datengrammen. Obwohl viele IPv4-Datengramme nicht fragmentiert werden müssen, enthält der IPv4-Header Felder für die Fragmentierung. IPv6 gliedert die Felder für die Fragmentierung in einen separaten Header aus, der wirklich nur dann verwendet werden muss, wenn das Datengramm tatsächlich fragmentiert werden muss. Ein weiterer wesentlicher Vorteil des Konzepts der Erweiterungs-Header ist, dass das Protokoll um neue Funktionen erweitert werden kann. Es genügt, für das Feld *Next Header* einen neuen Typ und ein neues Header-Format zu definieren. IPv4 erfordert hierzu eine vollständige Änderung des Headers.

Derzeit sind sechs Erweiterungs-Header definiert. Alle Erweiterungs-Header sind optional. Werden mehrere Erweiterungs-Header verwendet, so müssen sie in einer festen Reihenfolge angegeben werden:

Header	Beschreibung
Ipv6-Basis-Header	Zwingend erforderlicher IPv6-Basis-Header
Optionen für Teilstrecken (Hop-by-Hop Options-Header)	Verschiedene Informationen für Router
Routing (Routing-Header)	Definition einer vollständigen oder teilweisen Route
Fragmentierung (Fragment-Header)	Verwaltung von Datengrammfragmenten

Header	Beschreibung
Optionen für Ziele (Destination Options-Header)	Zusätzliche Informationen für das Ziel
Authentifikation (Authentication-Header)	Echtheitsüberprüfung des Senders
Verschlüsselte Sicherheitsdaten (Encapsulating Security Payload)	Informationen über den verschlüsselten Inhalt

Kommandozeilentools mit Parameterbeschreibung

PathPing

PathPing ist ein Tool zum Verfolgen von Routen, das neben Features der Befehle *ping* und *tracert* weitere Informationen bietet, die durch diese Befehle nicht zur Verfügung gestellt werden. Der Befehl *pathping* sendet über einen gewissen Zeitraum Datenpakete an jeden Router auf dem Pfad zu einem Ziel. Anhand der von jedem Abschnitt zurück übermittelten Datenpakete werden dann bestimmte Statistiken berechnet. Da der Befehl *pathping* den Paketverlust bei jedem Router und jeder Verbindung anzeigt, können Sie feststellen, welche Router oder Verbindungen Netzwerkprobleme verursachen.

- `pathping [-n] [-h Abschnitte_max] [-g Hostliste] [-p Zeitraum] [-q Anz_Abfragen] [-w Zeitüberschreitung] [-T] [-R] Zielname`

Parameter	Beschreibung
-n	Legt fest, dass Adressen nicht zu Hostnamen aufgelöst werden.
-h Abschnitte_max	Gibt an, wie viele Abschnitte bei der Zielsuche höchstens durchlaufen werden sollen. Der Standardwert ist 30.
-g Hostliste	Ermöglicht das Trennen von aufeinander folgenden Computern durch dazwischen liegende Gateways (Loose Source Route) anhand der Hostliste.
-p Zeitraum	Gibt (in Millisekunden) die Pause zwischen aufeinander folgenden *ping*-Befehlen an. Der Standardwert ist 250 Millisekunden (1/4 Sekunde).
-q Anz_Abfragen	Gibt die Anzahl der Abfragen an jeden Computer auf dem Pfad an. Der Standardwert ist 100.
-w Zeitüberschreitung	Gibt (in Millisekunden) an, wie lange auf die einzelnen Antworten gewartet werden muss. Der Standardwert ist 3.000 Millisekunden (3 Sekunden).

Parameter	Beschreibung
-T	Fügt den Ping-Paketen eine Layer-2-Prioritätskennung hinzu (beispielsweise für 802.1) und sendet diese Kennung an sämtliche Netzwerkgeräte auf der Route. Auf diese Weise können Sie schnell und einfach feststellen, welche Netzwerkgeräte nicht ordnungsgemäß für die Layer-2-Priorität konfiguriert wurden. Dieser Parameter muss in Großbuchstaben angegeben werden.
-R	Überprüft, ob die einzelnen Netzwerkgeräte auf der Route das Resource Reservation Setup-Protokoll (RSVP) unterstützen. Mit diesem Protokoll kann der Hostcomputer eine bestimmte Bandbreite für einen Datenstrom reservieren. Dieser Parameter muss in Großbuchstaben angegeben werden.
Zielname	Gibt den Zielcomputer (Endpunkt) an, der entweder durch eine IP-Adresse oder einen Hostnamen gekennzeichnet ist.

ping

Überprüft die Netzwerkverbindung zu einem oder mehreren Remote-Hosts. Dieser Befehl ist nur verfügbar, wenn das TCP/IP-Protokoll installiert wurde.

- `ping [-t] [-a] [-n Anzahl] [-l Länge] [-f] [-i TTL] [-v TOS] [-r Anzahl] [-s Anzahl] [[-j Computerliste] | [-k Computerliste]] [-w Zeitüberschreitung] Zielliste`

Parameter	Beschreibung
-t	Sendet fortlaufend Ping-Signale an den angegebenen Computer.
-a	Wertet Adressen zu Computernamen aus.
-n Anzahl	Sendet die mit *Anzahl* angegebene Anzahl an ECHO-Pakete. Der Standardwert ist 4.
-l Länge	Sendet ECHO-Pakete mit der durch Länge festgelegten Datenmenge. Der Standardwert beträgt 32 Byte, der Maximalwert beträgt 65.527 Byte.
-f	Sendet die Pakete mit einem nicht fragmentieren Flag. Das Paket wird dadurch beim Weiterleiten von keinem Gateway fragmentiert.
-i TTL	Legt für das Feld *Gültigkeitsdauer* den mit *TTL* angegebenen Wert fest.
-v TOS	Legt für das Feld *Servicetyp* den mit *TOS* angegebenen Wert fest.
-r Anzahl	Zeichnet die Route des gesendeten Pakets und des zurückkehrenden Pakets im Feld *Route aufzeichnen* auf. Über *Anzahl* wird die Anzahl der aufzuzeichnenden Hosts angegeben. Es muss mindestens ein Host und es können höchstens neun Hosts aufgezeichnet werden.
-s Anzahl	Gibt den Zeiteintrag für die durch *Anzahl* angegebene Anzahl der Abschnitte an.
-j Computerliste	Leitet Pakete entsprechend der durch *Computerliste* angegebenen Hostliste weiter. Aufeinander folgende Hosts können durch dazwischen liegende Gateways getrennt sein (Loose Source Routed). Die von IP maximal erlaubte Anzahl ist neun.

Parameter	Beschreibung
-k Computerliste	Leitet Pakete entsprechend der durch *Computerliste* angegebenen Hostliste weiter. Aufeinander folgende Hosts dürfen nicht durch dazwischen liegende Gateways getrennt sein (Strict Source Routed). Die von IP maximal erlaubte Anzahl ist neun.
-w Puffergröße	Gibt für die Zeitüberschreitung ein Intervall in Millisekunden an.
Zielliste	Gibt die Remotehosts an, für die Ping ausgeführt werden soll.

tracert

Dieses Diagnosedienstprogramm ermittelt die Route zu einem Ziel, indem es ICMP-Echopakete (**I**nternet **C**ontrol **M**essage **P**rotocol) mit unterschiedlichen TTL-Werten (**T**ime-**To**-**L**ive) sendet. Von jedem Router auf dem Pfad wird erwartet, dass er den TTL-Wert für ein Paket vor dem Weiterleiten um mindestens 1 verkleinert; sodass der TTL-Wert die Anzahl der Abschnitte angibt. Wenn der TTL-Zähler für ein Paket den Wert 0 erreicht, sendet der Router eine „ICMP-Zeitüberschreitung"-Nachricht zur Quelle zurück. Tracert ermittelt die Route, indem es das erste Echopaket mit dem TTL-Wert 1 sendet und den TTL-Wert bei jeder folgenden Übertragung um eins erhöht, bis das Ziel antwortet oder der TTL-Höchstwert erreicht ist. Die Route wird durch Prüfen der „ICMP-Zeitüberschreitung"-Nachrichten ermittelt, die von den dazwischen liegenden Routern zurückgesendet werden. Einige Router verwerfen jedoch Pakete mit abgelaufenen TTL-Werten ohne Warnung und sind nicht sichtbar für tracert.

- `tracert [-d] [-h Abschnitte_max] [-j Hostliste] [-w Zeitüberschreitung] Zielname`

Parameter	Beschreibung
-d	Gibt an, dass Adressen nicht zu Hostnamen ausgewertet werden sollen.
-h Abschnitte_max	Gibt an, wie viele Abschnitte bei der Zielsuche höchstens durchlaufen werden sollen.
-j Hostliste	Gibt an, dass die Hostliste im Loose Source Routing abgearbeitet wird.
-w Zeitüberschreitung	Wartet die durch *Zeitüberschreitung* angegebene Anzahl von Millisekunden auf eine Antwort.
Zielname	Name des Zielhost.

route

Route ermöglicht die Bearbeitung von Netzwerkroutingtabellen. Dieser Befehl ist nur verfügbar, wenn das TCP/IP-Protokoll installiert wurde.

- `route [-f] [-p] [Befehl [Ziel] [mask Subnetmaske] [Gateway] [metric Kostmess]`

Parameter	Beschreibung
-f	Löscht alle Gatewayeinträge in den Routingtabellen. Wird dieser Parameter mit einem Befehl verwendet, werden die Tabellen vor der Befehlsausführung gelöscht.
-p	Wird dieser Parameter mit dem Befehl *add* verwendet, bleibt die Route nach dem Neustart des Systems erhalten. Standardmäßig werden zuvor existierende Routen beim Neustart des Systems entfernt. Wird dieser Parameter mit dem Befehl *print* verwendet, wird eine Liste aller registrierten gespeicherten Routen angezeigt. Dieser Parameter wird überlesen, wenn er mit anderen Befehlen verwendet wird, die sich immer auf die entsprechenden beständigen Routen auswirken.
Befehl	Gibt einen der folgenden Befehle an:
Print	Zeigt eine Route an.
Add	Fügt eine Route hinzu.
Delete	Löscht eine Route.
Change	Ändert eine bestehende Route.
Ziel	Gibt den Computer an, an den der Befehl gesendet werden soll.
mask Subnetmaske	Gibt eine Subnetzmaske an, die mit diesem Routeeintrag verbunden wird. Sollte hier nichts eingetragen sein, wird 255.255.255.255 verwendet.
Gateway	Gibt den Gateway an. Alle symbolischen Namen in *Ziel* bzw. *Gateway* werden sowohl in der Netzwerkdatenbankdatei *Networks* als auch in der Computernamendatenbankdatei *Hosts* verwendet. Bei den Befehlen *print* bzw. *delete* können Stellvertreterzeichen für *Ziel* und *Gateway* verwendet werden und es kann auf die Angabe von *Gateway* verzichtet werden.
metric Kostmess	Ordnet eine ganzzahlige Kostenanzahl (zwischen 1 und 9.999) zu, die zur Berechnung der schnellsten, zuverlässigsten und/oder kostengünstigsten Routen verwendet wird.

netsh

Das Dienstprogramm NetShell (netsh) ist eine Befehlszeilen- und Skriptschnittstelle zum Konfigurieren und Überwachen von Windows 2000. Als Konfigurationstool stellt es eine interaktive Shell für den Benutzer bereit. Das Frontend dieses Dienstprogramms besteht aus der Shell, an der die Befehle eingegeben werden, und das Backend ist ein Hilfsprogramm, das mit der entsprechenden Systemkomponente oder einem Dienstprogramm kommuniziert. Ein solches Hilfsprogramm besteht aus einer DLL-Datei (DLL = **D**ynamic **L**ink **L**ibrary), mit der eine erweiterte Funktionalität von netsh bereitgestellt wird. Hilfsprogramme bieten Unterstützung bei der

Konfiguration und Überwachung von Diensten, Dienstprogrammen und Protokollen, sie stellen außerdem Erweiterungen für andere Hilfsprogramme bereit. Über die Befehlsshell wird der Befehl an das entsprechende Hilfsprogramm weitergeleitet, das diesen Befehl ausführt.

Mit dem Befehl *netsh* kann über das Dienstprogramm NetShell die Konfiguration eines gegenwärtig laufenden Computers angezeigt oder geändert werden. Er enthält außerdem eine Skriptingfunktion, mit der mehrere Befehle im Stapelverarbeitungsmodus auf einem ausgewählten Computer ausgeführt werden können.

Die Befehlsshell ist für Kontexte bestimmt, bei denen es sich um Gruppen von Netsh-Befehlen für spezielle Netzwerkkomponenten handelt. Ein Kontext ist durch eine an Befehle angehängte Zeichenfolge definiert. In einem bestimmten Kontext eingegebene Befehle werden an das entsprechende Hilfsprogramm weitergeleitet. Die verfügbaren Kontexte hängen von den installierten Windows 2000-Komponenten ab. Wenn Sie beispielsweise am Netsh-Befehl den Befehl *routing* eingeben, ändert sich der Routingkontext. Durch Eingabe des Befehls *ras* am *netsh*-Befehl wechseln Sie zum RAS-Kontext (RAS-Abschnitt des Routing- und RAS-Dienstes).

Jeder Kontext kann Unterkontexte enthalten. Innerhalb des Routingkontexts können Sie z. B. zu den Unterkontexten *ip* und *ipx* wechseln.

- `netsh [-r Remotecomputer] [-a Aliasdatei] [-c Kontext] [Command | -f Skriptdatei]`

Um eine Liste der Unterkontexte und der in einem bestimmten Kontext verwendeten Befehle anzuzeigen, geben Sie an der Eingabeaufforderung hinter dem Befehl *netsh* den Kontextnamen, gefolgt von einer Leerstelle und einem ?, ein. Um eine Liste der Unterkontexte und der im Kontext *routing* verwendeten Befehle anzuzeigen, geben Sie an der Eingabeaufforderung hinter dem Befehl *netsh* Folgendes ein:

- `netsh>routing ?.`

Netsh-Befehle

Zusätzlich zu den oben angezeigten Befehlen können die folgenden Befehle mit *netsh* verwendet werden. Optionale Parameter sind in Klammern eingeschlossen ([ ]). Alternative Einträge werden mit einem Verkettungszeichen (|) angezeigt.

Befehl	Ergebnis
?	Zeigt die Hilfe an.
Abort	Verwirft die im Offlinemodus durchgeführten Änderungen. Dieser Befehl hat keine Auswirkungen im Onlinemodus.
add helper DLL-Name	Installiert die Hilfsprogramm-DLL in *netsh*.
alias [Aliasname] [Zeichenfolge1] [Zeichenfolge2 ...]	Wenn *alias* ohne Optionen eingegeben wird, werden alle A-liasnamen angezeigt. Bei Eingabe von *alias Aliasname* wird die entsprechende Zeichenfolge angezeigt. Bei Eingabe von *alias [Aliasname] [Zeichenfolge1] [Zeichenfolge2 ...]* wird alias-name auf die entsprechenden Zeichenfolgen gesetzt.
Bye	Beendet das Programm.
commit	Leitet alle im Offlinemodus durchgeführten Änderungen an den Router weiter. Dieser Befehl hat keine Auswirkungen im Onlinemodus.
delete helper DLL-Name	Entfernt die Hilfsprogramm-DLL aus *netsh*.
Dump-Dateiname	Bildet die Konfiguration in einer Textdatei ab oder hängt sie an.
Exec Skriptdateiname	Führt Befehle über die Skriptdatei aus, nachdem sie geladen wurde.
Exit	Beendet das Programm.
h	Zeigt die Hilfe an.
Help	Zeigt die Hilfe an.
offline	Wechselt vom aktuellen Modus in den Offlinemodus. Alle im aktuellen Modus eingegebenen Änderungen werden gespeichert; die entsprechenden Routereinstellungen können jedoch nur über den Befehl *commit* oder über *online* ausgeführt werden.
online	Wechselt vom aktuellen Modus in den Onlinemodus. Alle im aktuellen Modus eingegebenen Änderungen werden sofort vom Router übernommen.
Popd	Zeigt einen Kontext aus dem Stapel an.
pushd	Fügt dem Stapel den aktuellen Kontext hinzu.
Quit	Beendet das Programm.
set mode [mode =] online | offline	Wechselt vom aktuellen Modus in den Online- bzw. Offlinemodus.
Show alias | helper | mode	Wenn *show alias* eingegeben wird, werden alle definierten Aliasnamen angezeigt. Wenn *show helper* eingegeben wird, werden alle Hilfsprogramme der obersten Ebene angezeigt. Bei Eingabe von *show mode* wird der aktuelle Modus angezeigt.
unalias Aliasname	Löscht den entsprechenden Alias.

Netzwerkbefehle und ihre Eigenschaften

Viele Windows 2000-Netzwerkbefehle beginnen mit dem Wort *net*. Diese net-Befehle besitzen einige gemeinsame Eigenschaften:

Geben Sie „net /?“ ein, um eine Liste aller verfügbaren net-Befehle anzuzeigen.

Um Hilfe zur Syntax für einen bestimmten net-Befehl zu erhalten, geben Sie an der Befehlszeile net help und den Befehl ein. Um beispielsweise die Hilfe zu dem Befehl net file aufzurufen, geben Sie net help file ein.

Für alle net-Befehle stehen die Optionen */yes* bzw. */no* (als Kurzform können */y* bzw. */n* verwendet werden) zur Verfügung. Die Option */y* antwortet automatisch yes auf jede interaktive Aufforderung, die dieser Befehl bewirkt; */n* antwortet no. So fordert *net stop server* Sie z. B. auf zu bestätigen, ob alle Dienste beendet werden sollen, die vom Serverdienst abhängig sind; *net stop server /y* antwortet automatisch yes und der Serverdienst wird beendet.

Folgende Befehle stehen zur Verfügung, auf ihre Bedeutung wird auf den folgenden Seiten explizit eingegangen:

- net accounts
- net help
- net share
- net computer
- net helpmsg
- net start
- net config
- net localgroup
- net statistics
- net config server
- net name
- net stop
- net config workstation
- net pause
- net time
- net continue
- net print
- net use
- net file
- net send
- net user
- net group
- net session
- net view

net accounts

net account aktualisiert die Benutzerkontendatenbank und ändert Kennwort- und Anmeldevoraussetzungen für alle Konten. Der Anmeldedienst muss auf dem Computer ausgeführt werden, dessen Kontenparameter geändert werden sollen.

- `net accounts [/forcelogoff:{Minuten | no}] [/minpwlen:Länge] [/maxpwage:{Tage | unlimited}] [/minpwage:Tage] [/uniquepw:Anzahl] [/domain]`
- `net accounts [/sync] [/domain]`

Parameter	**Beschreibung**
None	Ohne Parameter zeigt *net accounts* die aktuellen Einstellungen für Kennwort, Anmeldebeschränkungen und Domäneninformationen an.
/forcelogoff:{Minuten | no}	Gibt die Dauer in Minuten an, bevor eine Benutzersitzung an einem Server beendet wird, wenn das Benutzerkonto oder die gültige Anmeldezeit abgelaufen ist. Über die Option *no* kann die erzwungene Abmeldung deaktiviert werden. Die Standardeinstellung ist *no*. Mit */forcelogoff:Minuten* wird die Abmeldung vom Netzwerk erzwungen und Windows 2000 sendet Minuten vorher eine Warnmeldung an den Benutzer. Wenn Dateien geöffnet sind, sendet Windows 2000 eine entsprechende Warnmeldung. Wenn für Minuten ein geringerer Wert als 2 angegeben wurde, wird der Benutzer von Windows 2000 dazu aufgefordert, sich unverzüglich vom Netzwerk abzumelden.
/minpwlen:Länge	Legt die minimale Kennwortlänge für Benutzerkonten fest. Gültige Werte sind 0-127 Zeichen; die Standardeinstellung sieht sechs Zeichen vor.
/maxpwage:{Tage | unlimited}	Legt die maximale Gültigkeitsdauer von Kennwörtern für Benutzerkonten in Tagen fest. Bei der Eingabe von *unlimited* gilt für Kennwörter keine zeitliche Beschränkung. Der Wert für */maxpwage* muss größer sein als der für */minpwage*. Gültige Werte sind 1 bis 49.710 Tage (unlimited); die Standardeinstellung sieht 90 Tage vor.
/minpwage:Tage	Legt fest, nach wie vielen Tagen ein Benutzer sein Kennwort frühestens ändern kann. Bei Eingabe des Werts 0 wird kein Zeitminimum festgelegt. Gültige Werte sind 0 bis 49.710 Tage; die Standardeinstellung sieht 0 Tage vor.
/uniquepw:Anzahl	Lässt die Wiederholung desselben Kennwortes erst nach einer bestimmten Anzahl von Kennwortänderungen zu. Gültige Werte sind 0-24 Kennwortänderungen; die Standardeinstellung sieht fünf Kennwortänderungen vor.
/domain	Führt die Operation auf dem primären Domänencontroller der aktuellen Domäne aus. Andernfalls wird die Operation auf dem lokalen Computer ausgeführt. Dieser Parameter gilt nur für Windows 2000 Professional-Computer, die zu einer Windows 2000 Server-Domäne gehören. Computer unter Windows 2000 Server führen diese Operation standardmäßig auf dem primären Domänencontroller aus.

Parameter	Beschreibung
/sync	Bei Verwendung auf dem primären Domänencontroller bewirkt dieser Befehl eine Synchronisierung aller Sicherungsdomänencontroller der Domäne. Bei Verwendung auf einem Sicherungsdomänencontroller wird nur dieser Sicherungsdomänencontroller mit dem primären Domänencontroller synchronisiert. Dieser Befehl gilt nur für Computer, die Mitglied einer Windows 2000 Server-Domäne sind.

Beispiele für net accounts

Um die aktuellen Einstellungen für erzwungenes Abmelden, die Kennwortbedingungen und die Rolle eines Servers anzuzeigen, geben Sie Folgendes ein:

- `net accounts`

Um die minimale Kennwortlänge für Benutzerkonten auf neun Zeichen festzulegen, geben Sie Folgendes ein:

- `net accounts /minpwlen:9`

Um festzulegen, dass ein Kennwort erst nach zehn Änderungen wieder verwendet werden darf, geben Sie Folgendes ein:

- `net accounts /uniquepw:10`

Um festzulegen, dass eine Kennwortänderung nach frühestens neun Tagen erfolgen kann und nach höchstens 30 Tagen erfolgen muss und dass nach Ablauf der Anmeldezeit die Abmeldung erzwungen wird, wobei fünf Minuten vorher eine Warnung ausgegeben wird, geben Sie Folgendes ein:

- `net accounts /minpwage:9 /maxpwage:30 /forcelogoff:5`

Um sicherzustellen, dass die oben genannten auf einer Windows 2000-Arbeitsstation vorgenommenen Einstellungen für die gesamte Windows 2000 Server-Domäne gelten, an der der betreffende Computer angemeldet ist, geben Sie Folgendes ein:

- `net accounts /minpwage:7 /maxpwage:30 /domain`

Um die Benutzerkontendatenbank auf allen Domänencontrollern zu aktualisieren, geben Sie Folgendes ein:

- `net accounts /sync`

net computer

Bewirkt, dass Computer einer Domänendatenbank hinzugefügt bzw. aus ihr entfernt werden. Dieser Befehl ist nur auf Computern unter Windows 2000 Server verfügbar.

- `net computer \\Computername {/add | /del}`

Parameter	Beschreibung
\\Computername	Gibt den Computer an, der der Domäne hinzugefügt bzw. aus der Domäne entfernt werden soll.
/add	Fügt den betreffenden Computer der Domäne hinzu.
/del	Entfernt den betreffenden Computer aus der Domäne.

Beispiele für net computer

Geben Sie Folgendes ein, um den Computer Einkauf05 der Domäne hinzuzufügen, an die Sie angemeldet sind:

- `net computer \\lEinkauf05 /add`

Jedes Hinzufügen oder Entfernen von Computern wird an den primären Domänencontroller weitergeleitet.

net config

Zeigt die konfigurierbaren Dienste an, die derzeit ausgeführt werden. Zeigt die Einstellungen für einen Dienst an oder ändert sie.

- `net config [Dienst [Optionen]]`

Parameter	Beschreibung
Keine	Ohne Parameter zeigt *net config* eine Liste der konfigurierbaren Dienste an.
Dienst	Ein Dienst, der mit dem Befehl *net config* konfiguriert werden kann. Mögliche Eingaben für *Dienst* sind *Server* (Serverdienst) oder *Workstation* (Arbeitsstationsdienst). Mit dem Befehl können Sie konfigurierbare Dienstparameter von Servern oder Arbeitsstationen ändern. Diese Änderungen werden sofort wirksam und sind permanent.
Optionen	Die Optionen sind dienstspezifisch. Weitere Informationen zur Syntax erhalten Sie, indem Sie in der Liste *Siehe auch* auf *net config server* oder *net config workstation* klicken

net config server

Zeigt die Einstellungen für den Serverdienst an oder ändert sie, während der Dienst ausgeführt wird.

```
▪ net config server [/autodisconnect:Minuten] [/srvcomment:"Beschreibung"]
  [/hidden:{yes | no}]
```

Parameter	Beschreibung
keine	Ohne Parameter zeigt *net config server* die aktuelle Konfiguration des Serverdienstes an.
/autodisconnect:Minuten	Gibt die maximale Dauer in Minuten an, nach der eine inaktive Benutzersitzung abgebrochen wird. Soll die Sitzung nicht abgebrochen werden, geben Sie „-1" ein. Gültige Werte sind -1-65.535 Minuten; die Standardeinstellung sieht 15 Minuten vor.
/srvcomment:"Beschreibung"	Fügt dem Server, der auf der Windows 2000-Oberfläche durch den Befehl *net view* angezeigt wird, eine Beschreibung hinzu. Die maximale Länge eines Kommentars beträgt 48 Zeichen. Der Text muss in Anführungszeichen eingeschlossen sein.
/hidden:{yes | no}	Legt fest, ob der Computername eines Servers bei der Anzeige von Serverlisten verborgen bleibt oder angezeigt wird. Das Verbergen des Computernamens ändert nicht die Berechtigungen für diesen Server. Die Standardeinstellung ist *no*.

Beispiele für Net config server

Um Informationen über den lokalen Server auf dem Bildschirm seitenweise anzuzeigen, geben Sie Folgendes ein:

```
▪ net config server | more
```

Um den Computernamen eines Servers in der Liste verfügbarer Server nicht anzuzeigen, geben Sie Folgendes ein:

```
▪ net config server /hidden:yes
```

Um Benutzersitzungen nach einer Leerlaufzeit von 15 Minuten zu unterbrechen, geben Sie Folgendes ein:

```
▪ net config server /autodisconnect:15
```

Nicht alle Serverdienstparameter können mit dem Befehl *net config server* geändert werden. Sie können über *net config server* jedoch weitere Informationen anzeigen: Es werden die folgenden Informationen über den Server angezeigt:

- Der Servername, die Serverbeschreibung und die Softwareversion.
- Die Netzwerkbeschreibung.
- Die Einstellung unsichtbarer Server.

- Die maximale Anzahl von Benutzern, die auf freigegebene Serverressourcen zugreifen können.
- Die maximale Anzahl von Serverdateien, die gleichzeitig geöffnet sein können.
- Die festgelegte Leerlaufzeit, nach der eine Arbeitssitzung abgebrochen wird.

net config workstation

Zeigt die Einstellungen für den Arbeitsstationsdienst an oder ändert sie, während der Dienst ausgeführt wird.

```
net config workstation [/charcount:Byte] [/chartime:Millisekunden]
[/charwait:Sekunden]
```

Parameter	Beschreibung
keine	Ohne Parameter zeigt *net config workstation* die aktuelle Konfiguration des lokalen Computers an.
/charcount:Byte	Gibt die Datenmenge in Byte an, die Windows 2000 ansammelt, bevor die Daten an ein DFÜ-Gerät gesendet werden. Wurde für */chartime:*Millisekunden ebenfalls ein Wert angegeben, gilt jeweils die zuerst erfüllte Bedingung. Gültige Werte sind 0-65.535 Byte; die Standardeinstellung sieht 16 Byte vor.
/chartime:Millisekunden	Gibt die Zeitdauer in Millisekunden an, die Windows 2000 Daten sammelt, bevor diese an ein DFÜ-Gerät gesendet werden. Wurde für /charcount:Byte ebenfalls ein Wert angegeben, gilt jeweils die zuerst erfüllte Bedingung. Gültige Werte sind 0-65.535.000 Millisekunden; die Standardeinstellung sieht 250 Millisekunden vor.
/charwait:Sekunden	Gibt in Sekunden an, wie lange Windows 2000 auf die Verfügbarkeit eines DFÜ-Geräts wartet. Gültige Werte sind 0-65535 Sekunden; die Standardeinstellung sieht 3.600 Sekunden vor.

Beispiel für net config workstation

Geben Sie Folgendes ein, um die aktuelle Konfiguration für den Arbeitsstationsdienst anzuzeigen:

```
net config workstation
```

Geben Sie Folgendes ein, um festzulegen, dass Windows NT 500 Millisekunden wartet, bevor Daten an ein DFÜ-Gerät gesendet werden:

```
net config workstation /chartime:500
```

Mit dem Befehl *net config workstation* können Sie die konfigurierbaren Dienstparameter einer Arbeitsstation ändern. Diese Änderungen werden sofort wirksam und sind endgültig. Nicht alle Parameter einer Arbeitsstation können mit dem Befehl *net config workstation* geändert werden. Bestimmte Änderungen müssen in der Konfigurationsregistrierung vorgenommen werden.

Net continue

Nimmt unterbrochene Dienste wieder auf.

- `net continue Dienst`

Folgende Dienste können wieder aufgenommen werden:

- File server for macintosh (nur Windows 2000 Server)
- Ftp publishing service
- Lpdsvc, net logon
- Network dde
- Network dde dsdm
- NT lm security support provider
- Remote Access-Server
- Schedule
- Server
- simple tcp/ip services
- workstation

Mithilfe des Befehls *net continue* können Sie einen Dienst fortsetzen, der unterbrochen wurde. Unterbrechen Sie einen Dienst zunächst, bevor Sie ihn beenden, damit Benutzer begonnene Arbeiten zu Ende führen und dann die Verbindung zu Ressourcen trennen können. Um geringfügige Änderungen an einer Ressource vorzunehmen, reicht es oft aus, den Dienst oder Drucker vorübergehend zu unterbrechen. Sie können dann den Dienst oder Drucker mit *net continue* wieder aktivieren, ohne dass Benutzerverbindungen abgebrochen wurden.

net file

Zeigt die Namen aller geöffneten freigegebenen Dateien auf einem Server und die Anzahl der Dateisperren pro Datei an (falls vorhanden). Mit diesem Befehl können Sie außerdem einzelne freigegebene Dateien schließen und Dateisperren aufheben.

- `net file [ID [/close]]`

Parameter	Beschreibung
keine	Ohne Parameter zeigt *F* eine Liste der geöffneten Dateien auf einem Server an.
ID	Gibt die Identifikationsnummer einer Datei an.
/close	Schließt eine offene Datei und gibt gesperrte Datensätze frei. Der Befehl muss an dem Server eingegeben werden, auf dem die Datei freigegeben ist.

Geben Sie Folgendes ein, um Informationen über freigegebene Dateien anzuzeigen:

- `net file`

Geben Sie Folgendes ein, um die Datei mit der Identifikationsnummer 1 zu schließen:

- `net file 1 /close`

Net group

Fügt globale Gruppen in Windows 2000 Server-Domänen hinzu, zeigt sie an oder ändert sie. Dieser Befehl ist nur für Windows 2000 Server-Domänencontroller verfügbar.

- `net group [Gruppenname [/comment:"Beschreibung"]] [/domain]`
- `net group Gruppenname {/add [/comment:"Beschreibung"] | /delete} [/domain]`
- `net group Gruppenname Benutzername[ ...] {/add | /delete} [/domain]`

Parameter	Beschreibung
Keine	Ohne Parameter zeigt *net group* den Servernamen und die Namen der Gruppen auf diesem Server an.
Gruppenname	Der Name der Gruppe, die hinzugefügt, erweitert oder gelöscht werden soll. Geben Sie nur einen Gruppennamen ein, wenn Sie eine Liste der Benutzer in dieser Gruppe anzeigen möchten.
/comment:"Beschreibung"	Fügt einer neuen oder vorhandenen Gruppe eine Beschreibung hinzu. Die maximale Länge eines Kommentars beträgt 48 Zeichen. Der Text muss in Anführungszeichen eingeschlossen sein.

Parameter	Beschreibung
/domain	Führt die Operation auf dem primären Domänencontroller der aktuellen Domäne aus. Andernfalls wird die Operation auf dem lokalen Computer ausgeführt. Dieser Parameter gilt nur für Windows 2000 Professional-Computer, die zu einer Windows 2000 Server-Domäne gehören. Computer unter Windows 2000 Server führen diese Operation standardmäßig auf dem primären Domänencontroller aus.
Benutzername[...]	Gibt einen oder mehrere Benutzernamen an, die einer Gruppe hinzugefügt oder aus ihr entfernt werden sollen. Werden mehrere Benutzernamen eingegeben, müssen zwischen den einzelnen Einträgen Leerzeichen stehen.
/add	Fügt eine Gruppe hinzu bzw. fügt einer Gruppe einen neuen Benutzernamen hinzu. Für Benutzer, die mithilfe dieses Befehls einer Gruppe hinzugefügt werden, muss ein Benutzerkonto eingerichtet werden.
/delete	Entfernt eine Gruppe oder entfernt einen Benutzernamen aus einer Gruppe.

Beispiele für net group

Geben Sie Folgendes ein, um eine Liste aller Gruppen auf dem lokalen Server anzuzeigen:

- `net group`

Geben Sie Folgendes ein, um der lokalen Benutzerkontendatenbank eine Gruppe mit dem Namen *Mitarbeiter* hinzuzufügen:

- `net group mitarbeiter /add`

Geben Sie Folgendes ein, um der Benutzerkontendatenbank der Windows 2000 Server-Domäne eine Gruppe mit dem Namen *Mitarbeiter* hinzuzufügen, wenn Sie an einem Windows 2000 Professional-Computer arbeiten:

- `net group mitarbeiter /add /domain`

Geben Sie Folgendes ein, um die vorhandenen Benutzerkonten *Tom*, *Jerry* und *Tweety* der Gruppe Mitarbeiter auf dem lokalen Computer hinzuzufügen:

- `net group mitarbeiter Tom Jerry Tweety /add`

Geben Sie Folgendes ein, um die vorhandenen Benutzerkonten Tom, Jerry und Tweety der Gruppe *Mitarbeiter* einer Windows 2000 Server-Domäne hinzuzufügen, wenn der Computer unter Windows 2000 Professional ausgeführt wird:

- `net group mitarbeiter Tom Jerry Tweety /add /domain`

Geben Sie Folgendes ein, um die Benutzer in der lokalen Gruppe *Einkauf* anzuzeigen:

- `net group Einkauf`

Geben Sie Folgendes ein, um dem Profil der lokalen Gruppe *Einkauf* eine Beschreibung hinzuzufügen:

- `net group Einkauf /comment:"Die Mitarbeiter der Firma."`

Net help

Zeigt eine Liste von Netzwerkbefehlen und Themen an, zu denen Sie Hilfe erhalten können.

- `net help [Befehl]`
- `net Befehl {/help | /?}`

Parameter	Beschreibung
Keine	Ohne Parameter zeigt *net help* eine Liste der Befehle und Themen an, zu denen Sie Hilfe erhalten können.
Befehl	Der Befehl, zu dem Sie Hilfe benötigen. Beachten Sie bei der Eingabe, dass *net* nicht Teil von *Befehl* ist.
{/help | /?}	Zeigt die Befehlssyntax an. Der Befehl */help* stellt eine weitere Möglichkeit dar, den Hilfetext aufzurufen.

Net Helpmsg

Zeigt Hilfe zu den Windows 2000 Server-Fehlermeldungen an.

- `Net helpmsg MeldungsID`

Parameter	Beschreibung
MeldungsID	Gibt die vierstellige Zahl der Windows 2000-Fehlermeldung an.

Net localgroup

Fügt lokale Gruppen hinzu, zeigt sie an oder ändert sie.

- `net localgroup [Gruppenname [/comment:"Beschreibung"]] [/domain]`
- `net localgroup Gruppenname {/add [/comment:"Beschreibung"] | /delete} [/domain]`
- `net localgroup Gruppenname Name [ ...] {/add | /delete} [/domain]`

Parameter	Beschreibung
Ohne	Ohne Parameter zeigt *net localgroup* den Servernamen und die Namen der lokalen Gruppen auf dem Computer an.
Gruppenname	Der Name der lokalen Gruppe, die hinzugefügt, erweitert oder gelöscht werden soll. Geben Sie nur dann einen Gruppennamen ein, wenn Sie eine Liste der Benutzer und globalen Gruppen in der lokalen Gruppe anzeigen lassen möchten.
/comment:"Beschreibung"	Fügt einer neuen oder vorhandenen Gruppe eine Beschreibung hinzu. Die maximale Länge eines Kommentars beträgt 48 Zeichen. Der Text muss in Anführungszeichen eingeschlossen sein.
/domain	Führt die Operation auf dem primären Domänencontroller der aktuellen Domäne aus. Andernfalls wird die Operation auf dem lokalen Computer ausgeführt. Dieser Parameter gilt nur für Windows 2000 Professional-Computer, die zu einer Windows 2000 Server-Domäne gehören. Computer unter Windows 2000 Server führen Operationen standardmäßig auf dem primären Domänencontroller aus.
Name [...]	Gibt einen oder mehrere Benutzer- oder Gruppennamen an, die einer lokalen Gruppe hinzugefügt oder aus ihr entfernt werden sollen. Werden mehrere Namen eingegeben, müssen zwischen den einzelnen Einträgen Leerzeichen stehen. Als Namen können lokale Benutzer, Benutzer anderer Domänen oder globale Gruppen angegeben werden, nicht jedoch andere lokale Gruppen. Wenn es sich um einen Benutzer einer anderen Domäne handelt, geben Sie vor dem Benutzernamen den Domänennamen ein (z. B. *Einkauf\TOM*).
/add	Fügt einer lokalen Gruppe einen globalen Gruppennamen oder einen Benutzernamen hinzu. Es muss bereits ein Benutzerkonto für den Benutzer oder die globale Gruppe eingerichtet sein, bevor der Name mit diesem Befehl einer lokalen Gruppe hinzugefügt werden kann.
/delete	Entfernt einen Gruppen- oder Benutzernamen aus einer lokalen Gruppe.

Beispiele für net localgroup

Geben Sie Folgendes ein, um eine Liste aller lokalen Gruppen auf dem lokalen Server anzuzeigen:

- `net localgroup`

Geben Sie Folgendes ein, um der lokalen Benutzerkontendatenbank eine lokale Gruppe mit dem Namen *Einkauf* hinzuzufügen:

- `net localgroup Einkauf /add`

Geben Sie Folgendes ein, um der Benutzerkontendatenbank der Windows 2000 Server-Domäne eine lokale Gruppe mit dem Namen *Mitarbeiter* hinzuzufügen:

- `net localgroup mitarbeiter /add /domain`

Geben Sie Folgendes ein, um die vorhandenen Benutzerkonten *Tom*, *Jerry* und *Tweety* der Gruppe Mitarbeiter einer Windows 2000 Server-Domäne hinzuzufügen:

- `net localgroup mitarbeiter Tom Jerry Tweety /add /domain`

Geben Sie Folgendes ein, um die Benutzer in der lokalen Gruppe *Mitarbeiter* anzuzeigen:

- `net localgroup mitarbeiter`

Um dem Profil der lokalen Gruppe *Mitarbeiter* eine Beschreibung hinzuzufügen, geben Sie Folgendes ein:

- `net localgroup leit /comment:"Toons"`

net name

Fügt einen Nachrichtennamen (auch Alias genannt) hinzu oder löscht ihn bzw. zeigt eine Liste aller Namen an, unter denen Nachrichten empfangen werden können. Der Nachrichtendienst muss gestartet sein, damit der Befehl *net name* verwendet werden kann.

- `net name [Name [/add | /delete]]`

Parameter	Beschreibung
Keine	Ohne Parameter zeigt *net name* eine Liste der aktuellen Namen an.
Name	Der Name, unter dem Nachrichten empfangen werden sollen. Die maximale Länge eines Namens beträgt 15 Zeichen.
/add	Fügt einem Computer einen Namen hinzu. Die Angabe der Option */add* ist optional. Die Eingabe von *net name Name* ist synonym zu der Eingabe *net name Name /add*.
/delete	Löscht einen Namen von einem Computer.

Beispiele für net name

Um eine Liste der Namen an Ihrem Computer anzuzeigen, geben Sie Folgendes ein:

- `net name`

Um den Namen *lola* Ihrem Computer hinzuzufügen, geben Sie Folgendes ein:

- `net name lola`

Um den Namen *lola* von Ihrem Computer zu entfernen, geben Sie Folgendes ein:

- `net name lola /delete`

Mit dem Befehl *net name* legen Sie einen Namen fest, unter dem Nachrichten empfangen werden können. Der Nachrichtendienst muss gestartet sein, damit der Befehl *net name* verwendet werden kann. Jeder Nachrichtenname darf nur einmal im Netzwerk verwendet werden. Die mit *net name* eingegebenen Namen dienen ausschließlich dem Empfang von Nachrichten. Über den Namen kann keine Gruppe festgelegt werden.

Windows 2000 umfasst drei Arten von Namen:

- Namen für den Empfang von Nachrichten, die mit dem Befehl *net name* erstellt werden.
- Computernamen für Computer, die beim Start des Arbeitsstationsdienstes erstellt werden.
- Der Benutzername, der bei der Anmeldung erstellt wird. Stellen Sie sicher, dass der Benutzername nicht bereits als Name für den Empfang von Nachrichten im Netzwerk verwendet wird.

net pause

Unterbricht ausgeführte Dienste von Windows 2000 Server.

- `net pause Dienst`

Folgende Dienste können mit *net pause* unterbrochen werden:

- File server for macintosh (nur Windows 2000 Server)
- Ftp publishing service
- Lpdsvc, net logon
- Network dde
- Network dde dsdm
- NT lm security support provider

- Remote Access-Server
- Schedule
- Server
- simple tcp/ip services
- workstation

Bei Windows 2000 Server verwenden Sie den Befehl *net pause*, bevor Sie einen Dienst beenden, damit Benutzer begonnene Arbeiten zu Ende führen und dann die Verbindung zu Ressourcen trennen können. Wenn Sie einen Dienst unterbrechen, so wird dieser nicht mehr ausgeführt, die Daten und Programme bleiben jedoch im Speicher. Benutzer mit einer bereits bestehenden Verbindung zu der Ressource können ihre Arbeit beenden, es werden jedoch keine neuen Verbindungen zu der Ressource mehr hergestellt.

Wenn Sie einen Dienst beenden möchten, von dem freigegebene Ressourcen betroffen sind, unterbrechen Sie den Dienst zunächst. Schicken Sie dann mit dem Befehl *net send* eine Rundsendung, dass der Dienst beendet wird. Geben Sie den Benutzern ausreichend Zeit, die Verwendung der Ressource abzuschließen, und beenden Sie den Dienst dann mit dem Befehl *net stop*. Mit dem Befehl *net continue* können Sie einen unterbrochenen Dienst fortsetzen.

Der Befehl *net pause* wirkt sich auf die Windows 2000-Dienste folgendermaßen aus:

- Nicht alle Dienste können unterbrochen werden.
- Wird der Anmeldedienst unterbrochen, können keine Anmeldeanfragen mehr bearbeitet werden. Wenn es weitere Anmeldeserver in der Domäne gibt, können Benutzer sich weiterhin am Netzwerk anmelden.
- Wird der Serverdienst unterbochen, können Benutzer keine Verbindungen zu den freigegebenen Ressourcen auf dem Server herstellen. Sind im Netzwerk keine anderen Anmeldeserver verfügbar, können sich keine Benutzer mehr am Netzwerk anmelden. Bestehende Verbindungen sind davon nicht betroffen. Administratoren können auch Verbindungen zum Server herstellen, wenn der Serverdienst unterbrochen wurde.
- Beim Unterbrechen des Arbeitsstationsdienstes bleiben Benutzername, Kennwort und Verbindungen bestehen. Direkte Anfragen an Drucker im Netzwerk werden an den Drucker weitergeleitet, der direkt an den betreffenden Computer angeschlossen ist.

net print

Zeigt Druckaufträge und Druckerwarteschlangen an oder steuert sie.

- `net print \\Computername\ Freigabename`
- `net print [\\Computername] Auftrags-ID [/hold | /release | /delete]`

Parameter	Beschreibung
Computername	Gibt den Namen des Computers an, der die Druckerwarteschlange(n) freigibt.
Freigabename	Gibt den Namen der Druckerwarteschlange an. Wenn Sie *Freigabename* und *Computer_Name* angeben, trennen Sie die beiden Namen durch einen umgekehrten Schrägstrich (\).
Auftrags-ID	Gibt die Identifikationsnummer eines Druckauftrags in einer Druckerwarteschlange an. Ein Computer mit einer oder mehreren Druckerwarteschlangen weist jedem Druckauftrag eine einmalige Nummer zu. Eine Auftragsnummer, die in einer freigegebenen Druckerwarteschlange eines Computers verwendet wird, kann nicht an einen anderen Druckauftrag vergeben werden, auch wenn dieser sich in einer anderen Druckerwarteschlange des Computers befindet.
/hold	Hält in Verbindung mit *Auftrags-ID* einen in der Druckerwarteschlange wartenden Druckauftrag an. Der angehaltene Druckauftrag bleibt in der Druckerwarteschlange und andere Druckaufträge werden so lange vorgezogen, bis der Druckauftrag freigegeben wird.
/release	Gibt einen angehaltenen Druckauftrag frei.
/delete	Löscht einen Druckauftrag aus einer Druckerwarteschlange.

Beispiele für net print

Um Informationen zum Druckauftrag Nr. 122 auf dem Computer \\Win200Test anzuzeigen, geben Sie Folgendes ein:

- `net print \\Win2000test 122`

Um den Druckauftrag Nr. 26 des Computers \\Win2000test anzuhalten, geben Sie Folgendes ein:

- `net print \\Win2000test 26 /hold`

Um den Druckauftrag Nr. 26 des Computers \\Win2000test fortzusetzen, geben Sie Folgendes ein:

- `net print \\ Win2000test 26 /release`

Um den Inhalt der Druckerwarteschlange HP des Computers \\Win2000test anzuzeigen, geben Sie Folgendes ein:

- `net print \\Win2000test\HP`

net send

Sendet Nachrichten an andere Benutzer-, Computer- oder Nachrichtennamen im Netzwerk. Der Nachrichtendienst muss gestartet sein, damit Nachrichten empfangen werden können.

- `net send {Name | * | /domain[:Name] | /users} Nachricht`

Parameter	Beschreibung
Name	Gibt den Benutzernamen, den Computernamen bzw. den Nachrichtennamen im Netzwerk an, an den die Nachricht gesendet werden soll. Handelt es sich um einen Computernamen, der Leerzeichen enthält, geben Sie den Aliasnamen in Anführungszeichen (") ein. Bei der Verwendung von NetBIOS-Namen treten möglicherweise Probleme auf, wenn lange Benutzernamen verwendet werden. NetBIOS-Namen dürfen höchstens 16 Zeichen lang sein. Unter Windows 2000 wird jedoch das 16. Zeichen für besondere Zwecke reserviert.
*	Sendet die Nachricht an alle Namen in der Domäne oder Arbeitsgruppe.
/domain[:Name]	Sendet die Nachricht an alle Namen in der Domäne des Computers. In Verbindung mit *Name* wird die Nachricht an alle Namen in der angegebenen Domäne oder Arbeitsgruppe gesendet.
/users	Sendet die Nachricht an alle mit dem Server verbundenen Benutzer.
Nachricht	Gibt den Text an, der als Nachricht gesendet werden soll.

Net session

Zeigt die Arbeitssitzungen von lokalen Computern und verbundenen Clients an oder unterbricht sie.

- `net session [\\Computername] [/delete]`

Parameter	Beschreibung
Keine	Ohne Parameter zeigt der Befehl *net session* Informationen über alle Arbeitssitzungen am lokalen Computer an.
\\Computername	Name des Computers, dessen Sitzungen angezeigt oder unterbrochen werden sollen.
/delete	Beendet die Sitzung zwischen dem Computer und *Computername* und schließt alle Dateien auf dem Computer, die für die Arbeitssitzung geöffnet wurden. Wenn Sie *Computername* weglassen, werden alle Sitzungen auf dem lokalen Computer abgebrochen.

Beispiele für net session

Geben Sie Folgendes ein, um die Sitzungsinformationen des lokalen Servers anzuzeigen:

- `net session`

Geben Sie Folgendes ein, um Informationen über die Sitzung des Clients namens *TOM_PC* anzuzeigen:

- `net session \\TOM_PC`

Geben Sie Folgendes ein, um alle Sitzungen zwischen Server und verbundenen Clients zu beenden:

- `net session /delete`

Mit dem Befehl *net session* können Sie die Computer- und Benutzernamen der Benutzer anzeigen, die auf den Server zugreifen. Außerdem werden die von den Benutzern geöffneten Dateien sowie Leerlaufzeiten während der Benutzersitzungen angezeigt.

Mit dem Zusatz *\\Computername* können Sie mit diesem Befehl eine bestimmte Benutzersitzung anzeigen. Es wird unter anderem eine Liste der freigegebenen Ressourcen angezeigt, mit denen der Benutzer verbunden ist.

Eine Benutzersitzung wird aufgezeichnet, wenn ein Benutzer an einem Client eine Verbindung zu einem Server herstellt. Die Sitzung kann nur erfolgreich sein, wenn sich beide Systeme in demselben Netzwerk befinden und Benutzername sowie Kennwort vom Server akzeptiert werden. Zwischen einem Client und einem Server muss eine Sitzung bestehen, damit der Benutzer an dem Client auf die Ressourcen des Servers zugreifen kann. Eine Sitzung besteht erst, wenn sich ein Client mit einer Ressource verbindet. Zwischen einem Client und einem Server kann nur eine Sitzung bestehen, es sind jedoch mehrere Zugänge (oder Verbindungen) zu Ressourcen möglich.

Mithilfe der Option */autodisconnect* des Befehls *net config server* können Sie die Länge der Leerlaufzeit bis zur automatischen Trennung einer Verbindung festlegen. Eine automatische Trennung ist für den Benutzer nicht erkennbar, da die Verbindung automatisch wiederhergestellt wird, sobald der Benutzer auf die Ressource erneut zugreift.

Verwenden Sie die Option */delete* zusammen mit *\\Computername*, um eine Benutzersitzung zu beenden.

Net share

Erstellt freigegebene Ressourcen, löscht sie oder zeigt sie an.

- `net share Freigabename`
- `net share Freigabename=Laufwerk:Pfad [/users:Anzahl| /unlimited]`
- `[/remark:"Beschreibung"]`
- `net share Freigabename [/users:Anzahl| unlimited]`
  `[/remark:"Beschreibung"]`
- `net share {Freigabename | Laufwerk:Pfad} /delete`

Parameter	Beschreibung
Keine	Ohne Parameter zeigt der Befehl *net share* Informationen über alle auf dem lokalen Computer freigegebenen Ressourcen an.
Freigabename	Der Netzwerkname der freigegebenen Ressource. Wird der Befehl *net share* zusammen mit *Freigabename* verwendet, werden Informationen über die betreffende Freigabe angezeigt.
Laufwerk:Pfad	Legt den absoluten Pfad des Verzeichnisses fest, das freigegeben werden soll.
/users:Anzahl	Legt die maximale Anzahl von Benutzern fest, die gleichzeitig auf die freigegebene Ressource zugreifen können.
/unlimited	Legt fest, dass eine unbegrenzte Anzahl von Benutzern gleichzeitig auf die freigegebene Ressource zugreifen kann.
/remark:"Beschreibung"	Fügt eine Beschreibung der Ressource hinzu. Der Text muss in Anführungszeichen eingeschlossen sein.
/delete	Beendet die Freigabe der Ressource.

Beispiele für Net share

Geben Sie Folgendes ein, um Informationen über freigegebene Ressourcen auf einem Computer zu erhalten:

- `net share`

Geben Sie Folgendes ein, um das Verzeichnis *C:\Daten* mit dem Freigabenamen *Daten01* und einer Beschreibung freizugeben:

- `net share Daten01=c:\Daten /remark:"Datenfreigabe auf C:."`

Geben Sie Folgendes ein, um die Freigabe des Verzeichnisses *C:\Daten01* aufzuheben:

- `net share Daten01 /delete`

net start

Startet einen Dienst oder zeigt eine Liste der gestarteten Dienste an. Namen von Diensten, die wie beispielsweise "*Net Logon*" oder "*Computer Browser*" aus mehreren Wörtern bestehen, müssen in Anführungszeichen (") stehen.

- `net start [Dienst]`

Führen Sie *net start* ohne einen Parameter aus, zeigt der Befehl eine Liste der aktuell gestarteten Dienste an.

Dienste von Windows 2000		
Alerter	client service for netware	clipbook server
Dhcp client	directory replicator	eventlog
logical disk manager	network dde	network dde dsdm
Lpdsvc	media services management	messenger
Plug & Play	net logon	network dde
Ole	Plug & Play	remote access connection manager
remote procedure call (rpc) locator	smartcard resource manager	snmp
remote procedure call (rpc) service	Schedule	server
Tcp/ip netbios helper	telephony service	tracking service
Windows time service und workstation	Ups	simple tcp/ip services
content index	computer browser	task scheduler
ftp publishing service	hypermedia object manager	site server ldap service
nt lm security support provider	Ole	tracking (server) service
fax service	Microsoft install server	spooler
network dde dsdm	nt lm security support provider	remote access server
remote access isnsap service		

Folgende Dienste sind nur unter Windows 2000 Server verfügbar:

- Dateidienste für Macintosh
- Gateway Service für NetWare
- Microsoft DHCP-Dienst
- Druckdienst für Macintosh
- WINS-Dienst

net start "dhcp Client"

Startet den DHCP-Clientdienst. Dieser Befehl ist nur verfügbar, wenn das TCP/IP-Protokoll installiert wurde.

- `net start "dhcp client"`

Mithilfe des DHCP-Clientdienstes werden IP-Adressen über einen DHCP-Dienst zugewiesen. Namen von Diensten, die aus mehreren Wörtern bestehen, müssen in Anführungszeichen (") stehen. Dieser Dienst kann auch mit dem Befehl *net start dhcp* gestartet werden.

Der DHCP-Clientdienst kann nicht angehalten oder beendet werden.

net start alerter

Startet den Warndienst. Mit diesem Dienst werden Warnmeldungen gesendet.

- `net start alerter`

Wenn Sie den Warndienst starten, werden Warnmeldungen an bestimmte Benutzer oder an alle mit dem Server verbundenen Benutzer ausgegeben. Die Warnmeldungen beziehen sich auf Sicherheits- und Zugriffsprobleme sowie Probleme bei Benutzersitzungen.

Legen Sie mit dem Server-Manager (*Systemroot\System32\Srvmgr.exe*) fest, an welche Administratoren die administrativen Alarme gesendet werden sollen. Der Server-Manager steht nur bei Computern mit Windows 2000 Server zur Verfügung.

Die Warnmeldungen werden als Windows 2000-Meldungen vom Server an die einzelnen Computer gesendet. Damit ein Benutzer Warnmeldungen empfangen kann, muss auf dem Computer des Benutzers der Nachrichtendienst ausgeführt sein.

net start directory replicator

Startet den Verzeichnisreplikationsdienst. Dieser Dienst kopiert ausgewählte Dateien auf bestimmte Server. Dienstnamen, die wie beispielsweise "*Directory Replicator*" aus mehreren Wörtern bestehen, müssen in Anführungszeichen (") stehen. Dieser Dienst kann auch mit dem Befehl *net start replicator* gestartet werden.

- `net start "directory replicator"`

Starten Sie den Verzeichnisreplikationsdienst, um sicherzustellen, dass ausgewählte Dateien auf den jeweiligen Servern identisch sind. Der Verzeichnisreplikationsdienst muss vor dem Starten konfiguriert werden.

Dienstnamen, die wie "*Directory Replicator*" oder "*Computer Browser*" aus mehreren Wörtern bestehen, müssen in Anführungszeichen (") stehen. Dieser Dienst kann auch mit dem Befehl *net start replicator* gestartet werden.

net start eventlog

Startet den Ereignisprotokollierdienst zur Aufzeichnung von Ereignissen auf dem lokalen Computer. Der Ereignisprotokollierdienst muss gestartet sein, damit protokollierte Ereignisse in der Ereignisanzeige angezeigt werden können.

- `net start eventlog`

Der Ereignisprotokollierdienst zeichnet alle wichtigen System-, Sicherheits- und Anwendungsereignisse auf, über die Benutzer unterrichtet werden müssen.

Weitere Informationen über die Ereignisanzeige und das Einstellen der Optionen für die Ereignisprotokollierung finden Sie in der Onlinehilfe der Ereignisanzeige.

Sie können den Ereignisprotokollierdienst nicht unterbrechen oder beenden.

net start lpdsvc

Startet den TCP/IP-Druckserverdienst. Dieser Befehl steht nur dann zur Verfügung, wenn Sie sowohl die Druckerdienste für UNIX als auch das TCP/IP-Protokoll installiert haben.

- `net start lpdsvc`

Zum Drucken auf Windows 2000-Servern können UNIX-Clients einen Remotedrucker erstellen. Die Erstellung dieser Druckerverbindung wird auf dieselbe Weise durchgeführt wie andere UNIX-Verbindungen zu Remotedruckern (beispielsweise Erstellen eines Printcap-Eintrags für BSD-Systeme). Damit ein Drucker über die Druckdienste für UNIX freigegeben werden kann, müssen Sie ihn im Druckerordner freigeben. Der TCP/IP-Druckerserverdienst gibt automatisch alle Drucker frei, für die eine Freigabe auf dem Windows 2000-Computer vorliegt.

LPR kann derzeit nicht an Netzwerkfreigaben auf einem OS/2-LAN-Manager-Server drucken.

net start messenger

Startet den Nachrichtendienst. Mit diesem Dienst können Sie an einem Computer Nachrichten empfangen.

- `net start messenger`

Startet den Nachrichtendienst, damit auf einem Computer Nachrichten empfangen werden können. Die einem Computer zugewiesenen Namen werden beim Senden der Nachricht zur Identifikation verwendet.

net start net logon

Startet den Anmeldedienst. Der Anmeldedienst überprüft Anmeldeanfragen und steuert die Replikation der Benutzerkontendatenbank in der gesamten Domäne. Dienstnamen, die wie beispielsweise "*Net Logon*" aus mehreren Wörtern bestehen, müssen in Anführungszeichen (") gesetzt werden. Dieser Dienst kann auch mit dem Befehl *net start netlogon* gestartet werden.

- `net start "net logon"`

Starten Sie den Anmeldedienst auf allen Servern einer Domäne, die mit einer Kopie der Benutzerkontendatenbank der Domäne arbeiten.

Wenn Sie Dienste von der Eingabeaufforderung aus starten, müssen Dienstnamen, die wie beispielsweise "*Net Logon*" aus mehreren Wörtern bestehen, in Anführungszeichen (") stehen. Dieser Dienst kann auch mit dem Befehl *net start netlogon* gestartet werden.

Primäre Domänencontroller in heterogenen Domänen mit Windows 2000 und LAN Manager 2.x.

Wenn Sie mit Windows 2000 Server-Domänen arbeiten, muss der primäre Domänencontroller ein Computer unter Windows 2000 Server sein. Als Sicherungsdomänencontroller in der Domäne können sowohl Windows 2000 Server-Computer als auch LAN Manager 2.x-Computer verwendet werden.

Computer unter Windows 2000 Server führen diese Operation standardmäßig auf dem primären Domänencontroller aus. LAN Manager 2.x-Computer können sich an primären Domänencontrollern unter LAN Manage r 2.x oder unter Windows 2000 Server anmelden.

net start remote procedure call locator

Startet den **R**emote **P**rocedure **C**all Locator (RPC). Bei diesem Dienst handelt es sich um den RPC-Namensdienst für Microsoft Windows 2000.

- `net start "remote procedure call (rpc) locator"`

Startet den RPC-Locator, der verteilten Anwendungen die Verwendung des Microsoft RPC-Namensdienstes ermöglicht. Der RPC-Locator verwaltet die RPC-Namensdienstdatenbank.

Die Serverkomponente einer verteilten Anwendung kann sich mithilfe des RPC-Locators als verfügbar registrieren lassen. Die Clientkomponente einer verteilten Anwendung kann mithilfe des RPC-Locators nach verfügbaren kompatiblen Serveranwendungen suchen.

net start remote procedure call service

Startet den **R**emote **P**rocedure **C**all-Dienst (RPC). Der RPC-Dienst ist das RPC-Teilsystem für Microsoft Windows 2000. Das RPC-Teilsystem enthält die Endpunktzuordnung und verschiedene andere RPC-Funktionen.

- `net start "remote procedure call (rpc) service"`

Startet den Remote Procedure Call-Dienst, um verteilten Anwendungen die Verwendung von dynamischen Endpunkten zu ermöglichen. Der Remote Procedure Call -Dienst verwaltet die Datenbank der Endpunktzuordnung.

Serverkomponenten verteilter Anwendungen können mithilfe des RPC-Locator ihre Endpunkte registrieren lassen. Clientkomponenten verteilter Anwendungen können über die Client-Laufzeitbibliothek den RPC-Dienst nach Informationen über die Endpunkte abfragen.

net start schedule

Startet den Schedule-Dienst. Mit diesem Dienst kann ein Computer Programme mit dem Befehl *at* zu einem bestimmten Zeitpunkt ausführen.

- `net start schedule`

Der Zeitplandienst muss gestartet sein, damit der Befehl *at* verwendet werden kann. Möglicherweise müssen weitere Dienste gestartet sein, um mit dem Befehl *at* Programme zu einem vorgegebenen Zeitpunkt ausführen zu können.

Der Zeitplandienst ist standardmäßig so konfiguriert, dass er über das Systemkonto des lokalen Computers ausgeführt wird. Wenn der Zeitplandienst dieses Konto benutzt, gibt es keine Einschränkungen bezüglich der Aufträge, die mit dem Zeitplandienst gestartet werden können. Diese Aufträge verfügen jedoch nur über eingeschränkten Netzwerkzugriff, da das Systemkonto eines lokalen Computers von anderen Computern nicht erkannt wird.

Um Einschränkungen des Netzwerkzugriffs zu umgehen, können Sie den Zeitplandienst so konfigurieren, dass er in einem Benutzerkonto ausgeführt wird. So gilt für Aufträge, die mit dem Zeitplandienst gestartet werden, der Netzwerkzugriff des Benutzerkontos. Da der Zeitplandienst nicht das lokale Systemkonto verwendet, können nur Aufträge gestartet werden, die kein Fenster benötigen.

net start server

Startet den Serverdienst. Mit diesem Dienst kann ein Computer Ressourcen im Netzwerk freigeben.

- `net start server`

net start simple tcp/ip services

Startet die einfachen TCP/IP-Dienste. Dieser Befehl ist nur verfügbar, wenn TCP/IP und die einfachen TCP/IP-Dienste installiert wurden.

- `net start "simple tcp/ip services"`

net start site server ldap service

Startet den Site Server-LDAP-Dienst. Der Site Server-LDAP-Dienst veröffentlicht Multicastkonferenzen über IP im Active Directory von Windows 2000. Dieser Befehl ist nur verfügbar, wenn der Site Server-LDAP-Dienst installiert wurde.

- `net start "site server ldap service"`

net start snmp

Startet den SNMP-Dienst. Mit diesem Dienst kann ein Server seinen aktuellen Status an ein SNMP-Verwaltungssystem im TCP/IP-Netzwerk melden. Dieser Befehl ist nur verfügbar, wenn TCP/IP und SNMP installiert wurden.

- `net start snmp`

net start spooler

Startet den Spoolerdienst.

- `net start spooler`

net start tcp/ip netbios helper

Aktiviert den Dienst TCP/IP NetBIOS Helper. Dieser Befehl ist nur verfügbar, wenn TCP/IP installiert wurde.

- `net start "TCP/IP NetBIOS Helper"`

net start ups

Startet den USV-Dienst (Dienst für unterbrechungsfreie Stromversorgung).

- `net start ups`

Doppelklicken Sie in der Systemsteuerung auf *Energieoptionen*, um den USV-Dienst zu konfigurieren. Wenn der USV-Dienst so konfiguriert wurde, dass im Moment des Herunterfahrens ein Befehl ausgeführt wird, sollte dieser Befehl innerhalb von 30 Sekunden ausgeführt sein. Ansonsten fährt der Computer möglicherweise nicht sicher herunter.

net start windows internet name service

Startet den WINS-Dienst (**W**indows **I**nternet **N**ame **S**ervice). Dieser Befehl ist unter Windows 2000 Server nur verfügbar, wenn TCP/IP und WINS installiert wurden.

- `net start "windows internet name service"`

Der WINS-Dienst führt die Zuordnung von Computernamen zu IP-Adressen für Clientcomputer in einem Netzwerk durch.

Namen von Diensten, die wie "*Windows Internet Name*" oder "*Uninterruptible Power Supply*" aus mehr als einem Wort bestehen, müssen in Anführungszeichen (") stehen. Dieser Dienst kann auch mit dem Befehl *net start wins* gestartet werden.

net start workstation

Geben Sie Folgendes ein, um den Arbeitsstationsdienst zu starten:

- `net start workstation`

net statistics

Zeigt das Statistikprotokoll des lokalen Arbeitsstations- oder Serverdienstes bzw. der aktuell ausgeführten Dienste an, für die Statistiken verfügbar sind.

- `net statistics [workstation | server]`

Parameter	Beschreibung
keine	Ohne Parameter listet *net statistics* die ausgeführten Dienste auf, zu denen Statistiken angezeigt werden können.
workstation	Zeigt die Statistik des lokalen Arbeitsstationsdienstes an.
server	Zeigt die Statistik des lokalen Serverdienstes an.

Um die gestarteten Dienste anzuzeigen, für die Statistiken zur Verfügung stehen, geben Sie Folgendes ein:

- `net statistics`

Um die Statistik für den Serverdienst auf dem Bildschirm seitenweise anzuzeigen, geben Sie Folgendes ein:

- `net statistics server | more`

Windows 2000 Server zeigt beim Serverdienst folgende Angaben:

- Den Computernamen.
- Das Datum und die Uhrzeit der letzten Statistikaktualisierung.
- Die Anzahl der Sitzungen, die gestartet, automatisch getrennt sowie aufgrund eines Fehlers getrennt wurden.
- Die Anzahl der gesendeten und empfangenen KByte sowie die durchschnittliche Serverantwortzeit.
- Die Anzahl der Systemfehler sowie Kennwort- und Berechtigungsverstöße.
- Die Anzahl der Benutzungen von freigegebenen Ressourcen, Druckern und DFÜ-Geräten.
- Die Anzahl der Pufferüberläufe

Windows 2000 Server zeigt beim Arbeitsstationsdienst:

- Den Computernamen.
- Das Datum und die Uhrzeit der letzten Statistikaktualisierung.

- Die Anzahl der empfangenen und übertragenen Byte und SMBs (**S**erver **M**essage **B**locks).
- Die Anzahl der erfolgreichen oder verweigerten Lese- und Schreibope-rationen.
- Die Anzahl der Netzwerkfehler.
- Die Anzahl der gescheiterten, getrennten oder wiederhergestellten Sit-zungen.
- Die Anzahl der erfolgreichen oder gescheiterten Verbindungen zu freige-gebenen Ressourcen.

net stop

Beendet einen Windows 2000-Netzwerkdienst.

```
net stop [Dienst]
```

Folgende Dienste sind verfügbar unter Windows 2000 Server und Windows 2000 Workstation:

Dienste von Windows 2000		
Alerter	client service for netware	clipbook server
Dhcp client	directory replicator	Eventlog
logical disk manager	network dde	network dde dsdm
lpdsvc	media services management	messenger
Plug & Play	net logon	network dde
Ole	Plug & Play	remote access connection manager
remote procedure call (rpc) locator	smartcard resource manager	Snmp
remote procedure call (rpc) service	schedule	server
tcp/ip netbios helper	telephony service	tracking service
Windows time service und workstation	ups	Simple tcp/ip services
content index	computer browser	task scheduler
ftp publishing service	hypermedia object manager	site server ldap service
nt lm security support provider	ole	tracking (server) service
fax service	Microsoft install server	spooler
network dde dsdm	nt lm security support provider	remote access server
remote access isnsap service		

Folgende Dienste sind nur unter Windows 2000 Server verfügbar:

- Dateidienste für Macintosh
- Gateway Service für NetWare
- Microsoft DHCP-Dienst
- Druckdienst für Macintosh
- WINS-Dienst

Verwenden Sie den Befehl *net stop*, um einen Dienst zu beenden, die entsprechenden Funktionen anzuhalten und die Software aus dem Arbeitsspeicher zu entfernen.

Das Beenden des Serverdienstes hat zur Folge, dass Benutzer nicht mehr auf die freigegebenen Ressourcen des Computers zugreifen können. Wenn Sie den Serverdienst beenden, während Benutzer auf dessen Ressourcen zugreifen, zeigt Windows 2000 eine Warnmeldung an. Sie werden aufgefordert zu bestätigen, dass die Verbindungen abgebrochen werden sollen. Ein y (für yes) als Antwort bricht alle Verbindungen zum Computer ab.

Über den Befehl *net stop* können auch Netzwerkdienste beendet werden, die nicht von Windows 2000 bereitgestellt werden.

net time

Synchronisiert die Systemzeit des Computers mit der eines anderen Computers oder einer Domäne. Ohne den Parameter */set* zeigt *net time* die Systemzeit eines anderen Computers oder einer Domäne an.

- `net time [\\Computername | /domain[:Domänenname] | /rtsdomain[:Domänenname]] [/set]`
- `net time [\\Computername] [/querysntp] | [/setsntp[:NTP_Server_Liste]]`

Parameter	Beschreibung
kein(e)	Zeigt das aktuelle Datum und die aktuelle Uhrzeit auf dem Computer an, der als Zeitserver für die Windows-Serverdomäne des lokalen Computers eingesetzt werden soll.
\\Computername	Gibt den Namen des Servers an, dessen Zeit angezeigt oder übernommen werden soll.
/domain[:Domänenname]	Gibt den Namen der Domäne an, mit der die Zeit synchronisiert werden soll.
/rtsdomain[:Domänenname]	Gibt den Namen der Domäne des RTS (**R**eliable **T**ime **S**erver) an, mit dem die Zeit synchronisiert werden soll.

Parameter	Beschreibung
/set	Synchronisiert die Uhr des Computers mit der Zeit des angegebenen Computers oder der angegebenen Domäne.
/querysntp	Zeigt den Namen des NTP-Servers (**N**etwork **T**ime **P**rotocol) an, der zur Zeit für den lokalen Computer bzw. für den Computer unter *Computername* konfiguriert ist.
/setsntp[:NTP_Server_Liste]	Gibt eine Liste von NTP-Zeitservern an, die vom lokalen Computer genutzt werden sollen. Die Liste kann IP-Adressen oder DNS-Namen umfassen (durch Leerzeichen voneinander getrennt). Wenn Sie mehrere Zeitserver angeben, muss die Liste in Anführungszeichen gesetzt werden.

net use

Mit dem Befehl *net use* können Sie Ihren Computer mit einer Netzwerkressource verbinden, die Verbindung trennen und aktuelle Verbindungen zu Netzwerkressourcen anzeigen. Die Trennung von einem freigegebenen Verzeichnis ist nicht möglich, wenn es sich dabei um das aktuelle Laufwerk handelt oder wenn es von einem aktiven Prozess verwendet wird. Der Befehl steuert außerdem ständige Netzwerkverbindungen.

- `net use [Gerätename | *] [\\Computername\Freigabename[\Datenträger]] [Kennwort | *]]`
- `[/user:[Domänenname\]Benutzername] [[/delete] | [/persistent:{yes | no}]]`
- `net use Gerätename [/home[Kennwort | *]] [/delete:{yes | no}]`
- `net use [/persistent:{yes | no}]`

Parameter	Beschreibung
Keine	Ohne Parameter zeigt *net use* eine Liste der Netzwerkverbindungen an.
Gerätename	Der Name der Ressource, zu der die Verbindung hergestellt werden soll, oder des Geräts, das getrennt werden soll. Es gibt zwei Arten von Gerätenamen: Laufwerke (D: bis Z:) und Drucker (LPT1: bis LPT3:). Geben Sie ein Sternchen (*) anstelle eines Gerätenamens ein, um den nächsten verfügbaren Gerätenamen zuzuordnen.
\\Computername\Freigabename	Der Name des Servers und der freigegebenen Ressource. Wenn der Computername Leerstellen enthält, setzen Sie den gesamten Computernamen, einschließlich der umgekehrten Schrägstriche (\\), in Anführungszeichen (" "). Die Länge des Computernamens kann 1-15 Zeichen betragen.
\Datenträger	Gibt einen NetWare-Datenträger auf dem Server an. Voraussetzung für das Verbinden zu NetWare-Servern ist, dass Client Service für NetWare (Windows 2000 Professional) oder Gateway Service für NetWare (Windows 2000 Server) installiert sind und ausgeführt werden.

Parameter	Beschreibung
Kennwort	Gibt das Kennwort an, das für den Zugriff auf die freigegebene Ressource erforderlich ist.
*	Die Eingabeaufforderung für das Kennwort wird angezeigt. Wenn Sie Ihr Kennwort hier eingeben, wird es bei der Eingabe nicht angezeigt.
/user	Gibt einen anderen Benutzernamen an, mit dem die Verbindung hergestellt wird.
Domänenname	Der Name einer anderen Domäne. Beispielsweise verbindet die Eingabe von *net use d: \\Server_Name\Freigabename /user:admin\Tom* den Benutzer *Tom* auf dieselbe Weise, als ob die Verbindung von der Domäne Admin aus hergestellt würde. Ohne Eingabe von *Domänenname* gilt die aktuelle Domäne, an der der Benutzer angemeldet ist.
Benutzername	Gibt den Benutzernamen an, unter dem die Anmeldung erfolgen soll.
/delete	Bricht eine Netzwerkverbindung ab. Bei Angabe eines Sternchens (*) anstelle eines Gerätenamens werden alle Netzwerkverbindungen abgebrochen.
/home	Verbindet einen Benutzer mit seinem Basisverzeichnis.
/persistent	Steuert die Verwendung ständiger Netzwerkverbindungen. Die Standardeinstellung sieht die zuletzt verwendete Einstellung vor. Verbindungen ohne Gerätenamen können nicht als ständige Gerätenamen fungieren.
Yes	Speichert alle hergestellten Verbindungen und stellt sie bei der nächsten Anmeldung wieder her.
No	Aktuelle und nachfolgende Verbindungen werden nicht gespeichert. Bereits bestehende Verbindungen werden bei der nächsten Anmeldung wiederhergestellt. Mit der Option */delete* können Sie ständige Verbindungen löschen.

Beispiele für net use

Zum Zuordnen des Laufwerk-Gerätenamens *E:* zum freigegebenen Verzeichnis *Briefe* auf dem Server *\\Einkauf* geben Sie Folgendes ein:

- `net use e: \\Einkauf\briefe`

Zum Zuordnen (Mapping) des Laufwerk-Gerätenamens *U:* zum Verzeichnis *Jerry* auf dem Datenträger *Briefe* des NetWare-Servers *\\Einkauf* geben Sie Folgendes ein:

- `net use u: \\Einkauf\briefe\Jerry`

Zum Zuweisen des Gerätenamens *LPT1:* zur freigegebenen HP-Druckerwarteschlange auf dem Server *\\Einkauf* geben Sie Folgendes ein:

- `net use lpt1: \\Einkauf\HP`

Um die Verbindung zur LPT1-Druckerwarteschlange zu trennen, geben Sie Folgendes ein:

- `net use lpt1: /delete`

Zum Zuordnen des Laufwerk-Gerätenamens *H:* zum Basisverzeichnis des Benutzers *Tom* geben Sie Folgendes ein:

- `net use h: /home /user:Tom`

Zum Zuordnen des Laufwerk-Gerätenamens *F:* zum freigegebenen Verzeichnis *Material* des Servers *\\Einkauf*, wobei für den Zugriff das Kennwort *hallo* erforderlich sein und es sich nicht um eine ständige Verbindung handeln soll, geben Sie Folgendes ein:

- `net use f: \\Einkauf\Material hallo /persistent:no`

Zum Trennen der Verbindung zum Verzeichnis *\\Einkauf\Material* geben Sie Folgendes ein:

- `net use f: \\ Einkauf\Material /delete`

Zum Wiederherstellen der aktuellen Verbindungen bei jeder Anmeldung, unabhängig von vorgenommenen Änderungen, geben Sie Folgendes ein:

- `net use /persistent:yes`

Verbindungen ohne Gerätenamen können nicht als ständige Gerätenamen fungieren.

Verbinden zu NetWare-Servern

Wenn die Client-Service-für-NetWare- oder Gateway-Service-für-NetWare-Software installiert ist und ausgeführt wird, können Sie sich zu einem NetWare-Server in einem Novell-Netzwerk verbinden. Verwenden Sie dieselbe Syntax wie beim Verbinden mit einem Windows-Netzwerkserver, aber geben Sie zusätzlich den Datenträger an, zu dem Sie eine Verbindung herstellen möchten.

net user

Fügt Benutzerkonten hinzu, ändert sie oder zeigt Informationen über Benutzerkonten an.

- `net user [Benutzername [Kennwort | *] [Optionen]] //domain]`
- `net user Benutzername {Kennwort | *} /add [Optionen] [/domain]`
- `net user Benutzername [/delete] [/domain]`

Parameter	Beschreibung
Keine	Bei Verwendung ohne Parameter zeigt *net user* eine Liste der Benutzerkonten auf dem Computer an.
Benutzername	Gibt den Namen des Benutzerkontos an, das hinzugefügt, gelöscht, geändert oder angezeigt werden soll. Die maximale Länge eines Benutzerkontonamens beträgt 20 Zeichen.
Kennwort	Weist dem Benutzerkonto ein Kennwort zu oder ändert es. Das Kennwort muss die mit der Option */minpwlen* des Befehls *net accounts* festgelegte Mindestlänge aufweisen. Die maximale Länge beträgt 127 Zeichen. Wenn Sie Windows 2000 jedoch in einem Netzwerk verwenden, in dem auch Computer mit Windows 95 oder Windows 98 eingesetzt werden, sollten Sie Kennwörter verwenden, die nicht länger als 14 Zeichen sind. Windows 95 und Windows 98 unterstützen Kennwörter nur bis zu einer Länge von 14 Zeichen. Mit einem längeren Kennwort kann die Netzwerkanmeldung von diesen Computern aus fehlschlagen.
*	Eine Aufforderung zur Kennworteingabe wird angezeigt. Wenn Sie Ihr Kennwort hier eingeben, wird es nicht angezeigt.
/domain	Führt die Operation auf dem primären Domänencontroller der primären Domäne des Computers aus. Dieser Parameter gilt nur für Computer unter Windows 2000 Professional, die Mitglieder einer Windows 2000 Server-Domäne sind. Computer unter Windows 2000 Server führen diese Operation standardmäßig auf dem primären Domänencontroller aus. Diese Operation wird auf dem primären Domänencontroller der primären Domäne des Computers ausgeführt. Dies muss nicht die Domäne sein, an die sich der Benutzer angemeldet hat.
/add	Fügt der Benutzerkontendatenbank ein Benutzerkonto hinzu.
/delete	Löscht ein Benutzerkonto aus der Benutzerkontendatenbank.
Optionen	Legt die folgenden Optionen fest:
/active:{no | yes}	Aktiviert oder deaktiviert das Benutzerkonto. Ist ein Benutzerkonto deaktiviert, kann der Benutzer nicht auf Ressourcen auf dem Computer zugreifen. Die Standardeinstellung ist *yes* (aktiviert).
/comment:"Text"	Hier kann eine Beschreibung zum Benutzerkonto eingegeben werden. Die maximale Länge einer Beschreibung beträgt 48 Zeichen. Der Text muss in Anführungszeichen eingeschlossen sein.

Parameter	Beschreibung
/countrycode:nnn	Verwendet die Länder- bzw. regionalen Einstellungen des Betriebssystems, sodass die Hilfe sowie Fehlermeldungen in der jeweiligen Sprache angezeigt werden. Bei Eingabe des Werts 0 wird die Standardländereinstellung verwendet.
/expires:{datum | never}	Lässt ein Benutzerkonto ablaufen, falls ein Datum angegeben wurde; legt nicht immer eine zeitliche Beschränkung für das Benutzerkonto fest. Ablaufdaten können im Format TT.MM.JJ, T.M.JJ, TT.MM.JJJJ oder JJJJ-MM-TT eingegeben werden, abhängig von den Ländereinstellungen bzw. regionalen Einstellungen.
/fullname:"Name"	Ermöglicht die Eingabe des vollständigen Namens eines Benutzers. Geben Sie den Namen in Anführungszeichen ein.
/homedir:Pfad	Gibt den Pfad für das Basisverzeichnis eines Benutzers an. Der Pfad muss bereits existieren.
/passwordchg:{yes | no}	Legt fest, ob Benutzer ihr Kennwort ändern können. Die Standardeinstellung ist *yes*.
/passwordreq:{yes | no}	Legt fest, ob ein Benutzerkonto ein Kennwort benötigt. Die Standardeinstellung ist *yes*.
/profilepath:[Pfad]	Bezeichnet den Pfad für das Anmeldeprofil des Benutzers. Der eingegebene Pfadname verweist auf ein Registrierungsprofil.
/scriptpath:Pfad	Bezeichnet den Pfad für das Anmeldeskript des Benutzers. Der für *Pfad* eingegebene Wert darf kein absoluter Pfad sein; *Pfad* ist relativ zu *%systemroot%\System32\Repl\Import\Scripts*.
/times:{Zeiten | all}	Legt fest, wann ein Benutzer den Computer verwenden darf. Der Wert für *Zeiten* wird als Tag[-Tag][,Tag[-Tag]],Uhrzeit[-Uhrzeit][,Uhrzeit [-Uhrzeit]] angegeben, begrenzt auf einstündige Zeitschritte. Tage können ausgeschrieben oder abgekürzt werden (Mo, Di, Mi, Do, Fr, Sa, So). Stunden können im 12- oder 24-Stunden-Format angegeben werden. Beim 12-Stunden-Format muss nach der Uhrzeit AM, PM, oder A.M., P.M. stehen. Bei Eingabe des Werts *all* kann der Benutzer sich jederzeit anmelden. Ein Nullwert (Leerzeichen) bewirkt, dass der Benutzer sich überhaupt nicht anmelden kann. Tag und Uhrzeit werden mit einem Komma getrennt, mehrere aufeinander folgende Zeitangaben mit einem Semikolon (z. B. Mo,14:00-15:00;Di,11:00-13:00). Verwenden Sie bei den Angaben zu */times* keine Leerzeichen.
/usercomment:"Text"	Legt fest, dass der Administrator eine Beschreibung zum jeweiligen Benutzerkonto eingeben oder sie ändern kann. Der Text muss in Anführungszeichen eingeschlossen sein.
/workstations: {computername[,...] | *}	Es können maximal acht Arbeitsstationen eingegeben werden, von denen aus sich der Benutzer am Netzwerk anmelden kann. Trennen Sie mehrere Einträge durch Kommas. Wenn unter */workstations* nichts oder * eingetragen ist, kann sich der Benutzer von jedem Computer aus anmelden.

Beispiele für net user

Um eine Liste aller Benutzerkonten auf dem lokalen Computer anzuzeigen, geben Sie Folgendes ein:

- `net user`

Um Informationen über das Benutzerkonto *Tom* anzuzeigen, geben Sie Folgendes ein:

- `net user Tom`

Um ein Benutzerkonto für *Jerry Maus* mit Anmelderechten von Montag bis Freitag zwischen 8 und 17 Uhr (Zeitangaben ohne Leerzeichen), obligatorischer Kennworteingabe (*tom*) und Angabe des Eigennamens des Benutzers einzurichten, geben Sie Folgendes ein:

- `net user Jerry Maus tom /add /passwordreq:yes /times:Montag-Freitag,08:00-17:00 /fullname:"Jerry Maus"`

Um für *Tweety* die Anmeldezeiten (zwischen 8 und 17 Uhr) im 24-Stunden-Format einzustellen, geben Sie Folgendes ein:

- `net user Tweety /times:Mo-Fr,08:00-17:00`

net view

Zeigt eine Liste der Domänen, eine Liste der Computer oder die von dem angegebenen Computer freigegebenen Ressourcen an.

- `net view [\\Computername | /domain[:Domänenname]]`
- `net view /network:nw [\\Computername]`

Parameter	Beschreibung
Keine	Bei Verwendung ohne Parameter zeigt *net view* eine Liste der Computer in der aktuellen Domäne an.
\\Computername	Der Name des Computers, dessen freigegebene Ressourcen Sie anzeigen möchten.
/domain[:Domänenname]	Der Name der Domäne, deren verfügbare Computer Sie anzeigen möchten. Ohne Eingabe eines Domänennamens werden alle Domänen im Netzwerk angezeigt.
/network:nw	Zeigt alle verfügbaren Server in einem NetWare-Netzwerk an. Bei Angabe eines Computernamens werden die Ressourcen angezeigt, die auf diesem Computer im NetWare-Netzwerk verfügbar sind. Werden andere Netzwerke zum System hinzugefügt, können sie ebenfalls mit diesem Parameter angegeben werden.

Um die vom Computer *Einkauf* freigegebenen Ressourcen anzuzeigen, geben Sie Folgendes ein:

- `net view \\Einkauf`

Um die Ressourcen anzuzeigen, die auf dem NetWare-Server *NetWare07* verfügbar sind, geben Sie Folgendes ein:

- `net view /network:nw \\NetWare07`

Um eine Liste der Computer in der Domäne oder Arbeitsgruppe *EDV* anzuzeigen, geben Sie Folgendes ein:

- `net view /domain:EDV`

Um alle Server in einem NetWare-Netzwerk anzuzeigen, geben Sie Folgendes ein:

- `net view /network:nw`

netstat

Zeigt Protokollstatistiken und aktuelle TCP/IP-Netzwerkverbindungen an. Dieser Befehl ist nur verfügbar, wenn das TCP/IP-Protokoll installiert wurde.

- `netstat [-a] [-e] [-n] [-s] [-p Protokoll] [-r] [Intervall]`

Parameter	Beschreibung
-a	Zeigt alle Verbindungen und abhörenden Anschlüsse an. Serververbindungen werden normalerweise nicht angezeigt.
-e	Zeigt die Ethernet-Statistik an. Kann mit der Option *-s* kombiniert werden.
-n	Zeigt Adressen und Anschlussnummern in nummerischer Form an (es wird nicht versucht, die entsprechenden Namen abzufragen).
-s	Zeigt Statistik protokollweise an. Standardmäßig wird die Statistik für TCP, UDP, ICMP und IP angezeigt. Mit der Option *-p* können Sie eine Teilmenge der Standardanzeige angeben.
-p Protokoll	Zeigt die Verbindungen für das mit *Protokoll* angegebene Protokoll an. Mögliche Werte für *Protokoll* sind *tcp* oder *udp*. Wird diese Option zusammen mit der Option *-s* zur protokollweisen Statistikanzeige verwendet, kann für *Protokoll tcp, udp, icmp* oder *ip* angegeben werden.
-r	Zeigt den Inhalt der Routingtabelle an.
Intervall	Zeigt die gewählte Statistik nach der mit *Intervall* angegebenen Anzahl Sekunden erneut an. Drücken Sie [Strg]+[C] zum Beenden der Intervallanzeige. Ohne Angabe dieser Option gibt *netstat* die aktuellen Konfigurationsinformationen nur einmal aus.

nbtstat

Zeigt die Protokollstatistik und die aktuellen TCP/IP-Verbindungen an, die NBT (NetBIOS über TCP/IP) verwendet. Dieser Befehl ist nur verfügbar, wenn das TCP/IP-Protokoll installiert wurde.

- `nbtstat [-a Remote-Name] [-A IP-Adresse] [-c] [-n] [-R] [-r] [-S] [-s] [Intervall]`

Parameter	Beschreibung
-A IP-Adresse	Gibt die Namentabelle des Remotecomputers an, in dem dessen IP-Adresse verwendet wird.
-c	Listet den Inhalt des NetBIOS-Namencache auf. Zu jedem Namen wird die IP-Adresse angegeben.
-n	Listet lokale NetBIOS-Namen auf. "*Registriert*" gibt an, dass der Name von Rundsendung (b-Knoten) oder WINS (andere Knotentypen) registriert ist.
-R	Liest die Datei *Lmhosts* erneut, nachdem alle Namen aus dem NetBIOS-Namencache geräumt wurden.
-r	Listet die Statistik zur Namenauswertung für Windows-Netzwerke auf. Auf einem Windows 2000-Computer, der zur Verwendung von WINS konfiguriert wurde, gibt dieser Parameter die Anzahl der Namen zurück, die über Rundsendung oder WINS registriert sind.
-S	Zeigt Client- und Serversitzungen an, wobei für Remotehosts nur die IP-Adresse aufgeführt wird.
-s	Zeigt Client- und Serversitzungen an. Dabei wird versucht, die IP-Adressen der Remotehosts mithilfe der Datei *Hosts* in einen Namen umzuwandeln.
Intervall	Zeigt die gewählte Statistik nach der mit *Intervall* angegebenen Anzahl Sekunden erneut an. Drücken Sie Strg+C zum Beenden der Intervallanzeige. Ohne Angabe dieses Parameters erstellt *nbtstat* die aktuellen Konfigurationsinformationen nur einmal.

Kapitel 6

Windows 2000 und die Anbindung an die Welt

6. Windows 2000 und Wählverbindungen

Remote Access Service ist der Oberbegriff für alles, was mit Wählverbindungen zu tun hat. Zu unterscheiden sind die beiden Teilkomponenten RAS-Server, der eingehende Rufe handelt, und DFÜ-Netzwerk, das ausgehende Rufe verwaltet.

Remote Access Service – Der RAS-Dienst

Windows verwendet hauptsächlich das Protokoll PPP (**P**oint to **P**oint **Pro**tocol) für RAS-Verbindungen. Mehrfachverbindungen (Multilink PPP) sind mit Windows möglich. Die serielle Schnittstelle verhält sich hier wie eine Netzwerkkarte. Diese kann die Netzwerkprotokolle NetBEUI, IPX/SPX und TCP/IP über PPP transportieren (Tunneling-Verfahren). Dies ermöglicht z. B. einem Novell-NetWare-Client mit IPX/SPX einen NT-Server anzurufen und sich anzumelden. Der NT-Server sendet die IPX/SPX-Protokolle in das LAN. Ein Novell-Server kann die Pakete empfangen und Pakete an den Client senden.

PPTP (**P**oint to **P**oint **T**unneling **P**rotocol) wird ebenfalls von Windows 2000 Server unterstützt. Hier werden NetBEUI und IPX/SPX über TCP/IP-Netzwerke getunnelt. Zum Beispiel ist es damit möglich, eine NetBEUI-Verbindung über das Internet herzustellen.

Installation und Konfiguration

Die Installation des RAS-Dienstes und der Routingoption ist beim Windows 2000 Server zusammenhängend zu sehen. Wurde der Routingdienst installiert, können gleich über die Servereigenschaften Konfiguration oder Veränderungen vorgenommen werden. Sie finden die Routing- und RAS-Konfiguration unter der Verwaltung.

Die Installationshilfe

Der Assistent für die Konfiguration Routing und RAS startet nur bei einer Erstkonfiguration. Weitere Konfigurationsänderungen erfolgen über die die Routing- und RAS-Verwaltung

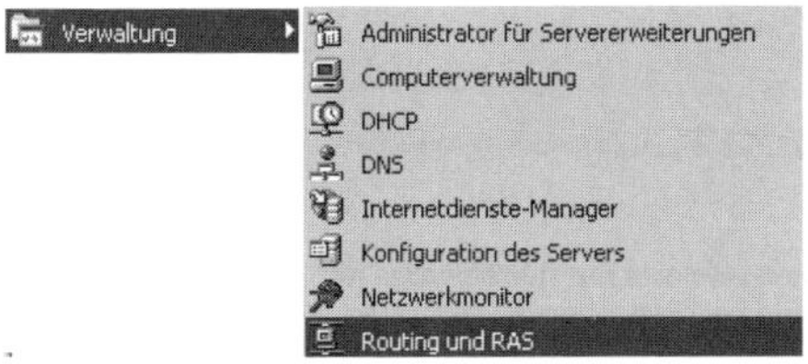

Der Aufruf der Routing- und RAS-Konfiguration

Nach dem Aufruf können Einstellungsänderungen vorgenommen werden.

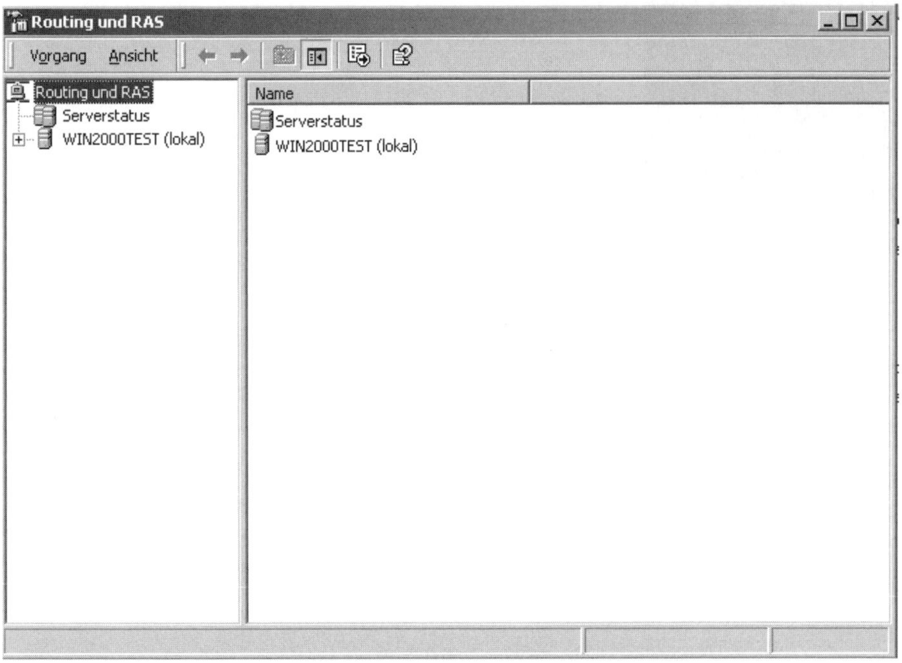

Die Routing- und RAS-Verwaltung

Für die Konfiguration steht wieder ein Assistent bereit. Mit diesem Assistenten können Sie eine Basiskonfiguration für Routing und RAS einstellen, die Sie separat oder zusammen aktivieren können.

Eine Beschreibung zur Nutzung des Assistenten für die Konfiguration Routing und RAS finden Sie im Abschnitt Routing. Die Installation ist hierzu analog. Über die Eigenschaften werden die Einstellungen für RAS und Routing vorgenommen. Aktivieren Sie in der Registerkarte *Allgemein* den RAS-Server.

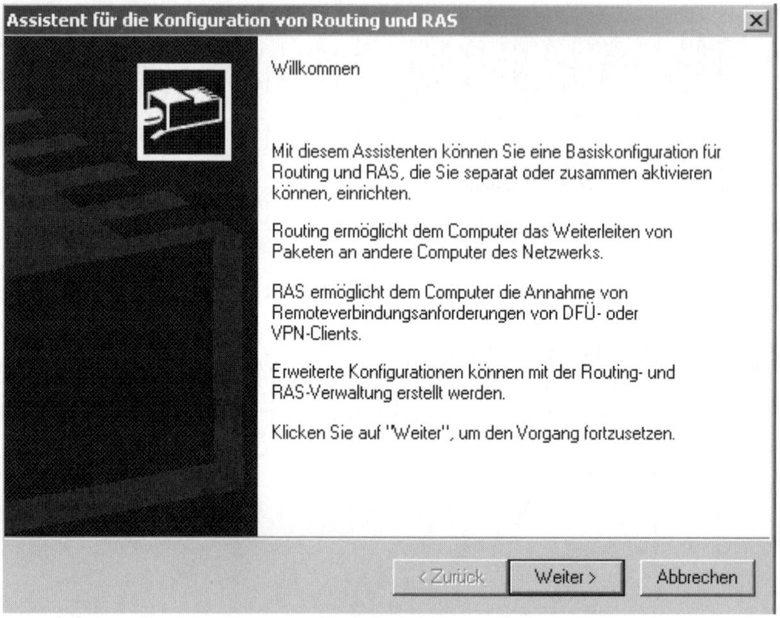

Der Assistent für die Konfiguration Routing und RAS

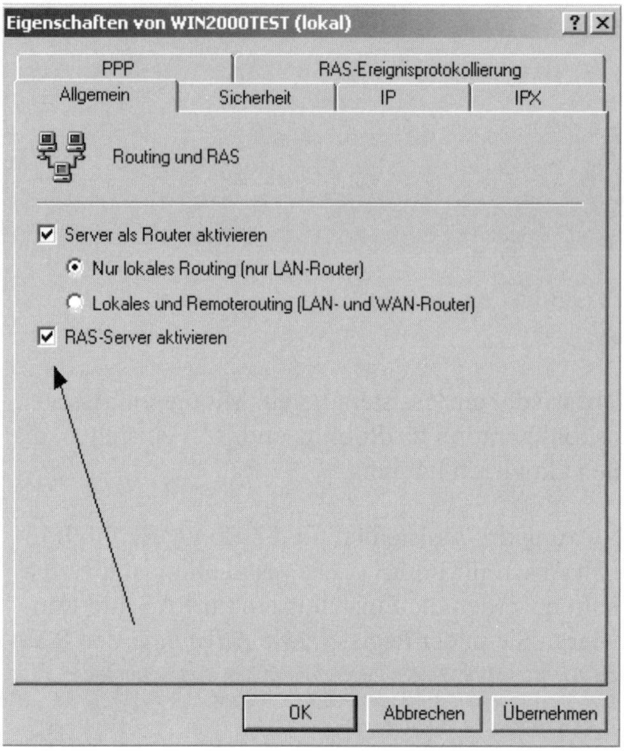

Die Registerkarte Allgemein

Innerhalb der Sicherheitseinstellungen steht eine Vielzahl von verschiedenen Authentisierungsmöglichkeiten und Verschlüsselungsmechanismen zur Auswahl.

Übersicht Verschlüsselungsmethoden

Bei Einwahl via PPP wird die Anmeldung des Clients nach CHAP (**C**hallenge **H**andshake **A**uthentication **P**rotocol) durchgeführt. Der Server generiert per Zufallsgenerator einen Schlüssel und sendet ihn an den Client. Der Client verschlüsselt damit das Passwort und sendet dieses verschlüsselt an den Server. Der Server verschlüsselt mit dem gleichen Schlüssel das im Konto des Benutzers gespeicherte Kennwort und vergleicht dieses mit dem übertragenen. Da der Schlüssel nur einmal über das Netz übertragen wird, gilt dieses Verfahren als sicher. MSCHAP verschlüsselt ähnlich CHAP fast die gesamte Einwahlprozedur. Dieses Verfahren wird nur von MS-Clients unterstützt. Eine Einwahl mit anderen Betriebssystem (OS/2, Mac, UNIX) ist nicht möglich, da diese kein MSCHAP unterstützen.

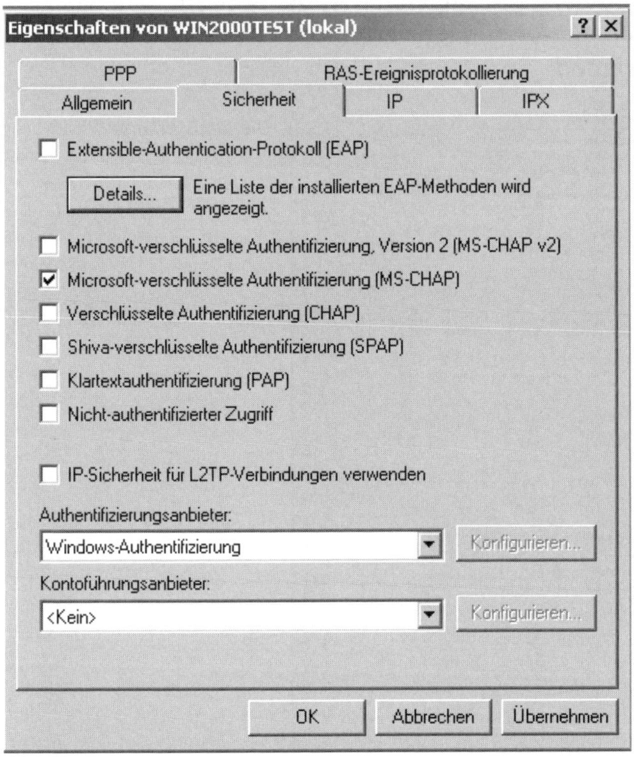

Einstellungen für die Sicherheit

Auf der Registerkarte *IP* werden die Verbindungseinstellungen für Remotesysteme eingestellt, die über das Protokoll IP auf den Rechner zugreifen. So kann der Zugriff auf den Windows 2000 Server beschränkt werden oder der Zugriff wird auf das gesamte Netzwerk freigegeben. Die zweite Einstellung, die in der Registerkarte vorgenommen wird, betrifft die Zuweisungsmethode der IP-Adressen. Es ist möglich, Adressen über den installierten DHCP-Server zuzuweisen oder es wird ein bestimmter Adressbereich den Remotebenutzern reserviert. Ein Zuweisen eines statischen Adressenpools hat gegenüber einer DHCP-Zuweisung den Vorteil der Übersichtlichkeit.

Statischer Adressenpool

Werden nur statische Adressen in einem genau definierten Segment vergeben, ist eine bessere Übersicht und Kontrolle der Remote-PCs zu erreichen. Jede Remoteverbindung, die nicht über eine Firewall ins Firmennetz gelangt, ist als Sicherheitsrisiko anzusehen.

Würde der Client Service for NetWare oder der Gatway Service for NetWare auf dem Windows 2000 Server installiert, so ist die Einwahl über das Protokoll IPX möglich. Auch hierfür können verschiedene Konfigurationsmerkmale ausgewählt werden:

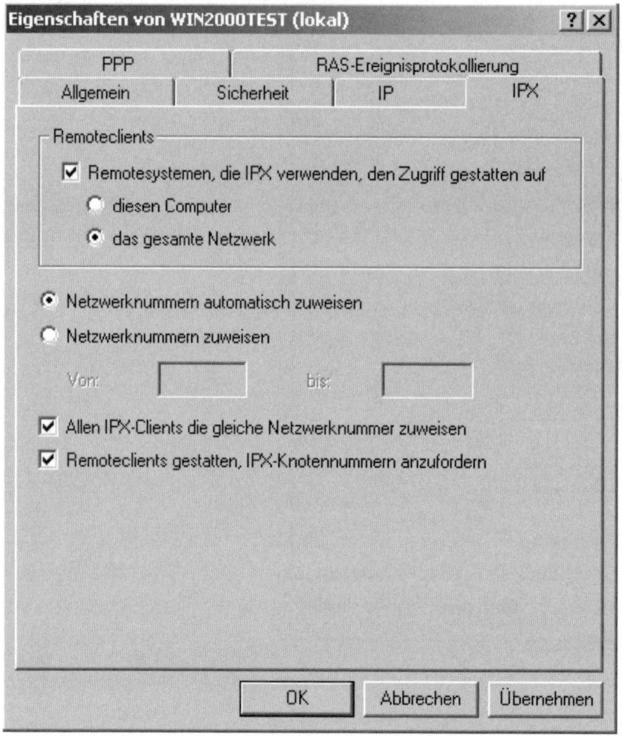

Die Registerkarte IPX

Sie können die RAS-Funktionen für den gesamten Server aktivieren. Der Server unterstützt jede aktvierte Option während der PPP-Aushandlung. Die RAS-Richtlinien legen jedoch fest, welche Funktionen für individuelle Verbindungen zugelassen werden.

- Mehrfachverbindungen
- dynamische Bandbreitensteuerung (BAP/BACP)
- LCD-Erweiterungen
- Softwarekomprimierung

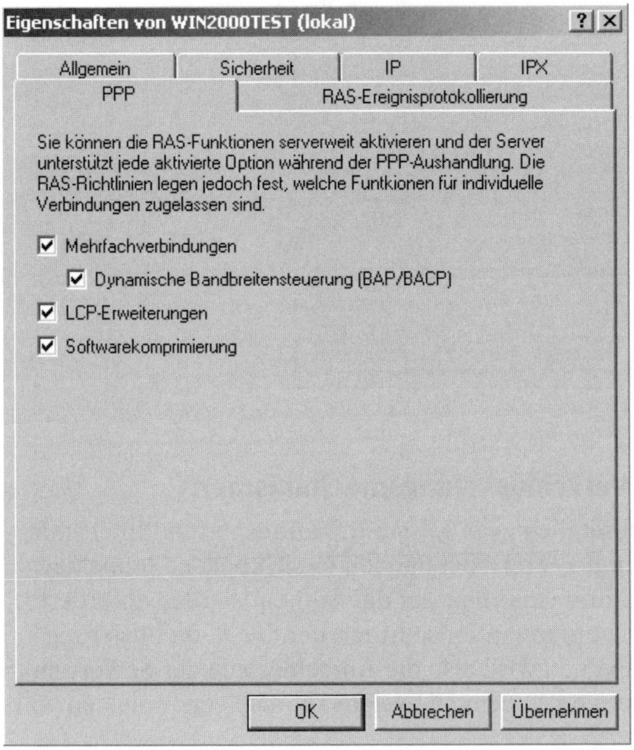

Die Registerkarte PPP

Unter der RAS-Ereignisprotokollierung sollten alle Daten gesammelt werden, da nur so im Fehlerfall oder bei Unstimmigkeiten eine Nachverfolgung der Ursache möglich ist.

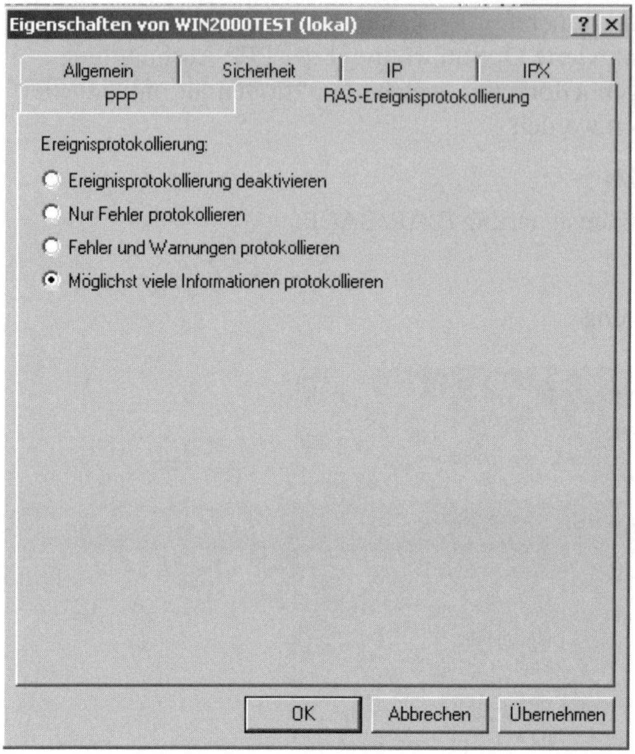

Die RAS-Protokolleinstellung

Funktionsweise der Verschlüsselungsmechanismen

Bei CHAP werden grundsätzlich zwei Kommunikationspartner unterschieden, die Anmeldestelle und Peer. Dabei handelt es sich bei der Anmeldestelle um den Kommunikationspartner, der die Authentisierung abfordert, und beim Peer um den Kommunikationspartner, der die Authentisierung erbringen soll. Im Allgemeinen wird also die Anmeldestelle der Server sein, an dem sich der Benutzer von seinem IT-System aus als Peer anmelden will.

Bei CHAP wird auf beiden Seiten die Kenntnis eines gemeinsamen Geheimnisses (Passwort) überprüft.

Das eingesetzte Challenge-Response-Protokoll läuft wie folgt ab:

In einem ersten Schritt errechnet die Anmeldestelle eine Zufallszahl. Mittels eines Hash-Algorithmus wird der Hash-Wert der eben berechneten Zufallszahl gebildet. Eine Hash-Funktion ist eine Rechenvorschrift, durch die eine Eingabe beliebiger Länge in einen Ausgabewert fester Länge umgewandelt wird. Eine Einweg-Hashfunktion funktioniert nur in eine Richtung, d. h., aus der Eingabe lässt sich problemlos der Hash-Wert berechnen, aber es sollte sehr schwer bis unmöglich sein, zu einem Hash-Wert passende Eingabedaten zu berechnen.

Im nächsten Schritt überträgt die Anmeldestelle das so genannte Challenge, also die eben errechnete Zufallszahl, an den Peer. Da Anmeldestelle und Peer über den gleichen Hash-Algorithmus verfügen, kann in einem vierten Schritt ebenfalls der Peer den Hash-Wert der eben übermittelten Zufallszahl bilden. Der Peer berechnet den Hash-Wert über die drei Werte Identifier (Benutzerkennung), Secret (Passwort) und die gesendete Zufallszahl. Den Hash-Wert überträgt er dann als Antwort an die Anmeldestelle. Die Anmeldestelle überprüft die Korrektheit des Passwortes, indem sie ebenfalls den entsprechenden Hash-Wert berechnet und mit dem übermittelten Hash-Wert vergleicht. Fällt der Vergleich positiv aus, hat sich der Peer gegenüber der Anmeldestelle authentisiert und die Kommunikationsverbindung kann aufgebaut werden. Die Authentisierung nach dem eben beschriebenen Verfahren sollte auch während einer bestehenden Kommunikationsverbindung mehrfach wiederholt werden, um auch Attacken auf bereits bestehende Verbindungen zu verhindern. Dies wird, ohne dass der Benutzer eingreifen muss, in zufälligen Zeitabständen durch die Anmeldestelle angestoßen.

Über RAS (**R**emote **A**ccess **S**ervice) können sich Benutzer von entfernten IT-Systemen mit lokalen Windows 2000-Systemen verbinden. Dafür muss auf dem entfernten IT-System der RAS-Client und auf dem lokalen IT-System, das die Fernverbindung annimmt, der RAS-Server installiert sein. Diese Benutzer können über RAS so arbeiten, als wären sie direkt mit dem Netz verbunden. Die entfernten Clients verwenden dabei Standardprogramme, um auf Ressourcen zuzugreifen.

Der Benutzer baut eine Verbindung zum RAS-Server mithilfe eines lokalen Modems, X.25 oder einer ISDN-Karte auf. Der RAS-Server, der auf einem Windows 2000 Server ausgeführt wird, authentisiert den Benutzer und bedient die Sitzungen, bis diese durch den Benutzer oder den Netzadministrator beendet werden. Alle Dienste, die normalerweise einem mit einem LAN verbundenen Benutzer zur Verfügung stehen (Datei- und Druckfreigabe, Datenbankzugriff und Benachrichtigung), sind über die RAS-Verbindung möglich. Mithilfe des Benutzer-Managers kann einem einzigen Benutzer, einer Benutzergruppe oder sämtlichen Benutzern die Einwählberechtigung ins lokale Netz erteilt werden. Weiterhin bietet die RAS-Verwaltung eine Option, die den Zugriff auf alle Ressourcen ermöglicht, auf die der RAS-Host im Netz zugreifen kann, bzw. nur auf die lokal auf dem Computer vorhandenen Ressourcen.

Über das **C**hallenge **H**andshake **A**uthentication **P**rotocol (kurz CHAP) vermittelt der Remote Access-Server die sicherste der angebotenen Formen verschlüsselter Zugriffsberechtigung, die sowohl vom Server als auch vom Client unterstützt wird. CHAP ermöglicht dem RAS-Server die abwärts gerichtete Aushandlung vom sichersten Verschlüsselungsmechanismus bis zum unsichersten Verfahren mit Klartextübertragung und schützt die in diesem Prozess übertragenen Kennworte.

CHAP lässt den Einsatz diverser Verschlüsselungsalgorithmen zu. RAS arbeitet insbesondere mit dem kryptographischen Protokoll MD5. RAS greift für die Authentisierung auf DES-Verschlüsselung zurück, wenn sowohl der Client als auch der Server mit RAS arbeiten.

MD5, ein Verschlüsselungsschema, das von diversen PPP-Implementationen für verschlüsselte Echtheitsbestätigungen eingesetzt wird, kann vom Microsoft RAS-Client ausgehandelt werden, wenn eine Verbindung zu anderern RAS-Servern besteht.

PAP arbeitet mit einfachen, unverschlüsselten Kennworten und hat damit als für Echtheitsbestätigungen verantwortliches Protokoll am wenigsten zu bieten. Dieses Protokoll wird normalerweise ausgehandelt, wenn die externe Arbeitsstation und der Server sich nicht auf eine Verschlüsselungsform einigen können, die mehr Sicherheit bietet.

Das RAS-Verschlüsselungsprotokoll sollte gemäß der folgenden Tabelle in Abhängigkeit vom zu erreichenden Schutzbedarf so gewählt werden, dass mindestens das dort angegebene Protokoll verwendet wird. Dies kann bedeuten, dass bei hohen Sicherheitsanforderungen die Verwendung von Clients, die das geforderte Protokoll nicht unterstützen, ausgeschlossen werden muss.

Schutzbedarf	
Verschlüsselungsart	S-Verschlüsselungsprotokoll
hoch, einseitig	CHAP, MD5
mittel, beidseitig	SPAP
niedrig, unverschlüsselter Text	PAP

Datenverschlüsselung schützt Daten und gewährleistet eine sichere Anwählverbindung. Der RAS-Administrator kann den RAS-Server so einstellen, dass die Datenübertragung immer in verschlüsselter Form zu erfolgen hat. Die Benutzer, die an diesem Server angeschlossen sind, verschlüsseln automatisch alle gesendeten Daten.

Remotezugriffe – Möglichkeiten und Kombinationen

Bei der Art der Zugriffe gibt es die unterschiedlichsten Möglichkeiten und Kombinationen, von denen wir Ihnen hier die gängigsten vorstellen wollen.

Ausgehende Verbindungen zu anderen Netzwerken oder Rechnern

Bei den ausgehenden Verbindungen, die Sie selbst aktiv herstellen, um einen Datentransfer zu ermöglichen, gibt es grundsätzlich die Möglichkeit von Wählverbindungen, Verbindungen über VPN und Direktverbindungen. Bei den Wählverbindungen sollten Sie dann noch zwischen Verbindungen zu einem anderen Netzwerk oder Rechner und Einwahlen ins Internet unterscheiden.

Konfiguration einer Wählverbindung

1. Zur Konfiguration einer Wählverbindung steht Ihnen der Netzwerkverbindungs-Assistent zur Seite. Sie finden ihn im Startmenü unter *Einstellungen/Netzwerk- und DFÜ-Verbindungen/Neue Verbindung erstellen.*

2. Wählen Sie hier entweder den Netzwerkverbindungstyp In ein privates Netzwerk einwählen oder In das Internet einwählen.

3. Wollen Sie sich in ein privates Netzwerk einwählen, müssen Sie als Nächstes die anzuwählende Rufnummer, soweit notwendig mit Ortsnetzkennzahl und Landeskennzahl, angeben. Geben Sie dann an, ob die neue Verbindung in allen Profilen oder nur in Ihrem eigenen Profil verfügbar sein soll.

4. Als Letztes müssen Sie noch einen beschreibenden Namen für Ihre neue Verbindung eingeben, bevor Sie diese fertig stellen. Jetzt können Sie eine weitere Anpassung der Verbindung über die Dialogbox *Eigenschaften der Verbindung* vornehmen. Hier können Sie vor allem die Sicherheitseinstellungen und die Netzwerkoptionen anpassen.

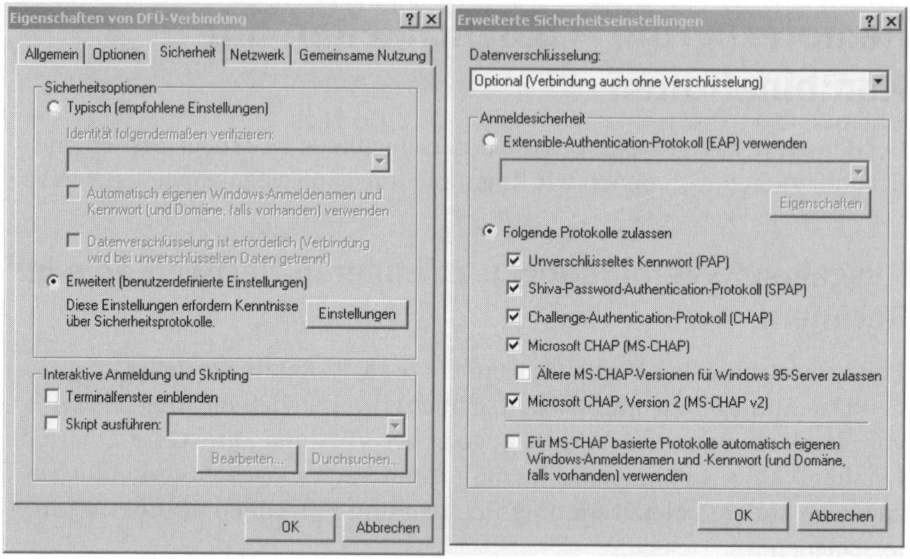

Die Anpassung der Sicherheitseinstellungen der DFÜ-Direktverbindung

Weitere Verbindungen

Als weitere Verbindungen können Sie Ihren Computer/Ihr Netzwerk entweder über das Internet oder direkt mit einem anderen Netzwerk/Computer verbinden.

VPN

Bei der Verbindung Ihres Computers/Netzwerks über das Internet kommt das Virtual Private Network zum Einsatz.

1. Zur Konfiguration einer solchen Verbindung starten Sie wieder den Netzwerkverbindungs-Assistenten und wählen als Netzwerkverbindungstyp *Verbindung mit einem privaten Netzwerk über das Internet herstellen*. Haben Sie keine Festverbindung zum Internet, müssen Sie als Nächstes festlegen, wie die Verbindung zum Internet standardmäßig hergestellt werden soll.

2. Jetzt müssen Sie die Zieladresse des Netzwerks angeben, mit dem Sie sich verbinden möchten. Dann muss noch festgelegt werden, wer diese Verbindung benutzen darf. Geben Sie abschließend einen Namen für die neue Verbindung ein und schließen Sie den Prozess mit dem Befehl *Fertig stellen* ab.

Direkte Verbindungen

Bei der Herstellung direkter Verbindungen zwischen zwei Computern benötigen Sie einen Rechner, der als Host, und einen, der als Client fungiert. Die Konfiguration des Windows 2000 Servers als Client läuft wie gewohnt über den Netzwerkverbindungs-Assistenten ab.

1. Rufen Sie wieder den Netzwerkverbindungs-Assistenten auf und wählen Sie den Netzwerkverbindungstyp *Direkt mit anderem Computer verbinden*. Im folgenden Dialogfenster wählen Sie die Option *Gast*.
2. Selektieren Sie den Geräteanschluss oder das Gerät, über den/das die Verbindung hergestellt werden soll. Legen Sie anschließend die Verfügbarkeit der Verbindung fest, geben Sie der Verbindung einen Namen und stellen Sie anschließend die neue Verbindung fertig.

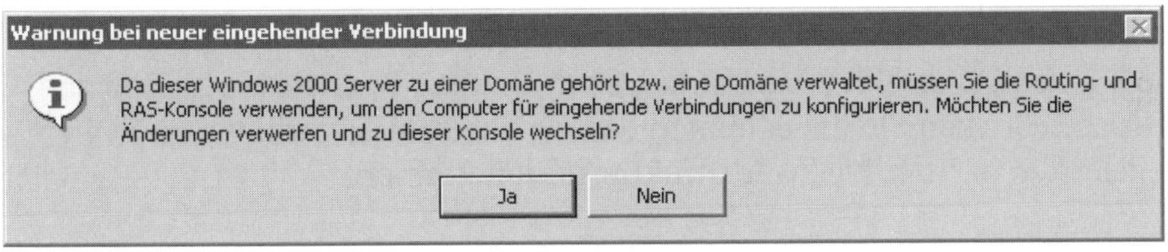

Der Hinweis auf die Konfiguration des Host auf Domänenservern

Für die Einrichtung des Host gilt die gleiche Vorgehensweise, es sei denn, es handelt sich bei diesem Rechner um einen Rechner in einer Domänenstruktur. In Domänen müssen Sie den Zugriff auf den Host über eine RAS-Richtlinie freigeben. Dazu ist die Konfiguration von RAS und Routing notwendig. Beim Versuch, auf einem Windows 2000-Domänenrechner den Host zu konfigurieren, bekommen Sie eine entsprechende Fehlermeldung.

Beginnen des Verbindungsaufbaus

Zum Herstellen einer direkten Verbindung rufen Sie jetzt aus dem Menü *Start/Einstellungen/Netzwerk- und DFÜ-Verbindungen* den Eintrag *Direkte Verbindung* auf. Im daraufhin erscheinenden Dialogfenster geben Sie den Benutzernamen und das zugehörige Passwort ein, mit dem Sie eine autorisierte Verbindung zum anderen Rechner aufbauen wollen.

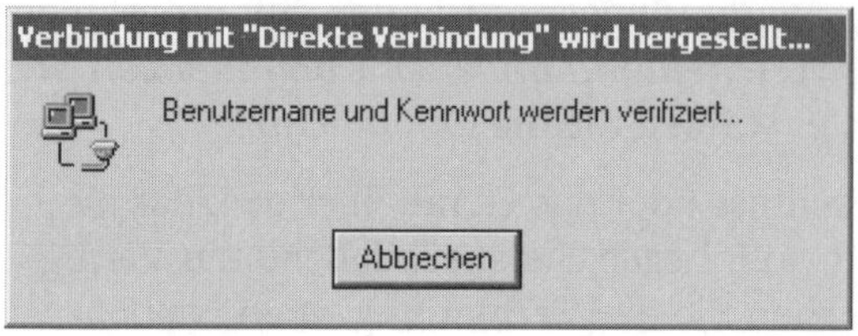

Die Verbindung zum anderen Rechner wird hergestellt

Es findet je nach Konfiguration ein Authentisierungsvorgang statt oder nicht. Sie können bei direkten Verbindungen auch unauthentisierte Zugriffe zulassen. Bedenken Sie dabei immer, dass solche Konfigurationen zu Sicherheitslücken in Ihrer Netzwerkstruktur führen können.

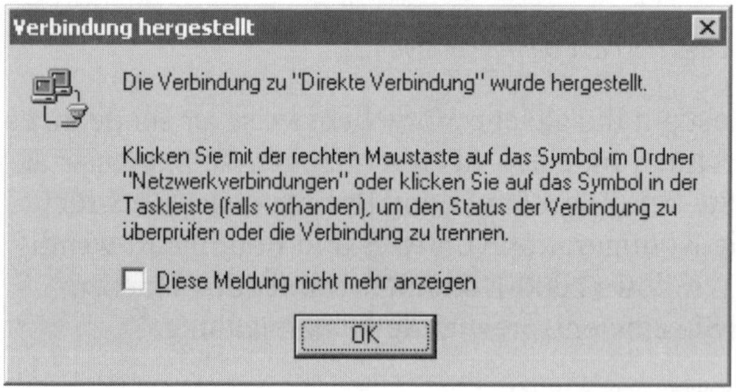

Die Verbindung ist zustande gekommen

Einkommende Verbindungen von anderen Netzwerken oder Rechnern

Ist der Rechner, den Sie für eingehende Verbindungen konfigurieren wollen, kein Mitglied einer Domäne, können Sie diese Konfiguration mit dem Assistenten für die Netzwerkverbindungen vornehmen, genau wie die Konfiguration der ausgehenden Verbindungen. Ist Ihr Rechner aber Mitglied einer Domäne, müssen Sie die Konfiguration der eingehenden Verbindungen über die Microsoft Managment-Konsole Routing und RAS vornehmen.

Die grundsätzlichen Einstellungen zur Einwahl haben Sie schon beim Vorgang *RAS und Routing konfigurieren und aktivieren* vorgenommen. Sie können die Einstellungen für die Einwahl im Nachhinein verändern und anpassen.

Bei der Bearbeitung von Remotezugriffen müssen Sie unbedingt beachten, dass die Auswertung der RAS-Richtlinien nur einen Teil der Zugriffssicherung darstellt. Die Herstellung einer Verbindung wird im Anschluss an die Überprüfung der RAS-Richtlinie noch mit den Einstellungen des zugehörigen Benutzerkontos abgeglichen. Sie müssen also darauf achten, dass ein Benutzer, der eine Remoteverbindung aufbauen können soll, auch als Benutzer mit entsprechenden Rechten im Active Directory Service vorhanden ist. Ansonsten ist ein Verbindungsaufbau nicht möglich und der Server wird die Verbindung ablehnen.

Anpassen von RAS-Richtlinien

Die Verwaltung der eingehenden Verbindungen umfasst neben den RAS-Richtlinien, die wir Ihnen hier vorstellen, noch die Anpassung der Authentisierungs- und Verschlüsselungseinstellungen.

Zum Bearbeiten der RAS-Richtlinien rufen Sie die Microsoft Managment-Konsole Routing und RAS auf. Öffnen Sie dann den Serverstatus des gewünschten Rechners und wählen Sie die RAS-Richtlinien. Im Fenster werden Ihnen die vorhandenen RAS-Richtlinien aufgelistet, deren Eigenschaften Sie bearbeiten können. Sie können auch aus dem interaktiven Menü die Option *Neue Richtlinie* wählen.

1. Beim Erstellen einer neuen RAS-Richtlinie geben Sie zuerst einen beschreibenden Namen für die Richtlinie an. Geben Sie dann die Bedingungen an, die für einen Zugriff erfüllt werden müssen oder die einen Zugriff ausschließen sollen. Beide Varianten sind bei der Definition von RAS-Richtlinien möglich.

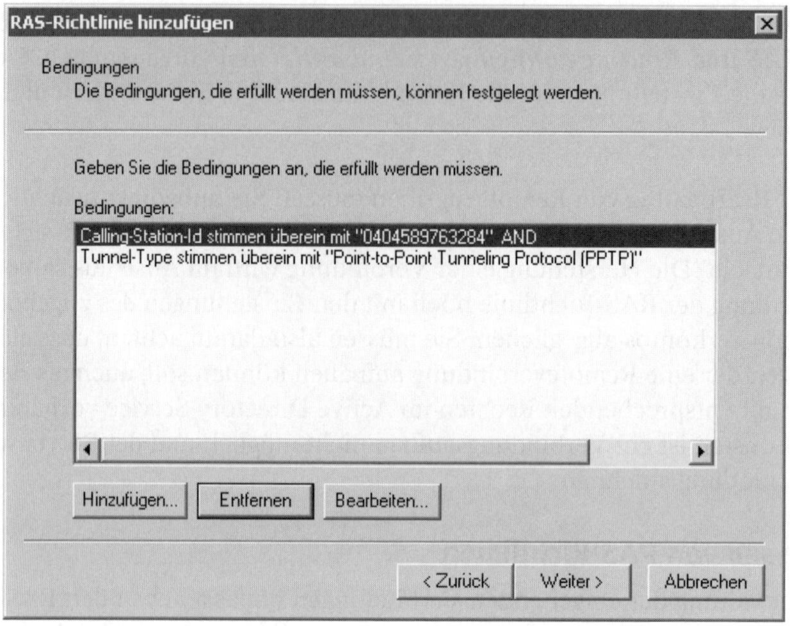

Die Definition der RAS-Bedingungen

2. Zur Festlegung der Bedingungen steht Ihnen die Liste der möglichen Attribute zur Verfügung, die je nach Typ noch weiter spezifiziert werden kann.

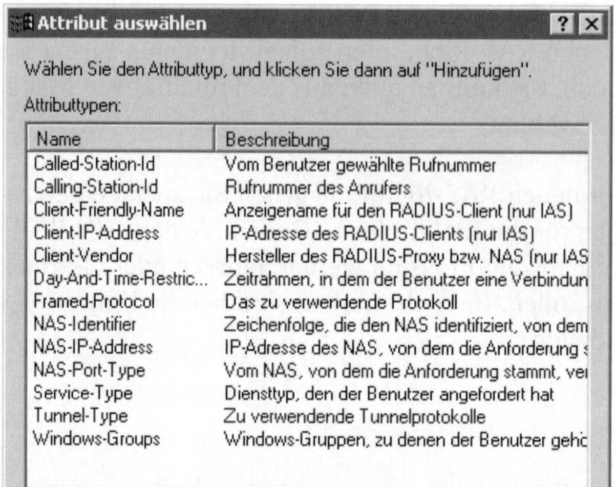

Die Auswahl der möglichen Attribute für die RAS-Richtlinie

3. Jetzt legen Sie fest, ob die Richtlinie dazu dienen soll, Zugriffe zu erteilen oder zu verweigern. Abschließend können Sie dann das Einwählprofil bearbeiten. Hier stehen Ihnen die Bereiche *Einwähleinschränkungen*, *IP*, *Mehrfachverbindungen*, *Authentisierung*, *Verschlüsselung* und weitere Optionen zur Verfügung. Diese Nachbearbeitung entspricht der Bearbeitung der Eigenschaften vorhandener RAS-Richtlinien.

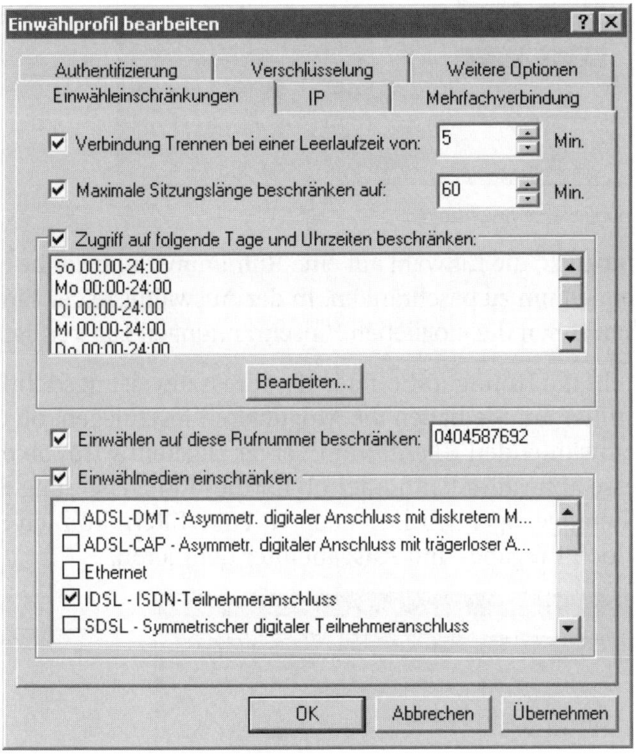

Die Konfiguration der Einwahleinschränkungen

Die Bearbeitung von RAS-Richtlinien

1. Bei den Einwählbeschränkungen können Sie festlegen, nach welcher Leerlaufzeit und nach welcher maximalen Gesamtdauer die Verbindung automatisch getrennt werden soll. Außerdem können Sie die erlaubten Zugriffszeiten genau eingrenzen. So können Sie gewährleisten, dass zu Backup-Zeiten oder am Wochenende keine Zugriffe stattfinden.

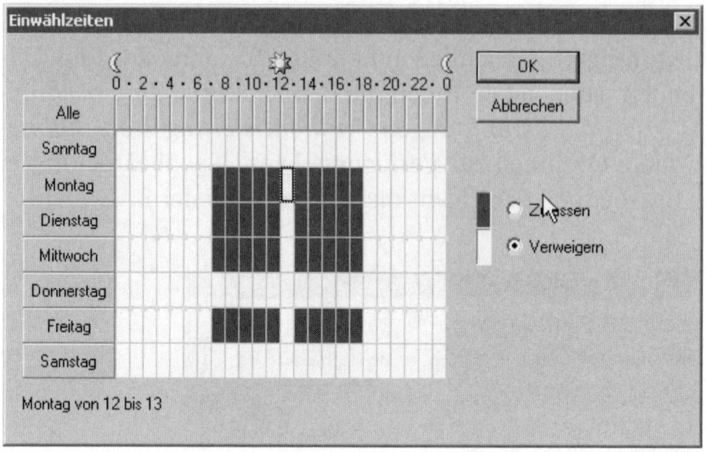

Die Festlegung der möglichen Einwahlzeiten

2. Weiterhin ist es möglich, die Einwahl auf eine Rufnummer und ein bestimmtes Einwahlmedium zu beschränken. In der Auswahlliste der Einwahlmedien stehen Ihnen die möglichen Einschränkungen zur Verfügung.

3. Im Bereich *IP* steht die Konfiguration der IP-Adresszuweisungsrichtlinie und der IP-Paketfilter an. Sie haben die Möglichkeit festzulegen, ob die IP-Adresse des einwählenden Clients vom Server zugeteilt wird, ob der Client eine Adresse abfordern kann oder ob für diese Entscheidung die Serverrichtlinie herangezogen wird. Bei den IP-Paketfiltern können Sie darüber hinaus noch Eingabe- und Ausgabefilter definieren.

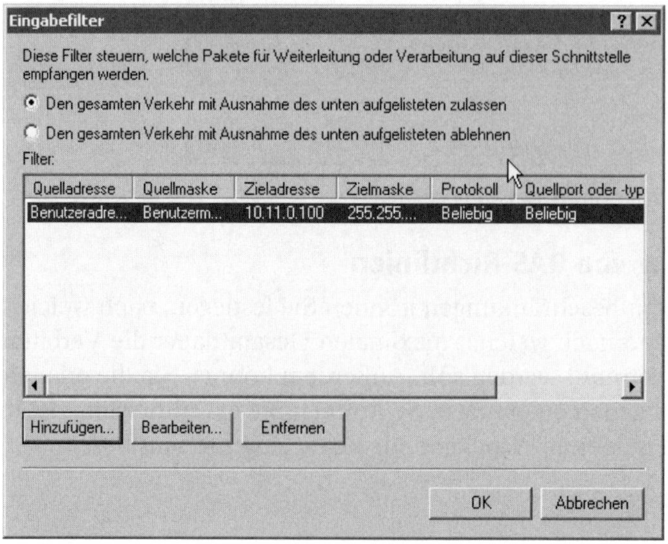

Die Konfiguration von Ein- und Ausgabefiltern

4. Die Einstellungen für die Mehrfachverbindungen beinhalten zusätzlich die Einstellungen für das BAP (**B**andwidth **A**llocation **P**rotocol). Eine Beschreibung dazu finden Sie weiter vorne im Kapitel.

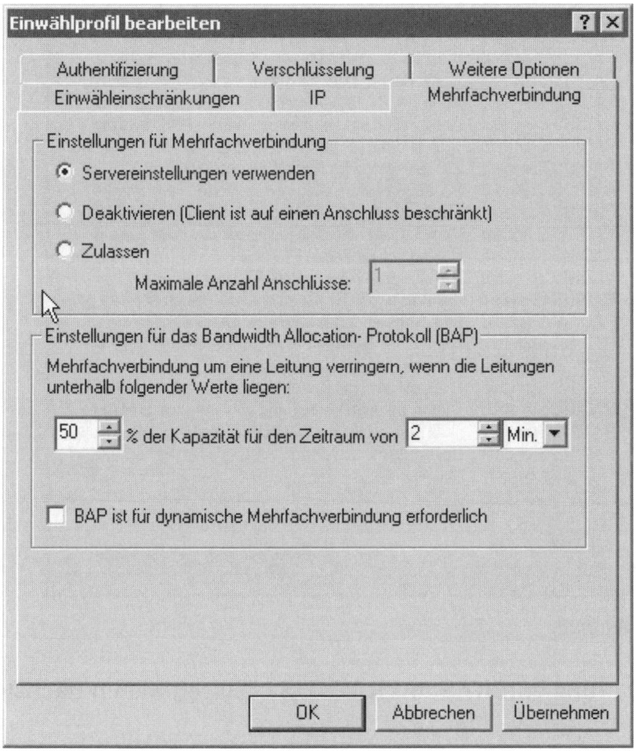

Die Konfiguration von Mehrfachverbindungen beim Einwahlverfahren

5. Die Optionen zur Authentisierung bei Einwählverbindungen beinhaltet alle zu Beginn des Kapitels beschriebenen Authentisierungsverfahren, die einfach auf dem Register zu markieren sind.

6. Unter dem Stichwort *Verschlüsselung* werden die Verschlüsselungseinstellungen für den Windows 2000 RAS- und Routingdienst eingestellt. Die verfügbaren Verschlüsselungsstufen sind *Keine Verschlüsselung*, *Basisverschlüsselung* und *Starke Verschlüsselung*.

7. Als Letztes bleiben noch die anderen Optionen, bei denen eingestellt werden kann, welche Verbindungsattribute an den RAS-Server zurückgegeben werden sollen. Die Liste der verfügbaren Attribute ist recht lang und beinhaltet alle verfügbaren Standard-RADIUS-Attribute.

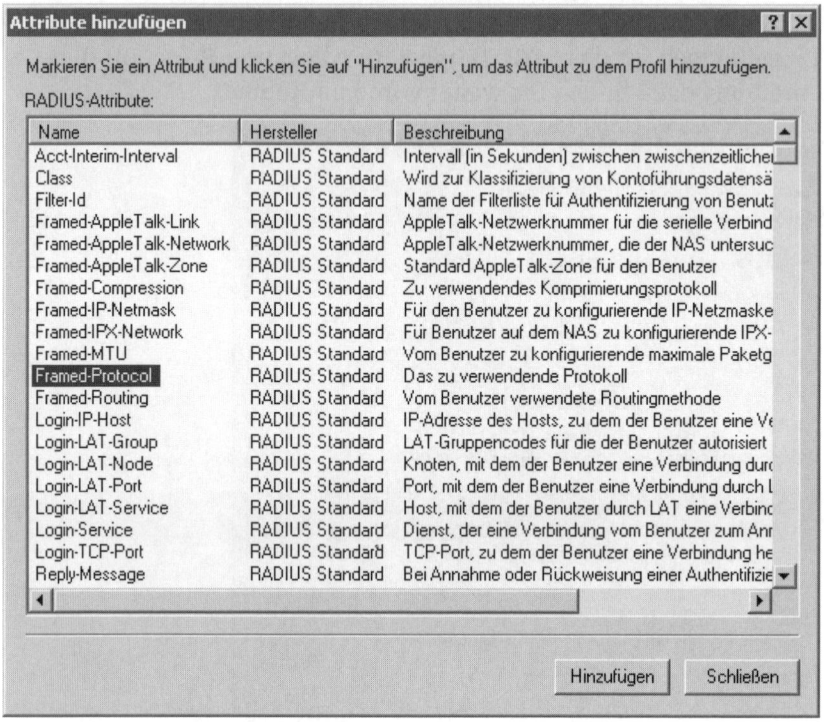

Die verfügbaren RADIUS-Attribute

Mehr über die Verwaltung von RAS mit RADIUS erfahren Sie im nächsten Unterkapitel.

Verwaltung von RAS mit Radius

RADIUS, der **R**emote **A**uthentication **D**ial-in **U**ser **S**ervice, ist ein Protokoll, mit dem Sie Authentisierungs- und Verwaltungsaufgaben für Einwählverbindungen erledigen können. Dieses Protokoll ist bei Windows 2000 mit verschiedenen Diensten zur Abarbeitung der Aufgaben ausgestattet. Sie haben die Möglichkeit, einen Windows 2000-Rechner als RADIUS-Client und/oder –Server zu betreiben.

RADIUS-Client

Der RADIUS-Client bei Windows 2000 ist ein RAS-Server, der die an ihn gerichteten RADIUS-Authentisierungen an einen RADIUS-Server zur Authentisierung übergibt. Er kann außerdem mit einem RADIUS-Abrechnungsserver zusammenarbeiten und diesem die notwendigen Abrechnungsinformationen liefern.

Server

Der RADIUS-Server ist ein Serverdienst, der auf Basis IAS eine RADIUS-Authentisierung durchführt. Die notwendigen Informationen und Anfragen werden durch einen RADIUS-Client übermittelt. Der RADIUS-Server basiert auf dem IIS (**I**nternet **I**nformation **S**erver), der für den Betrieb des RADIUS-Servers zwingend notwendig ist.

Die RADIUS-Einbindung in Windows 2000

Wie Sie in diesem Kapitel sicher bemerkt haben, taucht der RADIUS-Dienst bei verschiedenen Netzwerkdiensten auf. Der RADIUS-Dienst ist in die Netzwerkdienste integriert und vereinfacht so die Verwaltung, da nur noch eine Konfiguration für die Authentisierung aller Netzwerkdienste erforderlich ist. Die Einbindung von RADIUS in RRAS führt dazu, dass Sie die Zugriffe zentral über die RAS-Richtlinien verwalten und die daraus resultierenden Authentisierungen protokollieren können.

Die Verwaltung der RAS-Richtlinien findet im Verzeichnisdienst von Windows 2000 statt. Dadurch finden Sie auch hier eine einheitliche Darstellung der Microsoft Managment-Konsole. Außerdem werden die RAS-Richtlinien im Active Directory Service repliziert, was zu einer Verbesserung der Betriebssicherheit führt.

Benutzer auf RADIUS-Servern

Die Erzeugung eines neuen Benutzers auf einem RADIUS-Server ist identisch mit dem Vorgang bei allen anderen Servern.

1. Öffnen Sie eine Microsoft Managment-Konsole mit dem Eintrag *Lokale Benutzer und Gruppen*. Setzen Sie Active Directory Service ein, müssen Sie die Einträge in der Konsole *Active Directory Benutzer und Computer* vornehmen. Erstellen Sie hier einen neuen Benutzer. Geben Sie für den Benutzer die Benutzerdaten (Namen, Vornamen und Benutzeranmeldenamen) an und bestimmen Sie das Kennwort des neuen Benutzers sowie die Kennworteigenschaften. Schließen Sie dann die Erstellung des neuen Benutzers ab.
2. Selektieren Sie aus der Liste der Benutzer den neuen Eintrag und wählen Sie aus dem interaktiven Menü die Option *Eigenschaften*. Auf dem Register *Einwählen* müssen Sie dem neuen Benutzer jetzt noch die RAS-Berechtigung zum Einwählen geben. Damit ist der Benutzer registriert und kann sich, bei Einhaltung der Randbedingungen der RAS-Richtlinie, ins Netzwerk einwählen.

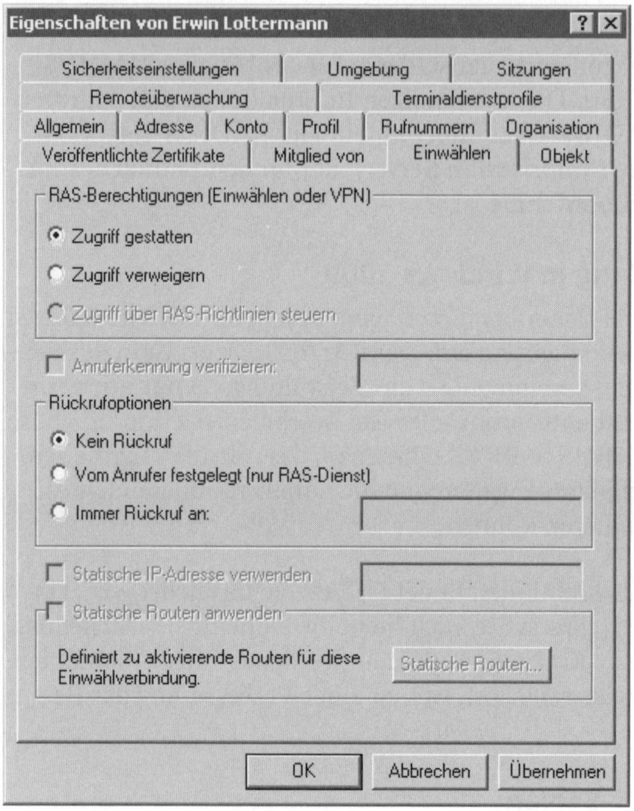

Die Eigenschaften von Benutzern mit RAS-Zugriffsberechtigung

Konfiguration von RADIUS-Clients auf dem RADIUS-Server

Zur Konfiguration eines RADIUS-Clients auf einem RADIUS-Server benötigen Sie Zugriff auf die Microsoft Managment-Konsole des Internetauthentisierungsdienstes. Ist diese Konsole unter *Start/Programme/Verwaltung/Internetauthentisierungsdienst* nicht vorhanden, müssen Sie ein neues Konsolenfenster mit diesem Dienst anlegen.

1. Zum Konfigurieren eines neuen RADIUS-Clients auf einem RADIUS-Server selektieren Sie den Eintrag *Clients* in der Internetauthentisierungsdienst-Konsole und wählen aus dem Kontextmenü die Option *Neuer Client*. Geben Sie dem Client als Erstes einen beschreibenden Namen und wählen Sie als Protokoll RADIUS aus.
2. Im folgenden Dialog müssen Sie die IP-Adresse des neuen Clients angeben. Ist Ihnen diese nicht bekannt, können Sie auch den Domain Name Service-Namen des Clients angeben und diesen dann auflösen lassen.

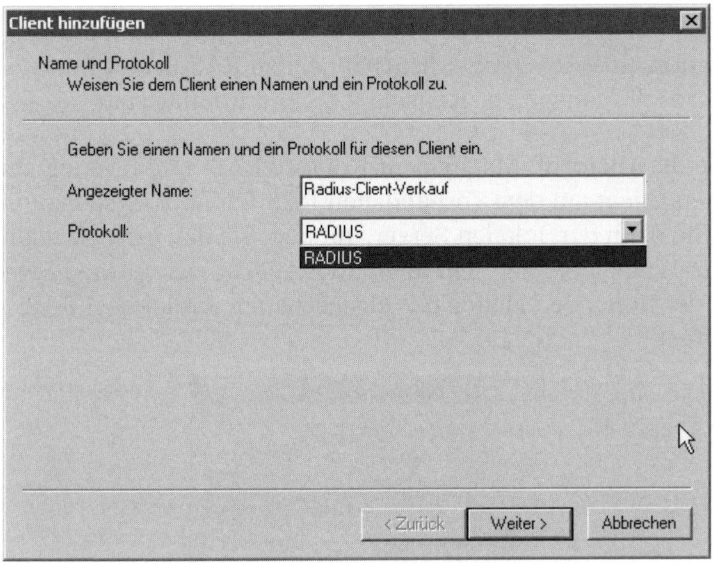

Das Anlegen eines neuen RADIUS-Clients

3. Als Clienthersteller sollten Sie *Microsoft* wählen. Geben Sie anschließend noch ein gemeinsames Kennwort ein und bestätigen Sie es. Damit ist die Konfiguration des neuen Clients abgeschlossen. Wenn nicht bereits geschehen, müssen Sie jetzt den Internetauthentisierungsdienst noch starten. Selektieren Sie dazu den Eintrag *Internetauthentisierungsdienst (lokal)* und wählen Sie aus dem Kontextmenü die Option *Dienst starten*.

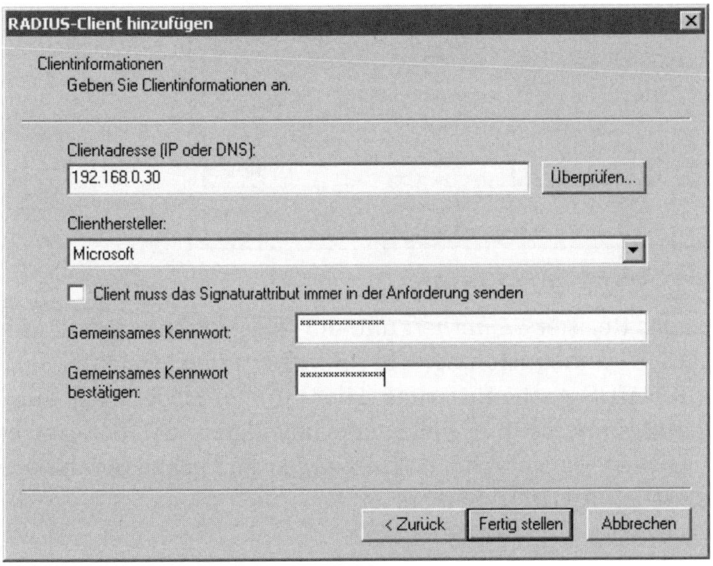

Die Einstellungen für den neuen RADIUS-Client

Konfiguration von RADIUS-Clients auf RAS-Servern

Die Konfiguration eines RADIUS-Clients auf einem RAS-Server findet wieder in der Microsoft Managment-Konsole RAS und Routing statt.

1. Öffnen Sie die Microsoft Managment-Konsole RAS- und Routing, um einen neuen Client auf dem vorhandenen RAS-Server zu erstellen. Selektieren Sie dann den lokalen Server, auf dem Sie den Client installieren wollen. Wählen Sie aus dem interaktiven Menü den Eintrag *Eigenschaften*, der Ihnen den Dialog der Eigenschaften des lokalen RAS-Servers öffnet.

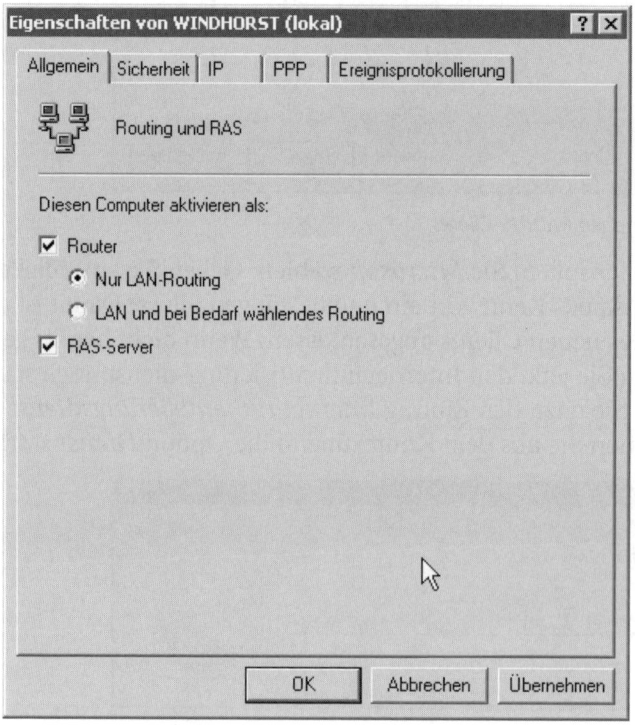

Die Eigenschaften des lokalen RAS-Servers

2. Wählen Sie das Register *Sicherheit* und dort als Authentisierungsanbieter die RADIUS-Authentisierung. Über *Konfigurieren* erreichen Sie den Dialog zur RADIUS-Authentisierung. Hier können Sie jetzt alle am Authentisierungsprozess Ihres Netzwerks beteiligten RADIUS-Server eintragen. Klicken Sie einfach auf *Hinzufügen* und geben Sie dann die Namen des neuen RADIUS-Servers an.

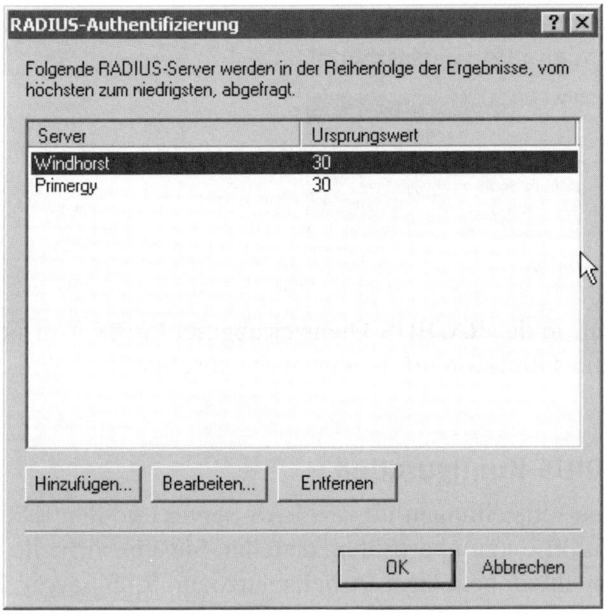

Hinzufügen neuer RADIUS-Server

3. Nachdem Sie die RADIUS-Parameter bestimmt haben, geben Sie noch ein Passwort ein, indem Sie die Option *Ändern Kennwort* wählen. Schließen Sie jetzt den Erstellen-Vorgang ab. Der Routing- und RAS-Dienst muss abschließend neu gestartet werden, damit die Änderungen der RADIUS-Einstellungen wirksam werden. Sollte der Dienst nicht von selbst herunter- und wieder herauffahren, müssen Sie diesen Vorgang erzwingen.

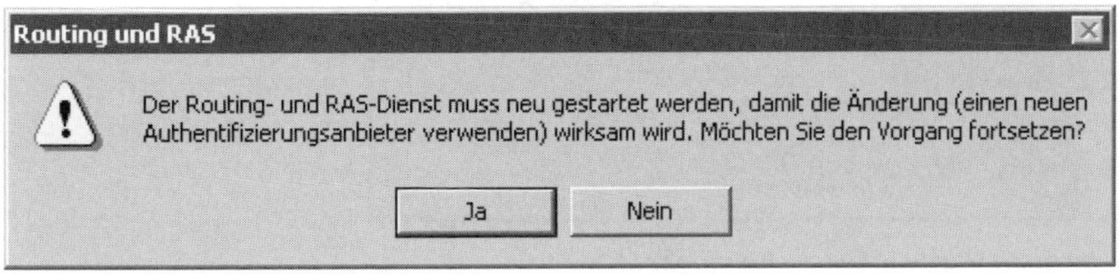

Der automatische Neustart des RAS-Servers muss bestätigt werden

4. Selektieren Sie dazu den lokalen RAS-Server und wählen Sie aus dem interaktiven Menü den Eintrag *Alle Tasks beenden*. Der RAS-Serverdienst wird dadurch beendet.

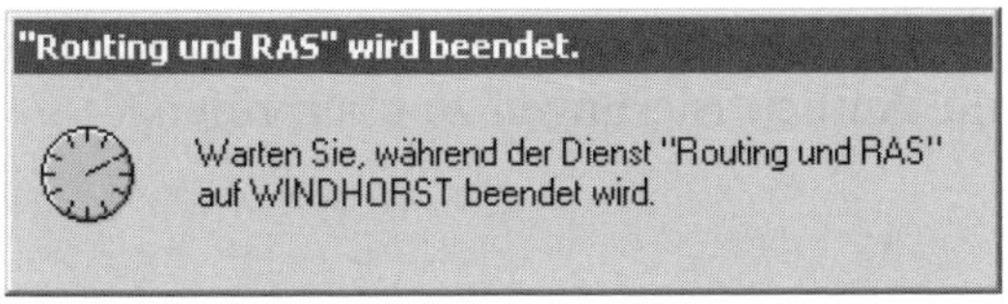

RAS und Routing herunterfahren

5. Als Nächstes müssen Sie alle Tasks wieder starten. Der RAS-Server ist in seiner neuen Konfiguration einsatzbereit.

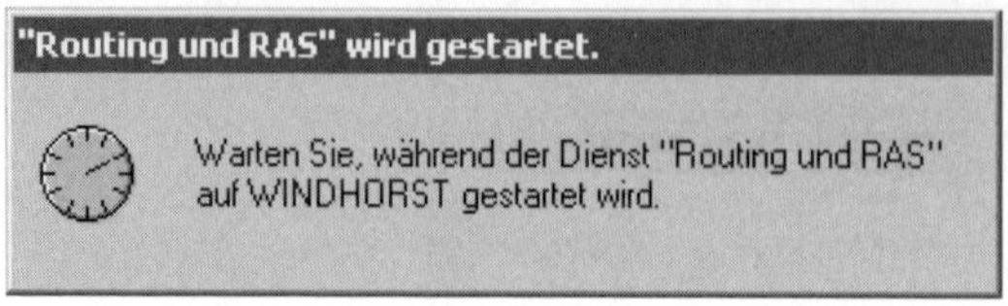

RAS und Routing wieder starten

Damit ist die Konfiguration des RADIUS-Dienstes abgeschlossen. Um sich zu vergewissern, dass alles funktioniert, erzeugen Sie abschließend eine Testverbindung.

Überprüfen der RADIUS-Konfiguration

Um die vorgenommenen Einstellungen für den RAS-Server und den RAS-Client auf fehlerfreie Funktion zu überprüfen, erstellen Sie eine virtuelle private Verbindung von einem beliebigen Arbeitsplatz zum RAS-Server. Setzen Sie dabei den neuen Benutzer mit seinem Benutzernamen und Kennwort ein. Denn nur er hat die Autorisierung, RAS-Verbindungen zum Server aufzubauen. Der erfolgreiche Verbindungsaufbau wird angezeigt.

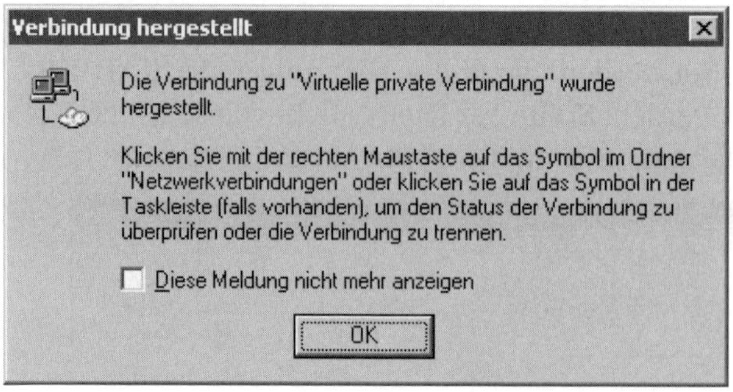

Die Verbindung wurde erfolgreich aufgebaut

Sollten Sie vergessen haben, dem Benutzer im Benutzer-Manager in seinem Profil den RAS-Zugriff freizugeben, wird der Verbindungsaufbau nicht zustande kommen.

Nachdem die Verbindung zustande gekommen ist, ist es im täglichen Betrieb natürlich von Interesse, die Authentisierungen zu überprüfen.

Überprüfung von RADIUS-Authentisierungen

Nachdem ein erfolgreicher Verbindungsaufbau des privaten virtuellen Netzwerks stattgefunden hat, können Sie die angemeldeten Clients in der Microsoft Managment-Konsole Routing und RAS sehen. Öffnen Sie dazu die entsprechende Konsole und erweitern Sie den lokalen Server. Im Bereich *Clients* werden Ihnen jetzt die verbundenen Clients dargestellt.

Netzwerkprotokolle im Überblick

Windows 2000 Server stellt eine Vielzahl von Protokollen zu Verfügung, sodass eine Kommunikation in fast jedem Netzwerk, durch Einrichtung der richtigen Protokollumgebung möglich ist. Die wichtigsten Protokolle von Windows 2000 werden in diesem Buch ausführlich beschrieben.

TCP/IP

Das Standardprotokoll für WAN-Netzwerke, das den Datenaustausch über verschiedene miteinander verbundene Netzwerke ermöglicht.

AppleTalk-Protokoll

Ermöglicht den Zugriff auf Computer und Drucker über das AppleTalk-Protokoll und die Verwendung von Windows 2000 Server als AppleTalk-Router.

NWLink NetBIOS

Ermöglicht das Senden und Empfangen von NetBIOS-Paketen zwischen einem Novell-NetWare-Server und einem Windows 2000 Server oder zwischen zwei Windows-Computern.

NWLink IPX/SPX

Dies ist eine Implementation der IPX/SPX-Protokolle, die von Novell-Netzwerken verwendet werden.

OSI-LAN Protocol

OSI-Transport und Netzwerkebenentreiber.

Streams-Umgebung

Ermöglicht das einfache Portieren von und in die STREAMS-Umgebungen (populär auf UNIX-Platformen) entwickelten Transporttreibern auf Windows.

NetBEUI-Protokoll

Nicht routingfähiges Protokoll, das für kleine LANs geschaffen wurde.

DLC-Protokoll

Mit DLC (**D**ata **L**ink **C**ontrol) kann der Computer direkt mit dem IBM-Mainframe verbunden werden und Drucker direkt im Netzwerk angeschlossen werden.

Die nächste Abbildung zeigt eine Auswahl an Protokollen. Man sollte aber nur die benötigten Protokolle installieren, da für jede Installation auch Ressourcen und CPU-Zeit verbraucht werden.

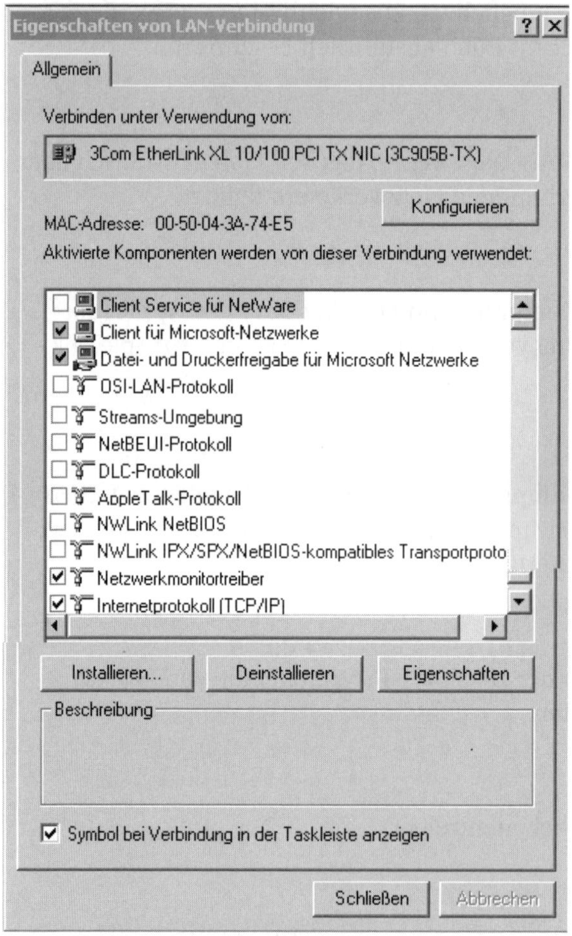

Die möglichen Protokollinstallationen

Die TCP/IP-Dienste im Überblick

Um Netzwerke besser zu strukturieren und damit leichter erklären zu können, entwickelte die **I**nternational **S**tandardization **O**rganization (ISO) 1977 ein so genanntes Referenzmodell für **O**pen **S**ystems **I**nterconnection, das ISO-OSI-Referenzmodell. Hierbei handelt es sich um ein Schichtenmodell, wobei die transportorientierten Funktionen in vier und die datenverarbeitungsorientierten Funktionen in drei Schichten unterteilt sind.

Die grundlegende Idee hinter einem Schichtenmodell ist, dass jede beteiligte Schicht einer darüber liegenden Schicht bestimmte Dienste anbietet. Damit schirmt sie die höheren Schichten von Details ab, wie die betreffenden Dienste realisiert werden. Dadurch ist es möglich, dass eine Schicht n des einen Computers mit derselben Schicht n eines anderen Computers kommuniziert. Die Richtlinien dieser Kommunikation (die gemeinsame Sprache) werden als das Protokoll der Schicht n bezeichnet.

In der Realität kommunizieren die Schichten nicht miteinander. Jede Schicht reicht ihre Daten und zusätzliche Kontrollinformationen an die direkt darunter liegende Schicht weiter, bis die tiefste Schicht erreicht ist. Unter dieser Schicht liegt das physikalische Medium, durch das die echte Kommunikation stattfindet. Zwischen einem Paar übereinander liegender Schichten besteht eine definierte Schnittstelle (Schnittstelle). Ein Satz von Schichten und Schnittstellen wird dann als Netzwerkarchitektur bezeichnet.

Windows 2000 unterstützt mehrere Protokolle parallel, wobei jedoch nicht alle installiert sein müssen. Dennoch ist es wichtig zu wissen, welche Protokolle existieren und für welchen Zweck sie eingesetzt werden können. Hier ein Überblick über die wichtigsten Protokolle:

TCP/IP

Auf der OSI-Netzwerkschicht kann man das Internet mit einem Zusammenschluss von „eigenständigen Subnetzen", die miteinander verbunden sind, vergleichen. Die Verbindung, die alles zusammenhält, ist IP, das **I**nternet **P**rotocol. Bewegt man sich nun in das Transport Layer, so besitzt das Internet zwei Hauptprotokolle, wobei das eine verbindungsorientiert (TCP) und das andere verbindungslos (UDP) ist. Die TCP/IP-Protokoll-Suite wird inzwischen auch im Bereich der Intranets genutzt und ist damit das momentan verbreitetste Protokoll.

NetBEUI

NetBEUI (**NetB**IOS **E**nhanced **U**ser **I**nterface) ist im Original von IBM entwickelt worden. NetBEUI wird bis heute von Windows NT, Windows 95 und auch von OS/2 unterstützt, es ist sehr einfach zu installieren und zu verwalten. Für große Netze mit mehr als 200 Stationen kann NetBEUI dagegen nicht empfohlen werden, da es nicht routingfähig ist. Außerdem verursacht es eine große Zahl von Broadcasts, was den Netzverkehr erheblich erhöht.

NWLink und IPX/SPX

Mit Windows NT 3.5 wurde das NWLink-Protokoll eingeführt, ein NetWare-kompatibles Protokoll. Es ist kompatibel zu Novells SPX/IPX und kann in einem Netzwerk genauso wie NetBEUI oder TCP/IP den Transport der Daten übernehmen. Mit dem NWLink-Protokoll ist es möglich, sich mit einem Windows 2000-Rechner direkt als Client an einem Novell- Netzwerk anzumelden.

DLC

Das DLC-Protokoll (**D**ata **L**ink **C**ontrol) wurde nicht für die Netzwerkverbindung von PCs entwickelt. Es ist jedoch möglich, über DLC direkt auf die zweite OSI-Schicht (Data Link Layer) zuzugreifen. DLC dient zur Verständigung zwischen Windows 2000-Rechnern sowie besonderen Komponenten wie JetDirect-Karten von HP.

AppleTalk

Das AppleTalk-Protokoll wird auf Macintosh-Computern zur Kommunikation verwendet. Ein spezieller Dienst erlaubt die Konfiguration von Windows 2000 Servern und dass mit Macintosh-Computern Ressourcen wie Festplatten oder Drucker geteilt werden können. Die neue MacOS-Version unterstützt schon das IP-Protokoll, durch das die Einbindung von Mac-Rechnern in andere Netze zukünftig leichter sein wird. In einer komplexen Umgebung müssen die Daten zwischen Clients und Servern bi-direktional ausgetauscht werden. Hierzu bestehen unter Windows 2000 sieben Möglichkeiten: Named Pipes, Mailslots, NetBIOS, Windows Sockets, RPCs, NetDDE, SMBs und DCOM.

Named Pipes und Mailslots wurden ursprünglich als Treiber für Dateisysteme entwickelt und stammen noch aus der OS/2-Welt. Eine Pipe verbindet zwei Prozesse miteinander, sodass die Ausgabe des einen als Eingabe des zweiten dienen kann. Named Pipes sind verbindungsorientiert und basieren auf OS/2-API-Aufrufen. Mailslots sind ein Bestandteil der OS/2-LAN-Manager-Implementierung und erlauben die verbindungslose Übertragung von Rundsendungen (Broadcasts).

Die NetBIOS -Schnittstelle wird schon seit Anfang der Achtzigerjahre zur Entwicklung von verteilten Anwendungen verwendet. NetBIOS ist eine Schnittstelle zwischen dem Presentation- und dem Session-Layer des OSI-Modells. Viele Anwendungen und Dienste, die für den Betrieb einer Windows 2000-Umgebung benötigt werden, basieren auf der NetBIOS-Schnittstelle.

Die Windows-Socket-Schnittstelle erlaubt die Kommunikation über Protokolle mit unterschiedlichen Adressierungssystemen. Momentan werden TCP/IP sowie NWLink (IPX/SPX) von den Windows-Sockets unterstützt. Ursprünglich wurden sie von den Berkeley-Sockets abgeleitet, einer Standardschnittstelle zur Entwicklung von Client-/Serveranwendungen unter UNIX und vielen anderen Plattformen.

Das Prinzip der Remote Procedure Calls (RPCs) wurde von Sun Microsystems entwickelt, um Prozesse so auf einem entfernten Rechner aufzurufen, als würden sie lokal ausgeführt werden. RPCs setzen Methoden wie Named Pipes, NetBIOS oder Windows Sockets als Basis ein und kapseln die eigentliche Kommunikation.

Bei **Net**work **D**ynamic **D**ata **E**xchange (NetDDE) handelt es sich um eine Erweiterung des DDE-Mechanismus zum Austausch von Daten zwischen Windows-Anwendungen. Um NetDDE verwenden zu können, muss ein NetBIOS-kompatibles Netzwerk eingesetzt werden.

Zur Weiterleitung von bestimmten Informationen zwischen Computern werden **S**erver **M**essage **B**locks (SMBs) eingesetzt. Für die Verteilung von SMBs auf entfernte Geräte und den lokalen Rechner spielt der Redirector eine zentrale Rolle. Er sorgt für die reibungslose Interaktion zwischen den verschiedenen Versionen der Netzwerkprodukte von Microsoft und anderen Herstellern.

Die Konzepte des **D**istributed **C**ommon **O**bject **M**odel (DCOM) spielen eine wachsende Rolle unter Windows und einer Reihe von weiteren Plattformen. Sie dienen zur objektorientierten Ankopplung von Softwarekomponenten über eine Middleware.

Services zur Unterstützung von NetWare

Windows 2000 Server unterstützt die Services von Novell NetWare in Bezug auf Datei- und Druckdienste sowie die Anmeldeskripts von Novell. Für den Zugriff auf NetWare-Ressourcen stehen zwei Dienste zu Verfügung. So würden der Gatway Service für NetWare (GSNW) und der **C**lient **S**ervice für NetWare (CSNW) im Windows 2000 Server implementiert. Welcher Dienst benutzt wird, hängt entscheidend vom Zugriff auf die NetWare-Ressource ab. Wird der Novell-Netzzugang selten gewünscht, ist der Gatway Service für NetWare die bessere Alternative. Jeder zusätzlich installierte Client belastet die CPU des Computers zusätzlich. Für die Nutzung des Gatway Service für NetWare ist eine Installation des Protokolls NWLink IPX/SPX/NetBIOS nicht erforderlich. Ist ein häufiger Zugang zu den NetWare-Ressourcen gewünscht, so ist die Installation des Client Service für NetWare empfehlenswert. Der Gatway Service fürNetWare überträgt keine User Level Security des NetWare Users. Wird das Übertragen von Userrechten auf dem Computer gewünscht, sollte der Client Service fürNetWare installiert und konfiguriert werden.

Übersicht NWLink

NWLink IPX/SPX/NetBIOS Compatible Transport Protocol (NWLink) ist eine Implementation von Novells **I**nternetwork **P**acket E**x**change/**S**equenced **P**acket E**x**change (IPX/SPX) und des NetBIOS-Protokolls. Windows 2000-Clients benutzen das NWLink-Protokoll, um Zugriff auf Serverressourcen zu bekommmen, die auf einen Novell-NetWare-Server zu Verfügung gestellt werden. NetWare-Clients benutzen das NWLink-Protokoll, um Zugriff auf Serverressourcen zu bekommen, die auf einen Windows 2000 Server bereitgestellt werden. Über NWLink werden alle Ressourcen wie Drucker und Fileservice bereitgestellt die über das Protokoll IPX/SPX Zugriff auf die Systeme bekommen.

Der NWLINK Transport Driver ist ins NetWare-Protokoll implementiert. Hierzu gehören IPX, SPX, RIPX (Routing über IPX) und NBIPX (NetBIOS über IPX).

Plattform	Protokoll/Service	Zugriffmöglichkeit
Windows 2000	NW Link	Alle Client/Server-Applikationen, die auf einen NetWare-Server zur Verfügung stehen
Windows 2000	NWLINK und der Clientservice für NetWare oder NWLINK und der Gatewayservice für NetWare	NetWare-Server für Druck- und Fileservice
NetWare Client	IPX mit NetBIOS oder Windows Sockets Support	Auf Windows 2000 Server, die IPX-Applikationen bereitstellen (Microsoft SQL Server)
NetWare Client	IPX	Auf Windows 2000 Server, auf denen die File- und Printservices für NetWare installiert wurden

Übersicht der Arbeitsweise

Der Benutzer kann den NetWare-Server, auf dessen Ressourcen er zugreift, zum bevorzugten Fileserver bestimmen. Windows 2000 Server meldet einem Benutzer, der einen bevorzugten NetWare-Server bekannt ist, bei jeder Domänenanmeldung auch automatisch am betreffenden NetWare-Server an. Damit übergibt Windows 2000 die Kennwörter der Domänenanmeldung als Kennwörter an den Fileserver. Die automatische Anmeldung eines Benutzers funktioniert natürlich nur, wenn der Anmeldename und das Passwort der Domänenanmeldung identisch mit dem Anmeldenamen und dem Passwort der NetWare-Anmeldung sind. Die Änderung des bevorzugten Fileserver für NetWare ist jederzeit über die Einstellungsmaske für GSNW möglich.

Autologon auf NetWare

Hat Ihr Fileserverkonto einen anderen Benutzernamen als Ihr Domänenkonto, kann die automatische Fileserveranmeldung nicht durchgeführt werden. Dieses geschieht beispielsweise, wenn Ihr Benutzername in der Domäne *Administrator* und Ihr Username am Fileserver *Supervisor* lautet.

Die Anzeige von NetWare-Ressourcen erfolgt über die Netzwerkumgebung.

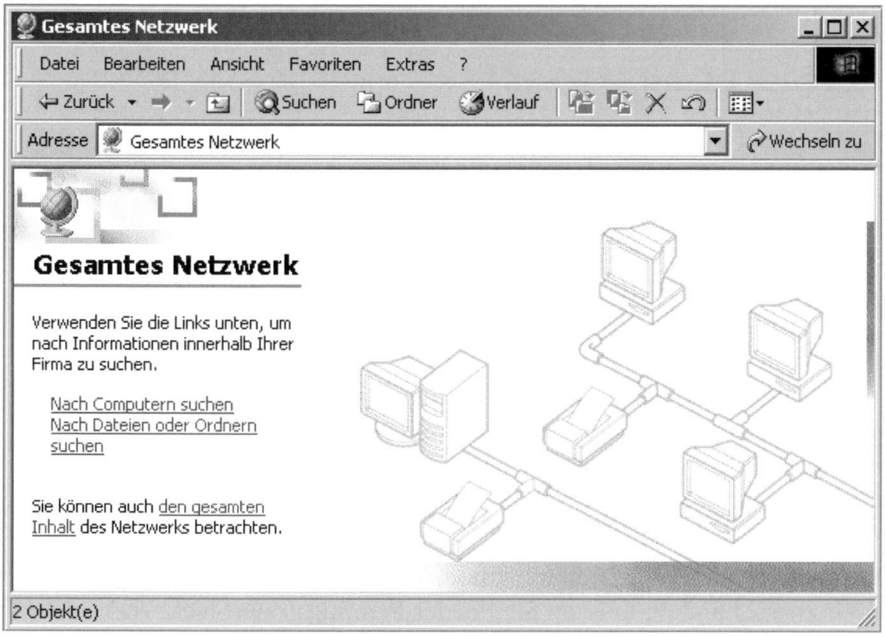

Die Netzwerkumgebung von Windows 2000 Server

Möchten Sie sich einen Überblick über alle installierten Netzwerke verschaffen, so bietet Windows 2000 Server über die Auswahl, den gesamten Inhalt zu betrachten, eine Übersicht über alle Netzwerkverbindungen.

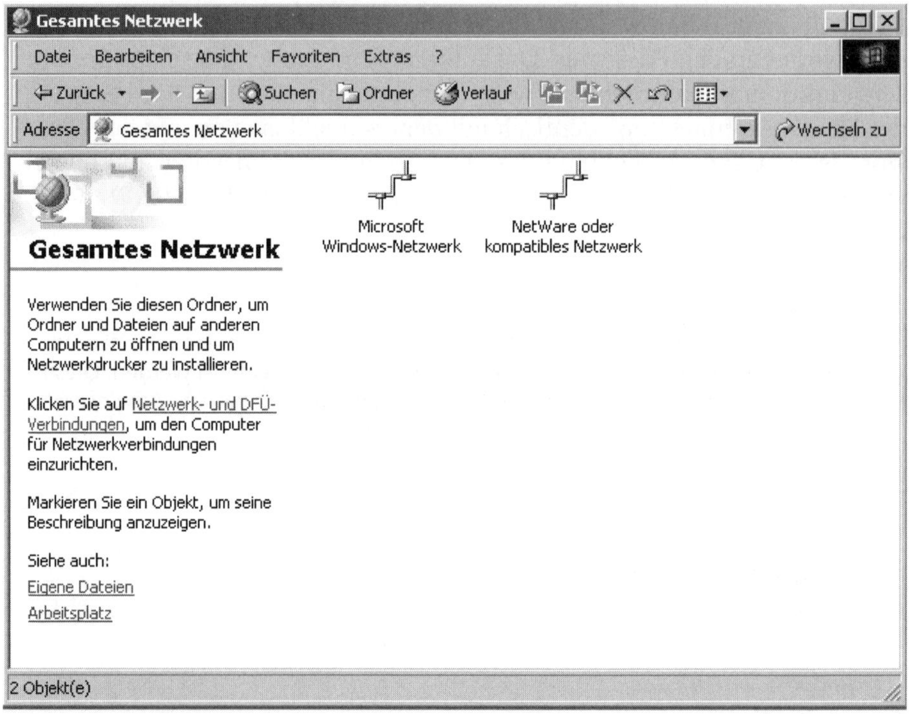

Die verfügbaren Netzwerke

Themenüberblick im Komplex IP-Routing

An dieser Stelle nur ein kurzer Überblick über die Hauptthemen im Komplex IP-Routing. Zu ausgewählten Themen finden Sie nachfolgend zu diesem Überblick detailliertere Informationen.

Planungsaspekte beim IP-Routing

Da es sich bei Windows 2000 um ein im Wesentlichen auf TCP/IP beruhendes Netzwerk handelt, müssen Sie bei der Planung großer Netzwerke die unterschiedlichsten Leitungsarten mit verschiedenen Bandbreiten nebeneinander unterhalten. Diese unterschiedlichen Leitungsarten mit ihren verschiedenen Leistungen im Bereich Datentransfer erfordern eine ausgeklügelte IP-Routingplanung, um unnötige Kollisionen zu vermeiden. Ansonsten kann es sehr schnell dazu kommen, dass eine falsch geroutete Verbindung das gesamte Netzwerk zum Erlahmen bringt. Bei der Routingplanung unterscheiden Sie das statische und das dynamische Routing.

Beim statischen Routing werden alle Routingtabelleneinträge durch einen Administrator zu den jeweiligen Routingtabellen der einzelnen Router hinzugefügt. Dieses Vorgehen bedingt natürlich auch, dass jede Veränderung des Routings von Hand in den einzelnen Routingtabellen eingetragen werden muss. Allein diese Beschreibung dürfte Sie von der Planung einer solchen Routingstrategie abbringen.

Unter Windows 2000 stehen Ihnen zwei dynamische Routingprotokolle zur Verfügung, die ein dynamisches Routing ermöglichen. Es sind dies RIP für IP und OSPF. In der Planungsphase des Routings sollten Sie sich für eines der Routingprotokolle entscheiden.

RIP ist ein Routingprotokoll, das es den einzelnen Routern ermöglicht, über Richtungs- und Entfernungsinformationen miteinander zu kommunizieren. Jeder Router erzeugt dabei seine eigene Routingtabelle, die in regelmäßigen Abständen den anderen umliegenden Routern mitgeteilt wird. RIP eignet sich gut für kleine bis mittlere Netzwerkentwürfe.

OSPF ist ein Routingprotokoll, das es den Routern im Netzwerk ermöglicht, über Verbindungszustände Routinginformationen untereinander weiterzugeben und einen Netzwerkplan zu erstellen. Aus diesem Netzwerkplan werden dann die optimalen Routingpfade und somit die schnellsten Verbindungen zwischen einzelnen Netzwerksegmenten bestimmt. Dadurch kann sich die Routingtabelle der einzelnen Router ständig an die Gegebenheiten der umliegenden Router anpassen. Der Datenstau an einzelnen Knotenpunkten wird verhindert. Dieses Routingprotokoll ist bei entsprechender Vorplanung für jede Netzwerkgröße geeignet.

Als Hinweis für die Planung können Sie davon ausgehen, dass bei Netzwerkgrößen bis zu 50 Routern es noch möglich ist, mit RIP zu arbeiten, sofern die Netzwerkstrukturen und Routingpfade keinen allzu häufigen Änderungen unterliegen. Kommen Sie in der Netzwerkgröße über diesen Bereich hinaus, wird es schon aus Verwaltungssicht unerlässlich, auf ein dynamisches Routing umzustellen.

Multicasting – Multimedia im Netzwerk

Das Multicasting dient dazu, IP-Datagramme von einem Sender an mehrere Empfänger zu verschicken. Diese Technologie wurde von Microsoft vor allem in Windows 2000 Server implementiert, um Videokonferenzen und Multimediaanwendungen im Netzwerk zu realisieren. Wollen Sie diese Technologien einsetzen, müssen Sie entsprechende Dienste und Funktionen in der Planung berücksichtigen. Der Einsatz von Multicasting hat tief greifende Auswirkungen auf die IP-Routingplanung und die verfügbare Bandbreite im Netzwerk. Es ist unbedingt notwendig, die notwendigen Ressourcen vor einer Implementation zu ermitteln und das Netzwerk für diese Zwecke frühzeitig mit den notwendigen Ressourcen aufzustocken.

Temporäres Routing

Wollen Sie bei Bedarf mit Wählverbindungen arbeiten, sollten Sie in der Planung Ihres IP-Routings diesen Sonderfall berücksichtigen. Die Authentisierung und Verschlüsselung der Daten wird über einen DFÜ-Server realisiert. Aus Sicherheitsaspekten sollten Sie die Herstellung gesicherter Verbindungen über das Internet mit VPN (**V**irtual **P**rivate **N**etwork) oder L2TP (**L**ayer **2** **T**unneling **P**rotocol) einrichten.

VPN – Virtual Private Network

Haben Sie viele User, die von außen über das Internet auf das Firmennetzwerk zugreifen sollen, ist die Planung einer sicheren Datenübertragung über das Internet unabdingbar. Mittels VPN können Sie sichere Verbindungen zwischen zwei Standorten über ein Netzwerk herstellen. Es wird eine Authentisierung der beiden Standortrechner ausgeführt, um die sichere Verbindung aufzubauen. Der anschließende Datenverkehr kann bei Bedarf auch noch verschlüsselt werden.

Der Einsatz von VPN sollte in die RAS-Planung einbezogen werden, denn es ist möglich, VPN in den RRAS-Server von Windows 2000 zu implementieren.

IPSec – Internet Protocol Security

Neben VPN ist IPSec eine wesentliche Neuerung unter Windows 2000 und sollte in Ihrem Planungsentwurf auf alle Fälle Berücksichtigung finden, wenn Sie mit hochsensiblen Daten im Netzwerk arbeiten.

IPSec bietet Ihnen die Möglichkeit, Computer sich vor einem Datentransfer gegenseitig authentisieren zu lassen und den anschließenden Datentransfer zu verschlüsseln.

IPSec bietet die Möglichkeit der Authentisierung nach Kerberos 5-Standard, sodass eine Implementierung von IPSec auch immer an den Einsatz von Kerberos gekoppelt ist. Dadurch beschränkt sich der Einsatz von IPSec momentan noch auf Windows 2000-basierte Computer. Diesen Aspekt müssen Sie in der Planung auf alle Fälle berücksichtigen.

Gemeinsame Verbindungsnutzung

Die Planung von Internetzugriffen für kleine bis mittlere Netzwerke wird durch die neue gemeinsame Verbindungsnutzung von Windows 2000 erheblich vereinfacht. Sie stellt eine NAT (**N**etwork **Ad**dress **T**ranslator)-Implementierung in Windows 2000 dar, die es Ihnen ermöglicht, einen Windows 2000 Server als Router zu konfigurieren. Über diesen Router können die Clients im Netzwerk dann auf das Internet zugreifen. Die Namensauflösung und IP-Konfiguration wird dabei für den Netzwerkclient und den Internethost transparent durch den Server wahrgenommen.

Eine Vorplanung für diesen Dienst ist nicht weiter notwendig. Bedenken sollten Sie aber, dass eine solche Lösung wirklich nur in kleinen Netzwerken Sinn macht. Bei mittleren und größeren Netzwerken sollten Sie auf „echte" Router zurückgreifen.

Proxyserver-Strategien

Beim Thema Internetanbindung kommt immer auch sofort die Frage der Sicherheit auf. Eine Möglichkeit, das private Netzwerk vom Internet zu isolieren und dennoch einen Datenaustausch mit dem Internet zu realisieren, ist der Einsatz eines Proxyservers.

Unter Windows 2000 wird Ihnen ein Proxyserver zur Verfügung gestellt, bei dessen Einsatz Sie einige Randbedingungen in der Planung berücksichtigen müssen.

Der Proxyserver benötigt auf dem Server mindestens zwei Netzwerkadapter (zum Beispiel eine Netzwerkkarte und eine ISDN-Karte), um das Netzwerk vom Internet isolieren zu können. Außerdem sollten Sie eine dem erwarteten Datenfluss entsprechende Bandbreite verfügbar halten.

VPN – Virtual Private Network

Hinter dem virtuellen privaten Netzwerk (**V**irtual **P**rivate **N**etwork), kurz VPN, verbirgt sich eine neue Netzwerktechnologie, mit deren Hilfe Sie sich unter Zuhilfenahme von DFÜ-Verbindungen über das Internet oder ein LAN (**L**ocal **A**rea **N**etwork) eine Verbindung zu einem bestimmten Firmennetzwerk aufbauen. Dazu wird das so genannte PPTP-Protokoll (**P**oint-to-**P**oint **T**unneling **P**rotocol) genutzt, mit dem eine standortübergreifende Netzwerkverbindung herstellbar ist. Der Vorteil dieser Art des Netzwerkzugangs ist, dass Sie die Einwahlknoten des Internet verwenden können, um auf entfernte Netzwerke zuzugreifen. Dadurch ergeben sich mitunter erhebliche Vorteile bei den anfallenden Telefongebühren, da Sie den Internetzugang zumeist als Ortstarif erhalten. Innerhalb des Firmennetzwerks muss ein NT-PPTP- oder Windows 2000-PPTP-Server eingerichtet sein. Der Rechner, der auf das Firmennetz zugreift, muss als PPTP-Client konfiguriert sein. Des Weiteren müssen beide Verbindungsstellen über einen Internetzugang verfügen und demnach das TCP/IP-Übertragungsprotokoll unterstützen. Um Hinweise darüber zu erhalten, ob ein bestimmtes Firmennetzwerk das PPTP-Protokoll und damit den Aufbau eines VPN unterstützt, fragen Sie den jeweiligen Systemadministrator.

Einrichtung der VPN-Verbindung

Um einen Windows 2000-Rechner für eine VPN-Verbindung zu konfigurieren und das PPTP-Protokoll verfügbar zu machen, greifen Sie abermals auf den Verbindungs-Assistenten zurück. Nachdem Sie den Assistenten gestartet und den Willkommendialog bestätigt haben, gehen Sie wie folgt vor:

1. Markieren Sie die Option *Verbindung mit einem privaten Netzwerk über das Internet herstellen* und bestätigen Sie mit *Weiter*.
2. Legen Sie fest, ob die Internetverbindung bei Anwahl der eingerichteten VPN-Verbindung automatisch gestartet werden soll oder nicht. Im letztgenannten Fall müssen Sie vor Aufbau der VPN-Verbindung die Internetverbindung manuell starten. An dieser Stelle wird angenommen, dass die Internetverbindung bereits eingerichtet ist. Markieren Sie also die Option *Automatisch diese Anfangsverbindung wählen*, wählen Sie anschließend die bereits definierte Internetverbindung aus (hier z. B. *T-Online ISDN*) und bestätigen Sie mit *Weiter*.

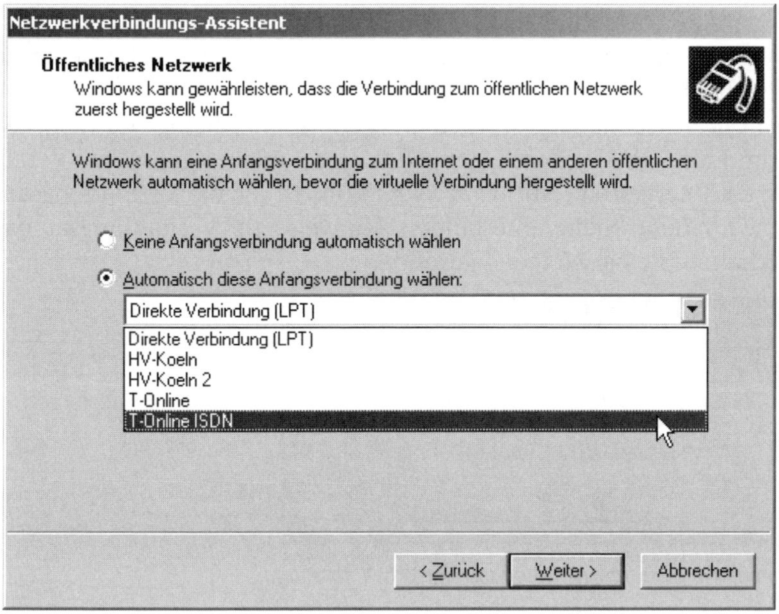

Auf Wunsch kann die Internetverbindung an die VPN-Verbindung gekoppelt werden

3. Nun können Sie bereits die Verbindung zu einem VPN-Server definieren. Vom Netzwerkserver benötigen Sie den Hostnamen (z. B. *pptpserver.firma.com*) oder aber dessen IP-Adresse (z. B. *123.12.12.1*). Ohne die entsprechenden Informationen können Sie keine Verbindung zum jeweiligen Server herstellen. Wenden Sie sich bei Rückfragen gegebenenfalls an den Systemadminstrator des entsprechenden Servers.

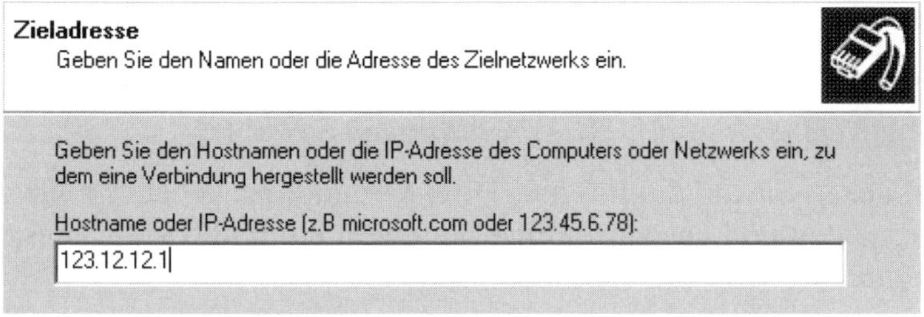

Angabe der Serverzieladresse

4. Geben Sie nun an, ob die Verbindung nur für Sie selbst oder alle Benutzer des Rechners gelten soll, und bestätigen Sie mit *Weiter*. Die Verbindung erhält standardmäßig den Namen *Virtuelle private Verbindung*. Ändern Sie den Namen bei Bedarf. Durch Markierung des Kontrollfelds *Verknüpfung auf dem Desktop hinzufügen* können Sie automatisch ein Desktopsymbol für die Verbindung einrichten lassen. Bestätigen Sie die Verbindung mit *Fertig stellen*.

5. Nun wird eine Meldung angezeigt, die darauf hinweist, dass die Internetverbindung Grundlage für eine VPN-Verbindung ist. Markieren Sie das Kontrollfeld *Diese Erinnerung nicht mehr anzeigen* und bestätigen Sie mit *Ja*. Anschließend werden die Verbindungsdialoge für die Internet- und die VPN-Verbindung nacheinander angezeigt und die Verbindung wird hergestellt. Mit *Abbrechen* können Sie die Verbindungsaufnahme an dieser Stelle unterbinden. Hinweise zur Verbindungsaufnahme erhalten Sie nachfolgend gesondert.

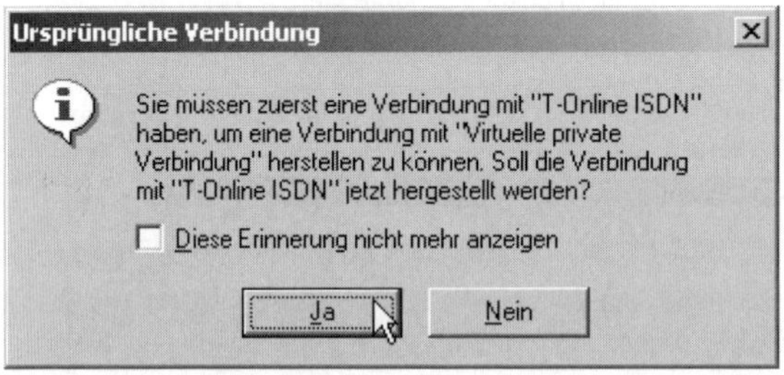

Die Internetverbdindung ist Grundlage der VPN-Verbindung

Herstellung einer VPN-Verbindung über das Internet

Nachdem Sie die DFÜ-Verbindung zum VPN-Server eingerichtet haben, können Sie die Verbindung über das Internet herstellen. Es muss dazu ebenfalls eine funktionierende DFÜ-Internetverbindung eingerichtet worden sein. Bereits bei der VPN-Verbindungsdefinition können Sie diese angeben und automatisch bei der Anwahl der VPN-Verbindung mitladen lassen. Haben Sie die Zuweisung nicht im Rahmen der VPN-Verbindungsdefinition vorgenommen, gehen Sie wie folgt vor, um die VPN-Verbindung zu starten.

1. Lassen Sie zunächst die eingerichteten DFÜ-Verbindungen anzeigen, indem Sie die Arbeitsplatzansicht öffnen und anschließend die Verknüpfung *Netzwerk und DFÜ-Verbindungen* anwählen.

2. Doppelklicken Sie auf die Internet-DFÜ-Verbindung, geben Sie Ihren Benutzernamen und das zugehörige Kennwort ein und bestätigen Sie mit *Wählen*.

3. Doppelklicken Sie nun auf die VPN-Verbindung, mit deren Hilfe Sie Zugang zum VPN-Server erhalten (hier beispielsweise *VPN IngES*), geben Sie das Zugangskennwort ein, nehmen Sie ggf. Korrekturen an der IP-Adresse bzw. dem Hostnamen vor und bestätigen Sie mit *Verbinden*. Ist das Kennwort korrekt, erhalten Sie den gewünschten Zugang, ansonsten wird der Zugang verwehrt und die Verbindung abgebrochen. Für die Dauer der VPN-Verbindung muss auch die Internetverbindung aktiv sein. Bei der Verbindungsherstellung wird eine entsprechende Meldung ausgegeben.

ICS – Internet Connection Sharing

Haben Sie lediglich von einem einzelnen Rechner innerhalb eines lokalen Netzwerks über ein Modem oder eine ISDN-Karte Zugang zum Internet, können Sie über die Internetverbindungsfreigabe diesen Internetzugang auch für andere Rechner innerhalb des Netzwerks freigeben und anschließend netzwerkübergreifend nutzen. Bei der Internetverbindungsfreigabe fungiert ein Rechner demnach als Schnittstelle zum Internet. Er wird daher auch als Gateway bezeichnet. Ein Gateway ist ein Rechner, der ein oder mehrere andere Computer oder Netzwerke verbindet und für die Informationsweitergabe verantwortlich zeichnet. Auf dem Gateway wird die Internetverbindung über eine DFÜ-Verbindung eingerichtet. Um anderen Rechnern den Zugriff auf das Internet zu ermöglichen, wird systemintern bei Internetanfragen die IP-Adresse des Gateway-Rechners adressiert, die innerhalb des Netzwerks wiederum statisch konfiguriert und auf dem Gateway-Rechner selbst auf das Internet umgeleitet wird. Jeder Rechner, der über eine freigegebene Verbindung auf das Internet zugreifen soll, benötigt also eine Netzwerkkarte, die wiederum mit dem TCP/IP-Protokoll verbunden ist. Die IP-Adressen der Rechner, die auf das Gateway zugreifen, können weiterhin dynamisch bezogen werden.

Nutzen Sie die Internetverbindungsfreigabe, müssen Sie in Kauf nehmen, dass der Informationsfluss sich auf den angebundenen Rechnern mitunter erheblich reduziert, da weiterhin ausschließlich nur die bereits vorhandene Datenleitung des Gateway-Rechners zum Internet zur Verfügung steht und zwischen mehreren Rechnern geteilt werden muss. Außerdem wird die Übertragungsgeschwindigkeit durch den Datenaustausch im Netzwerk unter Umständen erheblich gebremst. Legen Sie sehr viel Wert auf schnellen Datenaustausch und Informationsbezug, ist es daher mitunter sinnvoller, zusätzliche Modems oder ISDN-Karten für die jeweiligen Rechner zu beschaffen. Der Kostenvorteil, den Sie durch die nicht zusätzlich anzuschaffenden Hardwarekomponenten bei der Internetverbindungsfreigabe haben, geht Ihnen dann allerdings verloren. Benötigen einzelne Rechner des Netzwerks nur selten einen Internetzugang, können Sie jedoch hervorragend mit der Internetverbindungsfreigabe arbeiten.

Einrichtung des Gateway-Rechners

Die Internetverbindungsfreigabe wird ausschließlich auf dem Gateway-Rechner durchgeführt. Die Freigabe erfolgt über eine bereits eingerichtete Internetverbindung. Die Rechner, die über den Gateway-Rechner Zugang zum Internet erhalten sollen, benötigen lediglich die erforderliche Internetsoftware, also den Internet Explorer als Webbrowser und gegebenenfalls das E-Mail-Programm Outlook Express. Die Konfiguration bzw. Gateway-Anbindung erfolgt dann durch Festlegung der Verbindungseinstellungen der Internetzugangssoftware. Die Einrichtung der Internetverbindungsfreigabe sowie die Anbindung eines Rechners an den Gateway-Rechner werden nachfolgend im Einzelnen beschrieben.

1. Rufen Sie zur freizugebenden Internetverbindung den Kontextmenübefehl *Eigenschaften* auf und wechseln Sie im nachfolgend geöffneten Dialogfeld auf die Registerseite *Gemeinsame Nutzung*.

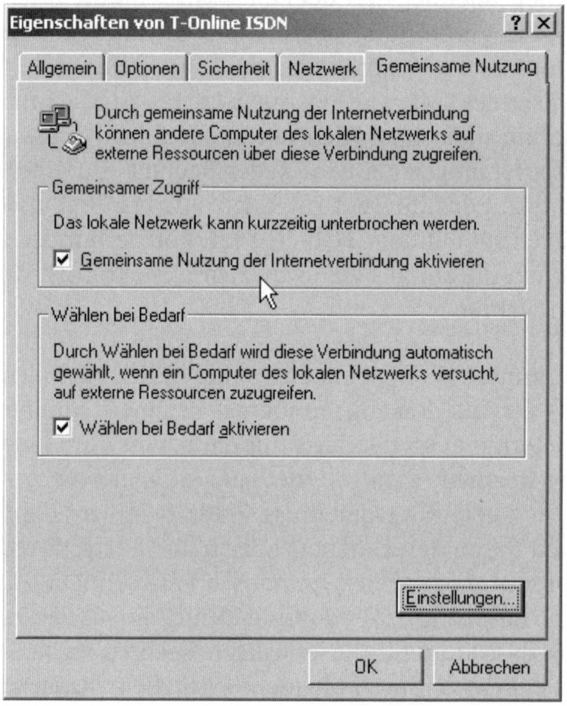

Die Internetverbindungsfreigabe erfolgt über den Eigenschaften-Dialog einer bereits eingerichteten Internetverbindung

2. Markieren Sie das Kontrollfeld *Gemeinsame Nutzung der Internetverbindung aktivieren*. Dadurch wird dem Rechner eine neue statische IP-Adresse zugewiesen, mit deren Hilfe der Nachrichtenaustausch innerhalb des Netzwerks fest auf das Gateway umgeleitet werden kann. Optional können Sie nach Anwahl der Schaltfläche *Einstellungen* Programme für das Netzwerk freigeben und spezielle Dienste aktivieren (z. B. FTP- und E-Mail-Dienste).

3. Bestätigen Sie nun den Hinweis, dass der Gateway-Rechner eine statische IP-Adresse zugewiesen bekommt, mit *Ja*. Weisen Sie die IP-Adressen im Netwerk statisch zu, müssen Sie ggf. kontrollieren, ob Konflikte mit aktuellen Einstellungen auftreten, und diese durch Änderung der IP-Adressen beheben. Am sinnvollsten ist es jedoch, die automatische Zuweisung der IP-Adressen für alle Rechner, die auf das Gateway zugreifen, zu aktivieren. Der Gateway-Rechner benötigt eine statische Adresse, damit diese dauerhaft gültig ist, was bei dynamischen IP-Adressen nicht der Fall ist.

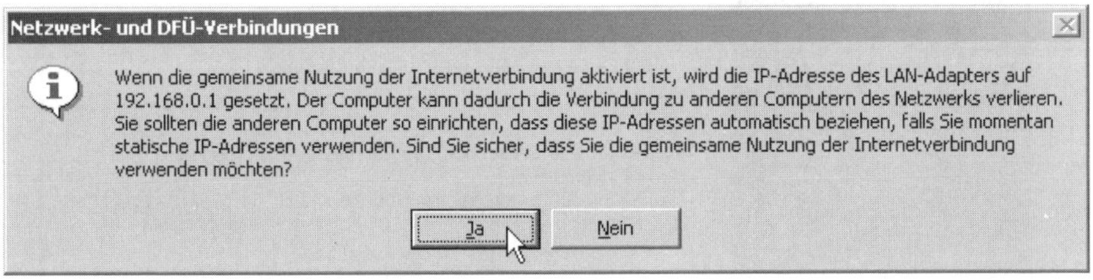

Der Gateway-Rechner erfordert eine statische IP-Adresse

Definition einer Internetverbindung per Internetverbindungsfreigabe

Nachdem die Internetverbindung für das Netzwerk wie zuvor beschrieben auf einem Windows 2000-Rechner freigegeben wurde, können Sie die Verbindung über das entfernte Modem bzw. die entfernte ISDN-Karte herstellen. Dabei können Sie wahlweise ein bestehendes E-Mail-Konto übernehmen, ein neues E-Mail-Konto einrichten oder auf die Verwendung eines E-Mail-Kontos verzichten. An dieser Stelle wird lediglich erläutert, wie Sie ggf. ein vorhandenes Konto übernehmen. Ferner wird davon ausgegangen, dass Sie die Anbindung an die freigegebene Internetverbindung ebenfalls mit einem Windows 2000-Rechner über ein korrekt konfiguriertes Netzwerk mit TCP/IP-Unterstützung vornehmen.

1. Die Nutzung einer Internetverbindungsfreigabe erfolgt über den Assistenten zur Verbindungsaufnahme. Nachdem Sie den Assistenten gestartet haben und den Willkommendialog mit *Weiter* bestätigt haben, markieren Sie die Option *In das Internet einwählen* und bestätigen mit *Weiter*. Daraufhin wird der Assistent für den Internetzugang ausgeführt.

2. Markieren Sie nun die Option *Manuelle Einrichtung der Internetverbindung oder Verbindung über ein lokales Netzwerk (LAN) herstellen* und bestätigen Sie mit *Weiter*.

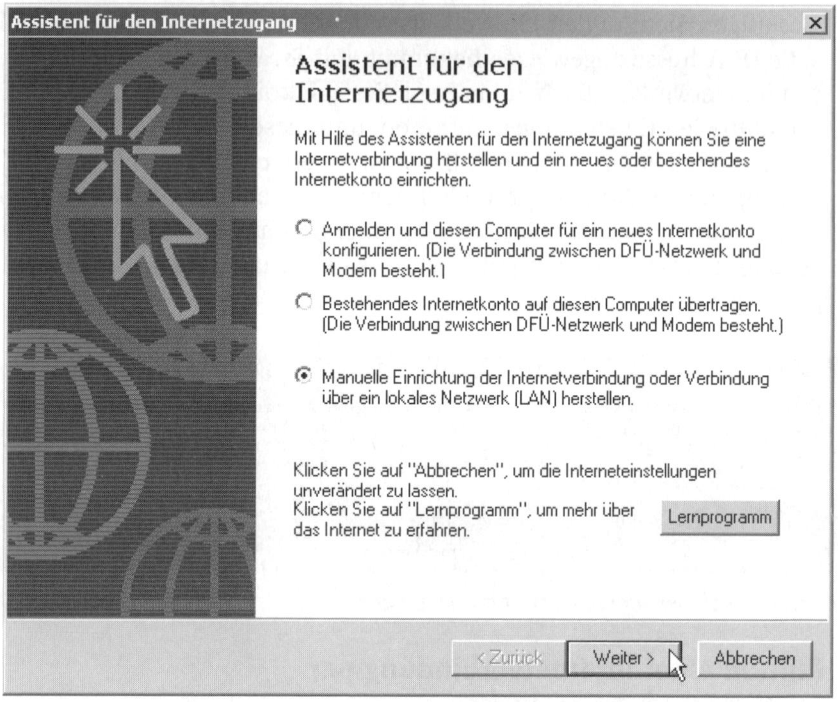

Der Assistent für die Verbindungsfreigabe

3. Markieren Sie die Option *Internetzugang über ein lokales Netzwerk (LAN)* und bestätigen Sie erneut mit *Weiter*.

4. In einem weiteren Dialogfeld geben Sie an, wie die Verbindungsaufnahme zum Gateway erfolgen soll. Markieren Sie die Option *Automatische Suche (empfohlen)* und setzen Sie den Assistenten mit *Weiter* fort.

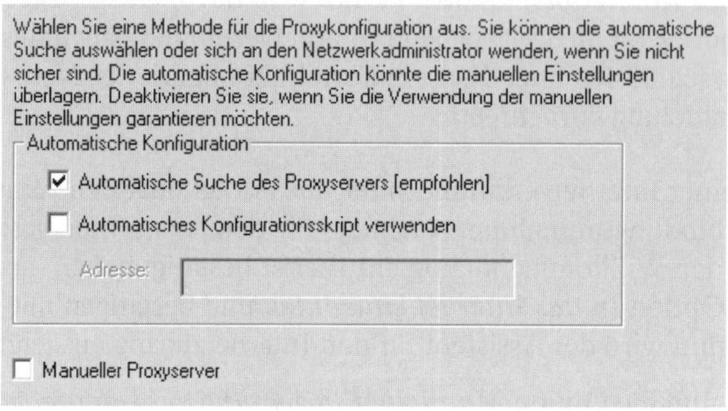

Automatische Verbindungseinstellungen suchen

5. In einem weiteren Dialog können Sie angeben, ob Sie ein Internet-E-Mail-Konto erstellen möchten. Möchten Sie keine E-Mails über das Internet austauschen, markieren Sie die Option *Nein*, ansonsten *Ja* und bestätigen mit *Weiter*. An dieser Stelle wird angenommen, dass ein vorhandenes E-Mail-Konto des Gateway-Rechners übernommen wird. Mitunter ist es sinnvoller, einen kostenlosen E-Mail-Account zu nutzen, den Sie beispielsweise über Hotmail oder auch GMX erhalten können.

6. Um das bestehende E-Mail-Konto zu übernehmen, markieren Sie das Kontrollfeld *Bestehendes Internet-E-Mail-Konto verwenden* und bestätigen mit *Weiter*. Nachfolgend werden die aktuellen Konteninformationen angezeigt, die Sie mit markierter Option *Einstellungen beibehalten* und Bestätigung mit *Weiter* übernehmen können.

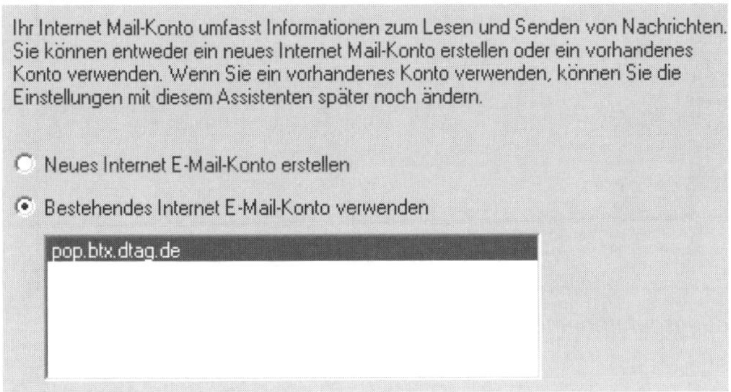

E-Mail-Kontenübernahme

7. In einem abschließenden Dialogfeld können Sie festlegen, ob Sie die Verbindung unmittelbar testen möchten. Ist dies der Fall, können Sie die Schaltfläche *Fertig stellen* anwählen, ansonsten sollten Sie das Kontrollfeld vor der Schaltflächenanwahl zunächst demarkieren.

8. Nun werden die Internetprogramme, also der Internet Explorer und ggf. das E-Mail-Programm Outlook Express, entsprechend den gemachten Angaben konfiguriert. Haben Sie die unmittelbare Verbindungsaufnahme gewählt, wird automatisch der Internet Explorer gestartet. Dieser stellt die Verbindung zum Gateway und dieser wiederum die Internetverbindung her. Über den Internet Explorer können Sie nun so arbeiten, als ob die Internetverbidnung lokal hergestellt worden wäre. Der Vorteil ist, dass nun mehrere Teilnehmer nebeneinander über eine einzelne Verbindung Zugang zum Internet erhalten, unterschiedliche Seiten abrufen und ggf. einzeln an Internetspielen teilnehmen können. Leerlaufzeiten, die mitunter bei getrenntem Internetzugang durch das zwischenzeitliche Lesen von Informationen anfallen, können nun durch die Parallelnutzung effektiv genutzt werden.

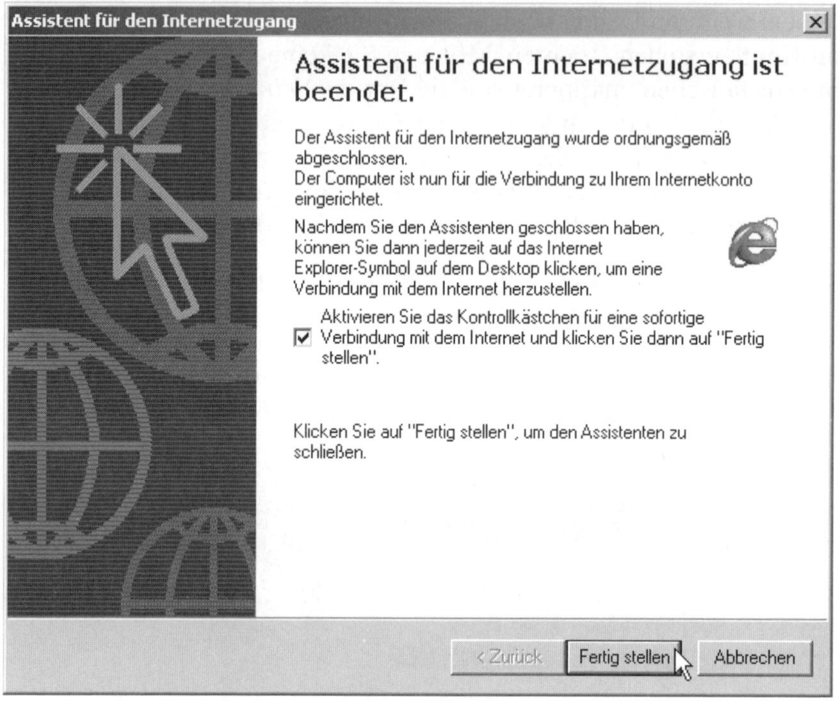

Die unmittelbare Verbindungsaufnmahme ist optional

Die erneute Anwahl des Internet kann nun bereits erfolgen, indem Sie den Internet Explorer ausführen, wobei Voraussetzung ist, dass der Gateway-Rechner und auch das Modem online verfügbar sind.

Der Verbindungsfreigabecomputer ist der einzige Rechner, der innerhalb des Internet in Erscheinung tritt und dessen IP-Adresse an das Internet übergeben wird. Die lokalen IP-Adressen aller anderen Computer, die den freigegebenen Internetzugang nutzen, werden vom Verbindungsrechner bei Internetanfragen auf die eigene IP-Adresse konvertiert. Erhält der Gateway-Rechner Internetergebnisse auf Anfragen zurückgeliefert, wird die IP-Adresse auf die lokale IP-Adresse umgeleitet.

IPSec – Datenschutz während des Transfers

IPSec ist ein Dienst, der dazu verwendet werden kann, Daten während des Transfers vor illegalem Zugriff zu schützen. Dabei agiert der Dienst auf mehreren Ebenen. Zum einen wird eine Authentisierung der am Datentransfer beteiligten Computer durchgeführt. Sind sich beide Rechner sicher, dass sie wirklich die beiden sind, die miteinander kommunizieren sollen, vereinbaren sie eine Sicherheitsordnung untereinander. Dann werden die Daten, die transferiert werden sollen, verschlüsselt und anschließend zielgerichtet übertragen. IPSec wird vor allem im Bereich Remoteverbindungen eingesetzt.

Zur Verwendung von IPSec müssen Sie diesen Dienst konfigurieren und Sicherheitsrichtlinien erstellen. Bedenken Sie dabei, dass IPSec momentan nur zu Windows 2000 Professional und Server kompatibel ist. Sie können IPSec einsetzen, um die Sicherheit bei einer Remoteverbindung zwischen einem Windows 2000-Arbeitsplatz und einem Windows 2000-Netzwerk, zwischen zwei Windows 2000-Netzwerken und zwischen zwei Windows 2000-Workstations herzustellen.

Die Authentisierung wird bei IPSec durch Kerberos 5, Zertifizierungsstellen oder vorkonfigurierte private Schlüssel durchgeführt. Dabei kann als Verschlüsselungsmethode **D**ata **E**ncryption **S**tandard (DES), Dreifach-DES oder 40-Bit-DES eingesetzt werden.

Einrichten von IPSec

Um IPSec als Sicherheitsdienst einsetzen zu können, muss es konfiguriert werden. Dazu ist die Festlegung einer Sicherheitsebene und einer Authentisierungsmethode notwendig. Für die Sicherheitsebene werden beim Setup Standardrichtlinien installiert, von denen Sie eine bei der Konfiguration auswählen sollten.

1. Zur Konfiguration von IPSec rufen Sie die Dialogbox *IP-Sicherheit* auf. Sie finden diese unter den Eigenschaften Ihrer Netzwerkverbindungen. Wählen Sie dort das Register *Netzwerk*, selektieren Sie aus der Liste der aktiven Komponenten das TCP/IP-Protokoll und lassen Sie sich dessen Eigenschaften anzeigen.

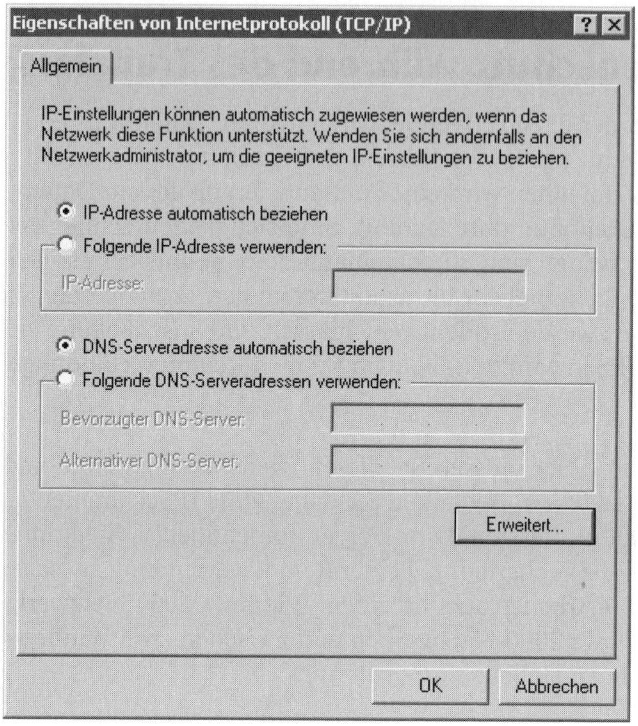

Die Eigenschaften des TCP/IP-Protokolls

2. Bei den Eigenschaften wählen Sie die Schaltfläche *Erweitert* und wechseln auf das Register *Optionen*. In der Liste der optionalen Einstellungen wird Ihnen die IP-Sicherheit angeboten, die Sie markieren und dann mit *Eigenschaften* öffnen.

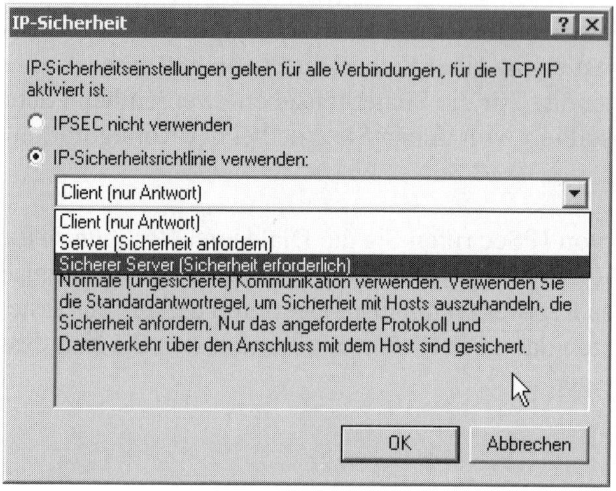

Die Auswahl der Sicherheitsrichtlinie

3. Jetzt befinden Sie sich in der Dialogbox *IP-Sicherheit*, in der Sie die Sicherheitseinstellungen für TCP/IP vornehmen können. Aktivieren Sie den Auswahlbereich *IP-Sicherheitsrichtlinie verwenden* und wählen Sie aus dem Pulldown-Menü die gewünschte Sicherheitsrichtlinie aus. Nach dem Schließen aller Dialogfenster ist die Sicherheitsrichtlinie verfügbar.
4. Als Nächstes müssen Sie noch eine Authentisierungsmethode für die Absicherung einer Verbindung mit IPSec festlegen. Haben Sie eine Standardrichtlinie ausgewählt, ist die Authentisierungsmethode vorgegeben. In der folgenden Tabelle haben wir Ihnen die unterschiedlichen Standardrichtlinien mit Erläuterungen zusammengestellt.

Name der Standardrichtlinie	**Inhalt der Standardrichtlinie**
Client (nur Antwort)	Die Standardrichtlinie Client sendet ungesicherte Anforderungen und gesicherte Antworten auf Anforderungen. Sie dient im Wesentlichen zum Aushandeln der Sicherheit (ist nicht kompatibel mit Sicherer Server).
Server (Sicherheit anfordern)	Bei der Standardrichtlinie Server werden ungesicherte Daten entgegengenommen und wird anschließend die Sicherheit vom Sender abgefordert.
Sicherer Server (Sicherheit erforderlich)	Hier kommt keine ungesicherte Verbindung zustande. Der Datenverkehr wird immer gesichert oder es kommt keiner zustande, wenn die Gegenseite nicht in der Lage ist, die geforderte Sicherheit zu erbringen.

5. Wollen Sie eine eigene Richtlinie für Ihre Zwecke erstellen oder die vorhandenen anpassen, können Sie dies in der Microsoft Managment-Konsole bei den lokalen Sicherheitsrichtlinien (*secpol*).

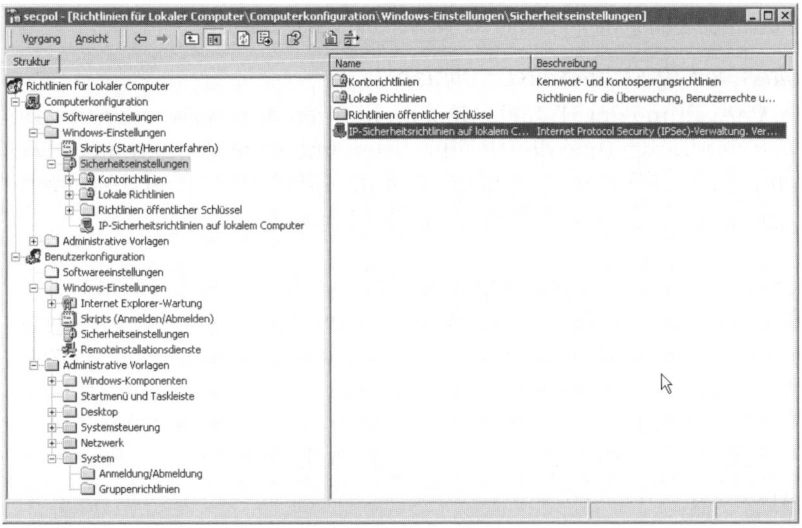

Die Microsoft Managment-Konsole für die lokalen Sicherheitsrichtlinien

6. Öffnen Sie zum Bearbeiten den Dienst *IP-Filterlisten und Filteraktionen verwalten*, zum Erstellen einer neuen die Funktion *IP-Sicherheitsrichtlinie erstellen*. Die Auswahl ist über das Kontextmenü mit der rechten Maustaste zu erreichen.

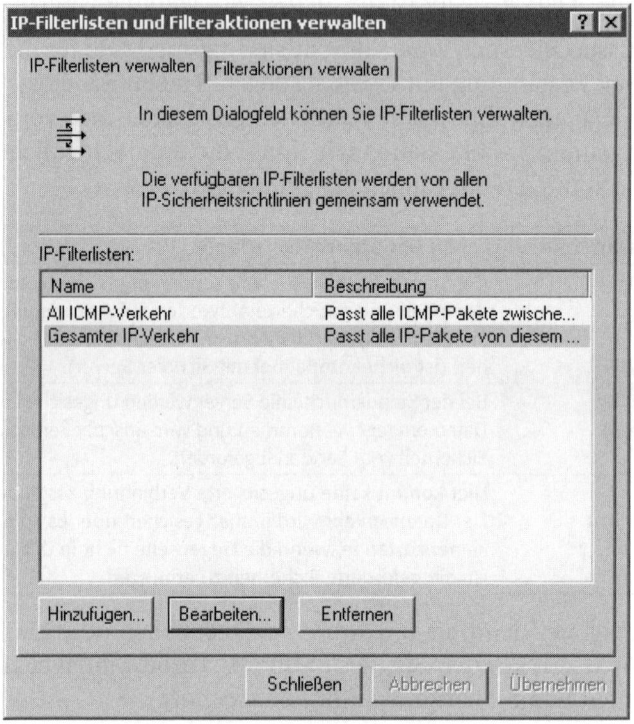

Die Microsoft Managment-Konsole zur Verwaltung von IP-Filtern

Verwalten von IP-Sicherheitsrichtlinien

Bei der Verwaltung der IP-Sicherheitsrichtlinien haben Sie die Auswahl zwischen der Verwaltung der IP-Filterlisten und der Filteraktionen. Die Verwaltung der IP-Filterlisten beinhaltet die Bearbeitung der Standardfilterlisten und ermöglicht die Erstellung neuer Filterlisten.

1. Zum Bearbeiten der vorhandenen Listen selektieren Sie eine Liste und wählen dann den Modus *Bearbeiten*. Hier haben Sie jetzt die Möglichkeit, der bestehenden Liste weitere Filterkriterien hinzuzufügen oder die vorhandenen anzupassen. Wollen Sie der Liste einen weiteren Filter hinzufügen, wählen Sie die Option *Hinzufügen*. Diese öffnet Ihnen den IP-Filter-Assistenten, der Sie bei der Erstellung des neuen Filters für die vorhandene Filterliste unterstützt.

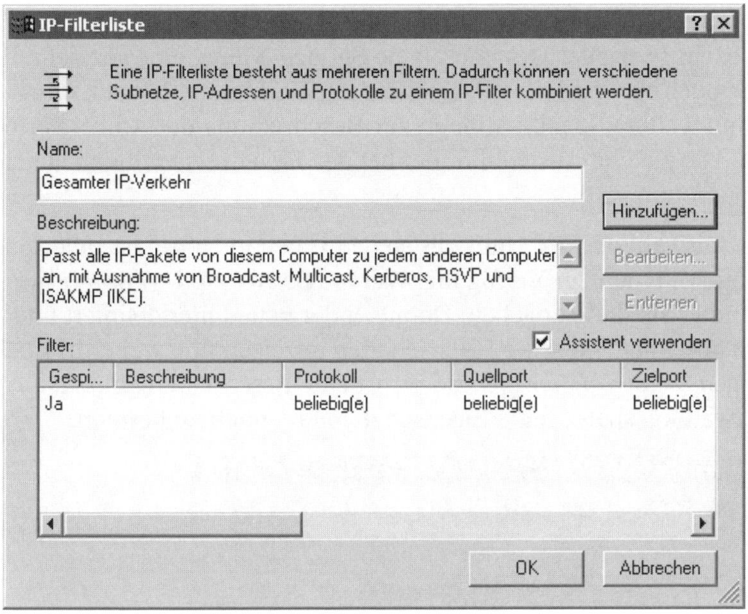

Die Microsoft Managment-Konsole zur Bearbeitung von Filterlisten

2. Bestimmen Sie als Erstes die Quelladresse und dann die Zieladresse des IP-Verkehrs. Als Nächstes muss der Typ des IP-Protokolls bestimmt werden.

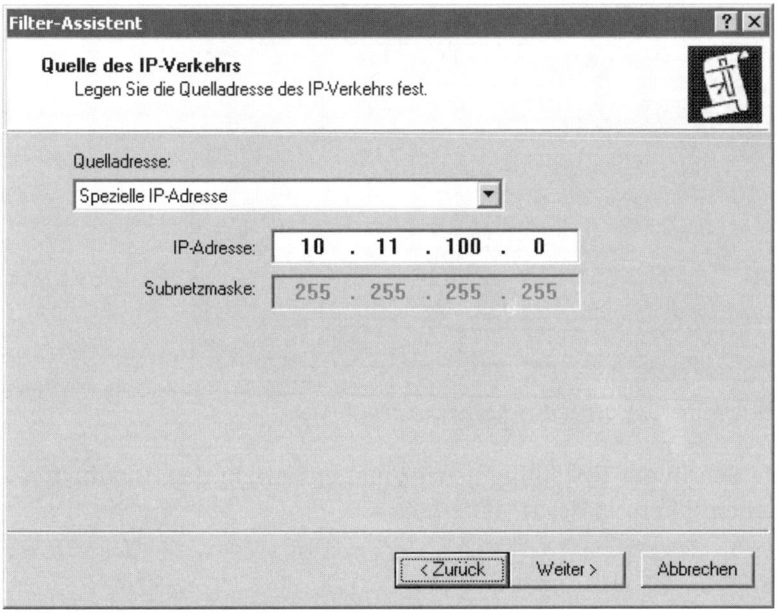

Die Spezifikation einer speziellen IP-Adresse

Bei den Quelladressen stehen Ihnen die eigene oder eine beliebige IP-Adresse, ein spezieller Domain Name Service-Name, eine spezielle IP-Adresse oder ein spezielles IP-Subnetz zur Verfügung. Je nach Quelladresse sind weitere Spezifikationen zur Beschreibung der Adresse erforderlich. Die gleiche Auswahl findet bei der Zieladresse mit den gleichen Modifikationen statt.

3. Bei der Auswahl des IP-Protokolls stehen Ihnen in einer Liste alle gängigen Protokolltypen zur Verfügung. Werden besondere IP-Ports verwendet, können Sie diese angeben. Damit ist der neue Filter definiert und Sie können abschließend seine Eigenschaften anzeigen und weiter bearbeiten. Fügen Sie dem Filter hier möglichst eine Beschreibung hinzu, um bei der Verwaltung später seine Eigenschaften erkennen zu können.

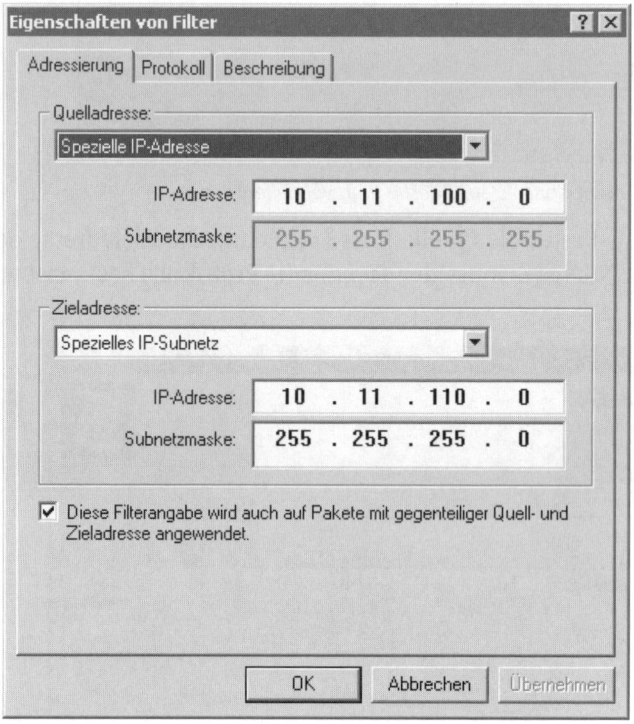

Die Nachbearbeitung der Eigenschaften des neuen Filters

Der letzte Schritt der Erstellung neuer Filter entspricht dem Bearbeiten von vorhandenen Filtern in der IP-Filterliste.

Erstellen neuer IP-Sicherheitsrichtlinien

Haben Sie spezielle Anforderungen für die sicherheitstechnische Anbindung bestimmter Verbindungen, steht Ihnen die Möglichkeit zur Definition eigener Sicherheitsrichtlinien offen. Wählen Sie dazu aus dem Kontextmenü den Dienst *OP-Sicherheitsrichtlinie erstellen*.

1. Geben Sie im Assistenten für IP-Sicherheitsrichtlinien als Erstes einen beschreibenden Namen und eine Beschreibung der neuen Sicherheitsrichtlinie an. Bestimmen Sie dann, wie die Richtlinie auf Anforderungen sicherer Kommunikation reagiert. Sie können für die meisten Anwendungsfälle die Standardantwortregel aktivieren. Eine Nachbearbeitung der Standardantwortregel können Sie nach dem Fertigstellen der Sicherheitsrichtlinie vornehmen.

2. Im nächsten Schritt bestimmen Sie die Standardantwortregel für die Authentisierungsmethode. Sie können dafür auf den Windows 2000-Standard, das Kerberos-Protokoll in der Version 5.0 zugreifen, das Zertifikat einer Zertifizierungsstelle oder eine beliebig zu definierende Zeichenkette auswählen. Nach dem Fertigstellen der neuen Sicherheitsrichtlinie können Sie die Eigenschaften weiterbearbeiten.

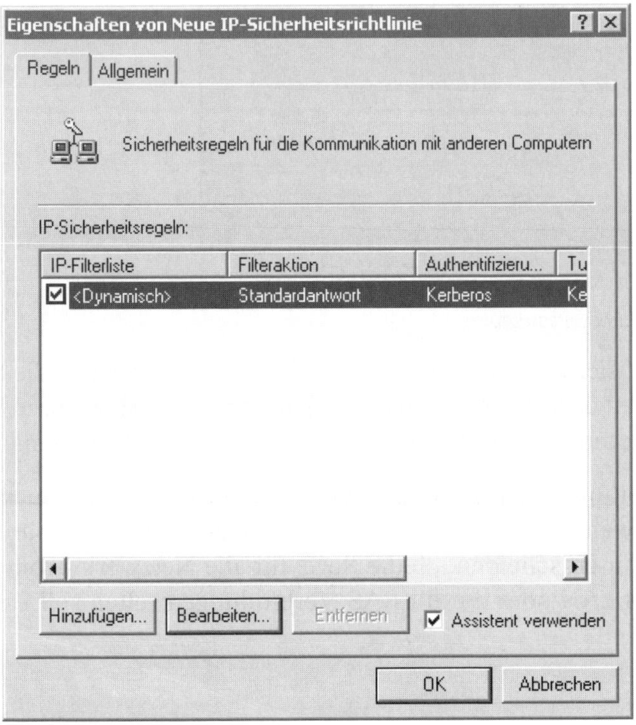

Die Nachbearbeitung der neuen IP-Sicherheitsregel

3. Unter den Regeln stehen Ihnen die Möglichkeiten zum Spezifizieren der Sicherheitsmethoden, der Authentisierungsmethoden und des Verbindungstyps zur Verfügung. Bei den Sicherheitsmethoden haben Sie nun wieder die Möglichkeit, die vorhandenen anzupassen oder neue hinzuzufügen. Als Sicherheitsmethode stehen die Varianten *Hoch (ESP)*, *Mittel (AH)* und *Benutzerdefiniert* zur Verfügung. Entscheiden Sie sich für eine Anpassung der Schlüsselmethode, müssen Sie die benutzerdfinierte Schlüsselmethode wählen. Hier können Sie dann alle weiteren Einstellungen selbst festlegen.

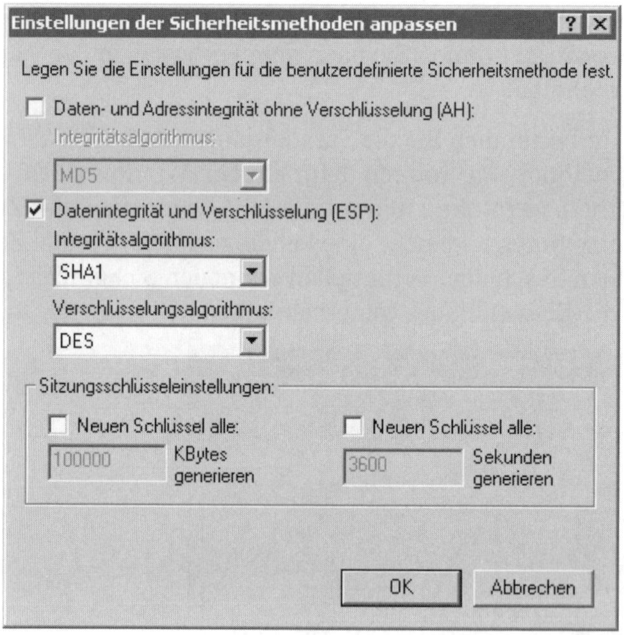

Die Definition der Sicherheitsmethode

4. Bei den Authentisierungsmethoden ist die Methode eingetragen, die Sie im Assistenten zuvor festgelegt haben. Sie können nun eine weitere Authentisierungsmethode hinzufügen oder die vorhandene bearbeiten.

5. Die Nachbearbeitung des Verbindungstyps erlaubt es Ihnen, genauer festzulegen, für welchen Netzwerktyp die neue Regel gelten soll. Sie können sich dafür entscheiden, ob die Regel für alle Netzwerkverbindungen, nur fürs LAN oder nur für RAS-Verbindungen gelten soll.

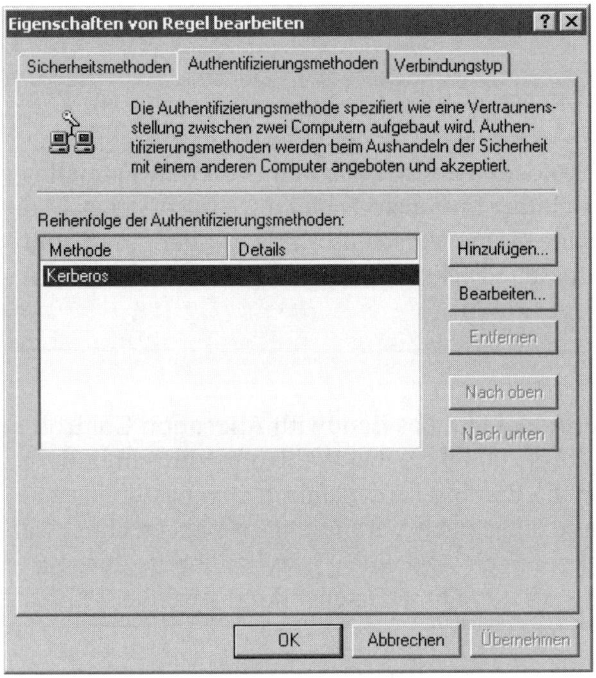

Die Nachbearbeitung der Authentisierungsmethode

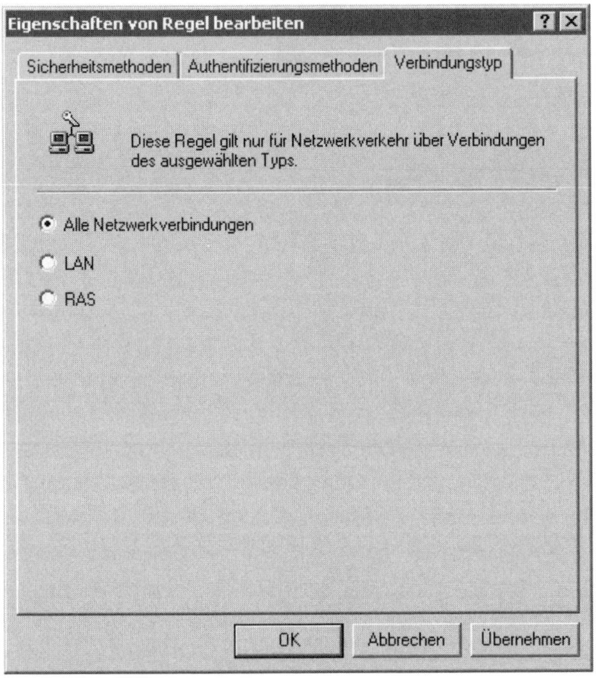

Die Festlegung des Verbindungstyps

Damit ist die Erstellung, Nachbearbeitung und Anpassung der IPSec-Regeln abgeschlossen.

L2TP und PPTP

Das Layer Two Tunneling Protocol dient wie das Point-to-Point Tunneling Protocol dazu, sichere Tunnel über unsichere Datennetze herzustellen. Anders als PPTP hat es aber keine eigene Verschlüsselung, sondern setzt zum Verschlüsseln IPSec oder ähnliche Dienste ein. Beide Dienste basieren auf dem PPProtocol.

BAP und BACP

Das Bandwith Allocation Protocol und das Bandwith Allocation Control Protocol dienen unter Windows 2000 dazu, bei Wählverbindungen individuell nach Transfervolumen die Bandbreite dynamisch anzupassen. Das bedeutet für Wählverbindungen, die ja nach Verbindungszeit abgerechnet werden, nur bei hohem Transfervolumen wird eine große Bandbreite über Kanalbündelung zur Verfügung gestellt. Ohne Datenverkehr wird die Wählverbindung auch ganz abgebaut.

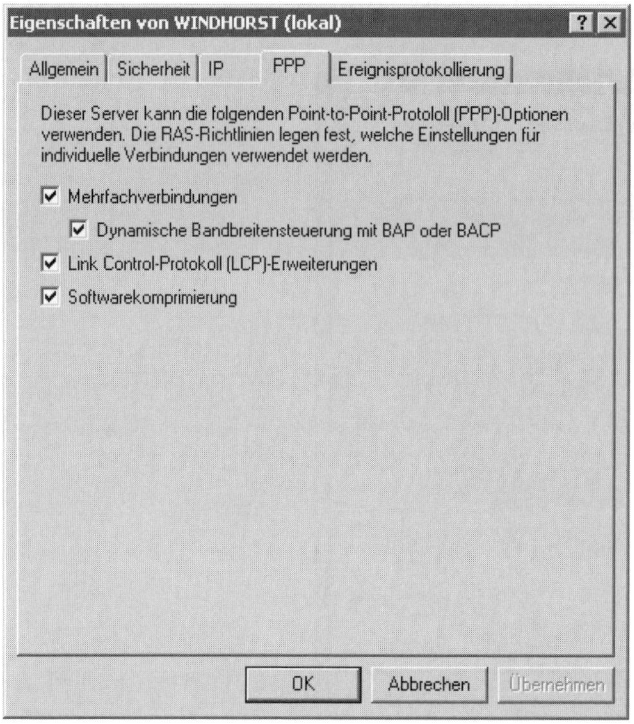

Die Aktivierung der Bandbreitensteuerung

Die Konfiguration für die Bandbreitensteuerung erfolgt über das Register *PPP* in den Eigenschaften des RAS-Servers. Hier können Sie einmal die Verwendung von Mehrfachverbindungen aktivieren und dann auch die dynamische Bandbreitensteuerung. Die weitere Konfiguration der BAP-Dienste findet über die RAS-Richtlinien statt.

1. Zum Erzeugen einer neuen Richtlinie rufen Sie aus der *Routing und RAS-Konsole/Lokaler Server/RAS-Richtlinie* die Dialogbox zum Hinzufügen einer neuen Richtlinie auf. Geben Sie im Assistenten für die RAS-Richtlinie einen Namen für die neue Richtlinie an und wählen Sie in der folgenden Dialogbox das Attribut *Tunnel-Type*. Aus dem Auswahlmenü wählen Sie jetzt den gewünschten Tunneltyp aus, für den Sie diese Richtlinie erstellen wollen (zum Beispiel L2TP). Sie können auch mehrere Tunneltypen gleichzeitig auswählen.

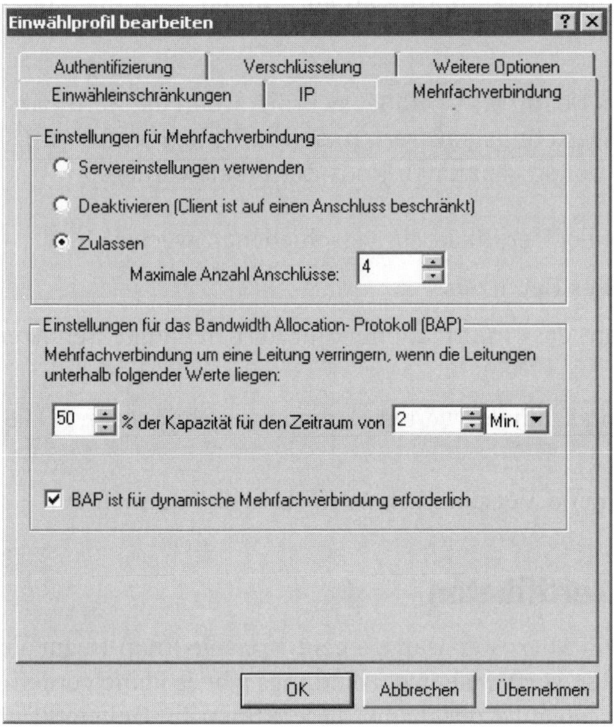

Die Einstellungen für das Bandwith Allocation Protocol

2. Bestimmen Sie dann, dass die Benutzer, die die angegebenen Bedingungen erfüllen, eine RAS-Zugriffsberechtigung erteilt bekommen sollen. Jetzt müssen Sie das Einwählprofil noch bearbeiten, bei dem Sie auf dem Register *Mehrfachverbindung* die Einstellungen für das Bandwith Allocation Protocol vornehmen können. Danach ist die neue Richtlinie fertig gestellt.

Zertifikatsdienste und Public Keys

Möchten Sie in Ihrem Netzwerk Zugriffe von bestimmten Personen von außen zulassen, stellt sich sofort die Frage: Wie kann man sicher sein, dass sich wirklich die betreffende Person anmeldet? Besonders wenn die externen Benutzer nicht persönlich bekannt sind, ist das schwer nachzuvollziehen. Hierfür wurde das Verfahren mit den Public Keys eingerichtet, öffentlichen Schlüsseln, die jeder mit sich führt und sich darüber identifiziert. Ein elektronisches Zertifikat, das von einer vertrauenswürdigen Stelle ausgestellt wurde, bestätigt, dass der Public Key wirklich zum jeweiligen Benutzer gehört.

Windows 2000 kann solche Zertifikate, die von öffentlichen Zertifizierungsstellen oder lokalen Administratoren ausgestellt wurden, verwalten und Benutzer damit autorisieren.

Zertifikate gelten immer dann als vertrauenswürdig, wenn die Zertifizierungsstelle, die sie ausgestellt hat, als vertrauenswürdig betrachtet wird. Hier muss eine Kopie des so genannten Root-Zertifikats vorliegen.

Windows 2000 verwendet Zertifikate für verschiedene Zwecke:

- Authentisierung eines Benutzers.
- Privatsphäre, sichert, dass Informationen nur für berechtigte Benutzer zugänglich sind.
- Verschlüsselung von schützenswerten Daten in verschlüsselten NTFS-Partitionen.
- Digitale Signaturen und Verschlüsselung für E-Mail-Nachrichten.

Verwaltung von Zertifikaten

Windows 2000 stellt ein Microsoft Management-Konsole-Snap-In zur Verwaltung von Zertifikaten zur Verfügung. Allerdings gibt es keine vordefinierte Microsoft Management-Konsole mit diesem Snap-In. Gehen Sie also folgendermaßen vor:

- Starten Sie unter *Start/Ausführen* das Programm *mmc.*
- Wählen Sie im Menü *Konsole* die Option *Snap-In hinzufügen.*
- Klicken Sie in der nächsten Dialogbox auf *Hinzufügen* und wählen Sie aus der Liste das Snap-In *Zertifikate.*

- Dieses Snap-In kann drei verschiedene Typen von Zertifikaten verwalten: Zertifikate für das eigene Benutzerkonto, ein Dienstkonto oder das Computerkonto. Zur Verwaltung persönlicher Zertifikate wählen Sie *Eigenes Benutzerkonto*.
- Verlassen Sie den Assistenten und speichern Sie die fertige Konsole ab.

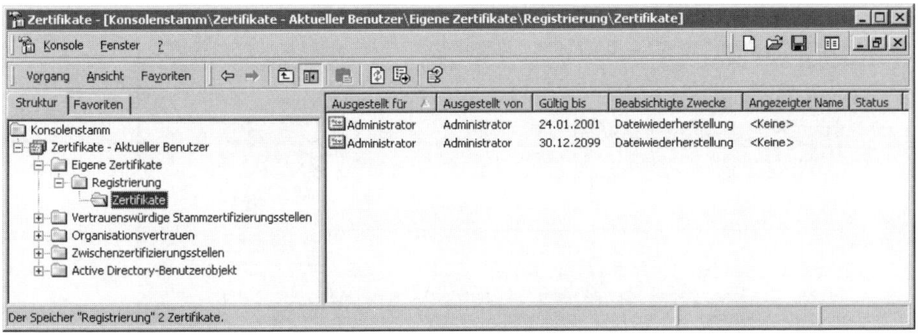

Microsoft Management-Konsole zur Verwaltung von Zertifikaten

Hier können Sie sich unter *Eigene Zertifikate* alle Zertifikate anzeigen lassen, die Sie zur Zeit besitzen. Ein Doppelklick auf eines der Zertifikate zeigt die einzelnen darin enthaltenen Parameter.

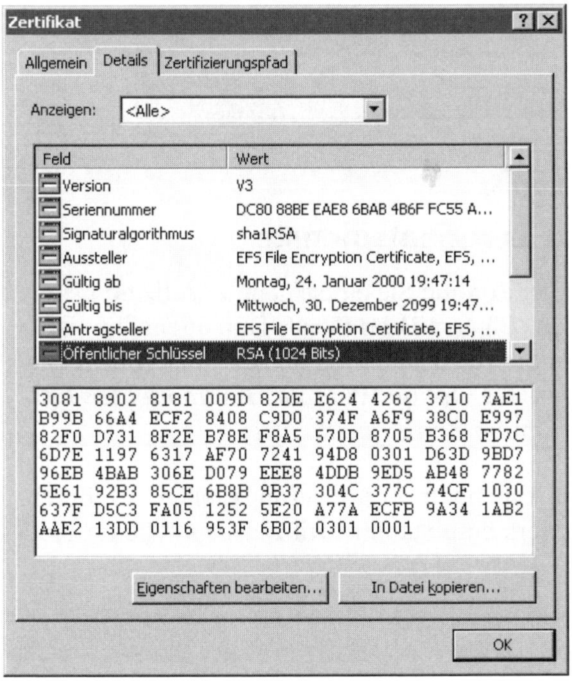

Inhalt eines Zertifikats

Haben Sie von einer Zertifizierungsstelle ein Zertifikat bekommen, das als Datei vorliegt, aber nicht in der Liste der Zertifikate auftaucht, können Sie es importieren. Klicken Sie dazu mit der rechten Maustaste auf *Eigene Zertifikate* und wählen Sie dann im Kontextmenü *Alle Tasks/Importieren*. Hier können Sie eine Zertifikatsdatei auswählen. Der Assistent zeigt an, welche Dateiformate von Zertifikaten Windows 2000 unterstützt.

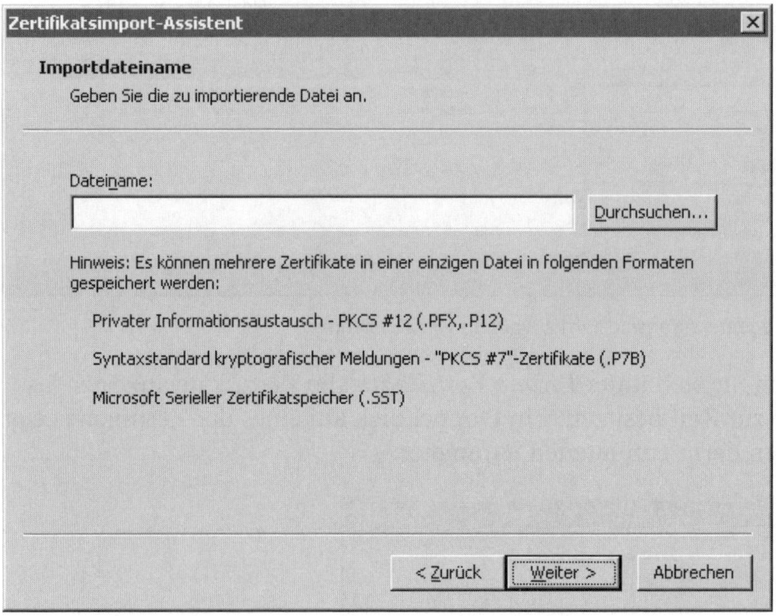

Auswahl einer Zertifikatsdatei

Zertifizierungsstelle für Zertifikatsdienste

Auf einem Windows 2000 Server können Sie eine eigene Zertifizierungsstelle für Ihre Domäne erstellen. Dazu müssen Sie als Domänenadministrator angemeldet sein. Wählen Sie zur Installation der Zertifizierungsstelle über *Systemsteuerung/Software* die Option *Windows-Komponenten hinzufügen*. Wählen Sie hier die Option *Zertifikatsdienste*.

Hier werden vier verschiedene Typen von Zertifizierungsstellen angeboten. Als Erstes sollten Sie im Netzwerk eine Stammzertifizierungsstelle für die ganze Organisation erstellen.

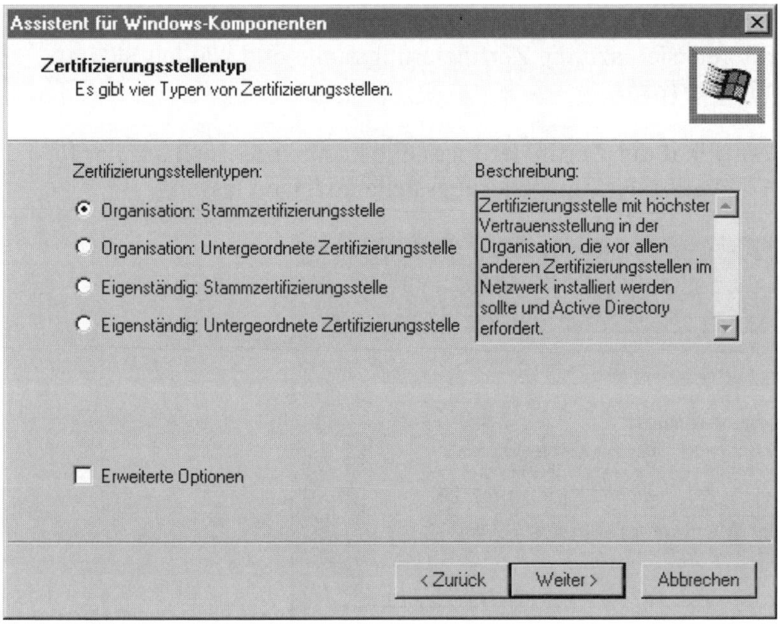

Auswahl eines Zertifizierungsstellentyps

Danach müssen Sie die Zertifizierungsstelle noch benennen und weitere Angaben, wie die Gültigkeit der Zertifikate und andere machen. Diese Einträge lassen sich später nicht mehr verändern.

Zur Verwaltung der Zertifizierungsstelle wird eine neue Microsoft Management-Konsole verwendet, die Sie unter *Programme/Verwaltung/Zertifizierungsstelle* aufrufen können.

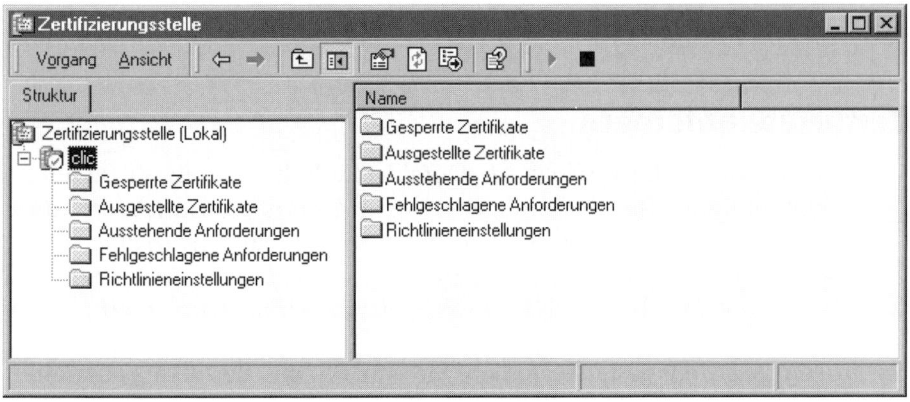

Microsoft Management-Konsole zur Verwaltung einer Zertifizierungsstelle

Hier können Sie den Zertifizierungsdienst jederzeit anhalten und wieder starten. Markieren Sie dazu die Zertifizierungsstelle und wählen Sie im Kontextmenü *Alle Tasks*.

Das eigene Zertifikat der Zertifizierungsstelle können Sie sich auf der Registerkarte *Allgemein* der Zertifizierungsstelle anzeigen lassen.

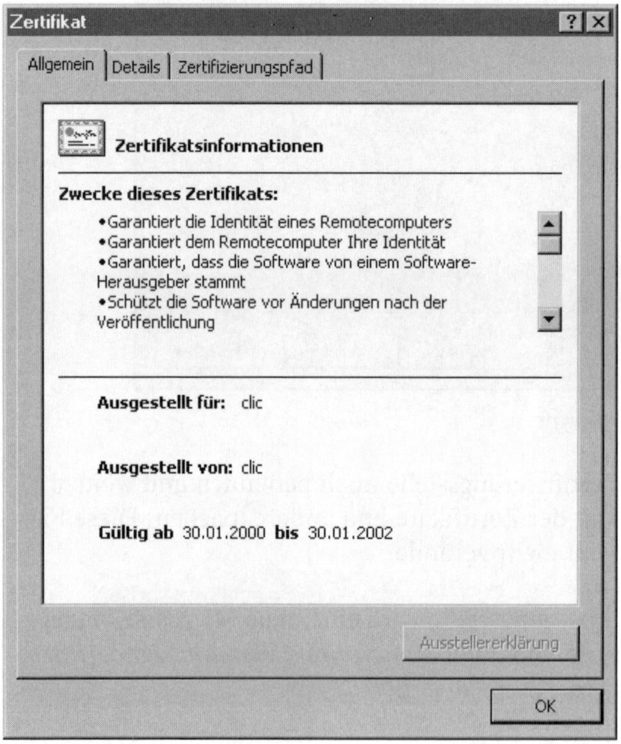

Das Zertifikat der Zertifizierungsstelle

Zertifikate anfordern

Wenn die Zertifizierungsstelle in der Domäne läuft, können Benutzer auf den Arbeitsstationen für bestimmte Zwecke dort Zertifikate anfordern. Rufen Sie dazu die anfangs selbst erstellte Microsoft Management-Konsole zur Zertifikatsverwaltung auf, markieren Sie den Eintrag *Eigene Zertifikate* und wählen Sie im Kontextmenü *Alle Tasks/Neues Zertifikat anfordern*.

Es wird ein Assistent gestartet, in dem Sie den Typ des Zertifikats auswählen und eine Bezeichnung eingeben, um es später leichter wieder zu finden. Wurde das Zertifikat erfolgreich erstellt, erscheint eine Abfrage, mit der Sie es direkt installieren können. Ein Import aus einer Datei ist also nicht nötig.

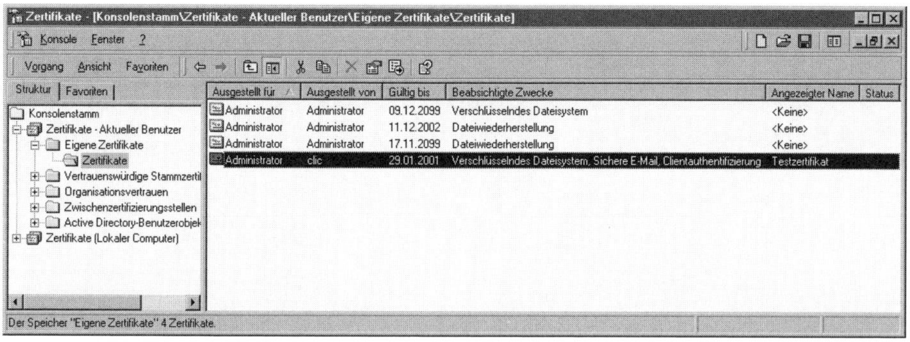

Das neue Zertifikat in der Liste

Das Zertifikat erscheint automatisch in der Liste. Hier sehen Sie auch die Gültigkeitsdauer der einzelnen Zertifikate. Mit einem Doppelklick darauf lässt sich ein Zertifikat anzeigen.

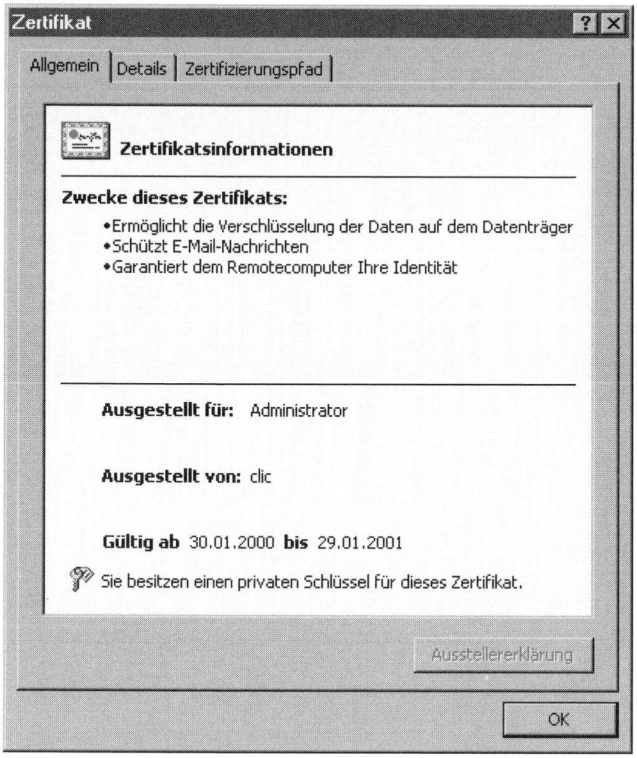

Das neue Zertifikat

Da das Zertifikat automatisch installiert wird, können Sie jetzt auch ohne weitere Nachfrage Verzeichnisse auf NTFS-Partitionen verschlüsseln.

Kapitel 7

Prüfungsziele, Fakten und Hintergründe

7. Prüfungsziele, Fakten und Hintergründe

In diesem Kapitel wollen wir Ihnen in kurzer Form alle wichtigen Informationen rund um die Prüfung zukommen lassen. Die wesentlichen Prüfungsziele ergeben sich schon aus der Gliederung des Theorieteils.

Die Prüfung und der Prüfungsablauf

Hier ein kurzer Rundumschlag zum Thema Prüfung und Prüfungsablauf.

Der praktische Test

In den MCP/MCSE-Prüfungen wird versucht, möglichst realitätsnah zu prüfen. Es wird also gezielt nach den für eine Tätigkeit erforderlichen Kenntnissen gefragt. Da Sie in der Praxis selten einzelne Fakten oder Informationen aufzählen müssen, ist dies auch nicht der Schwerpunkt der Prüfungen. In den Examenstests wird mehr als ein einfaches Abfragen von Produktkenntnissen oder Terminologien verlangt. Sie müssen Ihr Wissen während der Prüfung in einer bestimmten Situation anwenden, technische Probleme analysieren und sich für die beste Lösung entscheiden. Daraus folgt, je mehr praktische Erfahrung mit Software und der Terminologie Ihnen zur Verfügung steht, umso besser fällt im Allgemeinen das Prüfungsergebnis aus.

Anmeldung und Prüfungsgebühren

Die früheste Anmeldung für eine Prüfung kann sechs Wochen vor dem Prüfungsdatum erfolgen. Sie können sich dann bis einen Tag vor der Prüfung anmelden. Bitte beachten Sie, dass die meisten Prüfungszentren nur ein- bis zweimal pro Woche geöffnet haben. Dementsprechend sollten Sie sich frühzeitig um die Termine für die Prüfungen kümmern.

Die beiden Firmen Sylvan Prometric und **V**irtual **U**niversity **E**nterprise (VUE) leiten sämtliche Microsoft Certified Professional-Prüfungen. Sie sind die einzigen weltweit berechtigten Unternehmen zur Microsoft-Prüfungsausgabe.

Die Anmeldeprozedur und die notwendigen Informationen zur Anmeldung sind für die beiden Testunternehmen weiter hinten im Buch beschrieben.

Der Prüfungsablauf

Kommen Sie am Prüfungstag möglichst etwas überpünktlich zum Prüfungsunternehmen. Als Erstes müssen Sie nach der Ankunft im Prüfungscenter eine Unterschrift im Protokollbuch leisten und zwei verschiedene Ausweise vorzeigen. Einer der beiden Ausweise muss ein Foto (von Ihnen) enthalten. Nach dem Verlassen des Prüfungsraums, im Anschluss an die Prüfung, müssen Sie ein zweites Mal im Protokollbuch unterschreiben.

Die Prüfungsdetails

Vor Beginn einer Prüfung werden Sie vom Prüfungsleiter detailliert in den Prüfungsablauf eingewiesen. Sie erhaltene Anweisungen zur Beantwortung der Fragen und zur Verwendung des Computers sowie der Prüfungssoftware.

Fragen zur Prüfung

Sollten Sie Fragen zur Prüfung oder zum Prüfungsablauf haben, stellen Sie diese jetzt, vor Prüfungsbeginn, da die Prüfungen zeitlich begrenzt sind. Werden Fragen während der Prüfung an den Prüfungsleiter gestellt, geht diese Zeit zu Ihren Lasten verloren.

Nutzen Sie die letzten 10 bis 15 Minuten vor der Prüfung, um ruhig zu werden und zu entspannen. Die Hektik kommt später von selbst auf.

In einigen Prüfungen werden zusätzliche Materialien oder Abbildungen, z. B. Diagramme, benötigt. Diese werden vor Prüfungsbeginn vom Prüfungsleiter an die Kandidaten ausgegeben.

Alle für eine Prüfung notwendigen Materialien werden vom Prüfungsunternehmen gestellt. Der Einsatz von Laptops, Notizen, Büchern usw. ist in der Prüfung nicht zulässig. Soweit erforderlich, bekommen Sie eine ausreichende Menge Papier für Notizen zur Verfügung gestellt. Sämtliche Blätter und Materialien werden am Ende der Prüfung eingesammelt.

Das Prüfungslernprogramm

Nach dem Betreten des Prüfungsraums begleitet Sie der Prüfungsleiter zu Ihrem Prüfungscomputer und trifft mit Ihnen die zum Starten des Prüfungstools erforderlichen Vorbereitungen. Vor dem eigentlichen Prüfungsbeginn können Sie das Prüfungslernprogramm ausführen. Durch dieses Programm werden Sie mit der Prüfung am Computer und ihren Eigenheiten vertraut gemacht. Sie bekommen im Lernprogramm Fragen, die ähnlich denen der Prüfung gestellt werden. Die für das Lernprogramm benötigte Zeit wird nicht von Ihrer Prüfungszeit abgezogen.

Prüfungsumfang und -dauer

Die Anzahl der Prüfungsfragen sowie die für eine Prüfung zulässige Zeit sind von Prüfung zu Prüfung sehr unterschiedlich. Legen Sie eine Prüfung ab, in der keine computerangepassten Prüfungsmethoden (Computer Adaptive Testing mit 30 Fragen) zum Einsatz kommen, besteht eine Examensprüfung meistens aus 50 bis 60 Fragen. Zur Beantwortung stehen Ihnen ungefähr 90 Minuten zur Verfügung. Genaue Informationen über die Anzahl der Prüfungsfragen und die dazu vorgesehenen Prüfungszeiten erhalten Sie bei der Anmeldung zum Test.

Tipps und Hinweise für die Prüfung

Versuchen Sie vor allem ruhig zu bleiben. Arbeiten Sie die Fragen in der Reihenfolge ab, wie Ihnen die Antworten am leichtesten und sichersten erscheinen. Es gibt keine festgelegte Reihenfolge bei der Abarbeitung des Tests. Haben Sie den Test das erste Mal durchlaufen, kehren Sie an den Anfang zurück und beantworten die Fragen, die Sie im ersten Durchgang ausgelassen haben. Auch hier sollten Sie sich nicht zu sehr an unlösbaren Problemen festbeißen. Lieber eine Frage überspringen und mit der nächsten unbeantworteten Frage fortfahren.

Versuchen Sie, bei den Fragen im Multiple-Choice-Verfahren als Erstes die offensichtlich falschen Antworten auszuschließen. In der Prüfung sind keine echten Fangfragen enthalten. Sie können sich also darauf verlassen, dass die richtige Antwort zu einer Frage immer bei den möglichen Antworten ist.

Beantworten Sie unbedingt alle Fragen. Ist eine Frage nicht beantwortet, wird sie wie eine falsche Antwort gewertet!

Ihre Rechte als Prüfling

Sie sollten bei der Auswahl Ihres Prüfungsunternehmens darauf achten, dass Ihnen hier die bestmögliche Prüfungsunterstützung und Prüfungsumgebung zur Verfügung steht. Das Unternehmen sollte Ihnen ausreichend Platz in einem ruhigen, nicht überfüllten Prüfungsraum gewährleisten. Versuchen Sie auch, den späteren Prüfungsleiter im Vorwege kennen zu lernen. Viel hängt vor allem bei Ihrer ersten Examensprüfung von dessen Professionalität und Erfahrung ab.

Sollte Ihnen irgendetwas unklar sein, fragen Sie auf alle Fälle den Prüfungsleiter, soweit möglich natürlich schon vor Beginn der eigentlichen Prüfung. Achten Sie auch unbedingt darauf, dass Ihnen ausreichend Zeit für das Prüfungslernprogramm gegeben wird. Je besser Sie die Systematik der Prüfung begriffen haben, umso leichter fällt die eigentliche Prüfung anschließend.

Das Prüfungsergebnis

Direkt nach Abschluss der Prüfung erhalten Sie die Auswertung Ihrer Antworten online auf dem Bildschirm. Das Ergebnis wird außerdem in Form eines Berichts ausgedruckt. In diesem Bericht sind auch die Einzellergebnisse der Abschnitte aufgeführt.

Je nach abgelegtem Examen ist die notwendige Punktzahl zur Erlangung des Prüfungsziels unterschiedlich festgelegt.

Um die Mitteilung des Prüfungsergebnisses an Microsoft und die Bestätigung durch Microsoft brauchen Sie sich nicht weiter zu kümmern. Diese Abläufe werden alle vom Prüfungsunternehmen für Sie erledigt. Sie bekommen dann nach zwei bis sechs Wochen, nach bestandener Prüfung, automatisch eine Bestätigung von Microsoft.

Sollten Sie das Examen nicht bestanden haben, können Sie mit dem Prüfungscenter einen Termin für eine Wiederholung verabreden. Vor der Wiederholungsprüfung sollten Sie auf alle Fälle die Abschnitte der Prüfungsvorbereitung wiederholen, die in der letzten Prüfung zum Ausfall geführt haben.

Was die Kosten angeht, schlägt jede Prüfung, egal, ob Erst- oder Wiederholungsprüfung, mit den gleichen Kosten zu Buche.

Kapitel 8

Übungsfragen und Antworten

8. Übungsfragen und Antworten

Im folgenden Kapitel haben wir Ihnen einen Block von 120 Fragen zum Thema Windows 2000 Netzwerk zusammengestellt. Diese Fragen erheben keinen Anspruch darauf, wörtlich in der Prüfung so zu erscheinen. Sie sind jedoch so nah an der wirklichen Prüfung, dass Sie sehr gut zur Vorbereitung und Überprüfung Ihres Wissens geeignet sind.

Die Erläuterungen im Anhang an die Prüfungsfragen sollen Ihnen die Möglichkeit geben, die richtigen und falschen Antworten besser differenzieren zu können. Versuchen Sie, ein Gefühl für die Art der Fragestellung zu bekommen. So vermeiden Sie am ehesten die eingebauten Stolperfallen.

Im Anschluss an diesen Fragenteil finden Sie dann einen Prüfungsteil, in dem wir eine mögliche Zusammenstellung von Fragen für Sie vorgenommen haben. Hier können Sie nicht mehr erkennen, welche Antworten richtig oder falsch sind, und müssen selbst entscheiden. Die richtigen Lösungen stehen selbstverständlich im Anhang.

Frage 1

Sie aktivieren Ihre DNS-Zone (**D**omain **N**ame **S**ystem), um die dynamische Aktualisierung zu ermöglichen. Zusätzlich aktivieren Sie Ihren DHCP-Server, um dynamische Aktualisierungen zu verschicken. Wo sollten Sie die Liste der Server definieren, an die der DHCP-Server die dynamischen Aktualisierungen verschicken soll?

Antworten

- ☐ 1. Im Dialogfenster *Eigenschaften* des Bereichs *DHCP* in der DHCP-Managment Konsole.
- ☐ 2. Im Dialogfenster *Eigenschaften* des DHCP-Servers in der DHCP-Managment Konsole.
- ☐ 3. In den TCP/IP-Eigenschaften des DHCP-Servers.
- ☐ 4. Im Bereich der DHCP Optionen.

Erklärung

Sie sollten die Liste der DNS-Server in den TCP/IP-Eigenschaften des DHCP-Servers definieren. DHCP steht für das **D**ynamic **H**ost **C**onfiguration **P**rotocol. Jeder Client ist mit seinem Datensatz in der Zone eines DNS-Servers eingetragen. Sollte dieser DNS-Server nicht auf der Liste aufgeführt sein, werden die anderen aufgelisteten DNS-Server die Anforderung an ihn weiterleiten.

Sie definieren die Server, die vom DHCP-Client zu nutzen sind, in den DHCP-Bereichsoptionen. Hierzu greifen Sie entweder auf das Dialogfenster für die Eigenschaften des DHCP-Servers oder das Fenster *DHCP-Bereich* in der DHCP-Konsole zurück. In diesen Fenstern lässt sich die wechselseitige Kommunikation zwischen DHCP und DNS regeln.

Zwei Punkte regeln Sie in der Konfiguration: Wann sollen die DHCP-Clientinformationen im DNS automatisch aktualisiert werden? Was passiert mit DNS-Clients, die das dynamische Aktualisieren nicht unterstützen?

Frage 2

Sie verwalten einen Windows 2000-Server, auf dem Routing und Remote Access aktiviert worden ist. Nun wollen Sie die Unterstützung eines virtuellen privaten Netzwerks (VPN) mithilfe des **P**oint-to-**P**oint **T**unneling **P**rotocol (PPTP) konfigurieren. Die für den VPN-Zugriff abgeordnete Netzwerkkarte soll ausschließlich für den PPTP-Verkehr zur Verfügung stehen.

Welchem **I**nternet**p**rotokoll (IP) und welcher Portnummer sollten Sie den Zugriff in den Eingabe- und Ausgabefiltern für die Schnittstelle in der Routing and Remote Access-Konsole erlauben?

Antworten

- ☐ 1. IP-Protokollnummer 89 und UDP-Port 500
- ☐ 2. IP-Protokollnummer 50 und UDP-Port 500
- ☐ 3. IP-Protokollnummer 47 und TCP-Port 1701
- ☐ 4. IP-Protokollnummer 47 und TCP-Port 1723

Erklärung

Sie sollten den Zugriff nur für die IP-Protokollnummer 47 (GRE, **G**eneric **R**outing **E**ncapsulation **P**rotocol) verwenden. Der TCP-Port 1723 ist speziell für das PPTP reserviert.

Die IP-Protokollnummer 50 steht für das IP **E**ncapsulating **S**ecurity **P**ayload (ESP), während die IP-Protokollnummer 89 für das **O**pen **S**hortest **P**ath **F**irst-Routingprotokoll (OSPF) bereitgehalten wird. Der TCP-Port 1701 steht hingegen für den Datenverkehr des **L**evel **2** **T**unnelling **P**rotocol (L2TP) bereit. Der UDP-Port 500 (UDP: **U**ser **D**atagram **P**rotocol) steht letztlich für das **I**nternet **S**ecurity **A**ssociation and **K**ey **M**anagement **P**rotocol (ISAKMP) zur Verfügung.

Frage 3

Sie verwalten einen Rechner mit Windows 2000 Professional. Auf diesem rufen Sie das Programm *Ipconfig.exe* auf, um die TCP/IP-Konfiguration für den Computer zu verifizieren. Dabei stellen Sie fest, dass die Subnetzmaske mit den Werten 0.0.0.0 angezeigt wird. Was ist der wahrscheinlichste Grund dafür?

Antworten

- ☐ 1. Der Netzwerkadapter ist nicht an das Netzwerk angeschlossen.
- ☐ 2. Dem Computer wurde eine IP-Adresse per **A**utomatic **P**rivate **IP** **A**ddressing (APIPA) zugeteilt.
- ☐ 3. Auf dem Rechner ist eine statische Verbindung falsch konfiguriert worden.
- ☐ 4. Dem Computer wurde eine IP-Adresse zugeteilt, die bereits für einen anderen Host vergeben wurde.

Erklärung

Wird ein Rechner mit einer IP-Adresse angemeldet, die bereits vergeben ist, so gibt *Ipconfig* in diesem System die Werte der Subnet-Maske mit 0.0.0.0 an.

Wenn Sie eine IP-Adresse einem Host zuweisen, so versendet der Host automatisch ein ARP-Paket (**A**ddress **R**esolution **P**rotocol), um festzustellen, ob ein anderer Host diese Adresse nutzt. Erhält der Computer die Antwort, die Adresse sei bereits im Einsatz, so wird dies als Fehler festgestellt und die Einträge in der Subnetzmaske des anfragenden Rechners werden auf 0 gesetzt.

Ist der Netzwerkadapter nicht an das Netzwerk angeschlossen, so wird *Ipconfig* die IP-Adresse 0.0.0.0. zeigen. Die Übersteuerungsfunktion von Microsoft Media Sense kann feststellen, ob die Netzwerkkarte angeschlossen ist oder nicht.

Wenn dem Computer eine IP-Adresse durch APIPA (**A**utomatic **P**rivate **IP** **A**ddressing) zugeteilt wird, so wird in der Subnetzmaske der Eintrag 255.255.0.0 stehen.

Ist eine statische Route auf dem Computer falsch konfiguriert, wirkt sich das weder auf die IP-Adresse noch auf die Subnetzmaske des Computers aus.

Frage 4

Sie konfigurieren einen Computer als einen Dial-on-Demand-Router in Ihrem Büro. Der Server heißt FirmaRouter. Sie erzeugen eine Dial-on-Demand-Schnittstelle mit Namen FirmaRt. Sie erstellen ein Anwenderkonto namens Firma und fügen es der lokalen Domänengruppe RAS und IAS-Server zu. Ihr Administratorenkonto ist FirmaAdmin. Außerem konfigurieren Sie einen Computer in einer Zweigstelle als einen Dial-on-Demand-Router.

Welchen Anwendernamen müssen Sie verwenden, wenn Sie die Dial-out-Zertifkate für die Dial-on-Demand-Schnittstelle auf dem Zweigstellenrouter zum Firmen-Router konfigurieren?

Antworten

- [ ] 1. Firma
- [ ] 2. FirmaRt
- [ ] 3. FirmaAdmin
- [ ] 4. FirmaRouter

Erklärung

Sie verwenden FirmaRT, den von Ihnen auf FirmaRouter für den Dial-Out zugeteilten Namen der Dial-on-Demand-Schnittstelle. Durch die Definition eines Passwortes in den Dial-in-Zertifikaten können Sie ein Passwort auf dem Zielrouter konfigurieren, das für die Remote Routerverbindungen verwendet wird.

Die Gruppe RAS (**R**emote **A**ccess-**S**erver) und IAS-Server (**I**nternet **A**uthentication **S**ervice) ist eine Domäne der lokalen Sicherheitsgruppe, die standardmäßig die Erlaubnis hat, auf Remote Access-bezogene Eigenschaften von Anwenderobjekten zuzugreifen. Wenn Sie Routing and Remote Access auf einem Computer mit Windows 2000 Server aktivieren, wird das Anwenderkonto dieses Servers der RAS- und IAS-Servergruppe zugeteilt. Der verwendete Name sollte unikat sein, also in keinem anderen Bereich (beispielsweise Remote Router, einem Anwenderkonto in diesen RAS- und IAS-Servern oder als Anwendernamen für die Dial-out Zertifikate) Verwendung finden.

Frage 5

Sie verwalten einen Windows 2000 Server. Hier starten Sie die Leistungskonsole in den Verwaltungswerkzeugen (Systemmonitor). Bei der Betrachtung der Leistungsindikatoren, die Sie der Tabelle des Systemmonitors hinzufügen können, stellen Sie fest, dass das Objekt Netzwerkschnittstelle nicht zur Verfügung steht. Welchen Schritt sollten Sie unternehmen, um das Objekt Netzwerkschnittstelle hinzuzufügen?

Antworten

- ☐ 1. Sie installieren die Komponenten des Verbindungs-Managers.
- ☐ 2. Sie installieren den Treiber des Netzwerkmonitors.
- ☐ 3. Sie installieren die einfachen TCP/IP-Dienste.
- ☐ 4. Sie installieren das **S**imple **N**etwork **M**anagement **P**rotocol (SNMP).

Erklärung

Sie sollten den Netzwerkmonitortreiber installieren. Dieser wird eingesetzt, um Rahmen (Pakete) von einem Netzwerk zu sammeln, die dann zur Beobachtung und Analyse an das Netzwerkmonitor-Utility weitergeleitet werden können.

Die Installation des Netzwerkmonitortreibers ermöglicht auch die Bereitstellung des Netzwerkschnittstellenobjekts im Systemmonitor. Das Netzwerkschnittstellenobjekt enthält Zähler wie beispielsweise *%Network Utilisation*, *Broadcast Frames Received/sec* und *Total Frames received/sec.*

Sie installieren den SNMP-Dienst, um SNMP zur Verfügung zu stellen, das Informationsanforderungen von einem SNMP-Management-System, wie zum Beispiel HP Open View, beantworten kann. SNMP kann auch konfiguriert werden, um für ein spezifisches Ereignis ein Managementsystem zu benachrichtigen. Die Information für SNMP wird in der **M**anagement **I**nformation **B**ase (MIB) auf dem Clientcomputer gespeichert. Die MIB stehen für Systemdaten, wie zum Beispiel Informationen über Fehler- und Konfigurierungsanalyse sowie Login-Informationen, zur Verfügung.

Sie installieren die Verbindungs-Manager-Komponenten, um die Erstellung von Clientcomputer-Verbindungen für Remote Access und **v**irtuelle **p**rivate **N**etzwerke (VPN) zu automatisieren.

Die einfachen TCP/IP-Dienste werden installiert, um TCP/IP-Tools einzubinden.

Frage 6

Auf einem Rechner mit Windows 2000 Professional installieren und aktivieren Sie einen Smartcardleser, der Mitglied einer Domäne ist. Nun aktivieren Sie für den Mitarbeiter an diesem Rechner die Anwenderkonto-Einstellung *Smartcard für interaktives Login notwendig*. Später berichtet der Anwender, dass er sich nicht mit der Smartcard anmelden kann. Was ist der wahrscheinlichste Grund für das Scheitern des Anmeldeversuchs?

Antworten

- [ ] 1. Der Anwender hat keine Netzwerkverbindung für Remote Access konfiguriert.
- [ ] 2. Das Anwenderkonto ist so eingestellt, dass ein Passwortwechsel beim nächsten Login benötigt wird.
- [ ] 3. Sie haben das **E**xtensible **A**uthentification **P**rotocol (EAP) nicht aktiviert.
- [ ] 4. Es steht kein Domänencontroller zur Verfügung.

Erklärung

Der wahrscheinlichste Grund für das Scheitern der Authentisierung per Smartcard ist das Fehlen eines Domänencontrollers. Zur Anmeldung wird ein Domänencontroller zwingend benötigt, dies gilt auch dann, wenn der Anwender sich bereits bei früheren Sitzungen per Smartcard anmelden konnte.

Ein Passwort kommt während der Authentisierung per Smartcard nicht zum Einsatz, stattdessen wird das auf der Smartcard gespeicherte Zertifikat für die Erst-Authentisierung verwendet. Folglich muss der Anwender sein Passwort nicht ändern, wenn er sich per Smartcard anmeldet. Eine Remote Access-Netzwerkverbindung muss für die Verwendung einer Smartcard zur Authentisierung nicht konfiguriert werden.

Die Authentisierung per Smartcard kann entweder für den Zugriff von einem lokalen Netzwerk (oder LAN) oder für Remote Access eingesetzt werden. Zur Konfiguration der Unterstützung für Remote Access müssen Sie das **E**xtensible **A**uthentification **P**rotocol (EAP) aktivieren.

Frage 7

Sie verwalten SrvIAS; einen Windows 2000 Server, der als ein **I**nternet **A**uthentication **S**ervice-Server (IAS) konfiguriert ist. Sie erstellen eine Remote Access-Richtlinie für den SvrIAS. Welche drei Bedingungen können Sie in dieser Richtlinie definieren, die Sie für einen Nicht-IAS Remote Access-Server definieren würden? (Nennen Sie drei.)

Antworten

- ☐ 1. Client-IP-Adresse
- ☐ 2. Tunneltyp
- ☐ 3. Clientanbieter
- ☐ 4. NAS-Kennzeichen
- ☐ 5. NAS-Porttyp
- ☐ 6. Rahmenprotokoll

Erklärung

Zur Bestimmung der Bedingungen einer Remote Access-Richtlinie für einen IAS-Server können Sie zu den Standardbedingungen, die für jeden Remote Access-Server eingerichtet werden, fünf weitere Bedingungen einsetzen. Diese umfassen Bedingungen wie zum Beispiel den Client-Friendly-Name, die Client-IP-Adresse, den Client-Vendor, das NAS-Identifier und die NAS-IP-Adresse.

Ein **N**etwork **A**ttached **S**torage (NAS) ist ein als Remote Access-Server konfigurierter Computer. NAS-Server sind Clients eines IAS-Servers. Sie benutzen den IAS-Server für die zentralisierte Authentisierung und Anmeldung.

Die Remote Access-Richtlinien für sämtliche Remote Access-Clients können Sie auf dem IAS-Server zusammenführen. Die Richtlinien, die IAS-serverspezifische Bedingungen enthalten, entsprechen in der Regel nicht den Bedingungen einer Verbindung zwischen einem Client und einem Remote Access-Server. Daher werden sie nicht auf Clientverbindungsversuche angewandt.

Die Client-IP-Adresse ist eine Zeichenfolge, die die IP-Adresse eines IAS-Clients (der NAS) definiert.

Der Tunneltyp identifiziert das eingesetzte Tunneling-Protokoll. Dies ist entweder ein **P**oint-to-**P**oint **T**unneling **P**rotocol (PPTP) oder ein **L**ayer **2** **T**unneling **P**rotocol (L2TP).

Der Client-Vendor ist eine Zeichenfolge, die den Hersteller des NAS identifiziert, der die Authentisierung anfordert. Diese Eigenschaft erlaubt Ihnen die Konfiguration von Richtlinien, die dem jeweiligen Hersteller eigen sind.

Der NAS-Identifier ist eine Zeichenfolge, die den Urheber (den NAS) einer Anforderung an den IAS-Server identifiziert.

Der NAS-Porttyp identifiziert die Art des vom Anrufer verwendeten Mediums. Dies können Telefonleitungen, ISDN-Leitungen oder VPNs sein.

Das Rahmenprotokoll (Framed-Protocol) identifiziert das zum Einrahmen der einkommenden Pakete eingesetzte Protokoll. Das kann einschließen: **P**oint-to-**P**oint **P**rotocol (PPP), **S**erial **L**ine **I**nternet **P**rotocol (SLIP), AppleTalk, X.25 oder Frame Relay.

Frage 8

Sie verwalten Ras_server_A, einen Windows 2000 Server, der als Remote Access-Server konfiguriert ist. Sie wollen die Remote Access-Clients einschränken auf Ressourcen von Ras_server_A und Datenbank_server_B, einem weiteren Windows 2000 Server. Welches Verfahren sollten Sie einsetzen, um den Zugriff zu diesen zwei Servern für die RAS-Clients einzugrenzen?

Antworten

- [ ] 1. Sie modifizieren die Eigenschaften der für den Remote Access eingesetzten Schnittstelle in der Routing-und-Remote Access-Konsole.
- [ ] 2. Sie erstellen einen Eingabefilter in dem auf diese Clients bezogenen Remote Access-Richtlinie definierten Profil.
- [ ] 3. Sie erstellen in der Routing-und-Remote Access-Konsole eine statische Route zu Datenbank_server_B.
- [ ] 4. Sie erstellen einen Ausgabefilter in dem für die auf diese Clients bezogenen Remote Access-Richtlinie definierten Profil.

Erklärung

Sie sollten in dem für die auf diese Clients bezogenen Remote Access-Richtlinie definierten Profil einen Eingabefilter erstellen. Dafür wählen Sie die Option *Vom Client* auf dem *IP*-Register des Dialogfensters *Eigenschaften* im Profil der RAS-Richtlinie.

Im Dialogfenster *Eingabefilter* geben Sie die IP-Adresse von Datenbank_server_B sowie die Subnetzmaske 255.255.255.255. ein. Ein Eingabefilter definiert das Ziel, an das Pakete weitergeleitet werden sollen, wenn sie vom Remote Access-Server empfangen werden.

Sie erstellen Ausgabefilter in einer Remote Access-Richtlinie, um die Adressen zu definieren, an die die vom Remote Access empfangenen Pakete weitergeleitet werden sollen.

Eine statische Route zum Datenbank_server_B würde den Zugriff durch Remote Access-Clients nicht ausschließlich auf Ras_server_A und Datenbank_server_B einschränken. Sie können den Zugriff nicht durch die Modifizierung der Eigenschaften der für RAS eingesetzten Schnittstelle einschränken.

Frage 9

Sie verwalten zwei Windows 2000 Server. Hier verwenden Sie die vordefinierte **Inter**net **P**rotocol **Sec**urity (IPSec) Server Request Security als Schablone zur Erstellung einer maßgeschneiderten IPSec-Richtlinie. Sie fügen zwei Regeln hinzu, um die Tunnelendpunkte für einen Tunnel zu definieren. Dann weisen Sie die maßgeschneiderte Richtlinie den Tunnelendpunkten zu.

In welcher Reihenfolge werden die in der Richtlinie definierten Filter angewandt, wenn die zwei Computer versuchen, miteinender zu kommunizieren?

Antworten

☐ 1. Filter, die in für den Transport-Mode definierten Regeln ausgewählt sind, werden angepasst, bevor der Versuch unternommen wird, die in den Tunnel-Mode-Regeln definierten Filter anzupassen.
Die Filter werden in der Reihenfolge angewendet, in der sie der Richtlinie hinzugefügt wurden.

☐ 2. Filter, die in den für einen Tunnel definierten Regeln verwendet werden, werden angepasst, bevor der Versuch unternommen wird, die in den Transport-Mode-Regeln definierten Filter anzupassen. Die Reihenfolge, in der die Filter angewandt werden, hängt davon ab, wie spezifisch die Filter sind.
Die meistspezifizierten Filter werden zuerst angewandt und dann die weniger spezifizierten Filter.

☐ 3. Filter, die in den für einen Tunnel definierten Regeln verwendet werden, werden angepasst, bevor der Versuch unternommen wird, die in den Transport-Mode-Regeln definierten Filter anzupassen. Die Reihenfolge, in der die Filter angewandt werden, hängt davon ab, wie spezifisch die Filter sind. Die am wenigsten spezifizierten Filter werden zuerst angewandt, dann die weiter spezifizierten Filter.

☐ 4. Filter, die in den Transport-Mode definierten Regeln verwendet werden, werden angepasst, bevor der Versuch unternommen wird, die in den Tunnel-Mode-Regeln definierten Filter anzupassen. Filter werden in der Reihenfolge angewandt, in der sie in der Richtlinie gezeigt werden – vom Anfang der Liste bis zum Ende.

Erklärung

Filter, die in den für einen Tunnel definierten Regeln verwendet werden, werden angepasst, bevor der Versuch unternommen wird, die in dem Transport-Mode-Regeln definierten Filter anzupassen.

Die Reihenfolge, in der die Filter angewandt werden, hängt davon ab, wie spezifisch die Filter sind. Die am weitesten spezifizierten Filter werden zuerst angewandt und dann die weniger spezifischen Filter. Die Reihenfolge, in der die Filter hinzugefügt wurden, oder die Reihenfolge, in der sie aufgelistet sind, spielt keine Rolle bei der Anwendungsreihenfolge.

Frage 10

Sie verwalten eine Windows 2000-Domäne. Sie wollen den DHCP-Serverdienst auf Server XY installieren, einem Windows 2000 Server. Sie wollen anschließend den Server aktivieren, um Clientinformationen im DNS dynamisch zu aktualisieren. Der DNS-Serverdienst ist auf Server ZK installiert, einem anderen Windows 2000 Server. Server XY und Server ZK befinden sich auf verschiedenen Subnetzen. Was müssen Sie in den TCP/IP-Eigenschaften der Lokalverbindung auf Server XY definieren, um die Konfiguration zu unterstützen? (Wählen Sie alle Antworten, die richtig sind.)

Antworten

- [ ] 1. Einen Standardgateway
- [ ] 2. Eine Subnetzmaske
- [ ] 3. Eine DNS-Serveradresse
- [ ] 4. Eine IP-Adresse
- [ ] 5. Einen DNS-Domänennamen

Erklärung

Sie müssen eine statische IP-Adresse auf dem Computer konfigurieren, auf dem der DHCP-Serverdienst installiert ist. Eine Subnetzmaske wird benötigt, um die Subnetz-ID und die Host-ID der IP-Adresse zu identifizieren.

Da die Aktualisierungen des DNS-Servers auf einem anderen Subnetz nötig sind, müssen Sie die Adresse eines Standardgateways liefern.

Ein DHCP-Server schickt Aktualisierungen zu dem in den TCP/IP-Eigenschaften der Lokalverbindung des DHCP-Servers definierten DNS-Server. Daher müssen Sie die Adresse des DNS-Servers definieren.

Der DNS-Domänename wird nicht in den TCP/IP-Eigenschaften konfiguriert. Die DNS-Domäne richten Sie im entsprechenden Dialogfenster der Systemsteuerung, *System*, ein. Hier befindet sich das Register *Netzwerkidentifikation*.

Sie können eine Erweiterung konfigurieren, die für die Verbindung in den TCP/IP-Eigenschaften verwendet werden kann, wenn sich die DNS-Erweiterung vom Domänenamen unterscheidet. Ein aus diesem Namen und der Erweiterung bestehender Eintrag wird dem DNS hinzugefügt, wenn im DNS die Option *dynamische Aktualisierung* aktiviert ist.

Frage 11

Sie installieren den DHCP-Serverdienst auf einem Windows 2000 Server. Anschließend konfigurieren Sie DHCP, um den PTR-Datensatz für Clients, die Adressen vom Server erhalten (Leases), automatisch zu aktualisieren. Wo ist der Domänename, der im erhaltenen PTR-Datensatz zum Einsatz kommen soll, zu finden?

Antworten

- [ ] 1. In den Bereichsoptionen, die für den Bereich definiert sind, aus dem die Clientadressen erhalten werden.
- [ ] 2. In der DHCPDISCOVER-Meldung.
- [ ] 3. In den Serveroptionen, die für den Bereich definiert sind, aus dem die Clientadressen erhalten werden.
- [ ] 4. In der DHCPREQUEST-Meldung.

Erklärung

Wenn ein DHCP-Client dynamische Aktualisierungen für DNS unterstützt, reicht der Client den vollqualifizierten Domänennamen (**F**ully **Q**ualified **D**omain **N**ames, FQDN) in der DHCPREQUEST-Meldung mit der Option 81 ein. Der DHCP-Server verwendet die Information, um einen Pointer-Datensatz (PTR) in DNS für den Client zu registrieren.

Der PTR-Datensatz definiert die Reverse-Lookup-Adresse für einen Host. Wenn eine Frage nach einer spezifischen IP-Adresse gestellt wird, kann der Name als Antwort auf die Frage zurückgeschickt werden.

Wenn ein Host eine IP-Adresse von einem DHCP-Server erhält, kann der Host einen DNS-Domänenamen vom DHCP-Server bekommen. Der Domänename kann entweder in den Bereichs- oder Serveroptionen definiert werden. Die DNS-Erweiterung jedoch kann auch durch die TCP/IP-Eigenschaften der lokalen Verbindung eines Host definiert werden. Diese Erweiterung würde einen als Teil einer DHCP-Lease ausgestellten Domänenamen übersteuern, wenn die Option *DNS-Suffix dieser Verbindung in DNS Registrierung verwenden* in den Erweiterten TCP/IP-Einstellungen aktiviert wird.

Die Option 81 wird nicht in einer DHCPDISCOVER-Meldung eingereicht. Die DHCPDISCOVER-Meldung ist das erste Paket, das geschickt wird, wenn ein Host versucht, eine Adresse von einem DHCP-Server zu erhalten. Ein DHCP-Server, der diese Meldung erhält, antwortet mit einer DHCPOFFER-Meldung. Der Host wiederum reagiert auf eine DHCPOFFER-Meldung mit einer DHCPREQUEST-Meldung. Dann antwortet der Server mit einer DHCPACK-Meldung, um zu bestätigen, dass die angebotene IP-Adresse, zusammen mit ihren verbundenen Optionen, an den Host vergeben worden ist.

Frage 12

Sie verwalten ein Windows 2000-Netzwerk für Ihre Firma. In diesem sind drei Windows 2000 Server mit dem **W**indows **I**nternet **N**ame **S**ervice (WINS) aktiv. Jeder WINS-Server liegt auf einem anderen Subnetz. Weiter sind mehrere Computer mit Windows 2000 Professional eingebunden, die sowohl als WINS-Clients auf diesen drei Subnetzen konfiguriert sind als auch auf vier anderen Subnetzen. In der WINS-Konsole wählen Sie für jeden Server die Option *Automatische Konfiguration des Partners aktivieren* auf dem Register *Erweitert* der *Eigenschaften*-Dialogbox des Replikationspartners. Welchen weiteren Schritt müssen Sie unternehmen, um sicherzustellen, dass die WINS-Server sich gegenseitig finden und automatisch konfigurieren können?

Antworten

- ☐ 1. In der WINS-Konsole für jeden WINS-Server konfigurieren Sie statische Zuordnungen für jeden der anderen zwei WINS-Server.
- ☐ 2. In der WINS-Konsole für jeden WINS-Server fügen Sie die anderen zwei WINS-Server als Replikationspartner aus dem Kontextmenü des Replikationspartner-Verzeichnisses hinzu.
- ☐ 3. Sie konfigurieren die Router zwischen den Subnetzen, auf denen sich die WINS-Server befinden, um das Multicasting zu unterstützen.
- ☐ 4. Sie konfigurieren einen Proxy-Agent auf jedem Subnetz, auf dem es keinen WINS-Server gibt.

Erklärung

Sie müssen sicherstellen, dass die Router zwischen den Subnetzen, auf denen sich WINS-Server (**W**indows **I**nternet **N**ame **S**ervice) befinden, für Multicasting konfiguriert sind. Wenn die automatische Partnerkonfiguration aktiviert wird, verwenden die WINS-Server die Multicastadresse 224.0.1.24, um sich gegenseitig zu finden. Sowie sich die WINS-Server entdeckt haben, wird jedes WINS-Serverpaar automatisch als Push-and-Pull-Partner konfiguriert und alle zwei Stunden repliziert.

Ein Proxy-Agent wird nicht auf jedem Subnetz benötigt, auf dem es keinen WINS-Server gibt. Sie verwenden einen WINS-Proxy Agent, um auf den Name Resolution Request Broadcasts in dem Subnetz zu reagieren, auf dem der WINS Proxy Agent installiert ist. Der Proxy Agent leitet die Anforderung an seinen konfigurierten WINS-Server weiter, um dann die Antwort an den Nicht-WINS-Client zurückzuschicken, der das Broadcast herausgegeben hat. In der hier beschriebenen Situation sind die Clientcomputer als WINS-Clients konfiguriert; daher braucht man keine Proxy Agents.

Sie müssen die anderen zwei WINS-Server nicht als Replikationspartner aus dem Kontextmenü des Replikationspartnersverzeichnisses für jeden WINS-Server hinzufügen. Sobald die Server sich durch Multicasting gegenseitig entdecken, werden sie automatisch als Partner konfiguriert.

Sie sollten keine statischen Zuordnungen auf jedem WINS-Server für die anderen WINS-Server erstellen. Sie erzeugen statische Zuordnungen nur für Computer mit NetBIOS, die nicht als WINS-Clients konfiguriert werden können. Die statischen Zuordnungen gewährleisten, dass die Anwendungen, die auf als WINS-Clients konfigurierten Computern starten, die Computer ermitteln können, die nicht WINS-Clients sind.

Frage 13

Sie verwalten ein Windows 2000-Netzwerk. Der **D**ynamic **H**ost **C**onfiguration **P**rotocol-Dienst (DHCP) ist auf einem der Computer mit Windows 2000 installiert. Sie wollen einen einmaligen Optionssatz für alle DHCP-Clients einrichten, die auf das Firmennetz mittels einer Einwahlverbindung zugreifen. Sie erstellen eine anwenderdefinierte Klasse in der DHCP-Konsole. Sie konfigurieren die Adresse eines DNS-Servers DNSalle für die anwenderdefinierte Klasse. Sie konfigurieren die Adresse eines DNS-Servers DNS firma in den DHCP-Serverebene-Optionen. Sie konfigurieren auch die Adresse eines DNS-Servers DNSzentrale in den Optionen für den Bereich, aus dem die Einwahl-Netzwerkclients ihre DHCP-Leases erhalten. Für einen Computer, der auf das Netzwerk anhand einer Anwahlverbindung zugreift, Laptop01, definieren Sie eine Reservierung, die DNSremote als den DNS-Server verwendet.

Welcher DNS-Server wird von Laptop01 eingesetzt, wenn eine Anwahl-Verbindung zum Firmennetzwerk hergestellt wird?

Antworten

- ☐ 1. DNSzentrale
- ☐ 2. DNSremote
- ☐ 3. DNSfirma
- ☐ 4. DNSalle

Erklärung

Der Computer Laptop01 wird DNSremote als DNS-Server einsetzen. Die in einer Clientreservierung definierten Konfigurationsparameter werden vor den Serverebenen-, Bereichsebenen- und Anwenderklassenoptionen vorrangig behandelt.

Die in Optionen für eine Anwenderklasse definierten Konfigurationsparameter werden vorrangig vor den Server- oder Bereichsebenoptionen behandelt. Die in Optionen für einen Bereich definierten Konfigurierungsparameter werden ebenfalls vor den Serverebenenoptionen vorrangig behandelt.

Die auf der Serverebene definierten Konfigurationsoptionen beziehen sich auf alle Clients, die einen Lease von diesem Server erhalten. Es sei denn, die Optionen werden auf der Bereichs-, Anwenderklasse- oder Clientebene verschoben.

Frage 14

Sie verwalten BereichA und BereichB, zwei Windows 2000 Server, auf denen Routing und Remote Access aktivierte wurde. Die Computer sind als Einwahl-nach-Bedarf-Router konfiguriert. Sie wollen alle Kommunikationsverbindungen der Subnetze, die mit den beiden Servern verbundenen sind, für den Einsatz von **I**nternet **P**rotocol **Sec**urity (IPSec) konfigurieren. Wie sollten Sie IPSec konfigurieren, um den Tunnel-Mode zwischen den Subnetzen anzuwenden?

Antworten

- [ ] 1. Durch die Konfiguration der Eigenschaften einer Regel für eine IPSec-Richtlinie.
- [ ] 2. Durch die Konfiguration der Eigenschaften der für das Einwahlrouting verwendeten Schnittstelle.
- [ ] 3. Durch die Konfiguration der Eigenschaften eines von einer Regel in der IPSec-Richtlinie verwendeten Filters.
- [ ] 4. Durch die Konfiguration der allgemeinen Eigenschaften einer IPSec-Richtlinie.

Erklärung

Sie konfigurieren den Tunnel-Mode, indem Sie die Eigenschaften der für eine IPSec-Richtlinie definierten Regel konfigurieren. Auf dem *Tunnel*-Register aktivieren Sie die Option *Der Tunnelendpunkt ist durch diese IP-Adresse bestimmt* und geben die entsprechende IP-Adresse ein.

Zur Konfiguration einer IPSec-Richtlinie verwenden Sie das Register *Allgemein* der Dialogbox *Eigenschaften*, um die Einstellungen für einen Schlüsselaustausch zu konfigurieren. IPSec-Richtlinien werden in einer lokalen Sicherheitsrichtlinie oder in einer Gruppensicherheitsrichtlinie (GPO) verwaltet. Eine IPSec-Richtlinie muss der lokalen Sicherheitsrichtlinie oder der GPO zugewiesen werden, damit sie aktiv ist.

Zur Festlegung von Adressen, Protokollen und Ports verwenden Sie die Dialogbox *Eigenschaften* eines von einer Regel in einer IPSec-Richtlinie verwendeten Filters.

Zur Konfiguration des IP-Routing und Router Discovery sowie der Eingabe- und Ausgabefilter und der Multicasteinstellungen verwenden Sie die Dialogbox *Eigenschaften* einer für das Routing *Wählen bei Bedarf* definierten Schnittstelle. Die Schnittstelle wird vom allgemeinen Konto des IP-Routing in der Routing-und-Remote Access-Konsole verwaltet.

Frage 15

Sie stellen eine Verbindung zu einem Remote Access-Server mit Windows 2000 Server her. Sie haben jedoch keinen Zugriff auf die anderen Server, die sich auf dem gleichen Subnetzwerk wie der Remote Access-Server befinden, obwohl Ihre Rechte den Zugriff zu Verzeichnissen auf diesen Servern erlauben. Sie bemerken, dass Ihre **I**nternet **P**rotocol-Adresse für die Verbindung 169.254.2.1 lautet, mit einer Subnetzmaske von 255.255.0.0.

Warum haben Sie vermutlich keinen Zugriff auf die anderen Server?

Antworten

☐ 1. Eine statische Route ist für dieses Subnetz nicht konfiguriert worden.

☐ 2. Der DHCP-Server steht nicht zur Verfügung.

☐ 3. Der Remote Access-Server ist als **N**etwork **A**ddress **T**ranslation-Server (NAT) konfiguriert worden.

☐ 4. Es gibt keine DNS-Zone (**D**omain **N**ame **S**ystem), die für die IP-Adresse der Verbindung konfiguriert wurde.

Erklärung

Es ist sehr wahrscheinlich, dass kein DHCP-Server eingerichtet wurde. Wenn ein Computer als DHCP-Client konfiguriert worden ist und kein DHCP-Server zur Verfügung steht, wird eine Adresse für den Computer anhand des **A**utomatic **P**rivate **I**nternet **P**rotocol **A**ddressing (APIPA) zugewiesen. Der Bereich der für das APIPA reservierten Adressen liegt zwischen 169.254.0.1 und 169.254.255.254 mit der Subnetzmaske von 255.255.0.0.

Ein NAT-Server kann für den Einsatz eines DHCP-Servers konfiguriert werden, um IP-Adressen zuzuweisen. Sie können auch eine Reihe Adressen konfigurieren, die von der DHCP-Zuordnungsfunktion von NAT zu verwalten sind. Da die anderen Server sich auf demselben Subnetz befinden wie der Remote Access-Server, brauchen Sie keine statische Route für das Subnetz zu konfigurieren.

Auch wenn keine DNS-Zone konfiguriert ist, die die IP-Adresse der Verbindung enthält, sollten Sie in der Lage sein, Server auf dem gleichen Subnetz durch den Einsatz von Broadcasts festzustellen, um die Servernamen mit den IP-Adressen abzugleichen.

Frage 16

Sie wollen einen Windows 2000 Server *SERVER1* konfigurieren und den **D**omain **Na**me **S**ystem-Dienst (DNS) benutzen, um die Anforderungen, die er nicht erfüllen kann, an einen anderen Server weiterzuleiten. Ihr Anwenderkonto ist Mitglied in der Gruppe DNS-Admins. Wenn Sie die Weiterleitung in den Eigenschaften des *SERVER1* in der DNS-Konsole aufrufen, ist die Option für die Aktivierung der Weiterleitung deaktiviert. Was ist der wahrscheinlichste Grund dafür?

Antworten

- [ ] 1. Round Robin ist außer Kraft gesetzt.
- [ ] 2. Es gibt eine Root-Zone auf dem Computer.
- [ ] 3. Sie sind kein Mitglied der Gruppe *Firma-Admins*, die das gesamte Firmennetzwerk steuert.
- [ ] 4. SERVER1 ist ein sekundärer Namensserver.

Erklärung

Die Option *Weiterleitung aktivieren* ist außer Kraft, weil es eine Root-Zone auf dem Computer gibt, das heißt, es handelt sich um einen Stammserver.

Sie müssen nicht Mitglied der Gruppe *Firma-Admins* sein, um den DNS-Server zu verwalten. Mitglieder von DNS-Admins können alle DNS-Zonen und Datensätze in der Windows 2000-Domäne verwalten, in der die Gruppe definiert ist.

Ein Computer, der ein sekundärer Namensserver für eine DNS-Zone ist, kann zum Einsatz einer Weiterleitung verwendet werden.

Round Robin ist eine DNS-Einrichtung, die es einem DNS-Server erlaubt, die Belastung über zwei oder mehr Server auszubalancieren, die als Host für eine Netzwerkressource verfügbar sind. Als Beispiel sei hier ein Intranet genannt. Sie müssen einen Hostdatensatz für jeden Computer konfigurieren, der als Host für die Ressource fungiert. Dann müssen Sie sicherstellen, dass Round Robin im DNS-Manager aktiviert ist. Dies erledigen Sie in den erweiterten Eigenschaften des DNS-Servers in der DNS-Konsole.

Frage 17

Sie konfigurieren eine untergeordnete Stand-Alone-Zertifizierungsstelle (CA) auf einem Windows 2000 Server. Welche Methode oder welche Methoden können Sie einsetzen, um eine Anforderung an die CA zu richten, damit ein **I**nternet **P**rotocol **Sec**urity-Zertifikat (IPSec) für einen Rechner mit Windows 2000 Server ausgestellt werden kann?

Antworten

- [ ] 1. Nur die Zertifizierungskonsole.
- [ ] 2. Die Internetseiten des Zertifizierungsservice oder die Zertifizierungskonsole.
- [ ] 3. Nur die Zertifizierung durch den Internetseitendienst.
- [ ] 4. Die Zertifizierungskonsole oder die lokale Sicherheitsrichtlinienkonsole.
- [ ] 5. Nur die lokale Sicherheitsrichtlinienkonsole.

Erklärung

Die einzige Methode zur Anmeldung an einen Stand-Alone-CA ist die Zertifizierung über die Internetseiten-Option des Services. Dies wird durch den Zugriff zum **U**niform **R**essource **L**ocator (URL) *http://<ca-server-name>/certsrv* über einen Webbrowser aktiviert. Anstelle des Eintrags *<ca-server-name>* setzen Sie natürlich den Original-URL ein.

Sie können die Zertifizierung auch von den Zertifizierungs-Internetseiten einer Enterprise CA oder der Zertifizierungskonsole anfordern. Unter Anwendung der Zertifizierungskonsole können Sie den Zertifizierungs-Anforderungs-Assistenten veranlassen, eine Zertifizierung anzufordern.

Sie setzen die lokale Sicherheitsrichtlinienkonsole ein, um IPSec-Richtlinien zu verwalten, nicht um Zertifizierungen für IPSec anzufordern.

Frage 18

Auf einem Windows 2000 Server aktivieren Sie Routing und Remote Access und fügen das **N**etwork **A**ddress **T**ranslation **P**rotocol (NAT) hinzu. Zwei Schnittstellen werden dem NAT hinzugefügt. Eine öffentliche Schnittstelle für die Verbindung zum Internet und eine private Schnittstelle zum Anschluss an ein privates Netzwerk. Sie wollen den Anwendern auf Ihrem internen Netzwerk den Zugriff auf Access-Anwendungen im Internet ermöglichen.

Welche Komponente in der Routing-und-Remote Access-Konsole sollten Sie einsetzen, um den Zugriff auf diese Anwendungen zu aktivieren?

Antworten

- ☐ 1. Die Dialogbox für die Eigenschaften von NAT.
- ☐ 2. Die Dialogbox für die Eigenschaften des Remote Access-Servers.
- ☐ 3. Die Dialogbox für die Eigenschaften der öffentlichen NAT-Schnittstelle.
- ☐ 4. Die Dialogbox für die Eigenschaften der privaten NAT-Schnittstelle.

Erklärung

Sie sollten das Register *Übersetzung* der Dialogbox *Eigenschaften von NAT* verwenden. Hier wählen Sie die Option *Anwendungen*. Von hier aus können Sie die spezifischen Anwendungen und die zugeordneten Portnummer auf den Remoteservern und die eingehenden Antwort-Ports definieren.

Die Dialogbox *Eigenschaften* der Schnittstelle zum Internet verwenden Sie, um sie als öffentliche Schnittstelle zu definieren. Hierdurch bestimmen Sie einen Pool von öffentlichen Adressen, die Computern im privaten Netzwerk zugeordnet werden können. Außerdem können Sie Ports und Adressen im privaten Netzwerk definieren, denen einkommende Sitzungen zugeordnet werden sollen.

Sie setzen die Dialogbox für die Eigenschaften der Schnittstelle zum lokalen Netzwerk ein, um sie als eine interne Schnittstelle zu definieren.

Sie verwenden die Dialogbox für die Eigenschaften des Remote Access-Servers, um zu definieren, ob er als Router oder Remote Access-Server (oder beides) aktiviert werden soll.

Frage 19

Auf Ihrem Windows 2000 Server DNS01a, der mit einem **D**omain **N**ame **S**ystem (DNS) ausgestattet ist, erstellen Sie die DNS-Domäne firma.de, die als einzige Zone auf Host DNS01a eingerichtet ist. Ihr untergeordnet wird der Bereich *vertrieb.firma.de*. Mithilfe des *Assistenten zum Erstellen neuer Delegierungen* in der DNS-Konsole delegieren Sie die Autorität von *vertrieb.firma.de* an DNS05a, einen anderen Windows 2000 Server mit installiertem und aktiviertem DNS-Serverdienst. In den TCP/IP-Eigenschaften auf DNS05a geben Sie die IP-Adresse von DNS05a als den bevorzugten DNS-Server ein.

Welchen Schritt sollten Sie unternehmen, um den DNS-Server Service auf DNS05a zu aktivieren, damit er mit DNS01a kommunizieren kann?

Antworten

- ☐ 1. Konfigurieren Sie DNS01a als Master-Namensserver für DNS05a.
- ☐ 2. Konfigurieren Sie DNS01a in den Grundeinstellungen des DNS05a.
- ☐ 3. Konfigurieren Sie DNS01a als alternativen DNS-Server für DNS05a.
- ☐ 4. Konfigurieren Sie DNS01a zur Weiterleitung für DNS05a.

Erklärung

DNS01a muss zur Weiterleitung für DNS05a konfiguriert werden. Ein Weiterleitungsserver ist ein DNS-Server, an den ein anderer DNS-Server Abfragen weiterleitet. In unserem Beispiel ist DNS05a als ein Weiterleitungsserver für DNS01a konfiguriert. Wenn DNS01a nun eine Abfrage erhält, die er nicht aus seinen Informationen beantworten kann, leitet er die Abfrage an DNS05a zur Lösung weiter.

DNS01a sollte nicht als Master-Namensserver für DNS05a eingerichtet werden, weil die beiden Server als Host für separate Zonen fungieren. Ein Master-Namensserver ist entweder ein primärer oder ein sekundärer Namensserver für eine Zone, von der ein sekundärer Namensserver Zonentransfers erhalten kann.

Sie sollten DNS01a auch nicht in den Grundeinstellungen von DNS5 konfigurieren, da DNS01a nicht als Host für eine Root-Zone fungiert. Auf beiden Servern sollten die Basisinformationen über die Namensserver enthalten sein, die als Host für die Root-Zone auf dem Internet tätig sind. Diese Informationen werden standardmäßig aus der vorkonfigurierten Datei *Cache.dns* gelesen.

DNS01a sollte ebenfalls nicht als alternativer Server für DNS05a eingerichtet sein. Sie konfigurieren einen alternativen Server, um dem DNS-Server (Problemlöser) den Kontakt mit einem zweiten Server zu erlauben, wenn dieser keinen Kontakt mit dem primären DNS-Server herstellen kann. Der DNS-Serverdienst setzt diese Informationen nicht ein, um einen alternativen Server zu finden.

Frage 20

Sie verwalten einen Computer mit Windows 2000 Server, auf dem Routing und Remote Access aktiviert wurde. Der Computer ist als Remote Access-Server konfiguriert. Sie wollen, dass der Remote Access-Server Leases für die Remote Access-Clients vom DHCP erhält. Wie sollten Sie den Computer konfigurieren, damit er die Leases durch den Einsatz eines DHCP-Servers auf einem spezifischen Subnetzwerk erwerben kann?

Antworten

- ☐ 1. Verwenden Sie die Eigenschaften für jede von Ihnen erstellte Remote Access-Richtlinie des konfigurierten Remote Access-Profils.
- ☐ 2. Verwenden Sie die Eigenschaften des Remote Access-Servers in der Routing-und-Remote Access-Konsole.
- ☐ 3. Setzen Sie die Netzwerk- und DFÜ-Verbindungen ein, um die Eigenschaften der lokalen Verbindung zum Subnetz zu konfigurieren.
- ☐ 4. Verwenden Sie die Konfigurationsoption für das Remote Access-Modem in den Eigenschaften des betreffenden Ports in der Routing-und-Remote Access-Konsole.

Erklärung

Sie können einen DHCP-Server verwenden und hier die lokale Verbindung auswählen, die für die DHCP-Anforderungen von den Eigenschaften des Remote Access-Servers in der Routing-und-Remote Access-Konsole einzusetzen ist. Dies wird auf dem *IP*-Register konfiguriert. Hier können Sie auch einen Adressenpool konfigurieren, der anstatt vom DHCP vom Remote Access-Server verwaltet werden kann. Diese Auswahl lässt sich in den Eigenschaften der lokalen Verbindung in den Netzwerk- und DFÜ-Verbindungen nicht konfigurieren. Die Dialogbox wird eingesetzt, um die Einstellungen der auf der lokalen Verbindung aktivierten Dienste zu konfigurieren.

Die Konfigurationsoption für das Remote Access-Modem in den Eigenschaften des Ports der Routing-und-Remote Access-Konsole nutzen Sie, um das Modem für Remote Access zu aktivieren und eine Telefonnummer für das Modem zu definieren.

Für jede von Ihnen erstellte Remote Access-Richtlinie des konfigurierten Profils verwenden Sie die Eigenschaften aus dem *IP*-Register, wenn der Remote Access-Server eine Adresse liefern muss oder der Client eine Adresse anfordern kann.

Frage 21

Sie fügen die Zertifizierungsdienst-Komponente einem Windows 2000 Server hinzu. Wenn der Zertifizierungsdienst-Installations-Assistent startet, ist die Option *Enterprise Root Certification* (CA) außer Kraft. Was ist der wahrscheinlichste Grund dafür?

Antworten

- ☐ 1. Der Computer ist kein Schemamaster.
- ☐ 2. Der Computer ist kein Mitglied einer Windows 2000-Domäne.
- ☐ 3. Der Computer ist kein Domänencontroller.
- ☐ 4. Sie sind nicht Mitglied der Gruppe Administratoren.

Erklärung

Dieser Rechner ist wahrscheinlich nicht in einer Windows 2000-Domäne angemeldet. Die Enterprise Root Certification (CA) setzt Active Directory ein, um Anwender oder Computer zu authentisieren, wenn ein Anwender oder Computer eine Zertifizierungsanforderung einreicht. Folglich können Sie einen Computer nur als eine Enterprise CA konfigurieren, wenn der Computer Mitglied einer Domäne ist.

Zur Konfiguration des Computers als Enterprise Root Certification (CA) müssen Sie Mitglied der Gruppe Enterprise Admins sein. Die Anmeldung in der Administratoren-Gruppe reicht hierfür nicht aus. Um einen Stand-alone CA zu erstellen, müssen Sie Mitglied der Administratoren-Gruppe des Computers sein, auf dem Sie die Zertifizierungsdienste installieren.

Zur Einrichtung des Rechners als Enterprise Root Certification (CA) muss der Rechner nicht als Domänencontroller eingerichtet sein. Sehr wohl ist er jedoch als Mitglied des Active Directory-Dienstes anzumelden.

Als Schemamaster muss der Computer nicht eingerichtet sein, um als Enterprise Root CA oder Enterprise Root Certification (CA) zu fungieren.

Frage 22

Sie installieren den Domänenamen-System-Dienst (DNS) auf einem Windows 2000 Server. Jeglicher Zugriff auf das Internet durch Computer in Ihrer Firma erfolgt anhand eines Proxy-Servers. Sie wollen daher eine Root-Zone auf dem DNS-Server aufrechterhalten. Welchen Schritt müssen Sie unternehmen, um sicherzustellen, dass der DNS-Dienste-Assistent eine Root-Zone erstellt, wenn Sie ihn zum Erzeugen einer Forward Lookup-Zone einsetzen?

Antworten

- ☐ 1. Löschen Sie die Datei *Boot.dns*.
- ☐ 2. Stellen Sie sicher, dass der DNS-Server keine Weiterleitung verwendet.
- ☐ 3. Erstellen Sie zuerst eine Reverse Lookup-Zone.
- ☐ 4. Löschen Sie die Datei *Cache.dns*.

Erklärung

Sie sollten die Datei *Cache.dns* löschen. Wenn der Assistent die *Cache.dns*-Datei findet, setzt er die in der Datei enthaltene Information ein, um Root Hints für den Server zu konfigurieren. Findet der Assistent die Datei nicht, dann erstellt er eine Root-Zone.

Eine Reverse Lookup-Zone wird verwendet, um den mit einer bestimmten **I**nternet **P**rotocol-Adresse (IP) verbundenen Namen festzustellen.

Die Datei *Boot.dns* wird nicht benötigt; sie kann jedoch eingesetzt werden, um Konfigurationsinformationen für einen Server zur Verfügung zu stellen.

Ein Root-Namensserver verwendet keine Weiterleitung. Daher wird der Assistent die Fähigkeit, Weiterleitung einzusetzen, deaktivieren, wenn er die Root-Zone erstellt.

Frage 23

Sie erstellen eine **I**nternet **P**rotocol **Sec**urity-Richtlinie (IPSec) auf DAG01, einem Einplatzsystem mit Windows 2000 Server, auf dem vertrauliche Daten gespeichert sind. Ihm weisen Sie die IPSec-Richtlinie zu. Einige Mitarbeiter müssen Zugriff auf die Daten auf DAG01 über das Internet erhalten. Sie verwenden das **L**ayer **2** **T**unneling **P**rotocol (L2TP), um DAG01 als einen **V**irtual **P**rivate **N**etwork-**S**erver (VPN) zu konfigurieren. Zusätzlich wird DAG01 durch eine Firewall gesichert. Sie verwenden Gruppenrichtlinien, um via Client den entsprechenden Computern den Zugriff zu gestatten.

Für welche zwei Protokolle sollten Sie *IP Forwarding* auf Ihrer Firewall aktivieren, um den Mitarbeitern den Zugriff auf die vertraulichen Daten zu ermöglichen? (Wählen Sie zwei.)

Antworten

- ☐ 1. NetBIOS Session Service (NetBT)
- ☐ 2. **E**ncapsulated **S**ecurity **P**rotocol (ESP)
- ☐ 3. **C**ommon **I**nternet **F**ile **S**ystem (CIFS)
- ☐ 4. Remote Procedure Call (RPT)
- ☐ 5. **I**nternet **K**ey **E**xchange (IKE)

Erklärung

Aktivieren Sie IP Forwarding auf der Firewall für ESP (IP-Protokoll 50) und für IKE (UDP-Port 500). Mit IPSec wird die Kommunikation auf den Anwendungsebenen-Protokollen wie zum Beispiel CIFS, NetBT und RPC, dann in Standard-IP-Paketen eingekapselt und kann als normaler IP-Verkehr geroutet werden.

Der ESP-Header sorgt für Datensicherheit. IKE ist ein Protokoll für die Erstellung eines Sicherheitsverbunds zwischen zwei Computern. CIFS stellt den Zugriff auf NetBIOS-basierte Ressourcen über jedes TCP/IP-Netzwerk (einschließlich Internet) her. CIFS ist eine Erweiterung des **S**erver **M**essage **B**lock-Protokolls (SMB). NetBT ist ein Session Layer Protokoll, das den Netzwerk-I/O für die NetBIOS-Schnittstelle verwaltet. RPC ist ein Remoteprozeduraufruf für die Client-Server-Kommunikation.

Frage 24

Sie konfigurieren einen **V**irtual **P**rivate **N**etwork-Server (VPN), um das **L**ayer **2** **T**unneling **P**rotocol (L2TP) sowie die Internet Protocol-Sicherheit (IPSec) anzuwenden. Die Anwender sollen anhand von Smartkarten authentisiert werden. Welches Protokoll müssen Sie implementieren?

Antworten

- [ ] 1. **M**icro**s**oft **C**hallenge **H**andshake **A**uthentication **P**rotocol (MS-CHAP)
- [ ] 2. **E**xtensible **A**uthentication **P**rotocol (EAP)
- [ ] 3. **P**assword **A**uthentication **P**rotocol (PAP)
- [ ] 4. **C**hallenge **H**andshake **A**uthentication **P**rotocol (CHAP)

Erklärung

PAP, CHAP und MS-CHAP können als Authentisierungsprotokolle für einen VPN-Server eingesetzt werden; sie unterstützen jedoch keine Smartcard-Authentisierung.

Frage 25

Sie verwalten RAServer001, einen Computer mit Windows 2000 Server, der Mitglied einer Windows 2000-Domäne ist. Sie aktivieren *Routing and Remote Access* und konfigurieren den Server als *Remote Access-Server*, der DHCP verwendet, um IP-Adressen für DFÜ-Clients (Einwahlverbindungen) zu erhalten. RAServer001 hat eine Local Area-Netzwerkverbindung LAN001. Diese Verbindung ist als DHCP-Client konfiguriert. Das Gebiet, von dem LAN001 ein Lease erhält, ist mit der IP-Adresse von DNSSrv001, Option 006, bestimmt.

Sie konfigurieren die Eigenschaften von LAN001 manuell mit der IP-Adresse von DNSSrv002 als DNS-Server. Thore01, ein Rechner in einer Zweigstelle Ihrer Firma, erhält eine IP-Adresse von einem dort befindlichen DHCP-Server. Der Bereich, von dem eine Adresse vergeben wird, definiert die IP-Adresse von DNSSrv003, Option 006. Die Eigenschaften der Local Area Connection für Thore01 definiert die IP-Adresse von DNSSrv004 als DNS-Server.

Welcher DNS-Server wird für die DFÜ-Verbindung zu Thore01 verwendet, wenn ein Anwender eine Verbindung zu RAServer01 herstellt?

Antworten

- ☐ 1. DNSSrv001
- ☐ 2. DNSSrv002
- ☐ 3. DNSSrv003
- ☐ 4. DNSSrv004

Erklärung

Die DFÜ-Verbindung wird DNSSrv002 als ihren primären DNS-Server verwenden. Ein RAS-Server autorisiert seine DNS-Server-Einstellungen für die Local Area-Verbindung zum DFÜ-Client. Weil Sie DNSSrv002 in den Eigenschaften von LAN001 auf RAServer001 konfiguriert haben, wird die DFÜ-Verbindung DNSSrv002 verwenden. Hätten Sie die IP-Adresse eines DNS-Servers nicht manuell auf LAN001 konfiguriert, so würde die DFÜ-Verbindung den DNS-Server nutzen, der in der DHCP-Lease von LAN001 konfiguriert wäre.

Der Client wird die DNS-Einrichtungen nutzen, die in den Local Area Connections eingetragen wurden, um die Namen auf dem LAN aufzulösen. Er wird jedoch die vom Remote Access-Server vererbten DNS-Einrichtungen nutzen, um die Namen auf dem Netzwerk aufzulösen, an welchen der Remote Access-Server angeschlossen ist.

Frage 26

Sie verwalten einen Rechner mit Windows 2000 Server, der Mitglied einer Arbeitsgruppe ist. Ihr User-Account hat den Status eines Wiederherstellungs-Agenten für das **E**ncrypting **F**ile **S**ystem (EFS). Sie sichern und exportieren das Verschlüsselungszertifikat und den mit ihm verbundenen privaten Schlüssel auf eine Diskette. Hiernach wählen Sie die Option, das Verschlüsselungszertifikat und den privaten Schlüssel zu löschen, und starten anschließend das System neu.

Wie werden sich diese Maßnahmen auf die Fähigkeiten Ihner und anderer Nutzer auswirken, Dateien auf dem System zu verschlüsseln und zu entschlüsseln?

Antworten

- [ ] 1. Die Anwender werden in der Lage sein, Dateien zu entschlüsseln und zu verschlüsseln.
- [ ] 2. Anwender werden nicht mehr in der Lage sein, Dateien zu entschlüsseln und zu verschlüsseln. Sie sind ebenfalls nicht mehr in der Lage, Dateien zu entschlüsseln.
- [ ] 3. Die Anwender werden nicht mehr in der Lage sein, Dateien zu entschlüsseln und zu verschlüsseln. Sie können jedoch Dateien entschlüsseln.
- [ ] 4. Sie und die Anwender werden in der Lage sein, Dateien zu entschlüsseln und zu verschlüsseln.

Erklärung

Auch wenn Sie die Zertifizierung des Wiederherstellungs-Agenten und den dazugehörenden privaten Schlüssel löschen, ist im System immer noch eine Wiederherstellungs-Zertifizierung definiert. Deshalb werden die Nutzer weiterhin in der Lage sein, Dateien zu entschlüsseln und zu verschlüsseln. Durch die Maßnahmen entfernen Sie lediglich Ihre Zugriffe auf die Dienste. Somit werden Sie anschließend nicht mehr in der Lage sein, Dateien zu verschlüsseln und zu entschlüsseln, bis Sie die Zertifizierung und den privaten Schlüssel wieder importiert haben.

Ist in Ihrem System eine leere Wiederherstellungszertifizierung gespeichert, werden auch die anderen Nutzer nicht mehr in der Lage sein, auf die Dienste zurückzugreifen.

Frage 27

Ihr auf Windows 2000 basierendes Firmennetzwerk umfasst drei Subnetze. Subnetz1 ist in der Hauptverwaltung aufgebaut. Subnetz2 ist an einen Router in der Hauptverwaltung angeschlossen, der die Verbindung zur entfernt liegenden Zweigstelle herstellt. Subnetz3 wiederum ist das Netzwerk der Zweigstelle. Zwei Computer mit Windows 2000 Server dienen Ihnen als Router: Router12 verbindet die Subnetze Subnetz1 und Subnetz2. Für die Verbindung zwischen Subnetz2 und Subnetz3 ist Router23 verantwortlich. Sie verbinden Router12 und Router23 über eine Verbindung *Wählen bei Bedarf*.

Welche zwei Schritte sollten Sie unternehmen, damit ein Nutzer, dessen Rechner an Subnetz3 angeschlossen ist, Zugriff auf Verzeichnisse von einem Computer auf Subnetz1 hat?

Antworten

- ☐ 1. Sie konfigurieren eine DFÜ-Schnittstelle am Router23 mit der lokalen Netzwerkverbindung auf Router12 als Standardgateway.
- ☐ 2. Sie konfigurieren ein Einwahlschnittstelle am Router23 mit der DFÜ-Schnittstelle auf Router12 als Standardgateway.
- ☐ 3. Sie konfigurieren einen Einwahlfilter auf Router23.
- ☐ 4. Sie konfigurieren eine statische Route für Subnetz1 auf der DFÜ-Schnittstelle von Router23.
- ☐ 5. Sie konfigurieren eine statische Route für Subnetz3 auf der DFÜ-Schnittstelle von Router12.
- ☐ 6. Sie konfigurieren eine Einwahlschnittstelle auf Router12 mit der DFÜ-Schnittstelle von Router23.

Erklärung

Sie müssen sowohl eine statische Route für Subnetz1 in der DFÜ-Schnittstelle von Router23 als auch eine statische Route für Subnetz3 in der Schnittstelle von Router12 einrichten. Statische Routen werden in der DFÜ-Schnittstelle auf jedem Router benötigt, um Kommunikationen in beide Richtungen zu erlauben.

Ein Standardgateway lässt sich nicht für eine DFÜ-Schnittstelle konfigurieren. Einen DFÜ-Filter verwenden Sie zur Definition der Traffic-Arten, die eine Verbindung über den DFÜ-Router auslösen sollen.

Frage 28

Sie verwalten VPNServer01, einen Rechner mit Windows 2000 Server, der Mitglied einer Windows 2000-Domain ist. Sie ermöglichen Routing and Remote Access auf diesem Rechner und konfigurieren ihn als **V**irtual **P**rivate **N**etwork-Gateway (VPN). Zu diesem Server wollen Sie Zugriff von anderen Rechnern mit Windows 2000 Professional ermöglichen, die sich in einer entfernten Zweigstelle Ihrer Firma befinden. Die Verbindungen sollen per **P**oint-to-**P**oint **T**unneling **P**rotocol (PPTP) hergestellt werden. Zur Identifikation setzen Sie gegenseitige Authentisierung zwischen den Clients und VPNServer01ein; die Daten sollen verschlüsselt werden.

Wie sollten Sie die Remote Access-Richtlinie für diesen Server konfigurieren?

Antworten

- [ ] 1. Definieren Sie den NAS-Porttyp als virtuell, aktivieren Sie die Unterstützung für MD5-CHAP.
- [ ] 2. Definieren Sie den NAS-Porttyp als Ethernet, aktivieren Sie die Unterstützung für MD5-CHAP.
- [ ] 3. Definieren Sie den NAS-Porttyp als virtuell, aktivieren Sie die Unterstützung für MS-CHAP v2.
- [ ] 4. Definieren Sie den NAS-Porttyp als Ethernet, aktivieren Sie die Unterstützung für MS-CHAP v2.

Erklärung

Die NAS-Porttyp-Bedingung für die Remote Access-Richtlinie muss als virtuell definiert werden. Sie sollten die Unterstützung des **Micros**oft **C**hallenge **H**andshake **A**uthentication **P**rotocol **V**ersion **2** (MS-CHAP v2) auf dem Server und in dem Remote Access-Profil aktivieren, das in der Remote Access-Richtlinie definiert ist. MS-CHAP v2 unterstützt sowohl die gegenseitige Authentisierung als auch die Datenverschlüsselung.

Das **M**essage **D**igest **5** **C**hallenge **H**andshake **A**uthentication **P**rotocol (MD5-CHAP) unterstützt weder gegenseitige Authentisierung noch Datenverschlüsselung. Hingegen bietet Ihnen das **Micros**oft **C**hallenge **H**andshake **A**uthentication **P**rotocol (MS-CHAP) die Datenverschlüsselung an, es unterstützt jedoch nicht die gegenseitige Authentisierung.

Die Einrichtung des NAS-Porttype Ethernet gestattet den Usern, die Verbindung zum Server über ein **L**ocal **A**rea **N**etwork (LAN) aufzubauen.

Frage 29

Sie verwalten einen Rechner mit Windows 2000 Server, der als **V**irtual **P**rivate **N**etwork-Server (VPN) konfiguriert ist. Nutzern, die eine Point-to-Point Tunneling Protocol-Verbindung zum VPN aufbauen, soll die Möglichkeit eingeräumt werden, die Daten verschlüsselt an den VPN zu senden. Welche beglaubigten Protokolle sollten Sie aktivieren, um die Verschlüsselung von Daten zu unterstützen?

Antworten

- ☐ 1. **M**icro**s**oft **C**hallenge **H**andshake **A**uthentication **P**rotocol (MS-CHAP) und **P**assword **A**uthentication **P**rotocol (PAP)
- ☐ 2. **T**ransport **L**ayer **S**ecurity (TLS) und **M**icro**s**oft **C**hallenge **H**andshake **A**uthentication **P**rotocol (MS-CHAP)
- ☐ 3. **P**assword **A**uthentication **P**rotocol (PAP) und **C**hallenge **H**andshake **A**uthentication **P**rotocol (CHAP)
- ☐ 4. **C**hallenge **H**andshake **A**uthentication **P**rotocol (CHAP) und **T**ransport **L**ayer **S**ecurity (TLS)

Erklärung

Sie sollten TLS und MS-CHAP als beglaubigte Protokolle einsetzen. Die **M**icrosoft **P**oint-to-**P**oint **E**ncryption (MPPE) wird zur Verschlüsselung von Daten für diese beiden Protokolle verwendet. TLS ist ein **E**xtensible **A**uthentication **P**rotocol (EAP).

CHAP und PAP unterstützen keine Datenverschlüsselung.

Frage 30

Sie verwalten ein System mit Windows 2000 Server und Internet Information Services. Die Standardwebseite konfigurieren Sie für den sicheren Zugriff per **S**ecure **S**ockets **L**ayer (SSL) auf dem Standardport. Der Server ist durch eine Firewall abgesichert. Welchen TCP-Port sollten Sie zur Firewall aktivieren, um den Zugriff auf dem Server über das Internet zuzulassen?

Antworten

- [ ] 1. 119
- [ ] 2. 80
- [ ] 3. 443
- [ ] 4. 563

Erklärung

Der Zugang sollte über den TCP-Port 443 erfolgen, da dieser für den Zugang per **H**yper**t**ext **T**ransfer **P**rotocol (HTTP) via Firewall reserviert ist, wenn SSL aktiviert ist. Der Port 80 ist der Standardzugang für HTTP ohne SSL.

Die Ports 119 und 563 dienen dem **N**etwork **N**ews **T**ransport **P**rotocol (NNTP), wobei 563 das Protokoll mit SSL zur Verfügung stellt.

Frage 31

Sie installieren Windows 2000 Server. Während der Einspielung konfigurieren Sie den Rechner als Mitglied der Windows 2000-Domäne verkauf.firma.de. Am nächsten Tag versucht ein User, auf seinen Domain Account auf diesem Server zuzugreifen. Hierbei trat die Fehlermeldung auf: *global catalog server is not available.* Eine Prüfung bestätigt jedoch, dass der Server arbeitet. Sie loggen sich auf dem Rechner mit Ihrem Administratorpasswort ein und stellen fest, dass Sie die Internet Protocol-Adresse vom globalen Katalogserver pingen können.

Was ist der wahrscheinlichste Grund dafür, dass ein globaler Katalogserver nicht lokalisiert werden kann?

Antworten

- ☐ 1. Ein DNS-(**D**omain **N**ame **S**ystem-)Server ist nicht verfügbar.
- ☐ 2. Computer und globaler Katalogserver sind in unterschiedlichen Domains angemeldet.
- ☐ 3. Der PDC-Emulator (**P**rimary **D**omain **C**ontroller) ist nicht online.
- ☐ 4. Ein DHCP-Server ist nicht verfügbar.

Erklärung

Der wahrscheinlichste Grund, dass ein globaler Katalogserver nicht lokalisiert werden kann, ist das Fehlen eines DNS-Servers. Quelldatensätze in der DNS-Datenbank definieren, wo Dienste wie beispielsweise Domaincontroller oder globale Katalogserver zu finden sind.

Da Sie in der Lage sind, sich anzumelden und die Adresse des globalen Katalogservers zu pingen, haben Sie nachgewiesen, dass beide Rechner (der Computer des Users und der globale Katalogserver) eine gültige IP-Adresse besitzen. Diese können sowohl durch einen DHCP-Server als auch manuell vergeben worden sein.

Ein Administrator kann sich in das Netzwerk einloggen, auch wenn ein globaler Katalogserver nicht verfügbar ist. Ein Domänenbenutzer hat diese Möglichkeit nicht, wenn er sich nicht schon einmal zuvor einloggen konnte. Gelang ihm das einmal zuvor, ist sein Zugangszeugnis zwischengespeichert, ein erneutes Login auch ohne globalen Katalogserver möglich.

Solange ein globaler Katalogserver lokalisiert werden kann, ist das Login möglich, selbst wenn der PDC-Emulator nicht verfügbar oder der lokale Rechner und der globale Katalogserver auf unterschiedlichen Domains beheimatet sind.

Frage 32

Sie sind für die Router einer **O**pen **S**hortest **P**ath **F**irst-Zone (OSPF) des autonomen Systems (**A**utonomous **S**ystem, AS) verantwortlich. Welcher Internet Protocol-Nummer sollten Sie bei der Konfiguration des IP Packet Filtering der Router gestatten, OSPF-Nachrichten für jeden Router zu empfangen?

Antworten

- [ ] 1. 66
- [ ] 2. 89
- [ ] 3. 1
- [ ] 4. 8

Erklärung

Sie sollten der IP-Protokollnummer 89 gestatten, die OSPF-Nachrichten von der OSPF-Schnittstelle zu empfangen. Die anderen Werte der Antwortenliste stehen für die folgenden Dienste zur Verfügung:

- IP-Nummer 1: **I**nternet **C**ontrol **M**essage **P**rotocol (ICMP)
- IP-Nummer 8: **E**xterior **G**ateway **P**rotocol (EGP)
- IP-Nummer 66: MIT **R**emote **V**irtual **D**isk (RVD)

Frage 33

Sie verwalten einen Windows 2000 Server, der als Router eingerichtet ist. Diesem System müssen Sie eine statische Route zu einem anderen Subnetz Ihrer Firma hinzufügen. Der Host dieses Subnetzes adressiert den Bereich von 10.5.64.1 bis 10.5.95.254. In der Routing-und-Remote Access-Konsole wählen Sie den Eintrag *Neue Statische Route* aus dem Menü des Eintrags *Statische Routen*. Sie geben das Ziel 10.5.64.0 an.

Welchen Wert müssen Sie im Netzwerkmaskenfeld eintragen, um diese Route zu definieren?

Antworten

- [ ] 1. 255.255.192.0
- [ ] 2. 255.255.248.0
- [ ] 3. 255.255.224.0
- [ ] 4. 255.255.240.0

Erklärung

Die Subnetzmaske 255.255.224.0 wird verwendet, um die Subnetze 10.5.0.0, 10.5.32.0, 10.5.64.0, 10.5.96.0 und so weiter in Schritten von 32 zu definieren. Das Subnetz 10.5.64.0 beinhaltet die Hostadressen von 10.5.64.1 bis zu 10.5.95.254.

- Die unterstützten Hostadressen von Subnetz 10.5.64.0 mit der Subnetzmaske 255.255.192.0 liegen im Bereich von 10.5.64.1 bis 10.5.127.254.
- Die unterstützten Hostadressen von Subnetz 10.5.64.0 mit der Subnetzmaske 255.255.240.0 liegen im Bereich von 10.5.64.1 bis 10.5.79.254.
- Die unterstützten Hostadressen von Subnetz 10.5.64.0 mit der Subnetzmaske 255.255.248.0 liegen im Bereich von 10.5.64.1 bis 10.5.71.254.

Frage 34

Sie installieren den DNS-Serverdienst auf einem Computer mit Windows 2000 Server und wollen die Anzahl der DNS-Anfragen ermitteln, die per TCP und UDP an den DNS-Server übertragen werden. Welche Hilfsprogramme sollten Sie verwenden, um eine geeignete Sammlung dieser Informationen zu erhalten?

Antworten

- ☐ 1. DNS-Konsole
- ☐ 2. lokale Sicherheits-Gruppenrichtlinie
- ☐ 3. Neztwerkmonitor
- ☐ 4. Group Policy Editor
- ☐ 5. Systemmonitor

Erklärung

Die DNS-Konsole ermöglicht Ihnen die Sammlung der Anzahl der DNS-Anfragen, die an einen DNS-Server per TCP oder UDP gerichtet werden. Sie konfigurieren die Sammlung auf dem Register *Protokollierung* des Eigenschaften-Fensters des DNS-Servers. Die Informationen wird in der Datei *Dns.log* abgelegt, die sich im Verzeichnis *%systemroot%\system32\Dns* befindet.

Der Systemmonitor steht Ihnen ebenfalls zur Verfügung, um die Anzahl der DNS-Anfragen an einen DNS-Server per TCP oder UDP zu ermitteln. Die Zähler *TCP requests received* und *UDP requests received* können vom DNS-Objekt selektiert werden.

Die Sammlung dieser Daten kann weder per Gruppenrichtlinien-Editor noch durch die lokale Sicherheitsgruppenrichtlinie eingerichtet werden. Sie könnten jedoch durch die Anlage eines eigenen Templates die entsprechenden Einstellungen in der Registrierung ändern, die eine Sammlung der Daten ermöglichen.

Den Netzwerkmonitor könnten Sie ebenfalls einsetzen, um die Pakete zu zählen, die generiert werden, doch auch hierfür müssten Sie einige Vorleistungen erbringen: Sie müssten einen Displayfilter konfigurieren, um festzulegen, welche Pakete ausdrücklich durch eine DNS-Anfrage generiert wurden.

Frage 35

Sie verwalten zwei Windows 2000 Server, auf denen Sie Zertifikatsdienste installieren. *ZertSVR01* ist als Enterprise Root Certificate Authority (CA) konfiguriert. *ZertSVR02* ist als untergeordneter Firmen-CA eingerichtet. Ihr Windows 2000-Wald beinhaltet zwei Domains: *firma.de* und *abtA.firma.de*. Sie richten jetzt eine neue Domain ein: abtB. firma.de. Sie versuchen, ein neues Zertifikat vom *ZertSVR02* für einen neuen Benutzeraccount für einen Nutzer in *abtB.firma.de* einzurichten. Hierbei zeigt Ihnen die Ereignisanzeige einen Fehler an. CA war nicht in der Lage, ein Zertifikat für *abtB.firma.de\Srv03* zu publizieren. *Srv03* ist ein Domänenkontroller für *abtB.firma.de*.

Was ist der wahrscheinlichste Grund für diese Fehlermeldung?

Antworten

- ☐ 1. Sie sind kein Mitglied der Gruppe *abtB.firma.de\Domain Admins*.
- ☐ 2. *CertS* ist nicht Mitglied der Gruppe *firma.de\Cert Ersteller*.
- ☐ 3. Sie sind kein Mitglied der Gruppe *firma.de\Enterprise Admins*.
- ☐ 4. *CertS* ist kein Mitglied der Gruppe *abtB.firma.de\Cert Ersteller*.

Erklärung

Der wahrscheinlichste Grund für den Fehler liegt darin, dass *ZertSVR02* kein Mitglied der Gruppe *abtB.firma.de\Cert Ersteller* ist. *Cert Ersteller* ist eine globale Gruppe, die angelegt wurde, als der Zertifikatsdienst auf den Rechnern *ZertSVR01* und *ZertSVR02* installiert wurde. Diese sind jedoch keine Mitglieder von *abtB.firma.de\Cert Ersteller*.

ZertSVR02 ist Mitglied von *firma.de\Cert Ersteller*, seitdem der Dienst während der Installation des Zertifikatsdienstes konfiguriert wurde.

Zur Installation einer Enterprise CA müssen Sie Mitglied der Gruppe *firma.de\Enterprise Admins* sein. Zum Ausstellen von Zertifikaten ist das nicht notwendig. Die Gruppe *Domain Admins* ist eine globale Gruppe, die in jeder Domäne existiert, Mitglieder dieser Gruppe können grundsätzlich Domänencontroller und alle an der Domäne angeschlossenen Rechner verwalten.

Frage 36

Sie wollen **T**ransport **L**ayer **S**ecurity (TLS) für eine Smartkartenauthentisierung auf dem Remote Access-Server einsetzen, den Sie verwalten.

Was müssen Sie tun, um die Unterstützung für TLS zu aktivieren?

Antworten

- [ ] 1. Aktivieren Sie die **I**nternet **P**rotocol **Sec**urity (IPSec) für L2TP-Verbindungen.
- [ ] 2. Aktivieren Sie das **P**assword **A**uthentication **P**rotocol (PAP).
- [ ] 3. Aktivieren Sie das **E**xtensible **A**uthentication **P**rotocol (EAP).
- [ ] 4. Aktivieren Sie das **M**icrosoft **C**hallenge **H**andshake **A**uthentication **P**rotocol (MS-CHAP).

Erklärung

Die Nutzung des TLS zur Smartkartenauthentisierung erfordert die Unterstützung durch EAP.

L2TP ist ein Protokoll, das für ein **V**irtual **P**rivate **N**etwork (VPN) genutzt wird. IPSec hingegen wird häufig mit L2TP genutzt, um Daten zu verschlüsseln, die mit L2TP verschickt werden.

PAP und MS-CHAP können als Authentisierungsprotokoll für Remote Access-Server genutzt werden, sie unterstützen jedoch nicht die Smartkarten-Authentisierung.

Frage 37

Sie verwalten einen Rechner mit Windows 2000 Server und dem Domain Name System-Serverdienst. Sie verwenden die Bootdatei, um die Startup-Parameter für den DNS-Service zu definieren. Welches Kommando sollten Sie in der Bootdatei verwenden, um den DNS-Server zu veranlassen, Nameserver für die Bootdomain zu lokalisieren?

Antworten

- [ ] 1. *Primary*-Befehl
- [ ] 2. *Secondary*-Befehl
- [ ] 3. *Directory*-Befehl
- [ ] 4. *Cache*-Befehl

Erklärung

Sie verwenden den *Cache*-Befehl in der Bootdatei, um den Ort der Datei zu bestimmen, der die Adressen der Nameserver für die Root-Domain beinhaltet. Bei der Installation des DNS-Serverdienstes wird die Datei *Cache.dns* im Verzeichnis *<systemroot>\System32\Dns* angelegt. Diese Datei enthält die Adressen der Nameserver, die Host für die Root-Zone des Internet sind. Konfigurieren Sie Ihre eigene Root-Zone, so sollten Sie die Datei *Cache.dns* updaten, um die Name Server zurückzugeben, die für Ihre Root-Zone als verlässlich gelten.

Den *directory*-Befehl verwenden Sie in der Bootdatei, um die Position des Verzeichnisses zu definieren, an der die Dateien zu finden sind, die in der Bootdatei enthalten sind.

Der *primary*-Befehl wird eingesetzt, um die Domain zu definieren, für die der Name Server zuverlässig ist, und um den Namen der Datei zu liefern, in welcher die *Resource records* für die Domain notiert sind.

Mit dem *secondary*-Befehl definieren Sie drei Konfigurationsparameter: die Domain, für die der Name Server ein Secondary Name Server ist; eine Liste der Internet Protocol-Adressen des Master Name Server, von denen dieser Name Server Resource-Datensätze erhalten kann; den Namen der lokalen Daten, die die Datensätze für die Domain zwischenspeichert.

Frage 38

Sie implementieren zwei **W**indows **I**nternet **N**ame **S**ervice-Server (WINS) für die von Ihnen verwaltete Windows 2000-Domäne. Die Server stehen in Hamburg und Frankfurt, den beiden Hauptniederlassungen Ihrer Firma. Sie sind als Replikationspartner konfiguriert. Jeder WINS-Server ist als secondary WINS-Server für die andere Hauptniederlassung eingerichtet. In Frankfurt sind 1.400 Rechner an das Netzwerk angeschlossen, während in Hamburg 450 Computer im Netzwerk arbeiten. Alle sind als WINS-Clients angeschlossen. Normalerweise fahren die Mitarbeiter jeden Freitag ihre Rechner herunter, um sie am Montag Morgen um 8 Uhr neu zu starten.

Ihnen fällt auf, dass einige Rechner aus Frankfurt am Montag Morgen sich am WINS-Server in Hamburg anmelden.

Welche Schritte können Sie unternehmen, um die Wahrscheinlichkeit zu erhöhen, dass die Computer sich an ihrem Server vor Ort anmelden?

Antworten

- ☐ 1. Modifizieren Sie das Erneuerungsintervall des WINS-Servers in Frankfurt.
- ☐ 2. Modifizieren Sie die Maximalanzahl der verifizierten Datensätze pro Periode auf beiden WINS-Servern.
- ☐ 3. Verändern Sie das Burst Handling auf dem WINS-Servern in Frankfurt.
- ☐ 4. Verändern Sie das Löschinterval auf beiden WINS-Servern.

Erklärung

Wenn Sie das Burst Handling auf dem WINS-Server in Frankfurt auf *Low* einstellen, erlaubt die Auswahl dem Server, auf die Registrierungsanfrage schneller zu antworten, als wenn das Setting auf *High* gestellt wäre. Das Burst Handling ermöglicht dem WINS-Server, kurz Verbindungen zu Clients zu leasen, ohne dass die Namen der Clients in der WINS-Datenbank registriert werden. Wenn Clients Erneuerungsanforderungen an einen Server senden, dessen Load reduziert wurde, veröffentlicht dieser normale Leases und registriert die Namen in der Datenbank.

Setzen Sie das Burst Handling auf *Low*, so wird es alle 300 Anfragen aktiviert. Durch die Einstellung *Medium* findet dieses alle 500, bei *High* alle 1.000 Anfragen statt.

Das Löschinterval (extincion timeout) wird verwendet, um die Periode zwischen dem Zeitpunkt der Freigabe eines in der WINS-Datenbank registrierten Eintrags und seiner Löschung zu regeln. Ist ein Eintrag zur Löschung markiert, wird er aus der Datenbank nach Ablauf der Zeit gelöscht, die im Wert *extincion timeout* hinterlegt ist.

Sie definieren die Maximalanzahl der verifizierten Datensätze pro Periode, um die Anzahl der Einträge in der Datenbank eines WINS-Servers zu bestimmen und den Wert mit der Anzahl der Einträge zu vergleichen, die in der WINS-Datenbank des

Servers vorliegt, dem die Datensätze gehören. Die Einstellung wird dann verwendet, wenn WINS-Server als WINS-Replizierungspartner konfiguriert werden.

Das Erneuerungsintervall (renewal interval) legt die Zeit fest, für die eine Namensregistrierung gültig ist.

Frage 39

Sie planen die Konfiguration der **I**nternet **P**rotocol-Adressen (IP) Ihrer Firma. Hierfür wollen Sie Adressen aus dem privaten IP-Adressblock 172.16.0.0/12 verwenden. Sie wollen eine Subnetzmaske für das gesamte Unternehmen verwenden. In näherer Zukunft ist geplant, dass das Netz auf 500 Subnetze mit höchstens 2.000 Hosts pro Subnetz anwachsen soll. Welche Subnetzmaske sollten Sie einsetzen?

Antworten

- ☐ 1. 255.255.240.0
- ☐ 2. 255.255.224.0
- ☐ 3. 255.255.252.0
- ☐ 4. 255.255.248.0

Erklärung

Sie sollten die Subnetzmaske 255.255.248.0 verwenden. Diese Maske reserviert 9 Bit zur Subnetz-Identifizierung und 11 Bit für die Identifizierung des Host. Die 9 Bit ermöglichen Ihnen die Definition von bis zu 510 Subnetzen. In jedem einzelnen Subnetz lassen sich mit den 11 Bit wiederum bis zu 2.046 Hosts adressieren.

- Die Subnetzmaske 255.255.224.0 unterstützt nur 126 Subnetze.
- Die Subnetzmaske 255.255.240.0 unterstützt nur 254 Subnetze.
- Die Subnetzmaske 255.255.252.0 unterstützt 1.022 Subnetze.

Hinweis: Wenn Ihre Router und Hosts die all-zeros and all-ones subnets unterstützen, können Sie bis zu 512 Subnetze mit der Subnetzmaske 255.255.248.0, bis zu 128 Subnetze mit der Subnetzmaske 255.255.224.0 und bis zu 256 Subnetze mit der Subnetzmaske 255.255.240.0 definieren. Dieses Verfahren wird von Hosts und Routern unterstützt, die mit Windows 2000 Server oder Windows 2000 Professional eingerichtet sind.

Frage 40

Sie verwalten WINS01 und WINS02, zwei Computer mit Windows 2000, auf denen der **W**indows **I**nternet **N**ame **S**ervice (WINS) installiert ist. WINS01 steht in Ihrem Büro in Düsseldorf, WINS02 ist in der Zweigniederlassung in München aufgebaut. Jedes Büro hat circa 1.000 Rechner. Alle Computer sind Clients ihres lokalen **D**ynamic **H**ost **C**onfiguration **P**rotocol (DHCP) Servers. Jeder DHCP-Server ist so konfiguriert, dass er den lokalen WINS-Server als primären WINS-Server und den entfernten WINS-Server als sekundären WINS-Server zuweist, der Adressen für die Clients vergibt. Beide Standorte sind mit einer 256-KBit-Verbindung verbunden. Deshalb wollen Sie die Menge des Datenverkehrs reduzieren, der für die Replizierung des WINS anfällt.

Wie sollten Sie die Replizierung für WINS01 und WINS02 konfigurieren?

Antworten

- [ ] 1. Konfigurieren Sie WINS01 als Push Partner von WINS02; WINS02 richten Sie als Pull Partner von WINS01 ein. WINS01 wird so eingerichtet, dass er die Anfrage nach den Änderungen um 18 Uhr alle zwölf Stunden abschickt.
- [ ] 2. Konfigurieren Sie WINS01 und WINS02 jeweils als Push and Pull Partners füreinander. WINS01 soll die Anfrage nach den Änderungen um 18 Uhr, WINS02 um 19 Uhr starten, in einem Intervall von jeweils zwölf Stunden.
- [ ] 3. Richten Sie WINS01 und WINS02 als Push Partners füreinander ein, die sich alle 30 Änderungen updaten.
- [ ] 4. Konfigurieren Sie WINS01 als Pull Partner von WINS02, WINS02 als Push Partner von WINS01. WINS02 soll die Anfragen um 18 Uhr und jeweils zwölf Stunden später starten.

Erklärung

Sie sollten WINS01 und WINS02 als Push and Pull Partners füreinander konfigurieren. Jeder Server wird so eingerichtet, dass die Update-Anforderungen außerhalb der Bürozeiten durchgeführt werden, wenn der sonstige Verkehr auf der 256-KBit-Verbindung am geringsten ist. Hierbei müssen Sie sicherstellen, dass jeder Server seinen Partner anspricht, da Sie sonst die Datenbanken auf dem Laufenden halten. Die Anzahl der Änderungen, die eine Replizierung auslöst, sollten Sie auf einen höheren Wert einstellen, als im Mittel im Zeitraum von zwölf Stunden auftreten. Dies hilft Ihnen bei der Sicherstellung, dass die Replizierung hauptsächlich innerhalb des definierten Intervalls stattfindet.

WINS01 und WINS02 sollten nicht nur als Push Partners füreinander eingerichtet sein, da Sie so nicht bestimmen können, wann die Replizierung stattfindet. Auch die Einrichtung von WINS01 als Push Partner von WINS02 und WINS02 als Pull Partner von WINS01 ist ungünstig. In dieser Konfiguration würden die Änderungen von WINS01 nicht auf WINS01 repliziert werden. Ebenfalls ungünstig ist die Einrichtung von WINS01 nur als Pull Partner von WINS02 und WINS02 als Push Partner von WINS01. So würden Änderungen auf WINS02 nicht zu WINS02 repliziert werden.

Frage 41

Sie verwalten eine gemischte Windows 2000-Domain für Ihre Firma. Sie konfigurieren eine Wählen-bei-Bedarf-Verbindung zwischen einem Router, der in der Hauptniederlassung Ihrer Firma mit Windows 2000 Server arbeitet, und einem Router mit Windows 2000 Server in einer Zweigstelle des Unternehmens. In der Routing and Remote Access-Konsole fügen Sie das Routingprotokoll RIP version 2 for Internet Protocol beiden Routern hinzu.

Was sollten Sie zusätzlich implementieren, damit die Router **R**outing **I**nformation **Pro**tocol-Routen (RIP) gemeinsam nutzen, jedoch Meldungen der RIP-multicasts über Bedarfs-Verbindungen vermeiden?

Antworten

- ☐ 1. Konfigurieren Sie RIP für den autostatischen Aktualisierungsmode auf den Bedarfswahlschnittstellen.
- ☐ 2. Aktivieren Sie ICMP Router Discovery.
- ☐ 3. Konfigurieren Sie RIP für den Periodic Update Mode auf den Bedarfswahl-Schnittstellen.
- ☐ 4. Konfigurieren Sie eine statische Route zu dem Remoterouter für das Anwenderkonto, das für die Bedarfswahl-Schnittstellen verwendet wird.

Erklärung

Sie sollten RIP für den autostatischen Aktualisierungs-Mode auf den Bedarfswahlschnittstellen konfigurieren. Der autostatische Aktualisierungs-Mode ist die Standardkonfiguration für Bedarfswahlschnittstellen. In diesem Mode tauschen die Router nur dann Routen aus, wenn dies durch einen Verwalter eingeleitet wird. Sie initiieren eine Aktualisierung durch das Auswählen von Update-Routen aus dem Kontextmenü der Bedarfswahlschnittstelle im allgemeinen Eintrag des IP-Routingeintrags in der Routing-und-Remote Access-Konsole. Sie können auch eine Stapeldatei erstellen, die das Hilfsprogramm netsh einsetzt, um autostatische Aktualisierungen auszuführen. Hiernach setzen Sie den Task-Scheduler ein, um den Batchjob regelmäßig zu starten.

Sie sollten RIP nicht für den peroidischen Update-Modus auf den Bedarfswahlschnittstellen konfigurieren. Der peroidische Update-Modus initiiert RIP-Aktualisierungen alle 30 Sekunden. Dabei erzeugt dieser Mode zu viel Verkehr für eine Bedarfswahl-Schnittstelle.

In einer Domäne im gemischten Modus können Sie keine statische Route auf einem Anwenderkonto konfigurieren. In einer Native-Mode-Domäne jedoch steht dieses Attribut auf dem Einwahl-Register der Eigenschaften-Dialogbox eines Anwenderkontos zur Verfügung. Dieses Attribut wird verwendet, um statische Routes für eine Bedarfswahl-Verbindung zu definieren.

Sie aktivieren ICMP Router Discovery, um einem Computer mit Windows 2000 Server oder Windows 2000 Professional die Möglichkeit zu geben, Router auf demselben Subnetz wie der Computer ausfindig zu machen. Sollte ein Standardgateway für einen Host nicht konfiguriert sein oder nicht zur Verfügung stehen, kann der Host eine *router solicitation*-Meldung schicken, um einen Router zu entdecken, der als Standardgateway fungieren kann.

Frage 42

Sie installieren den DHCP-Serverdienst auf *Srv003*, einem Windows 2000 Server. *Srv003* ist Mitglied in der Windows 2000-Domäne Ihres Unternehmens. Beim Öffnen der DHCP-Konsole und der Verbindung zu *Srv003* stellen Sie fest, dass das Symbol für *Svr003* einen nach unten gerichteten roten Pfeil zeigt. Welchen Schritt sollten Sie unternehmen, um das Symbol in einen grünen Pfeil zu verwandeln?

Antworten

- [ ] 1. Setzen Sie den Bereichserstellungsassitenten ein, um einen Bereich zu erzeugen.
- [ ] 2. Verwenden Sie die DHCP-Konsole, um *Srv003* zu autorisieren.
- [ ] 3. Konfigurieren Sie die DHCP-Konsole, um *Svr003* für die Aktualisierung von DNS freizuschalten.
- [ ] 4. Setzen Sie die Diensteverwaltung in der Systemsteuerung ein, um den DHCP-Serverdienst neu zu starten.

Erklärung

Nachdem Sie den DHCP-Serverdienst auf einem Computer installiert haben, zeigt das Symbol für den Computer so lange einen roten Pfeil, bis der Server im Active Directory autorisiert ist. Die Autorisierung nehmen Sie in der DHCP-Konsole vor. Erst dann kann der Server Adressen an Clients vergeben.

Sobald der DHCP-Server im Active Directory autorisiert ist und das Symbol nach Inkrafttreten der Autorisierung immer noch einen roten Pfeil zeigt, sollten Sie versuchen, den Dienst erneut zu starten. Sie können den Dienst entweder von *Dienste* in der Systemsteuerung oder von der DHCP-Konsole neu starten.

Sie können den Bereichserstellungsassitenten einsetzen, um einen neuen Bereich zu erzeugen. Alternativ konfigurieren Sie den Server, um den DNS-Server entweder vor oder nach der Autorisierung des DHCP-Servers im Active Directory zu aktualisieren. Keiner dieser Schritte kann jedoch den roten Pfeil in einen grünen verwandeln.

Frage 43

Sie verwalten drei Windows 2000 Server, die als Netzwerkrouter konfiguriert sind. Sie fügen das **R**outing **I**nformation **P**rotocol (RIP) für **I**nternet **P**rotocol (IP) allen drei Computern hinzu. Jeder Computer dient als Router für drei Subnetze. Router123 wird mit Subnetz1, Subnetz2 und Subnetz3 verbunden. Auf Router345 greifen Subnetz3, Subnetz4 und Subnetz5 zu, während Router567 die Netze Subnetz5, Subnetz6 und Subnetz7 verwaltet. Obwohl Sie das RIP auf allen drei Routern installieren, können Mitarbeiter mit ihren Rechnern auf Subnetz1 nicht mit Computern auf Subnetz7 kommunizieren.

Welchen Schritt unternehmen Sie zuerst, um sicherzustellen, dass die Computer auf Subnetz1 mit Computern auf Subnetz7 kommunizieren können?

Antworten

- ☐ 1. Aktivieren Sie die Routerauthentisierung.
- ☐ 2. Für jede Schnittstelle konfigurieren Sie die IP-Adresse der anderen mit einem gemeinsamen Segment verbundenen Router als Standardgateway.
- ☐ 3. Löschen Sie sämtliche statischen Routen.
- ☐ 4. Definieren Sie die Schnittstelle oder Schnittstellen, die RIP verwenden sollen.

Erklärung

Wenn Sie RIP installieren, werden keine Schnittstellen standardmäßig zum Einsatz von RIP konfiguriert. Diese Arbeit ist Ihnen vorbehalten. Auf jedem Router, der das RIP verwenden soll, müssen die Schnittstellen eingerichtet werden.

Sie sollten weder sämtliche statische Routen auf jedem Router löschen noch die IP-Adresse der anderen mit einem gemeinsamen Segment verbundenen Router als Standardgateway konfigurieren.

Wenn Sie nur zwei Computer mit Windows 2000 haben, die als Router konfiguriert sind, müssen Sie das RIP nicht einsetzen. Stattdessen können Sie den Standardgateway auf der Schnittstelle des gemeinsamen Segments mit der IP-Adresse der Schnittstelle des anderen Routers auf dem gemeinsamen Segment konfigurieren.

Die Routerauthentisierung muss für diese Arbeit nicht aktiviert sein. Wenn Sie die Authentisierung auf einer Schnittstelle aktivieren, müssen Sie auch die anderen Router, die dieser Schnittstelle Meldungen abgeben, für die Authentisierung konfigurieren. Hier setzen Sie die gleichen Passwörter ein. Die Routerauthentisierung wird hauptsächlich für die Identifizierung von anderen RIP-aktivierten Routern eingesetzt. Bevor Sie die Routerauthentisierung aktivieren können, müssen Sie die Schnittstellen definieren, die das RIP verwenden sollen.

Frage 44

Auf einem Windows 2000 Server installieren Sie den DHCP-Serverdienst auf einem Subnetzwerk Subnetz01. Sie wollen, dass die Clients von Subnetz02 ihre Adressen von diesem DHCP-Server erhalten. Die Subnetze 01 und 02 sind mit dem gleichen Router verbunden. Welches Programm setzen Sie ein, um auf Subnetz02 einen Windows 2000 Server als DHCP relay agent zu konfigurieren?

Antworten

- ☐ 1. Routing and Remote Access.
- ☐ 2. Den Assistenten zum Hinzufügen/Entfernen von Programmen.
- ☐ 3. Die Dialogbox für die Eigenschaften der lokalen Verbindung.
- ☐ 4. Den Registry Editor.

Erklärung

Sie verwenden den **R**outing and **R**emote **A**ccess-Dienst (RRAS), um den DHCP relay agent zu installieren und zu konfigurieren. Dieser Service wird als ein Routingprotokoll im IP-Routingbereich des RRAS hinzugefügt.

Den Registry Editor setzen Sie ein, um einen Computer als WINS-Proxy zu konfigurieren.

Der Assistent zum Hinzufügen/Entfernen von Programmen wird verwendet, um den DHCP-Serverdienst zu installieren. Der DHCP relay agent lässt sich hiermit jedoch nicht einspielen.

Sie verwenden die Dialogbox der Eigenschaften der lokalen Verbindung, um die Eigenschaften der meisten Netzwerkprotokolle und Dienste zu verwalten (außer den DHCP-Relais-Agent).

Frage 45

Sie verwalten einen Windows 2000 Server, der als Router konfiguriert ist. Sie richten eine statische Route zu einem der Subnetze Ihres Unternehmens ein, auf dem die Hostadressen zwischen 192.168.10.129 und 192.169.10.190 liegen. In der Routing-und-Remote Access-Konsole wählen Sie *New Static Route* aus dem Kontextmenü des Static Route-Bereichs. Sie tragen als Ziel 192.168.10.128 ein.

Welchen Wert sollten Sie im Feld *Netzwerkmasken* eingeben, um diese Route zu definieren?

Antworten

- [ ] 1. 255.255.255.240
- [ ] 2. 255.255.255.192
- [ ] 3. 255.255.255.224
- [ ] 4. 255.255.255.128

Erklärung

Sie sollten die Subnetzmaske 255.255.255.192 eingeben. Diese Subnetzmaske wird verwendet, um die Subnetze 192.168.10.0, 192.168.10.64, 192.168.10.128 und 192.168.10.192 zu definieren. Die auf dem Subnetz 192.168.10.128 unterstützten Hostadressen liegen im Bereich von 192.168.10.129 bis 192.168.10.190.

- Die auf dem Subnetz 192.158.10.128 mit der Subnetzmaske 255.255.255.128 unterstützten Hostadressen liegen im Bereich von 192.168.10.129 bis einschließlich 192.168.10.254.
- Die auf Subnetz 192.168.10. 128 mit der Subnetzmaske 255.255.255.224 unterstützten Hostadressen sind 192.168.10.129 bis einschließlich 192.168.10.158.
- Die auf Subnetz 192.168.10.128 mit der Subnetzmaske 255.255.255.240 unterstützten Hostadressen liegen von 192.168.10.129 bis 192.168.10.142.

Frage 46

Sie verwalten ein Netzwerk mit Windows 2000. Der **D**ynamic **H**ost **C**onfiguration **P**rotocol-Serverdienst (DHCP) ist auf einem der Windows 2000 Server installiert. Sie wollen einen einmaligen Satz von Optionen für alle Clients konfigurieren, die auf das Netzwerk mittels einer DFÜ-Verbindung zugreifen. Sie erstellen eine anwenderdefinierte Klasse in der DHCP-Konsole. Welches Utility sollten Sie verwenden, um jeden der DFÜ-Clients als Miglieder dieser Klasse zu konfigurieren?

Antworten

- [ ] 1. Die Netzwerk- und DFÜ-Verbindungen.
- [ ] 2. *Ipconfig*.
- [ ] 3. Die DHCP-Konsole.
- [ ] 4. *netdiag*.

Erklärung

Sie rufen das Programm *ipconfig* mit dem Schalter */setclassid Klassenkennung* auf, um die Netzwerkadapterkarte auf dem Client zu konfigurieren. Hier übergeben Sie dem Adapter die DHCP-Klassenkennung für die Klassenmitgliedschaft. Das Programm *netdiag* steht Ihnen für die Durchführung einer Serie von Tests zur Verfügung, um den Status des Netzwerkclients auf einem Computer festzustellen.

Die DHCP-Konsole setzen Sie ein, um eine Anwenderklasse zu erstellen und um die Optionen zu definieren, die als Mitglieder dieser Klasse zu konfigurieren sind. Sie verwenden die Konsole jedoch nicht für die Konfiguration spezifischer Clients als Mitglieder der Klasse.

Sie wenden Netzwerk- und DFÜ-Verbindungen an, um die Eigenschaften jeder lokalen Verbindung zu konfigurieren und um DFÜ-Verbindungen zu erstellen und zu konfigurieren. Diese Schnittstelle liefert jedoch keine Möglichkeiten zur Konfiguration eines DHCP-Klassenkennzeichens.

Frage 47

Sie verwalten einen Windows 2000 Server, auf dem der WINS-Dienst installiert ist. Sie wollen sicherstellen, dass eine Backup-Kopie der WINS Datenbank vorhanden ist, falls die aktive Datenbank defekt ist oder zerstört wird. Was ist der erste Schritt, den Sie unternehmen sollten, um die Datenbank so zu konfigurieren, dass die Sicherheitskopie automatisch und mit einem Minimum an administrativem Aufwand erstellt wird?

Antworten

- [ ] 1. Setzen Sie die WINS-Konsole ein, um einen Backup-Pfad auf dem allgemeinen Register der Eigenschaften des WINS-Servers zu definieren.
- [ ] 2. Verwenden Sie das Jetpack-Utility.
- [ ] 3. Verwenden Sie Windows 2000 Backup, um das Backup für die WINS-Datenbank zu konfigurieren.
- [ ] 4. Konfigurieren Sie einen WINS-Replikationspartner.

Erklärung

Die schnellste und einfachste Methode zur Sicherung der Daten ist direkt in der WINS-Konsole zu finden. Hier tragen Sie einen Backup-Pfad auf dem allgemeinen Register in den Eigenschaften des WINS-Servers ein. Sobald Sie den Pfad definiert haben, wird WINS die Datenbank alle drei Stunden automatisch sichern. Zusätzlich können Sie auch eine Option auf dem allgemeinen Register einsetzen, damit die Datenbank ebenfalls gesichert wird, wenn Sie den Server herunterfahren.

Sie setzen Jetpack ein, um die WINS-Datenbank zu komprimieren. Hierbei findet jedoch keine Sicherung der Daten statt.

Windows 2000 Backup hat keine Konfigurationsoption, die spezifiziert, dass die WINS-Datenbank zu sichern ist. Natürlich kann eine Datensicherung mit Windows 2000 Backup die Sicherung der WINS-Datenbank enthalten, wenn Sie das entsprechende Verzeichnis sichern lassen. Standardmäßig werden die Daten im Verzeichnis *<systemroot>\System32\Wins\Wins.mdb* abgelegt.

Sie konfigurieren einen WINS Replikations-Partner für einen WINS-Server, um sicherzustellen, das die in der Datenbank jedes Partners registrierten Einträge in der Datenbank des anderen Partners zur Verfügung stehen. Sie sollten jedoch die umfangreiche Datenbank von einem Server zum anderen nicht wiederherstellen.

Frage 48

Sie setzen den Gruppenrichtlinieneditor ein, um eine IPSec-Richtlinie für das mit einem Gruppenrichtlinienobjekt (GPO) in Ihrer Windows 2000-Domäne verbundene **O**rganizational **U**nit (OU) zu erstellen. Welchen Schritt unternehmen Sie zuerst, um sicherzustellen, dass die Richtlinie Anwendung auf die vier Computer in der OU findet?

Antworten

- [ ] 1. Setzen Sie den IP Security Policies-Bereich im Gruppenrichtlinieneditor ein, um die Richtlinie zuzuweisen.
- [ ] 2. Führen Sie das Programm *ipsecmon* aus.
- [ ] 3. Starten Sie den Richtlinien-Agenten auf jedem der vier Computer erneut.
- [ ] 4. Starten Sie *secedit /refreshpolicy machine_policy* auf jedem der vier Computer.

Erklärung

Der erste Schritt, den Sie unternehmen sollen, um eine IPSec-Richtlinie zu aktivieren, ist die Zuweisung der Richtlinie im Bereich *IP Sicherheit Richtlinie* im Gruppenrichtlinieneditor. Wenn Sie eine neue IPSec-Richtlinie erstellen oder eine vordefinierte Richtlinie ausführen wollen, müssen Sie die Richtlinie vorher zuweisen.

Sie rufen das Programm *secedit* mit der *refreshpolicy*-Option auf, um eine Änderung der Einstellungen einer GPO sofort durchzuführen, anstatt die nächste planmäßige Aktualisierung abzuwarten. Die Einstellungen werden standardmäßig alle 90 Minuten auf einem Clientcomputer aktualisiert. Wäre die IPSec-Richtlinie nicht zugewiesen worden, so würden keine Änderungen der Einstellungen für die Richtlinie erfolgen.

Sie rufen den IP-Sicherheitsüberwachungsmonitor (*Ipsecmon.exe*) auf, um IP-Sicherheitszuordnungen und IP-Statistiken zu prüfen.

Wenn Sie sicherstellen wollen, dass die Änderungen, die Sie bei einer IPSec-Richtlinie durchgeführt haben, in Kraft treten, sollten Sie den Richtlinien-Agenten wieder starten. Die Änderungen treten jedoch nicht in Kraft, wenn die Richtlinie nicht angewendet wurde.

Frage 49

Sie verwalten einen Windows 2000 Server, der als Remote Access-Server konfiguriert ist und Multilinking unterstützt. Sie wollen eine Funktion aktivieren, um jeden Link einzeln zu bestimmen, der gewählt werden kann, um einen Link von einem Client während einer Remote Access-Session hinzuzufügen.

Welche Option sollten Sie zur Konfiguration einer Remote Access-Richtlinie aktivieren, damit Sie einzigartige Kennzeichen definieren können?

Antworten

- ☐ 1. Das erweiterbare Authentisierungsprotokoll.
- ☐ 2. Die **L**ink **C**ontrol **P**rotocol-Erweiterungen (LCP).
- ☐ 3. Dynamische Bandbreitenkontrolle durch BAP oder BACP.
- ☐ 4. BAP für dynamische Multilink-Anfragen.

Erklärung

Sie sollten die Unterstützung für die **L**ink **C**ontrol **P**rotocol-Erweiterungen (LCP) aktivieren. Dieses schalten Sie in den Eigenschaften der Routing-und-Remote Access-Konsole des Remoteservers ein. Hiernach rufen Sie die Eigenschaften des Portbereichs in der Routing-und-Remote Access-Konsole auf, um jeden einzelnen Port einzurichten, der für Multilink zugelassen sein soll. Jeder Port erhält hierfür eine Telefonnummer für den Link.

Das **B**andwidth **A**llocation **P**rotocol (BAP) und **B**andwidth **A**llocation **C**ontrol **P**rotocol (BACP) übernimmt während einer Multimediasession bei Bedarf das dynamische Hinzufügen oder Ablegen von Links. Sie aktivieren diese Option durch das Setzen des Schalters *Dynamische Bandbreite mit BAP oder BACP* in der Dialogbox der Eigenschaften des *PPP*-Registers in der Routing-und-Remote Access-Konsole des Remote Access-Servers.

Sie aktivieren die Unterstützung für das **E**xtensible **A**uthentication **P**rotocol (EAP), wenn Sie den Einsatz von Smartkarten oder **T**ransport **L**ayer **S**ecurity (TLS) zur Authentisierung ermöglichen wollen. Die EAP-Unterstützung wird auf dem Authentisierungs-Register der Eigenschaften eines Remote Access-Profils konfiguriert.

Sie aktivieren die Option *BAP ist für dynamische Mehrfachverbindungen erforderlich*, damit die Multilink-Anforderungen nur von Clients berücksichtigt werden, die für BAP konfiguriert sind. Sie aktivieren diese Option auf dem Register *Mehrfachverbindungen* der Eigenschaften eines Remote Access-Einwählprofils.

Frage 50

Sie verwalten einen Windows 2000 Server Server01. Der Rechner ist mit zwei Netzwerkkarten ausgestattet: Extern ist er mit dem Internet verbunden, die interne Netzwerkanbindung erfolgt über die Karte LAN01. Sie installieren das **N**etwork **A**ddress **T**ranslation-Protokoll (NAT), um den Clients einen Zugriff zum Internet zu ermöglichen. Server01 und die Clientcomputer befinden sich in einem entfernteren Raum. Sie wählen die Option *IP-Adressen auflösen für Clients, die DNS (Domain Name System) verwenden*, wenn Sie die Eigenschaften für NAT konfigurieren.

Welchen Schritt müssen Sie unternehmen, um die Namensauflösung für Internet-Ressourcen für die Clientcomputer zu aktivieren, die NAT für den Zugriff auf das Internet einsetzen?

Antworten

- [ ] 1. Sie müssen jeden Client mit der Adresse eines DNS-Servers konfigurieren.
- [ ] 2. Sie müssen den DNS-Dienst auf Server01 installieren.
- [ ] 3. Sie müssen den DNS-Dienst auf einem anderen Computer im Büro installieren.
- [ ] 4. Sie müssen sicherstellen, dass extern mit der Adresse eines DNS-Servers konfiguriert wird.

Erklärung

Sie müssen sicherstellen, dass extern mit der Adresse eines DNS-Servers konfiguriert wird. Wenn Server01 eine Anfrage zur Namensauflösung über NAT von einem Client erhält, leitet er die Anforderung an den in den TCP/IP-Eigenschaften von Extern konfigurierten DNS-Server weiter.

Die Installation des DNS-Dienstes auf Server01ist für die Aufgabe genauso wenig notwendig wie die Konfiguration eines jeden Clients mit der Adresse eines DNS-Servers. Um einen Client für den Einsatz von NAT euinzurichten, konfigurieren Sie den Standardgateway mit der IP-Adresse der Netzwerkkarte, die mit dem internen Netz auf dem Computer mit NAT verbunden ist. Sie müssen den DNS-Dienst nicht auf einem anderen Computer im Büro installieren.

Frage 51

Sie verwalten Windows 2000 Server in der Zentrale Ihres Unternehmens und in einer Niederlassung. Letztere hat eine 56-Kbps-Wählverbindung mit der Zentrale sowie eine T1-Leitung für das Internet. Die Mitarbeiter in der Niederlassung sind Teil eines Forschungsteams; sie müssen nur selten auf Firmenressourcen zugreifen, jedoch häufig im Internet arbeiten.

Sie wollen den Traffic für die Namensauflösung zwischen der Niederlassung und der Zentrale minimieren und eine lokale Unterstützung für **D**omain **N**ame **S**ystem-Clientanfragen (DNS) von der Niederlassung einrichten. Hierfür installieren Sie den DNS-Serverdienst auf einem Computer in diesem Büro.

Wie sollten Sie den DNS-Dienst auf dem Computer in der Niederlassung konfigurieren?

Antworten

- [ ] 1. Stellen Sie den Registry-Wert *NegativeTimeCache* auf 0.
- [ ] 2. Erstellen Sie ihn als einen Sekundärnamensserver für einen DNS-Primärnamensserver in der Zentrale.
- [ ] 3. Erstellen Sie ihn als DNS-Server, der nur für das Zwischenspeichern verwendet wird.
- [ ] 4. Erstellen Sie ihn als sekundären Server eines DNS-Servers in der Zentrale.

Erklärung

Sie sollten den DNS in der Niederlassung als *DNS-Server, der nur für das Zwischenspeichern verwendet wird,* erstellen. Dies erfolgt nicht durch die Konfiguration irgendwelcher Zonen auf dem Server, nachdem der DNS-Serverdienst installiert ist. Mit der Standard-Installation von DNS wird der Computer konfiguriert, um Kontakt mit den Root Name-Servern herzustellen, um an die Information heranzukommen, die für die Erledigung von Namen-Auflösungsanforderungen benötigt wird. Da die Mitarbeiter nur gelegentlich Zugriff auf die Ressourcen in der Zentrale brauchen, kann die Information über interne Namen nach Bedarf von einem DNS-Server in der Zentrale eingeholt werden, sobald eine Wählverbindung zu dieser Zentrale hergestellt ist.

Sie sollten den DNS-Server nicht als sekundären Server eines DNS-Servers in der Zentrale errichten. Ein Sekundär-Server ist ein DNS-Server, der Kontakt mit einem anderen DNS-Server (dem Weiterleitungsserver) herstellt, um die Fragen zu beantworten, für die der Sekundär-Server keine Antwort liefern kann – weder von den auf dem Sekundär-Server gespeicherten Daten noch von den Datensätzen in seinen Lokalzonen. Die Konfiguration des Servers in einem Exklusivmode zwingt den Server, Fragen weiterzuleiten. Hierbei hält der Modus ihn davon ab zu versuchen, die Fragen selbst zu beantworten, wenn keine Antwort aus einer Weiterleitung geliefert wird. Die Errichtung des Servers als Sekundär-Server würde den Verkehr auf der Verbindung zwischen der Zentrale und der Niederlassung erhöhen, da alle Namensauflösungs-Anforderungen an die Zentrale gerichtet würden.

In Windows 2000 konfigurieren Sie eine DNS-Weiterleitung anhand des Registers für die Weiterleitung der Eigenschaften des DNS-Servers im DNS-Manager. Die Konfiguration als Sekundär-Server erfolgt durch die Auswahl der Option *Keine Rekursionen verwenden* auf dem Register *Weiterleitung*.

Ein DNS-Weiterleitungsserver ist ein Server, an den andere DNS-Server Anfragen richten, die sie nicht beantworten können. Ein DNS-Server bedarf keiner Konfiguration, um als Weiterleitungsserver zu arbeiten. Stattdessen muss die IP-Adresse des als Weiterleitungsserver eingesetzten Computers auf jedem DNS-Server definiert sein, der den Weiterleitungsserver verwenden wird.

Sie sollten den DNS-Server nicht als sekundären Namensserver für einen primären DNS-Namensserver in der Zentrale einrichten. Ein sekundärer Namensserver ist ein DNS-Server, der so konfiguriert wird, dass er Aktualisierungen von einem Stamm-Namensserver für eine Zone erhält. Der sekundäre Namensserver hat eine Read-Only-Funktion, die Datensätze für eine Zone liefert und auf Client-Namensauflösungs-Anforderungen für diese Datensätze antwortet. Die Konfiguration des DNS-Servers in der Niederlassung als sekundärer Namensserver würde die Verbindung zwischen der Zentrale und der Niederlassung zusätzlich mit Zonentransfer-Verkehr belasten.

Sie sollten den Registry-Wert *NegativeTimeCache* nicht auf 0 stellen, da dieser Wert das Negativ-Caching außer Kraft setzen würde. Das Negative-Caching trägt dazu bei, die Anzahl der Fragen zu minimieren, die zur Auflösung eines nicht aufzufindenden Namens eingereicht werden. Sie sollten sicherstellen, dass der Registry-Wert *NegativeTimeCache* in dem Schlüssel *HKEY_Local_Machine\System\Current\ControlSet\Services\DNSCache\Parameters* auf eine Zahl größer 0 eingestellt wird. Die maximale Einstellung für diesen Wert ist 900 Sekunden (15 Minuten).

Frage 52

Sie verwalten einen Windows 2000 Server, der als ein Remote Access-Server konfiguriert ist. Der Computer ist Mitglied einer Windows 2000-Domäne. Sie aktivieren die Unterstützung für das **C**hallenge **H**andshake **A**uthentication **P**rotocol (CHAP) im Remote Access-Profil und erstellen eine neue Remote Access-Richtlinie. Welchen Schritt (oder welche Schritte) sollten Sie unternehmen, um sicherzustellen, dass Clients, die zum Einsatz von CHAP konfiguriert sind, authentisiert werden können?

Antworten

- ☐ 1. Wählen Sie die Option *Keine Kerberos Authentifizierung* auf dem Register *Konten* in den Eigenschaften für jeden Anwender, der CHAP einsetzen wird.
- ☐ 2. Konfigurieren Sie Domänenpasswörter, die unter Anwendung einer umkehrbaren Verschlüsselung gespeichert werden. Stellen Sie die Passwörter der Anwender, die CHAP einsetzen, neu ein.
- ☐ 3. Aktivieren Sie das Gastkonto auf dem Remote Access-Server.
- ☐ 4. Fügen Sie der Domänengruppe *Nicht Windows 2000 Kompatibler Zugriff* die Gruppe *Jeder* hinzu.

Erklärung

Sie sollten Domänenpasswörter konfigurieren, die unter Verwendung einer umkehrbaren Verschlüsselung gespeichert werden. Hiernach stellen Sie die Passwörter für die Anwender, die CHAP anwenden werden, neu ein. Sie können die Fähigkeit, Passwörter unter Anwendung der umkehrbaren Verschlüsselung zu speichern, konfigurieren. Dies erreichen Sie entweder durch das Einstellen der Option im Konto jedes Anwenders oder durch die Aktivierung in der Passwortrichtlinie eines Gruppenrichtlinienobjekts (GPO), das mit der Domäne verbunden ist, der die Anwenderkonten zugewiesen sind.

Sie fügen der Domänengruppe *Nicht Windows 2000 Kompatibler Zugriff* die Gruppe *Jeder* hinzu, um Windows NT 4.0-Servern den Zugriff auf Informationen im Active Directory zu ermöglichen. Diesen Schritt müssen Sie nicht wählen, um die Unterstützung für CHAP zu aktivieren.

Sie sollten das Gastkonto nicht aktivieren, da dieser Schritt einen unberechtigten Zugriff zulassen würde. Obwohl CHAP nicht so sicher wie das **M**icro**s**oft **C**hallenge **H**andshake **A**uthentication **P**rotocol (MS-CHAP) ist, ist es ein Authentisierungsprotokoll. So muss ein Anwender trotzdem ein gültiges Anwenderkonto und Passwort haben, um authentisiert zu werden.

Sie wählen die Option *Keine Kerberos Authentifizierung*, wenn das Objekt eine andere Implementierung von Kerberos einsetzt, als in Windows 2000 zur Verfügung steht (Kerberos, Version 5).

Frage 53

In einem Windows 2000-Netzwerk werden folgende Systeme von Ihnen verwaltet: Ein Windows 2000 Server mit Dynamic Host Configuration Protocol-Serverdienst, ein Windows 2000 Server mit dem Domänenamenssystem-(DNS-)Serverdienst und 20 Computer mit Windows 2000 Professional. Sämtliche Computer gehören derselben Windows 2000-Domäne an. Die Computer mit Windows 2000 Professional sind DHCP-Clients. Sie aktivieren die Unterstützung für dynamische Aktualisierungen auf der Forward Lookup-Zone und der Reverse Lookup-Zone des DNS-Servers. Sie wollen die Zeitdauer verlängern, die ein durch dynamische Registration erstellter Ressourcen-Datensatz von Namensauflösungen und anderen DNS-Servern im Cache behalten wird.

Wie sollten Sie den **T**ime-**to**-**L**ive-Wert (TTL) modifizieren, um die Verweilzeit dieser Datensätze im Cache zu erhöhen?

Antworten

☐ 1. Setzen Sie die DNS-Konsole ein, um den Standard-TTL-Wert im **S**tart **of** **A**uthority-Datensatz (SOA) für jede Zone zu modifizieren.

☐ 2. Verwenden Sie die DHCP-Konsole, um die Serveroptionen zu modifizieren.

☐ 3. Benutzen Sie den Registry Editor auf jedem DNS-Client, um die TTL-Einstellung für den TCP/IP-Dienst zu modifizieren.

☐ 4. Benutzen Sie den Registry Editor auf jedem DNS-Client, um die TTL-Einstellung für jede Netzwerkkarte zu modifizieren, an welche TCP/IP gebunden ist.

Erklärung

Sie sollten den Registry Editor auf jedem DNS-Client einsetzen, um die *StandardRegistrationTTL*-Einstellung für den TCP/IP-Dienst zu modifizieren. Sie könnten diesen Wert auch durch die Definition der Einstellung in einem Gruppenrichtlinien-Objekt (GPO) modifizieren, das mit einer Site, Domäne oder **O**rganizational **U**nit (OU) verbunden ist, der die Computer zugewiesen sind.

Sie müssen die TTL-Einstellung nicht für jede Netzwerkkarte auf dem DNS-Client modifizieren. Sie modifizieren den Standard TTL-Wert in dem SOA-Datensatz für jede Zone, um die minimale TTL für die in der Zone erzeugten statischen Datensätze zu definieren. Die Serveroptionen für DHCP enthalten keine Option für die Definition einer TTL für einen DNS-Ressourcen-Datensatz.

Frage 54

Sie verwalten die Computer in einer Niederlassung Ihrer Firma. 15 Computer stehen im Büro, alle mit Windows 2000 Professional ausgestattet. Sie wollen den **D**ynamic **H**ost **C**onfiguration **P**rotocol-Serverdienst (DHCP) nicht auf einem Computer im Büro installieren. Daher konfigurieren Sie jeden Computer mit einer statischen Internet Protocol-Adresse mit dem Subnetz-Kennzeichen 172.16.5.64/26. Fünf Mitarbeiter brauchen den gelegentlichen Zugriff auf einen Remoteserver in der Zentrale der Firma. Hierfür installieren Sie Modems auf deren Computern und konfigurieren DFÜ-Netzwerkverbindungen. Eine Woche später berichtet einer der Mitarbeiter, dass sein Computer – ein Computer, auf dem Sie ein Modem installierten – mit den anderen Computern in der Niederlassung nicht kommunizieren kann. Sie stellen fest, dass die Kommunikation scheitert, weil die Netzwerkkarte auf seinem Computer die Adresse 192.168.0.1/24 trägt.

Was ist der wahrscheinlichste Grund dafür, dass die Adresse so konfiguriert ist?

Antworten

- [ ] 1. Jemand hat den DHCP-Server auf einem Computer im Büro installiert und einen Bereich 192.168.0.0/24 erstellt.
- [ ] 2. Jemand hat die Einstellungen für die DFÜ-Netzwerkverbindung auf seinem Computer modifiziert, um das **I**nternet **C**onnection **S**haring (ICS), die gemeinsame Internetnutzung, zu aktivieren.
- [ ] 3. Die Adresse wurde durch den Remote Access-Server zugewiesen.
- [ ] 4. Die Adresse wurde durch das **A**utomatic **P**rivate **IP** **A**ddressing (APIPA) zugewiesen.

Erklärung

Die Netzwerkkarte trägt diese Adresse, weil die gemeinsame Internetnutzung aktiviert wurde. Wenn die gemeinsame Nutzung für Internetverbindungen auf einem Computer aktiviert wird, so wird der bezeichneten lokalen Verbindung die Adresse 192.168.0.1 zugewiesen und der DHCP-Allocator aktiviert. Wenn der DHCP-Allocator aktiviert ist, erhält jeder andere auf dem Subnetz als DHCP-Client konfigurierte Computer eine Adresse vom Subnetz 192.168.0.0/24 zugewiesen.

Es ist unwahrscheinlich, dass der DHCP-Serverdienst auf einem anderen Computer installiert worden ist, weil dieser Dienst nur auf einem Computer mit Windows 2000 Server installiert werden kann.

Wenn eine Adresse unter Anwendung von APIPA zugewiesen wird, liegt die Adresse im Bereich 169.254.0.0/16.

Der Remote Access-Server weist Adressen der Modemverbindung zu, nicht der Netzwerkkartenverbindung.

Frage 55

Sie verwalten einen Windows 2000 Server, der als Remote Access-Server konfiguriert worden ist. Ihm angeschlossen sind verschiedene Clients mit Windows 2000 Professional und Windows NT 4.0 Workstation. Sie wollen die sicherste Authentisierungsart aktivieren, die von allen Clients für Wählverbindungen verwendet werden kann. Hierbei sollen auch die zwischen den Clients und dem Remote Access-Server geschickten Daten verschlüsselt werden.

Welches Authentisierungsprotokoll sollten Sie implementieren?

Antworten

- ☐ 1. PAP
- ☐ 2. MS-CHAP
- ☐ 3. MS-CHAP v2
- ☐ 4. MD5-CHAP

Erklärung

Sie sollten das **M**icro**s**oft **C**hallenge **H**andshake **A**uthentication **P**rotocol (MS-CHAP) implementieren, da es die sicherste Authentisierungsart für Wählverbindungen von Windows NT 4.0- und Windows 9x-Clients gewährleistet. Es erlaubt auch die Verschlüsselung von Daten durch den Client und den Server anhand der **M**icrosoft **P**oint-to-**P**oint **E**ncryption (MPPE).

Das **P**assword **A**uthentication **P**rotocol (PAP) ist am wenigsten sicher, da es Klartext-Passwörter einsetzt.

Das **M**essage **D**igest **5** **C**hallenge **H**andshake **A**uthentication **P**rotocol (MD5-CHAP), auch als CHAP bekannt, unterstützt keine Datenverschlüsselung.

Das **M**icro**s**oft **C**hallenge **H**andshake **A**uthentication **P**rotocol **V**ersion **2** (MS-CHAP v2) unterstützt die Authentisierung von Windows NT 4.0- und Windows 98-Clients für VPN-Verbindungen, jedoch nicht für Wählverbindungen.

Frage 56

Sie aktivieren Routing und Remote Access auf einem Windows 2000 Server. Sie konfigurieren ihn als **V**irtual **P**rivate **N**etwork-Server (VPN). Nun müssen Sie den Zugriff zu dem VPN-Server für die Nutzer beschränken, die Mitglieder in der Windows 2000-Domäne sind. Sie konfigurieren die Konten der Mitglieder von *VPN-Zugang* durch die Option *Zugriff über RAS-Richtlinien steuern*. Sie löschen die Standard Remote Access-Richtlinie.

Welche Schritte sollten Sie unternehmen, um den Zugriff zum VPN ausschließlich auf die Mitglieder der Gruppe *VPN-Zugang* zu beschränken?

Antworten

- [ ] 1. Sie erstellen eine Remote Access-Richtlinie und stellen die Bedingung *Windows-Groups stimmen überein mit* in der Richtlinie ein.
- [ ] 2. Sie erstellen eine Remote Access-Richtlinie und konfigurieren das mit der Richtlinie verbundene Remote Access-Profil, um den Zugriff nur VPN-Mitgliedern zu erlauben.
- [ ] 3. Sie konfigurieren den Remote Access-Server, um nur EAP-TLS-Authentisierung anzuwenden.

Erklärung

Sie sollten eine Remote Access-Richtlinie erstellen und die Bedingung *Windows-Groups stimmen überein mit* in der Richtlinie einstellen. Hierdurch wird die Anwendung der Richtline nur den Mitgliedern von *VPN-Zugang* erlaubt. Da dies die einzige Richtlinie ist, werden die Verbindungsparameter anderer Anwender, die versuchen, auf das VPN zuzugreifen, der Richtlinie nicht entsprechen. Daher wird ihnen der Zugriff verweigert.

Sie können den Zugriff nicht durch Erlaubnisse auf dem Remote Access-Richtlinien-Objekt kontrollieren und auch nicht durch die Konfiguration des mit einer Remote Access-Richtlinie verbundenen Remote Access-Profils.

Sie müssen nicht ausschließlich die EAP-TLS-Authentisierung verwenden. Andere Authentisierungsarten können auch angewendet werden, solange die Remote Access-Richtlinie korrekt konfiguriert ist.

Frage 57

Ihr Unternehmen will eine Active Directory-Infrastruktur implementieren. Sie haben bestehende Systeme mit dem DNS-Serverdienst. Sie wollen diese Server aufrechterhalten, jedoch die Verantwortlichkeit für eine Zone an eine Active Directory-Subdomäne ADDns01 delegieren, einem Windows 2000 Advanced Server. Der Server Server01 ist der primäre DNS-Server für die bestehende DNS-Domäne Ihres Unternehmens. Welche Datensätze für ADDns01 müssen Sie auf Server01 definieren, um sicherzustellen, dass Anfragen im Active Directory erledigt werden können? (Wählen Sie mindestens zwei Antworten.)

Antworten

- ☐ 1. Ein Name Server Datensatz.
- ☐ 2. Ein SOA-(**S**tart-**o**f-**A**uthority-)Datensatz.
- ☐ 3. Ein Diensteressourceneintrag-Datensatz.
- ☐ 4. Ein Adressen-Datensatz.
- ☐ 5. Ein kanonischer Namensdatensatz.

Erklärung

Sie müssen sowohl einen Adressendatensatz als auch einen Namensserverdatensatz für ADDns01 definieren. Wenn Sie einen Namensserverdatensatz definieren, jedoch keinen Adressendatensatz, erstellen Sie eine defekte Delegation. Der *nslookup*-Befehl kann eingesetzt werden, um die Integrität der Zonendelegation zu verifizieren. Der Namensserverdatensatz wird manchmal als Delegationsdatensatz bezeichnet und der Adressendatensatz heißt ab und zu Glue-Datensatz.

Sie verwenden einen kanonischen Namensdatensatz (CNAME), um einen Alias für einen Host oder mehrere Hosts zu definieren. Jeder CNAME-Datensatz muss sich auf einen Adressen-Datensatz beziehen, der die richtige IP-Adresse für den Host enthält.

Sie müssen einen **S**tart **o**f **A**uthority-(SOA-)Datensatz auf ADDns01 für die delegierte Zone definieren.

Sie verwenden einen Diensteressourceneintrag-(SRV-)Datensatz, um Server festzustellen, die einen spezifischen Dienst liefern, wie zum Beispiel Domaincontroller, globale Katalog-Server und **L**ightweight **D**irectory **A**ccess **P**rotocol-Server (LDAP).

Frage 58

Sie verwalten eine Windows 2000-Domäne mit zwei Subnetzen: Subnetz01 und Subnetz02. Sie wollen die Zuweisung von Adressen an die Clients automatisieren. Hierfür installieren Sie den **D**ynamic **H**ost **C**onfiguration **P**rotocol-Serverdienst (DHCP) auf einem Windows 2000 Server pro Subnetz. Den Router, der die Subnetze trennt, konfigurieren Sie als DHCP Relay Agent. Sie erstellen einen Adressenbereich auf jedem DHCP-Server für jedes Subnetz. Die DNS-Zone, in der die Datensätze für die Computer der Subnetze erstellt und verwaltet werden, konfigurieren Sie für sichere dynamische Aktualisierungen. Die meisten Clients haben Windows 95. Daher aktivieren Sie die Option *Aktualisierung von DNS-Clients, die dynamisches Aktualisieren nicht unterstützen, aktivieren* auf beiden DHCP-Servern.

Mit welchen Schritt können Sie sicherstellen, dass jeder DHCP-Server in der Lage sein wird, den DNS-Datensatz für einen Client zu aktualisieren, wenn eine neue Adresse einem Client geleast wird, der die vorherige Lease von dem jeweils anderen DHCP-Server erhalten hat?

Antworten

- ☐ 1. Fügen Sie die Computerkonten für beide DHCP-Server der Gruppe DHCP-Administratoren hinzu.
- ☐ 2. Erstellen Sie eine Reservierung für jeden Client auf beiden DHCP-Servern.
- ☐ 3. Fügen Sie die Computerkonten für beide DHCP-Server der Gruppe DNSUpdateProxy hinzu.
- ☐ 4. Erstellen Sie einen Superbereich auf jedem DHCP-Server, der die bestehenden Bereiche enthält sowie die neuen Bereiche, die die von dem anderen DHCP-Server verwalteten Adressen definieren.

Erklärung

Sie sollten die Computerkonten für beide DHCP-Server der Gruppe *DNSUpdate Proxy* hinzufügen. Wenn DNS-Datensätze durch Mitglieder dieser Gruppe erstellt werden, haben die Datensätze keine Sicherheit. Daher wird keinem der DHCP-Server das Eigentum an den Datensätzen zugewiesen. Jeder DHCP-Server kann die vom anderen DHCP-Server erstellten DNS-Datensätze aktualisieren.

Eine Reservierung für die Clients auf beiden DHCP-Servern wäre keine kluge Maßnahme. Wenn die Server nicht Mitglieder der Gruppe *DNSUpdateProxy* sind, wird der Server, der einem Client eine erste Lease zuweist, den von ihm erstellten DNS-Datensatz besitzen. Der zweite DHCP-Server kann somit den DNS-Datensatz nicht aktualisieren.

Sie sollten die Computerkonten für beide DHCP-Server der Gruppe DHCP-Administratoren nicht hinzufügen, weil diese Gruppe nicht in der Lage ist, die Datensätze zu aktualisieren.

Wenn Sie zwei DHCP-Server einrichten, um Adressen für das gleiche Subnetz zur Verfügung zu stellen, erstellen Sie einen Bereich auf jedem DHCP-Server mit dem von diesem Server zu verwaltenden Adressensatz. Sie können diesen Bereich später erweitern, um zusätzliche Adressen einzuschließen und dann die vom anderen DHCP-Server verwalteten Adressen auszuschließen. Sie können jedoch keine neuen Bereiche erstellen, um vom anderen DHCP-Server verwaltete Adressen zu definieren, da die Adressennummernbereiche mit den benötigten Subnetzmasken der bestehenden Nummerbereiche kollidieren würden. Sie setzen einen Überbereich ein, um mehrfache Adressenbereiche von verschiedenen Subnetzen in getrennten Bereichen zu definieren, die Computern auf demselben physischen Segment zugewiesen werden können.

Frage 59

Sie verwalten einen Rechner mit Windows 2000 Server und dem **D**ynamic **H**ost **C**onfiguration **P**rotocol-Serverdienst (DHCP). Sie müssen einen Adressenbereich für ein Subnetzwerk hinzufügen, das für eine neue Abteilung installiert worden ist.

Was ist die höchste IP-Adresse, die Sie einem Host für die Subnetz-ID 172.16.32.0/21 zuweisen können?

Antworten

- [ ] 1. 172.16.47.254
- [ ] 2. 172.16.63.254
- [ ] 3. 172.16.35.254
- [ ] 4. 172.16.39.254

Erklärung

Ihnen steht der Adressbereich von 172.16.32.1 bis 172.16.39.254 für Hosts auf dem Subnetz zur Verfügung. Das Netzwerkpräfix /21 weist darauf hin, dass die ersten zwei Oktetts und fünf Bit im dritten Oktett für die Subnetz-ID reserviert sind. Der rangniedrigste Bit der fünf Bit im dritten Oktett stellt eine Erhöhung von 8 für die Subnetz-IDs dar. Die gültigen Subnetz-IDs umfassen 8, 16, 24, 32, 40 und 48. Die Adressenspanne von 172.16.32.1 bis 172.16.39.254 sind gültige Host-IDs für das Subnetz 172.16.32.0/21.

- Der Adressbereich 172.16.32.1 bis 172.16.35.254 sind gültige Host-IDs für das Subnetz 172.16.32.0/22.
- Der Adressbereich 172.16.32.1 bis 172.16.47.254 sind gültige Host-IDs für das Subnetz 172.16.32.0/20.
- Der Adressbereich 172.16.32.1 bis 172.16.63.254 sind gültige Host-IDs für das Subnetz 172.16.32.0/19.

Frage 60

Sie wollen die Kommunikation zwischen zwei Subnetzwerken in Ihrer Organisation anhand der **I**nternet **P**rotocol **Sec**urity (IPSec) im Tunnel-Mode realisieren. Wenn Sie eine Sicherheitsregel in einer IPSec-Richtlinie definieren, um eine sichere Kommunikation zwischen den Subnetzen zu gewährleisten, was ist die feinste Einstellung, für die Sie den Tunnel definieren können?

Antworten

- ☐ 1. Ein TCP- oder UDP-Port.
- ☐ 2. Ein IP-Protokoll.
- ☐ 3. Eine IP-Adresse.
- ☐ 4. Ein Application Layer Protocol.

Erklärung

IPSec im Tunnel-Mode für Windows 2000 unterstützt die zwischen IP-Subnetzen definierten Tunnel. Portspezifische, protokollspezifische und anwendungsspezifische Tunnel kann man nicht definieren. Wenn eine Regel für einen Tunnel definiert wird, müssen Sie die IP-Adresse des Endpunktes des Tunnels auf dem Zielsubnetz spezifizieren, wenn ein Filter für die Regel definiert wird. Für jeden Endpunkt des Tunnels muss es eine Regel in der IPSec-Richtlinie geben.

Frage 61

Sie verwalten Server01, einen Windows 2000 Server, auf dem Routing und Remote Access aktiviert ist. Sie installieren das **I**nternet **G**roup **M**anagement **P**rotocol (IGMP) auf Server01 in der Routing-und-Remote Access-Konsole. Server01 enthält zwei Netzwerk-Schnittstellenkarten: Intern und Extern. Letztere ist mit einem Netzwerk verbunden, auf dem ein multicastaktivierter Router installiert ist. Intern ist mit dem internen Netzwerk Ihrer Firma verbunden.

Wie sollten Sie das Multicasting auf Extern und Intern konfigurieren?

Antworten

- ☐ 1. Konfigurieren Sie sowohl Extern als auch Intern im IGMP-Proxy-Mode.
- ☐ 2. Konfigurieren Sie Extern im IGMP-Router-Mode. Konfigurieren Sie Intern im IGMP-Proxy-Mode.
- ☐ 3. Konfigurieren Sie sowohl Extern als auch Intern im IGMP-Router-Mode.
- ☐ 4. Konfigurieren Sie Extern im UGMP-Proxy-Mode und Intern im IGMP-Router-Mode.

Erklärung

Sie sollten Extern im IGMP-Proxy-Mode und Intern im IGMP-Router-Mode konfigurieren. Eine Schnittstelle im IGMP-Proxy-Mode ist für das Weiterleiten von Mulicastverkehr von einer im IGMP-Router-Mode konfigurierten Schnittstelle an ein und von einem multicastaktivierten Netzwerk verantwortlich. Eine Schnittstelle im IGMP-Router-Mode hört auf IGMP-Verkehr von Hosts und schickt IGMP-Fragen. Beide Schnittstellenarten aktualisieren die TCP/IP-Muticast-Forwarding-Tabelle.

Sie sollten die beiden Schnittstellen nicht im IGMP-Router-Mode konfigurieren. Die Schnittstelle Extern, die mit dem Netzwerk verbunden ist, auf dem ein multicastaktivierter Router installiert wurde, muss im IGMP-Proxy-Mode sein.

Sie sollten die beiden Schnittstellen nicht im IGMP-Proxy-Mode konfigurieren. Die Schnittstelle Intern, die mit dem internen Netzwerk verbunden ist, muss im IGMP-Router-Mode konfiguriert sein.

Frage 62

Sie installieren DHCP und DNS auf einem Windows 2000 Server und verwenden die Standardkonfigurationsparameter. Sie autorisieren den DHCP-Server im Active Directory. Wie wird die DNS-Datenbank modifiziert, wenn Sie einen Computer mit Microsoft Windows 2000 Professional starten und er eine Adresse von diesem DHCP-Server erhält? (Wählen Sie mindestens zwei Antworten.)

Antworten

- [ ] 1. Der DHCP-Server wird den A-Ressourcen-Datensatz des Clients aktualisieren.
- [ ] 2. Der DHCP-Client wird seinen eigenen PTR-Ressourcen-Datensatz aktualisieren.
- [ ] 3. Der DHCP-Server wird den PTR-Ressourcen-Datensatz des Clients aktualisieren.
- [ ] 4. Der DHCP-Client wird seinen eigenen A-(Host-)Ressourcen-Datensatz aktualisieren.

Erklärung

Ein Computer mit Windows 2000 Professional wird seinen eigenen A-Ressourcen-Datensatz in der DNS-Datenbank standardmäßig aktualisieren.

Der DHCP-Server wird auch den PTR-Ressourcen-Datensatz des Clients standardmäßig aktualisieren.

Frage 63

Sie verwalten verschiedene Computer mit Windows 2000 Server und Windows 2000 Professional. Der **W**indows **I**nternet **N**amen **S**ervice (WINS) ist auf einem der Computer mit Windows 2000 Server installiert. Sämtliche Windows 2000 Server und die Windows 2000 Professional-Rechner sind als Clients des WINS-Servers konfiguriert. Anwender berichten nun von Problemen. Wenn sie den Befehl *net use* einsetzen, um ein Laufwerk zu einem Verzeichnis auf Server01, einem der WINS-Clients mit Windows 2000 Server, zu mappen, erhalten sie eine Meldung, dass der Name nicht zu finden sei.

Welches Hlfsprogramm können Sie einsetzen, um sicherzustellen, dass die Datensätze für Server01 mit dem WINS-Server registriert werden?

Antworten

- ☐ 1. *netdiag*
- ☐ 2. *netstat*
- ☐ 3. *nbstat*
- ☐ 4. *ipconfig*

Erklärung

Sie können *nbstat* mit dem Schalter *-RR* verwenden, um NetBIOS-Namen mit dem konfigurierten WINS-Server zu registrieren.

Sie verwenden *ipconfig* mit dem Schalter */renew*, um Leases mit einem **D**ynamic **H**ost **C**onfiguration **P**rotocol-Server (DHCP) zu erneuern. Sie können *ipconfig* auch mit dem Schalter */registerdns* einsetzen, um sicherzustellen, dass die Ressourcen-Datensätze mit einem konfigurierten DNS-Server registriert werden.

Das Utility *netdiag* dient zur Feststellung des Status des Netzwerkclients auf einem Computer. *Netdiag* ist eins der Windows 2000-Unterstützungstools, das Sie auf der Installations-CD von Windows 2000 im Pfad *\Support\Tools* finden.

Frage 64

Sie verwalten Einzelplatzrechner mit Windows 2000 Server. Sie wollen das **E**ncrypting **F**ile **S**ystem (EFS) auf dem Computer außer Kraft setzen, um die folgenden Schritte durchzuführen:

- Ein Backup für die EFS-Wiederherstellungs-Zertifizierung erstellen.
- Ein Backup für den Privatschlüssel des EFS-Wiederherstellungs-Agenten erstellen.
- Die Zertifizierung des Wiederherstellungs-Agenten entfernen.
- Den Privatschlüssel des Wiederherstellungs-Agenten entfernen.

Sie unternehmen Folgendes:

- Login mit dem Administratorenkonto.
- Die lokale Sicherheitsrichtlinien-Konsole öffnen und den Bereich der Richtlinien Öffentlicher Schlüssel erweitern.
- Die Zertifizierung exportieren, die dem Verwalter für Dateiwiederherstellung im Bereich verschlüsselter Datenwiederherstellungs-Agent ausgestellt wurde.
- Die Option für das Exportieren des Privatschlüssels wählen.
- Die Option für das Löschen des Privatschlüssels wählen, falls der Export gelingt.
- Die Zertifizierung und den Privatschlüssel auf einer Diskette speichern.
- Die dem Administrator für Dateiwiederherstellung ausgestellte Zertifizierung löschen.

Welche Ergebnisse werden durch diese Aktionen erfolgen? (Wählen Sie alle Antworten, die gelten.)

Antworten

- ☐ 1. Ein Backup für den Privatschlüssel des EFS-Wiederherstellungs-Agenten.
- ☐ 2. Ein Backup für die Zertifizierung des EFS-Wiederherstellungs-Agenten.
- ☐ 3. Die Entfernung der Zertifizierung des Wiederherstellungs-Agenten.
- ☐ 4. Die Entfernung des Privatschlüssels des Wiederherstellungs-Agenten.

Erklärung

Durch diese Maßnahmen sichern Sie die Zertifizierung und den Privatschlüssel; es gelingt Ihnen jedoch nicht, die Zertifizierung und den Privatschlüssel des Wiederherstellungs-Agenten zu entfernen. Sie müssen den Computer neu starten, um das Entfernen abzuschließen.

Das eingebaute Administratorenkonto ist der Standard-Wiederherstellungs-Agent für ein Einzelsystem. Die lokale Sicherheitsrichtlinien-Konsole ist das richtige Werkzeug, um die Dateiwiederherstellungs-Zertifizierung und den verbundenen Privatschlüssel zu exportieren und zu entfernen.

Frage 65

Die Standard-Remote Access-Erlaubnis für Ihre Anwenderkonten wird auf *Zugriff verweigern* eingestellt. 40 Anwender haben die Remote Access-Erlaubnis *Zugriff gestatten*. Sie ändern Ihren Domänen-Modus von *Mixed Mode* auf *Native Mode*. Wie wird dies die Remote Access-Erlaubnisse Ihrer Anwender beeinflussen? (Wählen Sie mindestens zwei Antworten.)

Antworten

- ☐ 1. Diejenigen, die bisher die Remote Access-Erlaubnis *Zugriff verweigern* hatten, werden jetzt die Einstellung *Zugriff über RAS-Richtlinien steuern* haben.
- ☐ 2. Diejenigen, die bisher die Remote Access-Erlaubnis *Zugriff gestatten* hatten, werden die Einstellung *Zugriff über RAS-Richtlinien steuern* haben.
- ☐ 3. Diejenigen, die bisher die Remote Access-Erlaubnis *Zugriff gestatten* hatten, werden die Einstellung behalten.
- ☐ 4. Diejenigen, die bisher die Remote Access-Erlaubnis *Zugriff gestatten* hatten, werden die Einstellung *Zugriff verweigern* haben.

Erklärung

Wenn die Remote Access-Erlaubnis eines Besitzerkontos auf *Zugriff verweigern* eingestellt ist, wird die Einstellung auf *Zugriff über RAS-Richtlinien steuern* geändert, wenn eine Domäne vom *Mixed-Mode* auf *Native-Mode* geändert wird.

Wenn die Remote Access-Erlaubnis eines Besitzerkontos auf *Zugriff verweigern* eingestellt ist, bleibt die Einstellung unverändert, wenn eine Domäne von *Mixed-Mode* auf *Native-Mode* verändert wird.

Frage 66

Sie verwalten DNSServer01, einen Windows 2000 Server mit installiertem Domänenamens-System-Serverdienst (DNS). Auf diesem System erstellen Sie eine neue Zone für die DNS-Domäne *firma.de*. In dieser primären Zone legen Sie die Unterdomäne *Abteilung.3.firma.de* an. Für beide Domänen erzeugen Sie Ressourcen-Datensätze. Mit Arbeit02, einem Computer mit Windows 2000 Professional, verwalten Sie das Netzwerk. Arbeit02 ist für den Einsatz von DNSServer01 als sein primärer DNS-Server konfiguriert. Wenn Sie das Programm *nslookup –Is d Abteilung.3.firma.de* auf Arbeit02 starten, um Information über die Computer in der Unterdomäne zu erhalten, bekommen Sie eine Fehlermeldung angezeigt, dass die Domäne nicht existiert.

Was müssen Sie tun, um sich Information über diese Unterdomäne mithilfe von *nslookup* zu beschaffen?

Antworten

- ☐ 1. In den TCP/IP-Eigenschaften in der lokalen Verbindung von Arbeit01 geben Sie *Abteilung.3.firma.de* in das Feld *Diese DNS-Suffixe anhängen* ein.
- ☐ 2. Konfigurieren Sie DNServer01 als sekundären Server.
- ☐ 3. Erstellen Sie einen Namensserver-Datensatz (NS) für DNServer01 in *Abteilung.3.firma.de*.
- ☐ 4. Verwenden Sie den Befehl *nslookup –is –d firma.de*.

Erklärung

Sie sollten den Befehl *nslookup –IS –d firma.de* einsetzen, um Information über die Computer in *Abteilung.3.firma.de* zu erhalten. Da es keine gesonderte Zone für *Abteilung.3.firma.de* gibt, kann der *nslookup*-Befehl keine Information zurückgeben, wenn er nach *Abteilung.3.firma.de* abgefragt wird anstatt nach *firma.de*.

Sie sollten keinen NS-Datensatz für DNServer01 in *Abteilung.3.firma.de* anlegen, weil dies eine Unterdomäne ist, keine Zone.

Das Feld *Diese DNS-Suffixe anhängen* in den TCP/IP-Eigenschaften der lokalen Verbindung definiert die Suffixe, die eingesetzt werden, wenn unqualifizierte Namen mit DNS aufzulösen sind. Ein unqualifizierter Name ist ein Name, der keinen vollqualifizierten Domänenamen (**F**ully **Q**ualified **D**omain **N**ame, FQDN) enthält.

Die Konfiguration von DNServer01 als sekundärer Server wird die Erlangung von Information über die Unterdomäne *Abteilung.3.firma.de* anhand *nslookup* mit der gezeigten Syntax nicht ermöglichen. Ein sekundärer Server ist ein DNS-Server, der Kontakt mit einem anderen Server herstellt, um Anfragen aufzulösen, für die der sekundäre Server selbst keine Informationen – weder aus seinem Cache noch von seinen Zonendaten – bereitstellen kann.

Frage 67

Sie verwalten einen Windows 2000 Server, für den Sie eine angepasste **I**nternet **P**rotocol **S**ecurity-(IPSec-)Richtlinie erstellen. Für dieses System soll die höchste Sicherheitsstufe garantiert werden. Welcher Dienst steht Ihnen zur Verfügung, wenn Sie das **En**capsulating **S**ecurity **P**ayload (ESP) anwenden, das nicht mit dem Authentisierungs-Header-(AH-)Protokoll unterstützt wird?

Antworten

- ☐ 1. Integrität
- ☐ 2. Authentisierung
- ☐ 3. Antireplay
- ☐ 4. Vertraulichkeit

Erklärung

Sie können die höchste Vertraulichkeit mit ESP, jedoch nicht mit AH garantieren. Die Vertraulichkeit erfolgt durch die Verschlüsselung der Daten oder dem Payload eines IP-Pakets. Zur Verschlüsselung von Daten lassen sich **D**ata **E**ncryption **S**tandard (DES) oder Triple-DES (3DES) einsetzen.

Die Authentisierung erfolgt sowohl durch AH als auch durch ESP, welche die Identität des sendenden Computers garantieren. Die Basis für die Verschlüsselung kann Kerberos, es können aber auch Zertifizierungen oder vordefinierte Schlüssel sein.

Die Integrität erfolgt durch die Unterstützung für Hashing sowohl ESP als auch AH. Die Authentisierungs-Verschlüsselung kann entweder per **M**essage **D**igest 5 (MD5) oder **S**ecure **H**ash **A**lgorithm (SHA) durchgeführt werden.

Den Antireplay-Schutz liefert sowohl ESP als auch AH. Beide setzen Sequenznummern im Header des IP-Diagramms ein, um Replay-Versuche zu vermeiden.

Frage 68

Sie verwalten einen Windows 2000 Server, auf dem der **W**indows **I**nternet **N**ame **S**erver-Dienst (WINS) installiert ist. Dieser WINS-Server repliziert Daten mit vier anderen WINS-Servern in Ihrem Unternehmen. Sie stellen fest, dass einer der WINS-Server meldet, dass Ihr eigener WINS-Server eine ungültige Internet Protocol-Adresse besitzt. Sie besitzen jedoch keine Administratorenrechte auf den anderen WINS-Servern.

Mit welchem Schritt können Sie sicherstellen, dass die ungültige Information von allen WINS-Servern entfernt wird?

Antworten

- [ ] 1. Löschen Sie den Datensatz nur auf Ihrem WINS-Server.
- [ ] 2. Führen Sie eine autorisierte Wiederherstellung der WINS-Datenbank durch, die gesichert wurde, bevor der ungültige Datensatz erstellt wurde.
- [ ] 3. Wählen Sie die Option *Datenbankkonsistenz überprüfen ...* aus dem Kontextmenü Ihres WINS-Servers in der WINS-Konsole.
- [ ] 4. Führen Sie das Tombstone-Verfahren mit dem Datensatz auf Ihrem WINS-Server durch.

Erklärung

Hier bietet sich das Tombstone-Verfahren an. Hierbei löschen Sie den Datensatz von der WINS-Konsole und wählen die Option *Replikation von einem anderen Server (tombstone)* aus der Dialogbox, die gezeigt wird, wenn Sie den Datensatz löschen.

Sie sollten den Datensatz nicht nur auf Ihrem WINS-Server löschen, da ihn die anderen WINS-Server weiterhin gegenseitig replizieren würden. Sie wählen die Option *Löschen des Datensatzes* nur von diesem Server, wenn die anderen WINS-Server die richtige Information enthalten und diese dann zurück an Ihren Server replizieren können. Da Ihr Server Eigentümer des Datensatzes ist, sollten sie diesbezüglich das Tombstone-Verfahren ausführen.

Sie sollten die Datenbank nicht wiederherstellen, die vor der Erstellung des ungültigen Datensatzes gesichert wurde, da diese Datenbank die Datensätze nicht enthält, die seit der Erstellung des ungültigen Datensatzes erstellt worden sind. Sie können eine zuverlässige Wiederherstellung einer Active Directory-Datenbank durchführen; eine WINS-Datenbank lässt sich so nicht zurücksichern.

Die Option *Datenbankkonsistenz überprüfen ...* prüft, dass die lokale Kopie jedes von einem Replikationspartner erhaltenen Datensatzes mit dem Datensatz identisch ist, der in der Datenbank des WINS-Servers gespeichert wird, der den Datensatz besitzt. Die Auswahl dieser Option wird die ungültige Information weder in der Datenbank Ihres WINS-Servers aktualisieren noch in einem der anderen Server.

Frage 69

Sie konfigurieren Mehrfachbereiche auf dem von Ihnen verwalteten DHCP-Server. Sie haben 150 Adressen für einen der Bereiche verfügbar. Diese müssen sich 180 Clients auf dem von diesem Bereich unterstützten Subnetz teilen. Nicht alle Computer sind jedoch zur gleichen Zeit im dem Netzwerk eingeschaltet. Wie können Sie sicherstellen, dass nur die Computer, die in Betrieb sind, IP-Adressen haben?

Antworten

- [ ] 1. Durch Bereichsoptionen.
- [ ] 2. Durch Reservierungen.
- [ ] 3. Durch Adressen-Leases.
- [ ] 4. Durch Serveroptionen.

Erklärung

Sie sollten die Bereichsoptionen einsetzen, um IP-Leases zu konfigurieren, die die Computer zwingen, ihre Adressen beim Herunterfahren freizugeben, anstatt sie für die volle Gültigkeitsdauer zu behalten. Sie konfigurieren diese Auswahl durch die Anwendung einer anbieterspezifischen Option als eine der Bereichsoptionen. Die Option *Microsoft-Freigabeoption der DHCP-Gültigkeitsdauer beim Herunterfahren* steht jedoch nur für Microsoft-Clients zur Verfügung. Sie kann in dem Register *Erweitert* der *Bereichseigenschaften*-Dialogbox in der Herstellerklasse *Microsoft-Optionen* konfiguriert werden.

Sie setzen Serveroptionen ein, um Optionen zu definieren, die sich auf alle für einen DHCP-Server konfigurierten Bereiche beziehen. Reservierungen setzen Sie ein, um sicherzustellen, dass die gleiche IP-Adresse immer einer spezifischen **M**edia **A**ccess **C**ontrol (MAC)-Adresse oder einer Hardwareadresse zugewiesen wird.

Die Dauer einer Gültigkeit lässt sich in den Adressen-Lease-Eigenschaften entweder als unbegrenzt oder für einen spezifischen Zeitraum definieren. Sie können die Eigenschaften einer Gültigkeit nicht so konfigurieren, dass die Clients veranlasst werden, die Gültigkeit beim Herunterfahren freizugeben.

Frage 70

Acht Mitarbeiter in einem entfernten Büro Ihres Unternehmens sollen Zugang zum Internet erhalten. Sie wollen jedoch weder den **D**ynamic **H**ost **C**onfiguration **P**rotocol-Server (DHCP) noch einen **D**omain **N**ame **S**ystem-Server (DNS) vor Ort installieren. Ein Computer im Büro mit Windows 2000 Server wird mit einer Wählverbindung zum Internet konfiguriert. Den anderen Computern werden Internet Protocol-Adressen durch das **A**utomatic **P**rivate **IP** **A**ddressing (APIPA) zugewiesen.

Mit welchem Arbeitsschritt können Sie auf dem Server mit Internetzugriff den Mitarbeitern den Zugriff auf das Internet ermöglichen?

Antworten

- ☐ 1. Setzen Sie den Assistenten zum Hinzufügen/Entfernen von Programmen ein, um die Proxy-Serverkomponente hinzuzufügen.
- ☐ 2. Modifizieren Sie die Eigenschaften der bestehenden Verbindung.
- ☐ 3. Installieren Sie ein dynamisches Routingprotokoll.

Erklärung

Sie sollten die Eigenschaften der bestehenden Verbindung durch die Auswahl von *Gemeinsame Nutzung der Internetverbindung aktivieren* auf dem Register *Gemeinsame Nutzung modifizieren*. Die Funktion zur gemeinsamen Nutzung von Internetzugängen unter Windows 2000 weist den Clients IP-Adressen dynamisch zu und fungiert gleichzeitig als DNS-Server für die Clients. Diese Funktion wird nicht standardmäßig aktiviert, wenn Sie eine Interneverbindung mit dem Netzwerkverbindungs-Assistenten erstellen.

Wenn Sie bestehende DHCP- und DNS-Server haben und nutzen wollen, sollten Sie Routing und Remote Access aktivieren und das **N**etwork **A**ddress **T**ranslation-Routingprotokoll (NAT) installieren.

Ein dynamisches Routingprotokoll sollten Sie nicht installieren. Es dient zum automatischen Verteilen von Routinginformation unter Mehrfachroutern. In diese Klasse fallen das **R**outing **I**nformation **P**rotocol (RIP) und das **O**pen **S**hortest **P**ath **F**irst (OSPF).

Sie könnten einen Proxy-Server installieren. Dieses Programm ist jedoch keine Komponente im Windows 2000 Server-Paket, sondern ein separates Produkt. Sie müssen den Proxy-Server 2.0 mit Service Pack 1 einsetzen, um das Produkt erfolgreich auf einem Computer mit Windows 2000 Server zu installieren.

Frage 71

Sie verwalten einen Windows 2000 Server, der mit einer statischen IP-Adresse konfiguriert ist. Sie wollen den Computer zur DNS-Auflösung konfigurieren. Welchen Schritt sollten Sie unternehmen?

Antworten

- ☐ 1. Installieren Sie den DNS-Clientdienst auf dem Computer und konfigurieren Sie ihn, um ein Konto zu verwenden, das Mitglied der Gruppe DNS-Administratoren ist.
- ☐ 2. Installieren Sie den DNS-Serverdienst auf dem Computer.
- ☐ 3. Konfigurieren Sie den Computer für den Einsatz des DNSUpdateProxy.
- ☐ 4. Konfigurieren Sie die Adresse des bevorzugten DNS-Servers in den TCP/IP-Eigenschaften der lokalen Verbindung.

Erklärung

Sie sollten die Adresse des bevorzugten DNS-Servers in den TCP/IP-Eigenschaften der lokalen Verbindung konfigurieren. Eine DNS-Auflösungsanfrage bewirkt, dass DNS-Fragen an einen DNS-Server geschickt werden. Die DNS-Namensauflösung auf einem Computer mit Windows 2000 ist ein Teil des DNS-Clientdienstes. Der DNS-Clientdienst wird bei der Installation von TCP/IP installiert. Dieser Dienst verwendet standardmäßig das Systemkonto und startet als Teil des Prozesses *Services.exe*.

Sie müssen den DNS-Serverdienst nicht auf einem Computer installieren, um die Auflösungskomponente zu aktivieren. DNSUpdateProxy ist eine neue Gruppe in Windows 2000. Wenn ein DHCP-Server, der Mitglied in dieser Gruppe ist, einen Hostdatensatz (*A record*) im DNS für einen Client registriert, wird dem nächsten authentisierten Konto, das nicht Mitglied der DNSUpdateProxy ist und auf das DNS-Datensatz-Objekt zugreift, das Eigentum am Datensatz zugewiesen.

Frage 72

Sie wollen sechs statische Routen der Routingtabelle eines Windows 2000 Server hinzufügen. Welche Hilfsprogramme können Sie nutzen, um die Routen hinzuzufügen? (Wählen Sie mindestens zwei Antworten.)

Antworten

- ☐ 1. *Netstat*
- ☐ 2. *Ipconfig*
- ☐ 3. *Netsh*
- ☐ 4. *Arp*
- ☐ 5. *Route*

Erklärung

Mit den Programmen *Route* oder *Netsh*, die an der Eingabeaufforderung ausgeführt werden, lassen sich statische Routen einer Routingtabelle hinzufügen. Bei *Route* greifen Sie auf die *Add*-Option zurück, um eine Route hinzuzufügen. Sie können die *Add*-Option auch zusammen mit dem Schalter *-p* anwenden, um den Routeeingang permanent einzurichten. Die *-p*-Option fügt den Eingang der *HKEY_LOCAL_MACHINE* Portion des Registry hinzu.

Netsh setzt dynamische Link-Bibliotheken ein, um Befehle auszuführen, die sich auf verschiedene Netzwerkkontexte – zum Beispiel Routing, **D**ynamic **H**ost **C**onfiguration **P**rotocol (DHCP), Remote Access (RAS) und **W**indows **I**nternet **N**ame **S**ervice (WINS) – beziehen.

Sie verwenden *Netstat*, um Information über bestehende TCP/IP-Verbindungen und -Verbindungen anzuzeigen.

Arp dient Ihnen dazu, den **A**ddress **R**esolution **P**rotocol-Cache (ARP) zu betrachten und zu verwalten. Der ARP-Cache enthält eine Liste der **M**edia **A**ccess **C**ontrol-Adressen (MAC), die für aktive Internet Protocol-Adressen identifiziert worden sind.

Sie verwenden *Ipconfig*, um die Konfigurationsparameter von IP-Adressen zu betrachten und zu verwalten.

Frage 73

Sie installieren den **D**omain **N**ame **S**ystem-Dienst (DNS) auf einem Rechner mit Windows 2000 Server und stellen eine Verbindung zum Server in der DNS-Konsole her. Sie erstellen keine Zonen auf diesem Computer, weil Sie ihn als *DNS-Server, der nur für das Zwischenspeichern verwendet wird,* einsetzen wollen. Sie wollen auch, dass der Server Informationen über Anforderungen zu Namensauflösungen zwischenspeichert, die nicht aufgelöst werden können. Welchen Schritt unternehmen Sie, um die Unterstützung für diese Funktion zu aktivieren?

Antworten

- ☐ 1. Stellen Sie sicher, dass die *Cache.dns*-Datei einen Zeitwert höher als 0 enthält.
- ☐ 2. Stellen Sie sicher, dass die Retry-Zeit für den DNS-Server höher als 0 ist.
- ☐ 3. Stellen Sie sicher, dass die Ablaufzeit für den DNS-Server höher als 0 ist.
- ☐ 4. Stellen Sie sicher, dass der Registry-Wert *NegativeTimeCache* höher ist als 0.

Erklärung

Sie sollten sicherstellen, dass der Registry-Wert *NegativeTimeCache* in dem Schlüssel *HKEY_Local_Machine\System\CurrentControlSet\Services\DNSCache\Parameters* auf einen Wert höher als 0 eingestellt wird. Die maximale Einstellung für diesen Wert ist 900 Sekunden (15 Minuten). Man bezeichnet dieses Feature als Negative Caching. Diese Funktion trägt dazu bei, die Anzahl der Fragen zu minimieren, die zur Auflösung eines nicht aufzufindenden Namens eingereicht werden.

Sie stellen die Retry-Zeit in dem Start of Authority-Datensatz für eine Zone ein, um die Anzahl der Sekunden zu definieren, die ein sekundärer Namensserver abwarten wird, bevor er versucht, einen gescheiterten Zonentransfer erneut zu starten.

Sie stellen die Ablaufzeit in dem Datensatz Start of Authority für eine Zone ein, um die Anzahl der Sekunden zu definieren, die ein sekundärer Name-Server weiterhin auf Clientfragen eingehen wird, obwohl er keinen erfolgreichen Zonentransfer von seinem Master-Name-Server erledigen kann.

Sie verwenden die *Cache.dns*-Datei, um die Internet Protocol-Adressen von Root-Name-Servern zu definieren.

Frage 74

Sie installieren den DNS-Serverdienst auf einem Windows 2000 Server und stellen eine Verbindung zum Server in der DNS-Konsole her. Sie erstellen keine Zonen auf diesem Computer, weil Sie ihn als Zwischenspeicher-Server verwenden wollen. Sie wollen weiterhin, dass der Server Information über Anforderungen zu Namensauflösungen speichert, die nicht beantwortet werden können. Welchen Schritt sollten Sie unternehmen, um Unterstützung für diese Funktion zu aktivieren?

Antworten

- [ ] 1. Stellen Sie sicher, dass die *Cache.dns*-Datei einen Zeitwert höher als 0 enthält.
- [ ] 2. Stellen Sie sicher, dass die Retry-Zeit für den DNS-Server höher als 0 ist.
- [ ] 3. Stellen Sie sicher, dass die Ablaufzeit für den DNS-Server höher als 0 ist.
- [ ] 4. Stellen Sie sicher, dass der Registry-Wert *NegativeTimeCache* höher ist als 0.

Erklärung

Sie sollten sicherstellen, dass der Registry-Wert *NegativeTimeCache* in dem Schlüssel *HKEY_Local_Machine\System\CurrentControlSet\Services\DNSCache\Parameters* auf einen Wert höher als 0 eingestellt wird. Die maximale Einstellung für diesen Wert ist 900 Sekunden (15 Minuten). Man bezeichnet dieses Feature als Negative Caching. Dieses Feature trägt dazu bei, die Anzahl der Anfragen zu minimieren, die zur Auflösung eines nicht aufzufindenden Namens eingereicht werden.

Sie stellen die Retry-Zeit in dem Start of Authority-Datensatz für eine Zone ein, um die Anzahl der Sekunden zu definieren, die ein sekundärer Namensserver abwarten wird, bevor er versucht, einen gescheiterten Zonentransfer erneut in Angriff zu nehmen.

Sie stellen die Ablaufzeit in dem Start of Authority-Datensatz für eine Zone ein, um die Anzahl der Sekunden zu definieren, die ein sekundärer Namensserver weiterhin auf Clients-Fragen eingehen wird, obwohl er keinen erfolgreichen Zonentransfer von seinem Master-Namensserver erledigen kann.

Sie verwenden die *Cache.dns*-Datei, um die Internet Protocol-Adressen von Root-Namensservern zu definieren.

Frage 75

Sie verwalten RASsrever01, einen Windows 2000 Server, der Mitglied einer Windows 2000-Domäne ist. Sie aktivieren Routing und Remote Access auf RASsrever01 und konfigurieren den Rechner als Remote Access-Server. Sie wollen eine Remote Access-Richtlinie mit einem verbundenen Remote Access-Profil für RASsrever01 definieren, das die maximale Länge einer Remote Access-Verbindung auf 120 Minuten begrenzt, den Einsatz des **B**andwidth **A**llocation **P**rotocol (BAP) aktiviert, die Art der einkommenden Pakete für das **P**oint-to-**P**oint **P**rotocol (PPP) einschränkt, nur das **M**icro**s**oft **C**hallenge **H**andshake **A**uthentication **P**rotocol (MS-CHAP) als Authentisierungsprotokoll erlaubt und die Ausnutzung der Richtlinie auf die Mitglieder der Universalgruppe MeineMitarbeiter begrenzt.

Welche Schritte müssen Sie unternehmen, um diese Parameter zu konfigurieren?

Antworten

- [ ] 1. Definieren Sie die Maximallänge der Verbindung und den ausschließlichen Einsatz von PPP im Remote Access-Profil. Definieren Sie den Einsatz der Richtlinie durch MeineMitarbeiter, den Einsatz von BAP und den Einsatz von MS-CHAP als Authentisierungsprotokoll als Bedingungen der Remote Access-Richtlinie.
- [ ] 2. Definieren Sie die Maximallänge der Verbindung, den Einsatz von BAP und den Einsatz von MS-CHAP als Authentisierungsprotokoll in dem Remote Access-Profil. Definieren Sie den ausschließlichen Einsatz von PPP und die Benutzung der Richtlinie durch die Mitglieder von MeineMitarbeiter als Bedingungen der Remote Access-Richtlinie.
- [ ] 3. Definieren Sie den ausschließlichen Einsatz von PPP und den Einsatz der Richtlinie durch Mitglieder von MeineMitarbeiter im Remote Access-Profil. Definieren Sie die Maximallänge der Verbindung, den Einsatz von BAP und den Einsatz von MS-CHAP als Authentisierungsprotokoll in der Remote Access-Richtlinie.
- [ ] 4. Definieren Sie den Einsatz von BAP und die Benutzung der Richtlinie durch Mitglieder von MeineMitarbeiter im Remote Access-Profil. Definieren Sie den ausschließlichen Einsatz von PPP, die Maximallänge einer Verbindung und den Einsatz von MS-CHAP als Authentisierungsprotokoll als Bedingungen der Remote Access-Richtlinie.

Erklärung

Sie können die Maximallänge einer Verbindung, den Einsatz von BAP und die Verwendung von MS-CHAP als Authentisierungsprotokoll im Remote Access-Profil einrichten. Sie bestimmen den ausschließlichen Einsatz von PPP und die Benutzung der Richtlinie durch Mitglieder von MeineMitarbeiter als Bedingungen der Remote Access-Richtlinie.

Die für eine Remote Access-Richtlinie definierten Bedingungen werden mit den für einen Verbindungsversuch konfigurierten Einstellungen verglichen. Wenn die Einstellungen allen Bedingungen genügen, werden die Einstellungen im Profil für die Richtlinie auf die Verbindung angewandt, falls das Benutzkonto den Einwahlzugriff erlauben sollte.

Frage 76

Sie verwalten einen Windows 2000 Professional-Rechner mit zwei Netzwerkkarten. Sie wollen nur dem **I**nternet **G**roup **M**anagement **P**rotocol-Verkehr (IGMP) den Zugang zu einer der Netzwerkkarten erlauben. Welche Protokollnummer müssen Sie einsetzen, um einen Filter zu definieren, der ausschließlich IGMP-Verkehr erlaubt?

Antworten

- [ ] 1. 2
- [ ] 2. 6
- [ ] 3. 17
- [ ] 4. 1

Erklärung

Sie sollten Protokollnummer 2 einsetzen, die diese Aufgabe übernimmt. Die mit jedem Protokoll verbundenen Nummern werden in der Datei *<systemroot>\System32\Drivers\Etc\Protocol* definiert.

TCP/IP-Filter kann man definieren, um nur definierte **T**ransmission **C**ontrol **Proto**col-Ports (TCP), **U**ser **D**atagram **P**rotocol-Ports (UDP) oder **I**nternet **P**rotocol-Protokolle (IP) zu erlauben. Dies erfolgt durch die Auswahl des Registers *Optionen* im Dialogfenster *Erweitert* der *TCP/IP-Eigenschaften*-Dialogbox.

- Protokoll-Nr. 1 ist das **I**nternet **C**ontrol **M**essage **P**rotocol (ICMP).
- Protokoll-Nr. 6 ist TCP.
- Protokoll-Nr. 17 Ist UDP.

Frage 77

Ihr Unternehmen verwendet einen Proxy-Server für den Zugriff aufs Internet. Sie setzen den Active Directory-Dienst und den DNS-Serverdienst für das Unternehmen ein. Sie installieren den DNS-Serverdienst auf drei Windows 2000 Servern: DNSServer01, DNSServer02 und DNSServer03. Sie konfigurieren DNSServer01 als Host für die DNS-Domäne firma.de, DNSServer02 als Host für die DNS-Domäne europa.firma.de und DNSServer03 als Host für die DNS-Domäne amerika.firma.de. Sie wollen drei Active Directory-Domänen unter Benutzung dieser drei Domänenamen erstellen.

Welche Schritte sollten Sie unternehmen, um alle drei DNS-Server zu aktivieren, sodass sie Namen für alle Computer in der Windows 2000-Domäne auflösen können?

Antworten

☐ 1. Konfigurieren Sie die Datei *Cache.dns* auf DNSServer01 mit Namensserverdatensätzen der Computer, die die Root-Domäne für das Internet unterhalten. Konfigurieren Sie die Datei *Cache.dns* auf DNSServer02 und DNSServer03 mit Namensserverdatensätzen für DNSServer01.

☐ 2. Erstellen Sie eine Root-Zone auf DNSServer01. Konfigurieren Sie die *Cache.dns*-Datei auf DNSServer02 und DNSServer03 mit Namensserverdatensätzen für DNSServer01.

☐ 3. Erstellen Sie eine Root-Zone auf DNSServer01, DNSServer02 und DNSServer03. Konfigurieren Sie die Datei *Cache.dns* auf jedem DNS-Server mit Namensserverdatensätzen für die jeweils anderen Server.

☐ 4. Erstellen Sie eine Root-Zone auf DNSServer01. Konfigurieren Sie die *Cache.dns*-Datei auf DNSServer01 mit Namensserverdatensätzen für DNSServer02 und DNSServer03.

Erklärung

Sie sollten eine Root-Zone auf DNSServer01 erstellen. Sie sollten auch die Datei *Cache.dns* auf DNSServer02 und DNSServer03 mit Namensserverdatensätzen für DNSServer01 konfigurieren, anstatt mit den Standard-Namensserverdatensätzen für Computer, die die Root-DNS-Domäne für das Internet unterhalten. Sie sollten auch sicherstellen, dass das *Root Hints*-Register in der *Eigenschaften*-Dialogbox des DNS-Managers von DNSServer01 keine Einträge für Computer enthält, die die Root-DNS-Domäne für das Internet unterhalten. Dies können Sie auch durch das Löschen der Standarddatensätze in der Datei *Cache.dns* erreichen.

Sie sollten keine Root-Zonen auf DNSServer02 oder DNSServer03 erstellen. Sie sollten auch die Datei *Cache.dns* auf DNSServer01 nicht mit Namensserverdatensätzen der anderen DNS-Server konfigurieren.

Frage 78

Sie wollen die Funktion Round-Robin mit DNS einsetzen, um das Lastenausgleichsverfahren für drei Server zu ermöglichen, die als Host einer Internetseite für Ihr Unternehmen fungieren: Server01, Server02 und Server03. Welche zwei Arten von Ressourcen-Datensätzen können Sie einsetzen, um Round-Robin zu aktivieren?

Antworten

- [ ] 1. Adressen-Datensätze
- [ ] 2. Hostinformation-Datensätze
- [ ] 3. Diensteressourceneintrag-Datensätze
- [ ] 4. kanonische Namensdatensätze
- [ ] 5. Pointer-Datensätze

Erklärung

Sie können entweder Adressen (A)-Datensätze oder kanonische Namens-(CNAME-)Datensätze verwenden, um Round-Robin (Rotationsprinzip) zu aktivieren. Ein Round-Robin unterstützender DNS-Server rotiert die Reihenfolge, in der er die Ressourcen-Datensätze für die jeweilige Frage zurückführt. Da die Auflösungsserver im Allgemeinen versuchen, den ersten Datensatz in der zurückgeführten Liste zu verwenden, bevor sie versuchen, die anderen Datensätze einzusetzen, werden die Fragen unter den für den Hostnamen oder Alias definierten Servern verteilt.

Computer mit Windows 2000 werden nicht standardmässig für den Einsatz von Round-Robin konfiguriert. Stattdessen verwenden sowohl DNS-Server als auch Resolver eine Feature genannte Subnetz-Priorisierung (Subnet Prioritization). Diese Methode optimiert die Wahrscheinlichkeit, dass ein Client einen Computer auf seinem Subnetz für den angeforderten Dienst verwenden wird.

Sie verwenden die Diensteressourceneintrag-(SRV-)Datensätze, um Server festzustellen, die einen spezifischen Dienst liefern, wie zum Beispiel Domänencontroller, globale Katalog-Server sowie **L**ightweight **D**irectory **A**ccess **P**rotocol-Server (LDAP).

Sie verwenden Pointer-(PTR-)Datensätze, um den vollqualifizierten Domänenamen des Host anhand der IP-Adresse des Host zu identifizieren. Reverse Lookup-Zonen enthalten PTR-Datensätze.

Sie setzen Hostinformation-Datensätze (HINFO) ein, um den Hardwaretyp und das Betriebssystem eines Host zu erfassen.

Frage 79

Sie installieren die Windows 2000-Version der Netzwerkmonitors und den Netzwerkmonitortreiber auf einem Windows 2000 Server. Welche Option im Menü können Sie in dieser Version des Netzwerkmonitors verwenden?

Antworten

- ☐ 1. *Experten.*
- ☐ 2. *Adressauflösung vom Namen.*
- ☐ 3. *Benutzer von Netzwerkmonitor anzeigen.*
- ☐ 4. *Router finden.*

Erklärung

Die einzige Option, die in der Windows 2000-Version des Netzwerkmonitors unterstützt wird, ist die Option *Benutzer von Netzwerkmonitor anzeigen*. Diese Option erlaubt Ihnen, Informationen über andere Instanzen des Netzwerkmonitors und des Netzwerkmonitortreibers anzuzeigen.

Die anderen drei Optionen werden nur in der **S**ystems **M**anagement **S**erver Version 2 (SMS 2.0) des Netzwerkmonitors unterstützt. Die Option *Router finden* zeigt Informationen über die im Netzwerk festgestellten Router. Die Option *Adressauflösung vom Namen* erlaubt Ihnen die Erstellung einer Datenbank von Hostnamen, um Mappings zu adressieren. Die Option *Experten* erlaubt Ihnen, ein Daten-Capture zu analysieren, um die Verteilung von Protokollen auf dem Netzwerk, die Hauptanwender des Netzwerks und die durchschnittliche Antwortzeit festzustellen.

Frage 80

Sie installieren Computer in einer neuen Niederlassung Ihres Unternehmens. Die Rechner werden der Windows 2000-Domäne der Firma angehören. Die Mitarbeiter in der Niederlassung brauchen Zugriff sowohl zum Internet als auch zu den Ressourcen in der Zentrale. Sie wollen feststellen, ob Sie die Netzwerkadressen-Übersetzung (**N**etwork **A**ddress **T**ranslation, NAT) aktivieren oder einen Router in der Niederlassung installieren sollen.

Sollten Sie einen Router installieren, welche zwei Protokolle werden Sie unterstützen können, die mit NAT nicht zusammenarbeiten? (Wählen Sie mindestens zwei Antworten.)

Antworten

- ☐ 1. **R**emote **P**rocedure **C**all (RPC)
- ☐ 2. **P**oint-to-**P**oint **T**unneling **P**rotocol (PPTP)
- ☐ 3. **F**ile **T**ransfer **P**rotocol (FTP)
- ☐ 4. Kerberos
- ☐ 5. **I**nternet **P**rotocol **Sec**urity (IPSec)

Erklärung

NAT kann Kerberos- und IPSec-Verkehr nicht verarbeiten, weil es die IP-Adressinformationen für diese Protokolle nicht korrekt verarbeiten kann. IP-Informationen werden im verschlüsselten Teil der Pakete gespeichert, die IP-Information kann nicht modifiziert werden. Daher können die zur Überwindung der Sicherheit benötigten Pakete NAT nicht passieren.

FTP-Header enthalten IP-Adressinformationen. Ein eingebauter NAT-Editor wird eingesetzt, um die außerhalb des IP-, TCP- und UPD-Headers gespeicherten Informationen zu modifizieren.

PPTP-Pakete enthalten IP-bezogene Informationen, die außerhalb der IP-, TCP- und UPD-Headers gespeichert wird. NAT hat jedoch einen eingebauten Editor für die Modifizierung der relevanten Informationen.

RPC speichert IP-bezogene Information außerhalb der IP-, TCP- und UDP-Header, aber NAT greift auf Proxy-Programme zu, um RPC-Pakete zu verwalten.

Frage 81

Sie verwalten einen Computer mit Windows 2000 Professional, der Mitglied einer Arbeitsgruppe ist. Mitarbeiter, die diesen Computer verwenden, müssen Zugriff zu Daten auf einem Server haben, der Kommunikation anhand der **I**nternet **P**rotocol **Sec**urity (IPSec) benötigt. In der Ereignisanzeige erscheinen für diesen Computer Meldungen, dass der IPSec-Richtlinien-Agent nicht starten kann. Was müssen Sie tun, um sicherzustellen, dass der IPSec-Richtlinien-Agent auf diesem Computer richtig installiert ist?

Antworten

- [ ] 1. Setzen Sie den Registry Editor ein, um den IPSec-Richtlinien-Agenten zu aktivieren.
- [ ] 2. Verwenden Sie den Bereich *lokale IP Security-Richtlinien* in der Computerverwaltung, um die Client-(Respond Only-)Richtlinie zuzuweisen.
- [ ] 3. Entfernen Sie das TCP/IP-Protokoll und installieren Sie es wieder.
- [ ] 4. Starten Sie den IP-Sicherheits-Monitor.

Erklärung

Sie sollten das TCP/IP-Protokoll entfernen und wieder installieren, da die IPSec-Komponenten mit TCP/IP installiert werden. Der IPSec-Richtlinien-Agent läuft als Dienst.

Sie setzen den IP-Sicherheits-Monitor (*Ipsecmon.exe*) ein, um IPSec-Sicherheitszuordnungen und die IPSec-Statistik zu betrachten.

Sie wenden den Bereich *lokale IP Security-Richtlinien* in der Computerverwaltung an, um die Client-(Respond Only-)Richtlinie zuzuweisen, dies wird jedoch den IPSec-Richtlinien-Agenten nicht neu installieren.

Sie benutzen den Registry Editor nicht zur Aktivierung des IPSec-Richtlinien-Agenten. Sie können den Registry Editor verwenden, um das Logging der Richtlinien-Agenten-Aktivitäten oder die Erstellung von Sicherheitszuordnungen zu aktivieren.

Frage 82

Sie verwalten drei Computer mit Windows 2000 Server, die als Netzwerkrouter konfiguriert sind. Router0102 wird mit Subnetz01 und Subnetz02 verbunden. Router0203 wird mit Subnetz02 und Subnetz03 verbunden. Router 0304 wird mit Subnetz03 und Subnetz04 verbunden. Mitarbeiter, die Computer im Subnetz01 haben, brauchen den Zugriff auf eine NetMeeting-Sitzung, für die das Subnetz04 als Host fungiert. Der Netzwerk-Infrastruktur-Administrator für Ihr Unternehmen will Router0203 nicht konfigurieren, um den Multicastverkehr zu unterstützen.

Welche Funktion von Routing und Remote Access können Sie auf Router0102 und Router 0304 einsetzen, um den Zugriff zur NetMeeting-Sitzung auf Subnetz01 zu ermöglichen?

Antworten

- ☐ 1. RIP
- ☐ 2. Statisches Routing
- ☐ 3. IP Packet-Filtering
- ☐ 4. IP-in-IP Tunneling

Erklärung

Sie können IP-in-IP Tunneling verwenden, da diese die Weiterleitung von Internet Protocol Multicast-Verkehr über einen Router erlaubt, der nicht für Multicasting aktiviert worden ist.

Sie sollten kein Routingprotokoll wie das **R**outing **I**nformation **P**rotocol (RIP) verwenden. RIP wird eingesetzt, um die Verteilung von Routinginformationen unter Mehrfach-Routern zu automatisieren.

Sie können das IP Packet-Filtering und statisches Routing in Verbindungen mit Multicasting verwenden. Diese Funktionen erlauben es Ihnen nicht, Multicastverkehr über einen für Multicasting nicht aktivierten Router weiterzuleiten.

Frage 83

Sie installieren Windows 2000 Server auf einem Computer. Jetzt wollen Sie Active Directory auf diesem Computer einrichten. Welche Methoden können Sie einsetzen, um den **D**omain **N**ame **S**ystem-Serverdienst (DNS) auf diesem Computer zu installieren? (Wählen Sie alle möglichen Antworten.)

Antworten

- ☐ 1. *Dienste* in der Computerverwaltung.
- ☐ 2. Eigenschaften der lokalen Verbindungen.
- ☐ 3. *Netzwerk* in der Systemsteuerung.
- ☐ 4. *Hinzufügen/Entfernen von Programmen* in der Systemsteuerung.
- ☐ 5. Active Directory- Installations-Assistent.

Erklärung

Sie können den DNS-Serverdienst entweder unter Anwendung des Assistenten zum Hinzufügen/Entfernen von Programmen oder durch den Active Directory-Installations-Assistenten (*Dcpromo.exe*) installieren, um einen Computer mit Windows 2000 Server zum Domaincontroller zu heben.

Sie verwenden die Funktion *Dienste* in der Computerverwaltung, um Dienste zu starten, zu unterbrechen, zu stoppen oder erneut zu starten. Sie verwenden die Dienste auch dazu, das von einem Dienst benutzte Anwenderkonto zu konfigurieren.

Sie verwenden die Eigenschaften einer lokalen Verbindung in Netzwerk- und DFÜ-Verbindungen, um Netzwerkprotokolle, Client-Netzwerkdienste und Datei- und Druckerdienste-Einrichtungen, wie den SAP Agent und **G**ateway **S**ervices for **N**et**W**are (GSNW), hinzuzufügen.

Es gibt kein Netzwerksymbol in der Systemsteuerung von Windows 2000. Der größte Teil der Konfiguration, die durch das Netzwerksymbol unter Windows NT 4.0 durchgeführt wurde, wird jetzt von den Netzwerk- und DFÜ-Verbindungen in Windows 2000 erledigt.

Frage 84

Sie verwalten einen Windows 2000 Professional-Rechner. Sie wollen ausschließlich dem **T**ransmission **C**ontrol **P**rotocol-Verkehr (TCP) den Zugriff auf eine der Netzwerkkarten auf dem Computer erlauben. Welche Protokollnummer sollten Sie wählen, um einen Filter zu definieren, der nur TCP-Verkehr erlaubt?

Antworten

- ☐ 1. 17
- ☐ 2. 1
- ☐ 3. 6
- ☐ 4. 2

Erklärung

Sie sollten Protokollnummer 6 einsetzen. Die mit jedem Protokoll verbundenen Nummern werden in der Datei *<systemroot>\System32\Drivers\Etc\Protocol* definiert.

TCP/IP-Paketfilter können konfiguriert werden, um nur definierte TCP-Ports, **U**ser **D**atagram **P**rotocol-Ports (UDP) oder **I**nternet **P**rotocol-Protokolle (IP) zu erlauben, und zwar durch das Wählen des Registers *Optionen* im Bereich *Erweitert* bei den TCP/IP-Eigenschaften.

- Protokollnummer 1 ist das **I**nternet **C**ontrol **M**essage **P**rotocol (ICMP).
- Protokollnummer 2 ist das Internet Group Management Protocol.
- Protokollnummer 17 ist UDP.

Frage 85

Sie verwalten Windows 2000 Server, ServerXY. Sie installieren den **G**ateway **S**ervice for **N**et**W**are (GSNW) auf diesem Server. Sie verwenden den Assistenten *Neuer Drucker*, um PrinterXY zu erstellen, einen Drucker auf ServerXY, der Druckaufträge an

```
\\nvserver\
```

printxy schickt. Der Computer *nvserver* ist ein NetWare-Server, der Bindery-Security anwendet. Ein Anwender, der auf einem Windows 2000 Professional-Computer arbeitet, berichtet, dass er PrinterXY nicht finden kann, wenn er den Assistenten zum Hinzufügen von Druckern auf seinem Computer einsetzt.

Welchen Schritt sollten Sie unternehmen, damit der Anwender eine Verbindung zu PrinterXY herstellen kann?

Antworten

- [ ] 1. PrinterXY freigeben.
- [ ] 2. Ändern Sie den Rahmentyp auf dem Anwendercomputer.
- [ ] 3. Installieren Sie NWLink auf dem Anwendercomputer.
- [ ] 4. Fügen Sie den Anwender der Gruppe NTGATEWAY hinzu.

Erklärung

Sie sollten den Drucker PrinterXY freigeben. Sie können einen Drucker freigeben während der Einrichtung im Drucker-Assistenten oder nachdem Sie den Drucker erstellt haben.

Sie müssen auf dem Anwendercomputer kein NWLink installieren. Wenn Sie GSNW auf einem Computer installieren, wird NWLink auf diesem Computer mit installiert. ServerXY kommuniziert mit dem NetWare-Server über NWLink. Windows 2000 Professional-Rechner können TCP/IP verwenden, um Druckaufträge an ServerXY zu schicken.

Sie müssen den Anwender nicht der Gruppe *NTGATEWAY* hinzufügen. Die Gruppe *NTGATEWAY* muss auf dem NetWare-Server erstellt werden. Außerdem muss das Benutzerkonto, das Sie einsetzen, um den PrinterXY zu erstellen, ein Mitglied von *NTGATEWAY* sein. Die Gruppe *NTGATEWAY*, oder das Konto, das Sie verwenden, um PrinterXY zu erstellen, muss in der Lage sein, den Drucker auf dem NetWare-Server zu erreichen. Die von Anwendern an PrinterXY geschickten Aufträge werden unter Verwendung des Sicherheits-Kontexts des Kontos, das Sie zum Erstellen von PrinterXY benutzen, an den NetWare-Server geschickt.

Sie ändern den Rahmentyp auf einem Windows 2000 Professional-Rechner, wenn der Computer NWLink für den Zugriff auf einen anderen Computer benutzt und die auf beiden Computern konfigurierten Rahmentypen unterschiedlich sind.

Frage 86

Sie verwalten eine Organisations-Einheit (**O**rganizational **U**nit, OU) in einer Windows 2000-Domäne. Aufgrund einer Änderung der Firmenprozeduren löschen Sie die Internet Protocol-Sicherheitsrichtlinie (**I**nternet **P**rotocol **Sec**urity, IPSec), die Sie in dem mit der OU verbundenen Gruppenrichtlinien-Objekt (**G**roup **P**olicy **O**bject, GPO) erstellt haben. Am nächsten Tag merken Sie, dass die Kommunikationen zwischen den Computern, bei denen die IPSec-Richtlinie gültig war, immer noch die IPSec auf der Basis der von Ihnen in der Richtlinie definierten Regeln verwenden. Was ist der wahrscheinlichste Grund dafür, dass die Computer immer noch IPSec verwenden?

Antworten

- [ ] 1. Sie haben die Zuweisung der IPSec-Richtlinie im Gruppenrichtlinienobjekt (GPO) nicht rückgängig gemacht.
- [ ] 2. Sie haben nicht *Secedit* eingesetzt, um das GPO auf den Computern zu aktualisieren, die Mitglieder der OU sind.
- [ ] 3. Sie haben den IP-Sicherheits-Monitor nicht gestartet.
- [ ] 4. Sie haben den IPSec-Richtlinien-Agenten nicht auf den Computern gestartet, die Mitglieder der OU sind.

Erklärung

Die Richtlinie wird wahrscheinlich immer noch in Kraft sein, weil Sie die Zuweisung der Richtlinie nicht storniert haben, bevor diese gelöscht wurde. Wenn eine Richtlinie zugewiesen ist, der IPSec-Richtlinien-Agent sie aber nicht finden kann, setzt er seine Kopie der Richtlinie aus dem Cache ein. Das erneute Starten des IPSec-Richtlinien-Agenten oder der Einsatz von *Secedit*, um das GPO zu aktualisieren, wird an diesem Verhalten nichts ändern, wenn die Richtlinie gelöscht wird, bevor die Zuweisung annulliert wird.

Sobald Sie die Zuweisung annullieren, wird der Windows-Login-Dienst dies während seiner nächsten Prüfung auf Änderungen der Gruppenrichtlinie feststellen. Die Prüfung wird standardmäßig alle 90 Minuten durchgeführt. Der Windows-Login-Dienst wird dann den IPSec-Richtlinien-Agenten darüber informieren, dass die Zuweisung der IPSec-Richtlinie annulliert worden ist und der Richtlinien-Agent die Richtlinie nicht mehr verwenden darf.

Sie benutzen den Sicherheits-Monitor (*Ipsecmon.exe*), um IP-Sicherheitszuordnungen und IPSec-Statistiken zu betrachten.

Frage 87

Sie verwalten vier Windows 2000 Server und den DNS-Serverdienst. Sie müssen feststellen, ob einer der Server, der als Host für eine primäre Standardzone fungiert, Zonentransfer-Anforderungen korrekt verarbeitet. Welches Utility können Sie auf Ihrem Windows 2000 Professional-Rechner einsetzen, um einen Zonentransfer zu simulieren, damit Sie die Daten mit dem Netzwerkmonitor sammeln können?

Antworten

- ☐ 1. *netdiag*
- ☐ 2. *netsh*
- ☐ 3. *ipconfig*
- ☐ 4. *nslookup*

Erklärung

Sie können das Utility *nslookup* mit dem Switch *ls* verwenden, um einen Zonentransfer zu simulieren. Der Einsatz von *ls* allein gibt Adressen- (A) und Namensserverdatensätze zurück. Sie können zusätzliche Switches mit *ls* wie -d verwenden, um sämtliche Datensätze zurückzugeben, -a verwenden, um Alias-Datensätze zurückzugeben und -t verwenden, um nach Typ zu filtern.

Sie setzen *netdiag* ein, um DNS-Probleme zu testen und zu beseitigen, sowie für eine Testreihe, die den Status des Netzwerkclients auf einem Computer feststellt. Der DNS-Test stellt sicher, dass der DNS-Cache-Dienst gestartet ist. Er stellt fest, ob die Ressourcen-Datensätze für den Computer richtig im DNS registriert worden sind. Das Starten mit der Option */fix* löst einen Versuch aus, die Ressourcen-Datensätze neu zu registrieren.

Sie setzen *netsh* ein, um die Dienste auf Windows 2000 Servern oder Windows 2000 Professional-Rechnern zu konfigurieren und zu überwachen. Die Dienste, die konfiguriert und überwacht werden können, sind das **D**ynamic **H**ost **C**onfiguration **Pro**tocol (DHCP), Routing und Remote Access, Netzwerkprotokolle und Routingprotokolle.

Man verwendet das *ipconfig*-Protokoll, um TCP/IP-Konfigurations-Parameter anzusehen, DHCP-Leases freizugeben und zu erneuern, DHCP-Klassen-Mitgliedschaften zu registrieren und den DNS-Cache anzusehen und zu entleeren.

Frage 88

Sie wollen die Internet Protocol-Sicherheits-(IPSec-)Richtlinie einsetzen, um die Kommunikation zwischen zwei Windows 2000 Servern abzusichern. Wenn Sie eine IPSec-Richtlinienregel definieren, welche drei Authentisierungs-Methoden können Sie verwenden? (Wählen Sie drei Antworten.)

Antworten

- [ ] 1. Integrierte Windows-Authentisierung
- [ ] 2. Digestauthentisierung
- [ ] 3. Standardauthentisierung
- [ ] 4. Zertifikat
- [ ] 5. Schlüsseltausch
- [ ] 6. Kerberos

Erklärung

Wenn Sie eine IPSec-Richtlinienregel definieren, können Sie Kerberos, Zertifikat oder einen Schlüsseltausch für die Authentisierung konfigurieren. Eine Regel kann für den Einsatz von einer oder mehreren Authentisierungsmethoden konfiguriert werden.

Sie können die Standardauthentisierung, die integrierte Windows-Authentisierung und die Digest-Authentisierung einsetzen, um Anwender beim Zugriff auf den IIS zu authentisieren.

Frage 89

Sie wollen eine Remote Access-Lösung ermöglichen, die dynamisches Multilinking und Smartkarten-Authentisierung zur Verfügung stellt. Welche Protokolle sollten Sie aktivieren?

Antworten

- [ ] 1. Das **E**xtensible **A**uthentication **P**rotocol (EAP) und das **B**andwidth **A**llocation **P**rotocol (BAP).
- [ ] 2. Das **E**xtensible **A**uthentication **P**rotocol (EAP) und das **L**ayer **Two T**unneling **P**rotocol (L2TP).
- [ ] 3. Das **M**icro**s**oft **C**hallenge **H**andshake **A**uthentication **P**rotocol (MS-CHAP) und das **B**andwidth **A**llocation **P**rotocol (BAP).
- [ ] 4. Das **M**icro**s**oft **C**hallenge **H**andshake **A**uthentication **P**rotocol (MS-CHAP) und das **L**ayer **Two T**unneling **P**rotocol (L2TP).

Erklärung

Sie sollten BAP aktivieren, um Unterstützung für das dynamische Multilinking bereitzustellen. Wenn ein Remote Access-Client und Server zum Einsatz von BAP aktiviert sind, kann ein Client bei Bedarf eine zusätzliche Leitung anfordern. Ein Server kann die Leitung einer Verbindung trennen und sie für eine andere Verbindung benutzen.

Sie sollten EAP aktivieren, um die Unterstützung für die Smartkarten-Authentisierung bereitzustellen.

L2TP ist ein Protokoll für die Errichtung eines virtuellen Privat-Netzwerks (VPN). Internet Protocol-Sicherheit (IPSec) ist ein Protokoll, das oft zusammen mit L2TP eingesetzt wird, um Daten zu verschlüsseln, die unter Anwendung von L2TP geschickt werden.

MS-CHAP kann man als Authentisierungsprotokoll für einen Remote Access-Server verwenden; es unterstützt jedoch keine Smartkarten-Authentisierung.

Frage 90

Sie verwalten zwei Organisations-Einheiten (OU) in der Windows 2000-Domäne Ihres Unternehmens. Die Computer in der OU Server-Thor enthalten vertrauliche Personaldaten. Die Computer in der OU Client-Odin werden von Mitarbeitern eingesetzt, denen Zugriff auf die Personaldaten gestattet wird. Die Computer in beiden OU stehen im gleichen Bürogebäude. Sie wollen sicherstellen, dass diese Daten geschützt werden, wenn sie von den Servern auf die Computer der Mitarbeiter transferiert werden. Sie erstellen Internet Protocol-Sicherheits-Richtlinien für die Gruppenrichtlinien-Objekte (GPO), die mit jeder OU verbunden sind.

Wie sollten Sie in jeder IPSec-Richtlinie den Modus in der Regel konfigurieren, die die Kommunikation zwischen den Servern und den Computern der Mitarbeiter steuert?

Antworten

- ☐ 1. Konfigurieren Sie die Regel in der Richtlinie für jede OU, um den Tunnel-Mode zu verwenden.
- ☐ 2. Konfigurieren Sie die Regel in der Richtlinie für jede OU, um den Transport-Mode zu verwenden.
- ☐ 3. Konfigurieren Sie die Regel in der Richtlinie für Server-Thor, um den Transport-Mode zu verwenden. Konfigurieren Sie die Regel in der Richtlinie für Client-Odin, um den Tunnel-Mode zu verwenden.
- ☐ 4. Konfigurieren Sie die Regel in der Richtlinie für Server-Thor, um den Tunnel-Mode zu verwenden. Konfigurieren Sie die Regel in der Richtlinie für Client-Odin, um den Transport-Mode zu verwenden.

Erklärung

Sie sollten die Regel in der Richtlinie jeder OU konfigurieren, um den Transport-Mode zu verwenden. Dies gewährleistet, dass die von den Servern in Server-Thor an oder von den Clientcomputern in Client-Odin transferierten Daten geschützt bleiben.

Sie setzen den Tunnel-Mode ein, wenn Sie sicherstellen wollen, dass die zwischen zwei spezifischen Computern transferierten Daten geschützt werden, auch wenn diese Computer für die Daten nicht Endziele sind. Sobald die Daten von einem der Computer empfangen werden, können sie an den endgültigen Zielcomputer weitergeleitet werden, ohne hierfür IPSec zu verwenden. Der Tunnel-Mode wird im Allgemeinen eingesetzt, um sicherzustellen, dass Daten geschützt werden, die zwischen zwei Netzwerken über ein ungesichertes Netzwerk – zum Beispiel das Internet – ausgetauscht werden.

Die Regeln, die die Kommunikation zwischen zwei Computern steuern, müssen für den Einsatz beide entweder im Transportmodus oder im Tunnelmodus konfiguriert werden. Ein Computer kann mehrfache Simultanverbindungen im Transport-Modus unterstützen. Im Tunnelmodus jedoch kann nur eine einzige Tunnelverbindung zur gleichen Zeit aktiv sein. Es muss für jede Tunnelverbindung eine Regel definiert werden.

Frage 91

In Ihrem Unternehmen wird Active Directory eingesetzt. Der Active Directory-Wald besteht aus zwei Domänen: firma.de und abteilung.firma.de. Sie installieren den Dynamic Host-Konfigurations-Protokoll-Serverdienst (DHCP) auf DHCPServer01, einem Windows 2000 Server, der Mitglied in abteilung.firma.de ist. In welchen Gruppen muss Ihr Anwenderkonto Mitglied sein, um diesen DHCP-Server im Active Directory zu autorisieren, wenn das Recht, einen DHCP-Server zu autorisieren, nicht an eine andere Gruppe, der Sie angehören, delegiert worden ist?

Antworten

- [ ] 1. Nur DHCP-Administratoren.
- [ ] 2. firma.de\Enterprise-Administratoren oder firma.de\Domänen-Administratoren.
- [ ] 3. firma.de\Domänen-Administratoren oder abteilung.firma.de\Domänen-Administratoren.
- [ ] 4. Nur firma.de\Enterprise-Administratoren.

Erklärung

Ihr Anwenderkonto muss ein Mitglied der firma.de\Enterprise-Administratoren sein, um einen DHCP-Server im Active Directory autorisieren zu können. Die Gruppe der Enterprise-Administratoren existiert nur in der Root-Domäne des Domänenwalds.

Sie können keinen DHCP-Server im Active Directory autorisieren, wenn Ihr Anwenderkonto ein Mitglied in der Gruppe der Domänen-Administratoren in einer Domäne im Domänenwald ist, aber Ihr Konto nicht gleichzeitig Mitglied in der Gruppe der Enterprise-Administratoren in der Root-Domäne des Domänenwalds ist.

Sie können keinen DHCP-Server im Active Directory autorisieren, wenn Ihr Anwenderkonto ein Mitglied in der Gruppe der Administratoren auf dem DHCP-Server ist, Ihr Konto aber nicht Mitglied in der Gruppe der Enterprise-Administratoren in der Root-Domäne des Domänenwalds ist.

Ein Mitglied der Gruppe der Enterprise-Administratoren kann die Autorität für die Autorisierung von DCHP-Servern an eine andere Gruppe oder ein spezifisches Anwenderkonto delegieren.

Frage 92

Sie stellen eine Windows NT 4.0-Domäne auf Windows 2000 um. Ihr DHCP-Serverdienst wird auf einem Mitglieds-Server installiert. Nach der Aufrüstung Ihrer Domänencontroller und Mitglieds-Server auf Windows 2000 erhalten die Microsoft Windows 98-Clients keine **I**nternet **P**rotocol-Adressen (IP) vom DHCP-Server. Was ist die Ursache dieses Problems?

Antworten

- ☐ 1. Der DHCP-Server hat keine für Windows 98-Clients definierte Optionsklasse.
- ☐ 2. Der DHCP-Server aktualisiert den DNS-(Domänenamens-System-)Server nicht einwandfrei.
- ☐ 3. Der DHCP-Server ist im Active Directory nicht autorisiert.
- ☐ 4. Dem DHCP-Server wurde eine Adresse durch das **A**utomatic **P**rivate **IP** **A**ddressing (APIPA) zugewiesen und er kann deshalb jetzt nicht mit den Windows 98-Clients kommunizieren.

Erklärung

Der DHCP-Server muss im Active Directory autorisiert werden, bevor er Adressen an Clients vergeben kann. Wenn bestehende DHCP-Server auf Windows 2000 geupgradet werden, werden sie nicht automatisch im Active Directory autorisiert. Sie müssen jeden der Server über die DHCP-Konsole autorisieren. Nur ein Mitglied der Gruppe der Enterprise-Administratoren kann einen DHCP-Server autorisieren.

Sowohl in Windows NT 4.0 als auch Windows 2000 muss ein Computer eine statische IP-Adresse haben, bevor Sie den DHCP-Serverdienst auf diesem Computer installieren können; daher kann der Computer keine durch APIPA zugewiesene Adresse haben.

Sie brauchen keine für Windows 98-Clients definierte Optionsklasse, um eine Adresse an einen Windows 98-Client zu vergeben.

DHCP-Clients benötigen keinen Zugriff auf Information von einem DHCP-Server, um einen DHCP-Server zu finden.

Frage 93

Sie verwalten für Ihr Unternehmen die Computer in einer Zweigstelle in der Nachbarstadt. Das ferne Büro wird mit der Zentrale durch einen 56-Kbit-Modem verbunden. Sie installieren den DNS-Serverdienst auf DNSServer02, einem Windows 2000 Server im entfernten Büro. Sie wollen den Verkehr auf der 56-Kbit-Leitung minimieren; folglich konfigurieren Sie keine primären oder sekundären Zonen auf DNSServer02. Welchen anderen Schritt müssen Sie unternehmen, um das DNS-Verkehrsvolumen zum/vom entfernten Büro zu minimieren?

Antworten

- ☐ 1. Erhöhen Sie den Standard **T**ime-**to**-**L**ive-(TTL-)Wert auf DNSServer02.
- ☐ 2. Konfigurieren Sie den DNSServer02, um Round-Robin einzusetzen.
- ☐ 3. Konfigurieren Sie den DNSServer02 als Weiterleitungsserver.
- ☐ 4. Konfigurieren Sie DNSServer02 als Sekundärserver.

Erklärung

Sie sollten DNSServer02als Sekundärserver einrichten. Ein Sekundärserver stellt einen Kontakt mit einem anderen DNS-Server (dem Weiterleitungsserver) her, um Fragen zu beantworten, für die der Sekundärserver selbst keine Antwort im Datencache auf dem Sekundärserver oder in den Datensätzen seine lokalen Zonen zur Verfügung stellen kann. Die Konfiguration des Servers im Exclusiv-Modus zwingt den Server, die Fragen an einen Weiterleitungsserver zu schicken und keinen Versuch zu unternehmen, die Frage selbst zu beantworten, wenn der Weiterleitungsserver keine Antwort liefern kann. Dies verhindert den Datenverkehr, der erzeugt würde, wenn der DNS-Server versucht, die Frage durch eine Verbindung mit einem Root-Namensserver selbst zu beantworten.

Für Windows 2000 konfigurieren Sie einen Weiterleitungsserver mithilfe des Registers *Weiterleitung* der Dialogbox *Eigenschaften* des DNS-Servers. Sie konfigurieren einen DNS-Server durch die Auswahl der Option *Keine Rekursion verwenden* auf dem Register *Weiterleitung* als Sekundärserver.

Ein Weiterleitungsserver ist ein DNS-Server, an den andere DNS-Server Anforderungen schicken, die sie selbst nicht abarbeiten können. Es bedarf keiner Konfiguration für die Errichtung eines DNS-Servers als Weiterleitungsserver. Die IP-Adresse des als Weiterleitungsserver fungierenden Computers muss jedoch auf jedem DNS-Server definiert werden, der den Weiterleitungsserver einsetzen wird.

Die Zeit, die ein DNS-Datensatz im Cache verbleibt, wird auf dem DNS-Server definiert, der für den Datensatz autoritativ ist. Eine Erhöhung der Standard-TTL auf DNSSerrver02 wird die Zeit, die die von anderen DNS-Server erhaltenen Datensätze im Cache verbringen, nicht erhöhen. Die Standard-TTL (**T**ime-**to**-**L**ive) wird auf der Zonenebene definiert, nicht auf der Serverebene. Für Windows 2000 wird die Standard-TTL für eine Zone auf dem Register *SOA* der Zoneneigenschaften anhand des DNS-Managers definiert.

Round-Robin ist eine DNS-Funktion, die einem DNS-Server die Verteilung der Belastung über zwei oder mehr Server ermöglicht, die als Host für ein Netzwerk zur Verfügung stehen. Sie müssen einen Hostdatensatz für jeden Computer einrichten, der als Host für die Ressource fungiert, und dann sicherstellen, dass die Funktion Round-Robin auf dem Register *Erweitert* der Eigenschaften des DNS-Servers im DNS-Manager aktiviert wird.

Frage 94

Einer Ihrer Systemadministratoren hat die Standard-Remote Access-Richtlinie auf einem Mitgliedserver einer Domäne in Native Mode gelöscht. Sie war die einzige Remote Access-Richtlinie, die auf dem Server definiert worden war. Welche Auswirkung wird dies auf Anwender haben, die versuchen, eine DFÜ-Verbindung zu diesem Server herzustellen?

Antworten

- [ ] 1. Kein Anwender wird eine Verbindung herstellen können.
- [ ] 2. Nur Anwender, die den Zugriff durch die Standardrichtlinie für die Domäne besitzen, werden eine Verbindung herstellen können.
- [ ] 3. Nur die Anwender mit der Remote Access-Erlaubniseinstellung *Verbindungskontrolle über die RAS Richtlinie* werden keine Verbindung herstellen können.
- [ ] 4. Nur die Anwender mit der Remote Access-Erlaubniseinstellung *Zugriff erlauben* werden eine Verbindung herstellen können.

Erklärung

Wenn es keine Remote Access-Richtlinie gibt, werden keine Anwender eine Verbindung herstellen können, da die Verbindungseinstellungen keinen Richtlinieneinstellungen gleichen.

Wenn es keine für einen Remote Access-Server definierte Remote Access-Richtlinie gibt, wird die Remote Access-Erlaubnis für die Anwenderkonten keine Auswirkungen haben, ob nun ein Anwender Zugriff zum Server hat oder nicht. Daher werden die mit den Remote Access-Erlaubniseinstellungen *Zugriff erlaubt* oder *Verbindungskontrolle über die RAS Richtlinie* keine Verbindung herstellen können.

Remote Access-Richtlinien werden auf jedem Remote Access-Server gespeichert. Es gibt keinen Mechanismus für die Definition einer Standardrichtlinie für eine Domäne. Sie könnten einen **R**emote **A**uthentication **D**ial-**in** **U**ser **S**ervice (RADIUS) Server einsetzen, um die Remote Access-Richtlinien für ein Netzwerk zu definieren. Dann konfigurieren Sie jeden Remote Access-Server, um den RADIUS-Server für die Authentisierung einzusetzen. In Windows 2000 wird RADIUS durch den Internet Authentisierungs-Dienst (IAS) implementiert.

Frage 95

Sie starten *Dcpromo.exe* um Server01, einen Windows 2000 Server, zum ersten Domaincontroller für firma.de, die Root-Domäne des Windows 2000-Walds Ihrer Firma, zu erheben. Ausgehend vom Active Directory-Installations-Assistenten installieren Sie den **D**omain **N**ame **S**ystem-Dienst (DNS) auf Server01. Anschließend installieren Sie Windows 2000 Professional auf zehn Computern. Sie weisen jedem der zehn Computer eine statische IP-Adresse zu und konfigurieren die IP-Adresse des DNS-Servers für diese Computer.

Welchen Schritt müssen Sie unternehmen, um sicherzustellen, dass sowohl die A-Datensätze als auch die PTR-Datensätze für die Computer mit Windows 2000 Professional richtig auf Server01 erfasst werden, wenn Sie die Computer der Domäne firma.de hinzufügen?

Antworten

- [ ] 1. Sie erstellen eine Reverse Lookup-Zone für das Netzwerk und aktivieren das Netzwerk, um dynamische Aktualisierungen zu akzeptieren.
- [ ] 2. Konvertieren Sie die Zone firma.de zu einer Active Directory-integrierten Zone.
- [ ] 3. Konfigurieren Sie die Computer mit Windows 2000 Professional, um dynamische Aktualisierungen an Server01 zu schicken.
- [ ] 4. Aktivieren Sie Server01, um dynamische Aktualisierungen zu akzeptieren.

Erklärung

Wenn Sie DNS installieren und zur gleichen Zeit einen Computer zum Domaincontroller für eine Windows 2000-Domäne erheben, wird die Forward Lookup-Zone für die Domäne automatisch erstellt und für die Annahme dynamischer Aktualisierungen konfiguriert. Die entsprechende Reverse Lookup-Zone wird jedoch nicht erstellt. Sie müssen die Reverse Lookup-Zone manuell erzeugen und diese Zone für die Annahme dynamischer Aktualisierungen aktivieren. Sie müssen dynamische Aktualisierungen für jede Zone einrichten, die als Host auf einem DNS-Server liegt, nicht für den DNS-Server selbst. Windows 2000 Professional-Computer werden standardmäßig aktiviert, um Aktualisierungen an einen DNS-Server zu schicken, der dynamische Aktualisierungen akzeptiert. Daher brauchen Sie diese Option nicht auf den Clients zu konfigurieren. Eine Zone muss keine Active Directory-integrierte Zone sein, um dynamische Aktualisierungen zu akzeptieren. Eine Active Directory-integrierte Zone kann konfiguriert werden, um ausschließlich gesicherte dynamische Aktualisierungen zu akzeptieren. Wenn eine Zone konfiguriert wird, um nur gesicherte dynamische Aktualisierungen zu akzeptieren, werden neue Registrierungen nur von Computern zugelassen, die ein Computerkonto im Active Directory haben. Aktualisierungen von DNS-Einträgen in einer Zone, die nur sichere dynamische Aktualisierungen erlaubt, können nur durch den Computer erfolgen, der den zu aktualisierenden Datensatz ursprünglich registriert hat.

Frage 96

Sie wollen eine DNS-Zone zu einer Active Directory-integrierten Zone konvertieren. Sie stellen eine Verbindung zu einem DNS-Server in der DNS-Konsole her. Sie öffnen die Dialogbox der *Eigenschaften* für die Zone und klicken *Ändern* auf dem Register *Allgemein* an. Die Option, den Zonentyp zu einer Active Directory-integrierten Zone zu konvertieren, ist nicht verfügbar.

Was ist der wahrscheinlichste Grund dafür?

Antworten

- [ ] 1. Der Server hat keinen Zugriff zu einem globalen Katalog-Server.
- [ ] 2. Der Server hat keinen Zugriff zum Domänennamens-Stammserver.
- [ ] 3. Der Server ist kein Stammserver.
- [ ] 4. Der Server ist ein Mitgliedsserver.

Erklärung

Der wahrscheinlichste Grund dafür, dass Sie die Option nicht haben, ist, dass der Server ein Mitgliedsserver ist. Sie können eine Zone nur auf einem Computer zu einer Active Directory-integrierten Zone konvertieren, der Domänencontroller und DNS-Server ist.

Der Computer muss kein Stammserver sein, um eine Zone, für die er autoritativ ist, zu einer Active Directory-integrierten Zone zu konvertieren. Ein Stammserver ist ein Server, der Zonenaktualisierungen für einen sekundären DNS-Server durchführt.

Sie brauchen keinen Zugriff auf einen globalen Katalog-Server zu haben, um eine Zone zu einer Active Directory-integrierten Zone zu konvertieren.

Sie brauchen keinen Zugriff zum Domänen-Stammserver, um eine Zone zu einer Active Directory-integrierten Zone zu konvertieren.

Frage 97

Sie verwalten einen Windows 2000 Server, der als virtueller Privatnetzwerk-(VPN-)Server konfiguriert ist. Sie wollen sicherstellen, dass die zwischen dem Server und den mit Windows 98 ausgestatteten Clientcomputern geschickten Daten anhand eines 56-Bit-Verschlüsselungs-Schemas verschlüsselt werden. Wie sollten Sie den Server konfigurieren, um das **M**icrosoft **P**oint-to-**P**oint **E**ncryption (MPPE) anhand eines 56-Bit-Schemas zu unterstützen?

Antworten

- ☐ 1. Aktivieren Sie Unterstützung für die MS-CHAP-Authentisierung und starke Verschlüsselung.
- ☐ 2. Aktivieren Sie Unterstützung für CHAP-Authentisierung und starke Verschlüsselung.
- ☐ 3. Aktivieren Sie Unterstützung für MD5-CHAP und starke Verschlüsselung.
- ☐ 4. Aktivieren Sie Unterstützung für EAP-TLS-Authentisierung und Basisverschlüsselung.

Erklärung

Sie sollten Unterstützung für das Microsoft Challenge Handshake-Authentisierungsprotokoll (MS-CHAP, Version 1 oder 2) aktivieren, um die Verschlüsselung von Daten zu erlauben. Sie sollten dann die starke Verschlüsselungsoption für das mit der betreffenden Remote Access-Richtlinie verbundene DFÜ-Profil wählen, um die 56-Bit-Verschlüsselung zu ermöglichen. Die Basisverschlüsselungsoption liefert nur eine 40-Bit-Verschlüsselung.

Das Challenge Handshake-Authentisierungsprotokoll (bekannt als CHAP und MD5-CHAP) ermöglicht keine Datenverschlüsselung. Die Authentisierungs-Methode **E**xtensible **A**uthentification **P**rotocol-**T**ransport **L**ayer **S**ecurity (EAP-TLS) unterstützt auch die Verschlüsselung mit MPPE.

Frage 98

Sie verwalten einen Windows 2000 Server. Der Rechner setzt ein Modem für die Verbindung zum Internet und eine Netzwerkkarte zur Verbindung zum internen Netzwerk ein. Sie aktivieren Routing und Remote Access auf dem Computer und erzeugen Schnittstellen für das Modem und die Netzwerkkarte. Sie fügen das **N**etwork **A**ddress **T**ranslation-Protokoll (NAT) hinzu. Was ist der nächste Schritt, den Sie unternehmen müssen, um NAT zu aktivieren?

Antworten

☐ 1. Starten Sie Routing und Remote Access wieder.

☐ 2. Konfigurieren Sie die Eigenschaften vom Modem, um NAT zu aktivieren.

☐ 3. Fügen Sie die externen und internen Schnittstellen dem NAT-Routingprotokoll hinzu.

☐ 4. Definieren Sie statische Routen.

Erklärung

Sie sollten die internen und externen Schnittstellen dem NAT-Routingprotokoll hinzufügen. Dann sollten Sie die Eigenschaften der externen Schnittstelle konfigurieren, um die öffentlichen Internet Protocol-Adressen zu definieren, die den Computern auf dem privaten Netzwerk zugeordnet werden.

Sie brauchen keine statischen Routen für NAT zu konfigurieren. Die Aufgabe von NAT ist es, den geteilten Zugriff auf das Internet zur Verfügung zu stellen. Die Definition von statischen Routen zu Internetressourcen wird nicht empfohlen.

Sie müssen Routing und Remote Access nicht erneut starten.

Sie brauchen die Unterstützung für NAT in der Dialogbox für die Eigenschaften des Modems nicht zu aktivieren. Sie erstellen eine Einwahl-Schnittstelle, die das Modem verwendet, und fügen die Schnittstelle der NAT zu. Dann verwalten Sie die NAT-Konfiguration der Schnittstelle in der Dialogbox für die Eigenschaften der Schnittstelle im Bereich *NAT*.

Frage 99

Sie verwenden einen Windows 2000 Professional-Rechner. Sie erstellen eine DFÜ-Verbindung, die eine spezifische Internet Protocol-Adresse anfordert, wenn ein Remote Access-Server mit Windows 2000 Server angewählt wird. Sie konfigurieren den Client, um den DNS-Server dynamisch zu aktualisieren. Sie sehen jedoch keine Informationsmeldungen in der Ereignisanzeige, denen zufolge die dynamischen Aktualisierungen gesendet werden, nachdem Sie eine Verbindung mit dem Remote Access-Server hergestellt haben.

Welche Dienste sollten Sie eneut starten, um sicherzustellen, dass die dynamischen Aktualisierungen erzeugt werden?

Antworten

- [ ] 1. Remote Access Connection Manager
- [ ] 2. DNS-Client
- [ ] 3. DHCP-Client
- [ ] 4. Net Logon

Erklärung

Sie sollten den DHCP-Client neu starten. Auch auf einem mit einer statischen IP-Adresse konfigurierten Computer ist der DHCP-Client für die Sendung von dynamischen Aktualisierungen verantwortlich.

Der Dienst Net Logon ist für die Registrierung von Dienst-(SRV-)Ressourcen-Datensätzen für Domaincontroller und globalen Katalog-Servern verantwortlich.

Der DNS-Client ist verantwortlich für die Sendung von rekursiven Anforderungen an einen DNS-Server, um Namen zu IP-Adressen aufzulösen.

Der Remote Access-Verbindungs-Manager verwaltet Verbindungen, wenn sie aktiv sind.

Frage 100

Ihr Unternehmen verwendet das **O**pen **S**hortest **P**ath **F**irst-Protokoll (OSPF) als Routingprotokoll für das ganze Firmennetzwerk. Das **A**utonym **S**ystem (AS) des Unternehmens besteht aus vier Bereichen: dem Backbone-Bereich 0.0.0.0 und drei anderen Bereichen, die Schnittstellen mit dem Backbone-Bereich durch **A**rea **B**order **R**outers (ABRs) haben. Die Schnittstelle zum Bereich 10.1.0.0 heißt Bereich01. Die Schnittstelle zum Bereich 10,2,0,0 ist Bereich02 und die Schnittstelle zum Bereich 10.3.0.0 nennt sich Bereich03. Sie wollen die Route festlegen, die von Router01 – einem Router in Bereich 10.1.0.0 – zu einem Computer auf einem Subnetz in Bereich 10.3.0.0 definiert wird.

In welchem Speicherbereich können Sie diese Information betrachten?

Antworten

- [ ] 1. Im **S**hortest **P**ath **F**irst-Baum (SPF) auf Bereich01.
- [ ] 2. In der **L**ink **S**tate-**D**aten**b**ank (LSDB) auf Router01.
- [ ] 3. In der OSPF-Routingtabelle auf Bereich01.
- [ ] 4. In der **I**nternet **P**rotocol-Routingtabelle (IP) auf Router01.

Erklärung

Sie können diese Information in der IP-Routingtabelle auf Router01 betrachten. Die Routingtabelle kann man anhand des Befehls *route print* oder vom IP-Routingbereich der Routing-und-Remote Access-Konsole sehen.

Jeder Router erstellt eine Routingtabelle, die aus einem einzigen Eintrag für jedes Netzwerk im AS besteht. Der erste Schritt im Verfahren ist, dass jeder OSPF-Router eine LSDB von den Link State-Meldungen baut, die er von dem benachbarten Router erhält. Die LSDB wird dann eingesetzt, um einen SPF-Baum zu erstellen, der aus dem kürzesten Weg von diesem Router zu jedem anderen Router und Netzwerk besteht. Der SPF-Baum wird verwendet, um eine OSPF-Routingtabelle mit einem Antrag für jedes Netzwerk im AS zu erzeugn. Die Routen der OSPF-Routingtabelle werden dann der IP-Routingtabelle hinzugefügt. Die IP-Routingtabelle auf jedem Router ist diesem Router zugeordnet.

Jeder Router synchronisiert seine LSDB mit benachbarten Routern. Wenn Konvergenz erreicht wird, haben alle Router in einem Bereich eine Kopie derselben LSDB. Jeder Router setzt dann diese Information ein, um seinen eigenen SPF-Baum, eigene OSPF-Routingtabelle und IP-Routingtabelle zu stellen.

Wenn ein Router mit mehreren Bereichen verbunden ist, unterhält er eine LSDB für jeden Bereich, mit dem er verbunden ist.

Frage 101

Sie verwalten einen Windows 2000 Server, auf dem Sie das **N**etwork **A**ddress **T**ranslation-Protokoll (NAT) installieren. Sie haben nur eine Internet Protocol-Adresse, die im Internet gültig ist. Sie wollen sicherstellen, dass Anforderungen von internen Hosts für Internetressourcen, wie Internetseiten, richtig übersetzt werden. Welches Objekt in der Routing-und-Remote Access-Konsole (RRAS) sollten Sie einsetzen, um zu gewährleisten, dass die Anforderungen richtig verarbeitet werden?

Antworten

- [ ] 1. Die Eigenschaften der Routerschnittstelle für NAT.
- [ ] 2. Die Eigenschaften des Servers, der NAT startet.
- [ ] 3. Die Eigenschaften des NAT-Protokolls.
- [ ] 4. Der Bereich der statischen Routen.

Erklärung

Sie sollten die Option *Translate TCP/UPD headers (empfohlen)* in den Eigenschaften der Routerschnittstelle für NAT einstellen. Dies ermöglicht dem Router die TCP-Port- und UDP-Port-Übersetzung.

Sie verwenden die Eigenschaften des NAT.Protokolls, um:

- die Ereignisprotokollierung zu aktivieren
- festzulegen, wie lang TCP- und UDP-Mappings gehalten werden sollen
- dem Computer mit NAT zu erlauben, die dynamische Hostkonfigurierung (DHCP) und Domänenamen-System-Services anzubieten

Sie verwenden den Bereich der statischen Routen, um der Routingtabelle Einträge hinzuzufügen.

Sie verwenden die Eigenschaften des Servers mit NAT, um:

- den Computer als Router oder Remote Access-Server (oder beides) zu konfigurieren
- die sowohl für Routing als auch Remote Access unterstützten Protokolle zu konfigurieren
- die **P**oint-**t**o-**P**oint-Protokolle (PTP) zu aktivieren
- die Logging-Tiefe einzustellen.

Frage 102

Ihre Firma hat ein Windows 2000-Netzwerk implementiert, das drei Domänen in einem Baum eines Active Directory Walds hat. Die Domänen sind firma.de, einkauf.firma.de und verkauf.firma.de. Sie installieren Zertifizierungsdienste auf Basis01, einem Windows 2000 Server, der Mitglied von verkauf.firma.de ist. Sie konfigurieren Basis01 als Enterprise-Root-Zertifizierungsserver (CA). Sie installieren die Zertifizierungsdienste auch auf Basis02, einem Windows 2000 Server, der Mitglied von firma.de ist. Sie konfigurieren Basis02 als untergeordnete Zertifizierungsstelle.

Wenn Basis01 die Zertifizierung für Basis02 im Active Directory veröffentlicht, auf welchen Computern werden die Zertifizierungs- und die CRLD-Objekte repliziert?

Antworten

- [ ] 1. Nur auf dem Domänencontroller in verkauf.firma.de.
- [ ] 2. Nur auf den Domänencontrollern in *firma.de* und *verkauf.firma.de* und allen globalen Katalog-Servern im Domänenwald.
- [ ] 3. Auf allen Domänencontrollern im Domänenwald.
- [ ] 4. Nur auf Domänencontrollern in *firma.de*.

Erklärung

Die Zertifizierungs- und CRLD-Objekte für sämtliche Enterprise und Enterprise untergeordneten Zertifizierungsstellen werden in der Konfigurierungspartition von Active Directory gespeichert, sodass diese Objekt auf allen Domänencontrollern im Forest repliziert werden.

Anwenderzertifizierungen werden als Teil des Anwenderobjekts veröffentlicht und in der Domänenpartition von Active Directory gespeichert. Diese Zertifizierungen werden auf allen Domänencontrollern der Domäne, in der das Anwenderobjekt existiert, repliziert, sowie auf allen globalen Katalog-Servern im Domänenwald.

Frage 103

Sie müssen zwanzig Mitarbeitern in einem separaten Büro Ihres Unternehmens Zugriff zum Internet verschaffen. Ein Windows 2000 Server ist mit zwei Netzwerkkarten konfiguriert. Einer der Netzwerkkarten wird eine statische IP-Adresse für den Internetzugriff zugewiesen. In diesem Büro steht ein weiterer Windows 2000 Server, der als DHCP-Server und als DNS-Server konfiguriert ist. Die anderen Computer im Büro arbeiten auf Windows 2000 Professional und sind als DHCP-Clients konfiguriert.

Wie können Sie NAT auf dem Server mit Internetzugriff aktivieren, um allen Mitarbeitern in diesem Büro den Zugriff zum Internet zu ermöglichen?

Antworten

- ☐ 1. Modifizieren Sie die Eigenschaften der bestehenden Verbindung zum Internet.
- ☐ 2. Setzen Sie das Routing und Remote Access ein.
- ☐ 3. Verwenden Sie den Assistenten zum Hinzufügen/Entfernen von Programmen.
- ☐ 4. Verwenden Sie den Netzwerkverbindungs-Assistenten.

Erklärung

Sie sollten Routing und Remote Access verwenden, um das NAT-Routingprotokoll hinzuzufügen.

Sie modifizieren die Eigenschaften einer bestehenden Verbindung, um die gemeinsame Internetnutzung zu aktivieren. Sie können auch den Netzwerkverbindungs-Assistenten einsetzen, um die gemeinsame Internetnutzung zu aktivieren.

Sie verwenden den Assistenten zum Hinzufügen/Entfernen von Programmen, um viele der Windows 2000-Netzwerkkomponenten zu installieren, jedoch nicht zur Einspielung von NAT.

Frage 104

Sie verwalten zwei Windows 2000 Server, auf denen Routing und Remote Access aktiviert ist. Die Computer sind mit gegenseitigen DFÜ-Verbindungen konfiguriert, die das Level **Two** **T**unneling **P**rotocol (L2TP) und das **I**nternet **P**rotocol **Sec**urity (IPSec) verwenden. In der Ereignisanzeige wird Ihnen das Ereignis 20111 angezeigt. Eine L2TP-Verbindung kam aufgrund der Sicherheitsmeldung *Fehlerwartezeit* nicht zustande. Sie stoppen und starten den IPSec-Richtlinien-Agenten erneut, erhalten aber weiterhin die gleiche Fehlermeldung.

Welche andere Komponente sollten Sie neu starten, um den Fehler zu beheben?

Antworten

- ☐ 1. Routing und Remote AccessService
- ☐ 2. Net-Logon Dienst
- ☐ 3. IPSec-Treiber
- ☐ 4. ISAKMP/Oakley-Dienst

Erklärung

Sie sollten den Routing-und-Remote Access-Dienst erneut starten. Eine der Ursachen dieses Fehlers ist, dass die für L2TP/IPSec-Verbindungen erstellte automatische IPSec-Richtlinie nicht erzeugt wird. Dieser Fehler tritt auf, wenn der IPSec-Richtlinien-Agent nicht arbeitet und der Routing-und-Remote Access-Dienst startet. Wann immer Sie den IPSec-Richtlinien- Agent wieder starten, sollten Sie auch den Routing-und-Remote Access-Dienst erneut starten.

Sie müssen den IPSec-Treiber nicht erneut laden, da er automatisch durch den IPSec-Richtlinien-Agenten gestartet wird.

Sie müssen den ISAKMP/Oakley-Schlüsselverwaltungsdienst nicht erneut starten, da er automatisch durch den IPSec-Richtlinien-Agenten gestartet wird. Das Internetsicherheitsverbund- und Schlüsselverwaltungs-Protokoll (ISAKMP) wird eingesetzt, um Sicherheitszuordnungen zwischen Computern zu errichten.

Den Net-Logon-Dienst brauchen Sie auch nicht wieder zu starten. Dieser Dienst ist für die Errichtung und Erhaltung einer sicheren Verbindung zwischen einem Computer und einem Domänencontroller in Windows 2000-Domänen verantwortlich.

Frage 105

Sie verwalten RAS-Server01, einen Windows 2000 Server, der Mitglied einer Windows-Domäne ist. Sie aktivieren **R**outing and **R**emote **A**ccess (RRAS) auf RAS-Server01 und konfigurieren den Computer als Remote Access-Server. Sie aktivieren die Unterstützung für das **B**andwidth **A**llocation **P**rotocol (BAP) auf dem Server und auf den Clients. Sie wollen Tracing aktivieren, um feststellen zu können, wie oft BAP eingesetzt wird. Sie können jedoch den BAP-Unterschlüssel von *HKEY_LOCAL_MACHINE\SOFTWARE\Microsoft\Tracing* in der Registry auf RAS-Server01 nicht finden.

Welchen Schritt müssen Sie unternehmen, um diesen Unterschlüssel mit einem Minimum an Verwaltungsaufwand zu erstellen?

Antworten

- ☐ 1. Setzen Sie die Telefon- und Modemoptionen ein, um die Protokollierung zu aktivieren.
- ☐ 2. Verwenden Sie den Netzwerkverbindungs-Assistenten, um eine DFÜ-Verbindung auf RAS zu erstellen.
- ☐ 3. Sie setzen den Registry Editor ein, um den Unterschlüssel und die benötigten Werte zu erstellen.
- ☐ 4. Verwenden Sie die Routing-und-Remote Access-Konsole auf RAS-Server01, um die Protokollierung für BAP zu aktivieren.

Erklärung

Sie sollten den Netzwerkverbindungs-Assistenten einsetzen, um eine DFÜ-Verbindung auf RAS-Server01 zu erstellen. Dies wird Schlüssel für BAP, IPBOOTP, PPP und andere RASA-bezogene Funktionen wie die Authentisierungsprotokolle erzeugen. Obwohl die Protokollierung für einige Funktionen wie das **P**oint-to-**P**oint **P**rotocol (PPP) in der Routing-und-Remote Access-Konsole aktiviert werden kann, muss die Protokollierung für andere Protokolle in der Registry aktiviert werden.

Grundsätzlich sollten Sie vorsichtig sein, wenn Sie den Registry Editor einsetzen. In den Unterschlüsseln für jede Komponente können Sie die Protokollierung aktivieren und das Verzeichnis und die Größe der Logdatei, in der die Daten erfasst werden, definieren. Die erwünschte Protokollierungsgebene kann ebenfalls bestimmt werden. Bedenken Sie, dass dadurch Systemressourcen in Anspruch genommen werden und eine Protokollierung nicht längerfristig aktiviert bleiben sollte.

Sie können den Registry Editor einsetzen, um Unterschlüssel und die verbundenen Werte zu erstellen. Hierbei können Ihnen jedoch leicht Fehler unterlaufen. Diese Methode ist nicht zu empfehlen.

Die Telefon- und Modemoptionen in der Systemsteuerung können eingesetzt werden, um die Protokollierung aller Modemaktivitäten für einen Computer zu aktivieren.

Frage 106

Sie verwalten die Server für die Verkaufsabteilung Ihres Unternehmens. Die IT-Abteilung richtete Active Directory für das Unternehmen ein, und zwar mit Erlaubnissen, die nur mit Windows 2000 Server kompatibel sind. Sämtliche Anwender im Unternehmen haben Anwenderkonten in der Windows 2000-Domäne der Firma, die im gemischten Modus betrieben wird. Es gibt drei Windows 2000-Domänencontroller und zwei Windows NT 4.0-Backup-Domänencontroller (BDC) in der Domäne. Die Server und Laptops in der Verkaufsabteilung arbeiten unter Windows NT 4.0 und können nicht auf Windows 2000 upgedatet werden, bevor ein laufendes Projekt beendet ist. Wenn die Mitarbeiter der Verkaufsabteilung RASverb01 anwählen, den Routing und Remote Access-Server, der Windows 2000 Server für ihre Abteilung startet, können Sie nicht immer eine Verbindung herstellen. Die neusten Servicepakete sind auf RASverb01 installiert.

Welchen Schritt sollten Sie oder Ihr Domänenverwalter unternehmen, damit die Anwender immer Verbindungen zum RASverb01 herstellen können?

Antworten

- ☐ 1. Fügen Sie die Computerkonten für den BDC der RAS- und IAS-Servergruppe hinzu.
- ☐ 2. Fügen Sie die Computerkonten für die Laptops der Verkaufsabteilung der Domänengruppe Pre-Windows 2000 Compatible Access hinzu.
- ☐ 3. Konfigurieren Sie die Unterstützung für das **M**icrosoft **C**hallenge **H**andshake **A**uthentisierungs**p**rotokoll Version 2 (MS-CHAP v2) auf RAS10.
- ☐ 4. Fügen Sie die Gruppe *Jeder* der Domänengruppe *Pre-Windows 2000 Compatible Access* hinzu.

Erklärung

Sie sollten die Gruppe *Jeder* der Gruppe *Pre-Windows 2000 Compatible Access* hinzufügen. Der Routing-und-Remote Access-Dienst auf dem Windows NT 4.0-Server verwendet das lokale Systemkonto. Dieses Konto kann nicht verwendet werden, um eine Null-Session mit einem Domänencontroller unter Windows 2000 Server herzustellen, wenn die Domäne nur für den Einsatz von mit Windows 2000 Server kompatiblen Erlaubnissen konfiguriert worden ist. Das Konto kann eingesetzt werden, um eine Null-Session mit einem BDC mit Windows NT 4.0 Server herzustellen. Wenn RASverb01 den Kontakt mit einem BDC herstellt, um einen Anwender zu authentisieren, kann die Verbindung nur erfolgreich erstellt werden, weil der BDC den Zugriff des Anwenders in seiner lokalen Sicherheitskonten-Manager-(SAM-)Datenbank verifizieren kann. Wenn RASverb01 Kontakt mit einem Domänencontroller unter Windows 2000 erstellt, kann keine Null-Session stattfinden.

Da RASverb01 die Fähigkeit zur Kommunikation mit allen Domänencontrollern haben muss, wird das Hinzufügen des Computerkontos für die Laptops der Verkaufsabteilung die benötigte Unterstützung nicht bereitstellen.

Da Windows NT 4.0-Clients für virtuelle private Netzwerke (VPN) nur das MS-CHAP v2 verwenden, diese jedoch nicht in DFÜ-Verbindungen einsetzen können, brauchen Sie keine Unterstützung für MS-CHAP v2 auf RASverb01 zu konfigurieren.

Sie sollten die Computerkonten für die BDC der Gruppe *RAS und IAS Server* nicht hinzufügen. Die Mitglieder dieser Gruppe haben sonst Zugriff auf Anwenderkonten-Eigenschaften, die mit Remote Access verwandt sind.

Frage 107

Sie wollen den DNS-Serverdienst nach der Installation auf einem Windows 2000 Server testen. Wenn Sie versuchen, die zur Verfügung stehenden Abfragetests auf dem Register *Überwachung* zu aktivieren, gelingt die einfache Abfrage, die rekursive Abfrage jedoch nicht.

Was ist der wahrscheinlichste Grund dafür?

Antworten

- ☐ 1. Die Root-Zone steht nicht zur Verfügung oder ist gelöscht worden.
- ☐ 2. Es ist keine Reverse Lookup-Zone konfiguriert worden.
- ☐ 3. Es ist kein alternativer DNS-Server konfiguriert worden.
- ☐ 4. Die benötigten SRV-(Dienst-)Ressourcen-Datensätze sind nicht erstellt worden.

Erklärung

Der wahrscheinlichste Grund für das Scheitern der rekursiven Abfrage ist, dass die Zone nicht zur Verfügung steht oder gelöscht worden ist. Der rekursive Abfragetest versucht, eine rekursive Abfrage an die konfigurierten Server für die Root-Zone weiterzuleiten; natürlich scheitert der Test, wenn die Root-Zone nicht verfügbar ist.

Sie brauchen keine SRV-Ressourcen-Datensätze zur Durchführung einer rekursiven Abfrage. SRV-Datensätze werden eingesetzt, um Server zu identifizieren, die spezifische Services wie **L**ightweight **D**irectory **A**ccess **P**rotocol-Server (LDAP), Domänencontroller und globale Katalog-Server liefern.

Sie müssen keinen alternativen DNS-Server konfigurieren, um eine rekursive Abfrage durchzuführen. Sie konfigurieren einen alternativen DNS-Server, um einem DNS-Client den Kontakt mit dem alternativen Server zu erlauben, wenn der primäre DNS-Server nicht zur Verfügung steht.

Für eine rekursive Abfrage ist es nicht notwendig, eine Reverse Lookup-Zone zu konfigurieren. Diese erstellen Sie, um einen DNS-Server so zu aktivieren, dass er auf Anforderungen reagieren kann, um einen Domänennamen für eine spezifische **I**nternet **P**rotocol-Adresse (IP) zurückzuschicken.

Frage 108

Sie installieren Zertifizierungsdienste auf einem Windows 2000 Server und konfigurieren den Computer als untergeordnete Enterprise-Zertifizierungsautorität (CA). Sie wollen die Zertifizierungs-Einstellungsprozedur für Computer der Mitglieder der von Ihnen verwalteten Windows 2000-Domäne automatisieren. Welches Windows 2000-Werkzeug sollten Sie verwenden, um diese Prozedur zu automatisieren?

Antworten

- [ ] 1. Die Zertifizierungs-Konsole.
- [ ] 2. Die Zertifizierungsdienste-Internetseite.
- [ ] 3. Den Zertifizierungs-Anforderungs-Assistenten.
- [ ] 4. Die Richtlinien für öffentliche Schlüssel.

Erklärung

Sie sollten die Richtlinien für öffentliche Schlüssel verwenden, um die Prozedur der Anforderung, Vergabe und Installation von Computerzertifizierungen zu automatisieren.

Sie verwenden die Zertifizierungskonsole, um Zertifizierungen anzufordern, zu exportieren und zu importieren.

Sie setzen den Zertifizierungs-Anforderungs-Assistenten aus der Zertifizierungskonsole ein, um eine Zertifizierung von einer Enterprise CA anzufordern. Der Assistent muss für jede von Ihnen benötigte Zertifizierung aktiviert werden.

Sie verwenden die Zertifizierungsdienste-Internetseiten, um eine Zertifizierung von einer CA oder einer Stand-alone CA anzufordern.

Frage 109

Sie verwalten einen Windows 2000 Server. Sie wollen die zwischen dem Server und den Clients transferierten Daten mit einer IPSec-Richtlinie schützen. Wenn Sie die Sicherheitsmethoden für die Richtlinie konfigurieren, welche Integritätsalgorithmen können Sie wählen? (Wählen Sie mindestenns zwei Antworten.)

Antworten

- ☐ 1. MD5
- ☐ 2. MS-CHAP
- ☐ 3. 56-Bit-DES
- ☐ 4. 3DES
- ☐ 5. SHA

Erklärung

Sie können entweder die **S**ecure **H**ash **A**lgorithmen (SHA) oder **M**essage **D**igest **5** (MD5) wählen. Ein Integritäts-Algorithmus definiert die Methode, die eingesetzt wird, um verschlüsselte Authentisierungen zwischen Computern anhand von IPSec zu ermöglichen.

Daten, die unter Anwendung von IPSec transferiert werden, können mit dem 56-Bit-Datenverschlüsselungsstandard (DES), 46-Bit-DES oder dem dreifachen DES (3DES) verschlüsselt werden. 40-Bit-DES ist nicht RFC-kompatibel, jedoch in einigen Ländern und Anwendungen noch in Gebrauch (zum Beispiel in Frankreich).

MS-CHAP wird nicht für die IPSec-verschlüsselte Authentisierung unterstützt.

Frage 110

Sie installieren den DNS-Serverdienst auf DNSServer01, einem Windows 2000 Server. Sie erstellen die Forward Lookup-Zone firma.de auf DNSServer01. Nun konfigurieren Sie Server02, einen Windows 2000 Server, um DNSServer01 als DNS-Server einzusetzen. Sie starten den Active Directory-Installations-Assistenten auf Server02, um die Domäne firma.de als Root-Domäne des Windows 2000-Walds Ihrer Organisation zu erstellen. Obwohl Server02 konfiguriert ist, um DNSServer01 als DNS-Server zu verwenden, fordert der Assistent Sie auf, den DNS-Server auf Server02 zu installieren.

Welchen Schritt sollten Sie unternehmen, um den Assistenten an dieser Meldung zu hindern?

Antworten

- ☐ 1. Aktivieren Sie die Zone firma.de, um nur sichere Aktualisierungen zuzulassen.
- ☐ 2. Erstellen Sie Dienst-(SRV-)Ressourcen-Datensätze manuell für Server02 in der Zone firma.de.
- ☐ 3. Erstellen Sie eine Reverse Lookup-Zone auf DNSServer01.
- ☐ 4. Aktivieren Sie die Zone firma.de, um dynamische Aktualisierungen zu akzeptieren.

Erklärung

Sie sollten die Zone firma.de aktivieren, um dynamische Aktualisierungen zu akzeptieren. Hierfür wählen Sie *Ja* aus dem Auswahlmenü für *Dynamische Aktualisierungen zulassen* auf dem Register *Allgemein* der Dialogbox *Eigenschaften* in der DNS-Konsole von firma.de. Obwohl ein Windows 2000 Server mit dem DNS-Serverdienst dynamische Aktualisierungen unterstützt, wird die Fähigkeit, dynamische Aktualisierungen auf einer auf einem DNS-Server erstellten Zone zuzulassen, standardmäßig außer Kraft gesetzt. Der Active Directory-Installations-Assistent fordert Sie auf, DNS auf dem neuen Domänencontroller zu installieren, wenn er keinen Server finden kann, der sowohl SVR-Datensätze als auch dynamische Aktualisierungen unterstützt.

Sie müssen keine Reverse Lookup-Zone auf DNSServer01 erstellen. Eine Reverse Lookup-Zone wird in einer Windows 2000-Domäne nicht benötigt. Wenn Sie die Funktion zur Verfügung stellen wollen, **I**nternet **P**rotocol-Adressen (IP) zu DNS-Namen aufzulösen, können Sie eine Reverse Lookup-Zone erzeugen.

Sie brauchen SRV-Ressourcen-Datensätze nicht in der Zone firma.de manuell zu erstellen. Wenn Sie die Zone für die Annahme von dynamischen Aktualisierungen aktivieren, wird der Active Directory-Installations-Assistent die notwendigen SRV-Datensätze erstellen.

Sie können die Zone firma.de nicht so konfigurieren, dass sie nur sichere Aktualisierungen erlaubt. Eine Zone muss eine Active Directory-integrierte Zone sein, um für sichere Aktualisierungen konfiguriert werden zu können. Eine primäre Standardzone kann nur von einem Domänencontroller zu einer Active Directory-integrierten Zone konvertiert werden, auf dem der DNS-Serverdienst installiert ist. Da DNSServer01 kein Domänencontroller ist, kann er nicht als Host für eine Active Directory-integrierte Zone fungieren.

Frage 111

Sie verwenden einen Windows 2000 Professional-Rechner, auf dem eine Netzwerkkarte installiert ist. Der Computer ist ein DHCP-Client. Ihr Domänen-Anwenderkonto ist Mitglied der lokalen Adminsitratorengruppe auf dem Computer. Sie wollen dem Computer einen neuen NetBIOS-Namen zuweisen. Sie öffnen die Dialogbox *DNS Suffix and NetBIOS Computer Name* in der Systemsteuerung, aber das Feld *NetBIOS computer name* ist nicht aktiv. Was ist der wahrscheinlichste Grund dafür?

Antworten

- ☐ 1. Die gemeinsame Nutzung der Datei- und Druckdienste für das Microsoft-Netzwerk ist für die lokale Verbindung nicht verfügbar.
- ☐ 2. Der einzige Name, den Sie modifizieren können, ist der Hostname für einen Computer mit Windows 2000 Professional oder Server.
- ☐ 3. Der DHCP-Bereich, von dem die Computer eine IP-Adresse erhalten, wird ohne Unterstützung für NetBIOS über TCP/IP konfiguriert.
- ☐ 4. Sie haben die Option *Deaktivieren von NetBIOS über TCP/IP* auf dem Register *WINS* der TCP/IP-Eigenschaften der lokalen Verbindung aktiviert.

Erklärung

Das Domain Name System (DNS) ist der primäre Namens-Auflösungsdienst für Windows 2000. Daher können Sie nur den Hostnamen und nicht den NetBIOS-Namen für einen Computer mit Windows 2000 Professional oder Server modifizieren. Hostname und NetBIOS-Name müssen gleich sein. Der Hostname kann von der Dialogbox *Identifikation ändern* in der Systemsteuerung unter *System* geändert werden. Sie können diese Dialogbox durch Auswahl der *Eigenschaften* auf dem Register *Netzwerk-Identifikation* anzeigen. Auf einer Windows NT 4.0-Workstation oder einem 4.0-Server sind die NetBIOS- und Hostnamen standardmäßig gleich. Sie können nicht so konfiguriert werden, dass sie verschieden sind.

Sie aktivieren die gemeinsame Nutzung der Datei- und Druckdienste für das Microsoft-Netzwerk, um Verzeichnisse und Drucker freizugeben und so anderen Anwendern den Zugriff auf diese Ressourcen vom Netzwerk aus zu ermöglichen. Auch wenn die Unterstützung für die gemeinsame Nutzung der Datei- und Druckdienste für das Microsoft-Netzwerk außer Kraft gesetzt ist, wird einem Computer mit Windows NT 4.0 Workstation oder Server trotzdem ein NetBIOS-Name zur Sicherung der Abwärts-Kompatibilität zugewiesen.

Sie aktivieren die Unterstützung für NetBIOS über TCP/IP (NetBT), um Anwendungen den Einsatz von NetBIOS-Namen anstelle von Hostnamen zu erlauben. Verschiedene Methoden stehen zur Verfügung, um NetBIOS-Namen in IP-Adressen aufzulösen, wenn Sie die Unterstützung für NetBIOS über TCP/IP aktiviert haben. Auch wenn die Unterstützung für NetBT beim Client oder vom DHCP-Server nicht aktiv ist, wird einem Computer mit Windows 2000 Professional oder Server ein NetBIOS-Name für die Abwärts-Kompatibilität zugewiesen. Sie setzen die Unterstützung von NetBT für einen DHCP-Bereich außer Kraft, indem Sie die Microsoft Option *NetBIOS deaktivieren* wählen.

Frage 112

Sie verwalten Server01, einen Windows 2000 Server. Sie installieren den Gateway-dienst für NetWare und NWLink auf Server01. Sie wollen den Einsatz von NWLink für den Client für Microsoft-Netzwerke außer Kraft setzen. Welche Komponente sollten Sie einsetzen, um diesen Dienst für diesen Fall zu deaktivieren?

Antworten

- [ ] 1. Den Bereich *Dienste und Anwendungen* in der Computerverwaltung.
- [ ] 2. Die erweiterten Einstellungsoptionen im erweiterten Menü der Netzwerk- und DFÜ-Verbindungen.
- [ ] 3. Die Dialogbox für die Eigenschaften des Clients für Microsoft-Netzwerke in der Dialogbox für die Eigenschaften Ihrer lokalen Verbindungen.
- [ ] 4. Die Dialogbox für die Eigenschaften des NWLink in der Dialogbox für die Eigenschaften Ihrer lokalen Verbindungen.

Erklärung

Sie sollten die Option der erweiterten Einstellungen im Menü *Erweitert* der Netzwerk und DFÜ-Verbindungen einsetzen. Auf dem Register *Adapter und Bindungen* der Dialogbox sollten Sie die Auswahlbox für NWLink beim Client für Microsoft-Netzwerke deaktivieren.

Sie verwenden die Dialogbox für die Eigenschaften des Clients für Microsoft-Netzwerke in der Dialogbox für die Eigenschaften Ihrer lokalen Verbindungen, um den Namensdienst für den Remote Procedure Ruf-Service zu definieren.

Sie verwenden die Dialogbox für die Eigenschaften von NWLink in der Dialogbox für die Eigenschaften Ihrer lokalen Verbindung, um die interne Netzwerknummer und den Rahmentyp für NWLink zu definieren.

Sie verwenden den Bereich *Dienste und Anwendungen* in der Computerverwaltung, um die Startoptionen, das Verwaltungskonto sowie andere Konfigurationsparameter für jeden Dienst zu konfigurieren. Der Workstation-Dienst ist der Client für Microsoft-Netzwerke.

Frage 113

Sie installieren Windows 2000 Advanced Server auf einem Computer und verwenden den Active Directory-Installations-Assistenten, um die erste Windows 2000-Domäne für Ihre Firma zu erstellen. Sie installieren den DNS-Serverdienst auf diesem Computer während der Installation von Active Directory. Sie konfigurieren den Computer, um diesen DNS-Dienst zu verwenden. Sie setzen den Komandozeilenbefehl *nslookup* ein, um festzustellen, dass die notwendigen Dienst-Ressourcen-Datensätze erstellt worden sind. Sie erhalten jedoch Timeout-Fehlermeldungen von *nslookup*.

Was ist der wahrscheinlichste Grund für diese Fehlermeldungen?

Antworten

- ☐ 1. Die Forward Lookup-Zone ist nicht für dynamische Aktualisierungen konfiguriert.
- ☐ 2. Es gibt keine Reverse Lookup-Zone.
- ☐ 3. Es gibt keine Forward Lookup-Zone.
- ☐ 4. Es ist kein Weiterleitungsserver konfiguriert worden.

Erklärung

Der wahrscheinlichste Grund der Timeout-Fehlermeldungen ist, dass es keine Reverse Lookup-Zone gibt. Wenn Sie einen *nslookup*-Befehl erteilen, versucht *nslookup*, Kontakt mit dem DNS-Server herzustellen, den der Computer nach seiner Konfiguration verwendet. Der erste Schritt dafür ist, dass er die IP-Adresse des DNS-Servers zu einem Namen unter Anwendung des Reverse Lookup-Verfahrens auflöst. Wenn es keine Reverse Lookup-Zone mit einem PTR-Datensatz für den Server gibt, wird *nslookup* Timeout-Fehlermeldungen zeigen, weil der DNS-Server nicht auf die Reverse-Lookup Anforderung antworten kann. *nslookup* wird Ressourcendatensätze aus den Forward Lookup-Zonen zeigen, auch wenn er den Namen des DNS-Servers nicht zeigen kann.

Wenn Sie den DNS-Dienst auf einem Computer während der Installation von Active Directory installieren, wird eine Forward Lookup-Zone erstellt, eine Reverse Lookup-Zone jedoch nicht. Daher sollten Sie diese immer manuell erstellen, wenn Sie den DNS-Server für die Beantwortung von Reverse Lookup-Anforderungen aktivieren wollen. Die während der Installation von Active Directory erstellte Forward Lookup-Zone wird standardmäßig für dynamische Aktualisierungen konfiguriert. Wenn Sie eine Reverse Lookup-Zone erstellen, sollten Sie diese für die Annahme von dynamischen Aktualisierungen aktivieren.

Sie müssen keinen Weiterleitungsserver konfigurieren, um *nslookup* einzusetzen. Ein Weiterleitungsserver ist ein DNS-Server, an den ein anderer DNS-Server Anforderungen weiterleitet. Diese Variante wird oft gewählt, um die Zahl der Computer in einem Netzwerk zu minimieren, die Kontakt mit den Root DNS-Servern herstellen, um Informationen über externe Domänenamen zu erhalten.

Frage 114

Sie verwalten einen Windows 2000 Server, auf dem der DNS-Serverdienst installiert ist. Sie konfigurieren eine Standardprimärzone auf dem Server. Sie konfigurieren die Zone, um einen Windows Internet Namensdienst-Server (WINS) zu verwenden, der NetBIOS-Namen bei Bedarf auflösen soll. Wenn sie den Kommandozeilenbefehl *nslookup* einsetzen, um den DNS-Server nach Informationen über einen Computer Server01 zu befragen, stellen Sie fest, dass die zurückgeschickte IP-Adresse falsch ist. Sie schicken eine zweite *nslookup*-Anforderung, um sicherzustellen, dass die Daten wirklich falsch sind.

Welche Funktion der zurückgeschickten Information können Sie einsetzen, um festzustellen, ob die falsche Information vom WINS-Server stammt?

Antworten

- ☐ 1. Die als Antwort auf die *nslookup*-Anforderung zurückgeschickten Datensätze, die von einem WINS-Server stammen, werden als autoritativ gekennzeichnet und der **T**ime-**to**-**L**ive-Wert (TTL) wird auf die darauf folgenden Anforderungen der gleiche sein wie zuvor.
- ☐ 2. Die als Antwort auf die *nslookup*-Anforderung zurückgeschickten Datensätze, die von einem WINS-Server stammen, werden als nichtautoritativ gekennzeichnet und der Time-to-Live-Wert wird auf die darauf folgenden Anforderungen der gleiche sein wie zuvor.
- ☐ 3. Die als Antwort auf die *nslookup*-Anforderung zurückgeschickten Datensätze, die von einem WINS-Server stammen, werden als nichtautoritativ gekennzeichnet und der Time-to-Live-Wert wird auf die darauf folgenden Anforderungen kürzer sein als zuvor.
- ☐ 4. Die als Antwort auf die *nslookup*-Anforderung zurückgeschickten Datensätze, die von einem WINS-Server stammen, werden als autoritativ gekennzeichnet und der Time-to-Live-Wert wird auf den darauf folgenden Anforderungen kürzer sein als zuvor.

Erklärung

Die durch den DNS-Server von einem WINS-Server erhaltenen Datensätze werden als autoritativ gekennzeichnet und im Cache des DNS-Server gespeichert, nicht in einer Zone. Der Time-to-Live-Wert der von einem WINS-Server stammenden Datensätze vermindert sich, während die Datensätze im Cache sind.

Wenn also der aufgrund einer *nslookup*-Frage zurückgeschickte Datensatz als autoritativ gekennzeichnet wird, aber der TTL-Wert bei den darauf folgenden Fragen abnimmt, stammt die Information für den Datensatz von einem WINS-Server.

Frage 115

Sie verwalten zwei Windows 2000 Server. Sie erstellen eine maßgeschneiderte IPSec-Richtlinie, um die Kommunikation zwischen diesen Computern zu regeln. Welche Schritte sollten Sie unternehmen, wenn Sie die Filterliste für die Richtlinie aufstellen?

Antworten

- [ ] 1. Setzen Sie protokollspezifische Regeln ein, um die Authentisierungsmethode zu definieren. Spiegeln Sie sämtliche Filter, die den Verkehr sichern.
- [ ] 2. Setzen Sie portspezifische Regeln ein, um die Authentisierungsmethode zu definieren. Spiegeln Sie sämtliche Filter, die den Verkehr erlauben.
- [ ] 3. Setzen Sie protokollspezifische Regeln ein, um die Authentisierungsmethode zu definieren. Spiegeln Sie sämtliche Filter, die den Verkehr blockieren.
- [ ] 4. Setzen Sie IP-Adressen-spezifische Regeln ein, um die Authentisierungsmethode zu definieren.
- [ ] 5. Spiegeln Sie sämtliche Regeln, die den Verkehr sichern.

Erklärung

Sie sollten IP-Adressen-spezifische Regeln einsetzen, um die Authentisierungsmethode zu definieren. Dieses Verfahren erlaubt den Computern die Errichtung eines Sicherheitsverbunds (**S**ecurity **A**ssociation, SA), bevor irgendein protokollspezifischer oder portspezifischer Verkehr versucht wird. Sie sollten sämtliche Filter spiegeln, die den Verkehr sichern. Dieses Vorgehen gewährleistet, dass beide Computer die gleiche Methode zur Sicherung des Verkehrs anwenden.

Sie sollten keine Protokoll-spezifischen Regeln verwenden, um die Authentisierungs-Methode zu definieren, da der Sicherheits-Verbund erstellt sein muss, bevor die Sicherung, Genehmigung oder Blockierung von Paketen für spezifische Protokolle erfolgt.

Sie sollten keine portspezifischen Regeln verwenden, um die Authentisierungsmethode zu definieren, da der Sicherheitsverbund erstellt sein muss, bevor die Sicherung, Genehmigung oder Blockierung von Paketen für spezifische Protokolle erfolgt.

Sie müssen nicht sämtliche Filter spiegeln, die den Verkehr blockieren. Sie können Einbahnfilter erstellen, um spezifischen Verkehr zu blockieren. Sie müssen nicht sämtliche Filter spiegeln, die den Verkehr erlauben. Sie können auch hier Einbahn-Filter erstellen, um spezifischen Verkehr zu erlauben.

Frage 116

Sie verwalten zehn Windows 2000 Professional-Rechner, die einer Windows-Domäne angehören. Einer der Computer löst den Namen eines Servers in der Domäne nicht korrekt auf. Welches Hilfsprogramm können Sie einsetzen, um den Namensspeicher auf dem Clientcomputer zu leeren?

Antworten

- ☐ 1. *ipconfig*
- ☐ 2. *ndlookup*
- ☐ 3. *nbstat*
- ☐ 4. *netstat*

Erklärung

Der Computer ist Mitglied einer Windows 2000-Domäne, DNS ist daher sein primärer Dienst zum Auflösen der Namen. Daher liegt der falsche Name wahrscheinlich im Namenszwischenspeicher des Host. Den Befehl *ipconfig /flushdns* kann man verwenden, um den Namenszwischenspeicher des Host (auch Resolver-Cache) auf einem Computer zu entleeren. Der Befehl *ipconfig /displaydns* kann eingesetzt werden, um den Inhalt des Zwischenspeichers zu betrachten.

Mit *nbstst –R* löschen Sie den NetBIOS-Namensspeicher auf einem Computer und starten das System erneut. *nslookup* wird eingesetzt, um Fragen an einen DNS-Server zu richten. *netstat* dient dazu, Informationen über bestehende TCP/IP-Verbindungen und Sitzungen anzuzeigen.

Frage 117

Sie verwalten RASServer01, einen Windows 2000 Server, der Mitglied einer Windows 2000-Domäne ist. Sie aktivieren Routing und Remote Access auf RASServer01 und konfigurieren den Computer als Remote Access-Server. Sie aktivieren die Unterstützung für das **B**andwidth **A**llocation **P**rotocol (BAP) auf dem Server und den Clientcomputern. Die Clientcomputer arbeiten mit Windows 2000 Professional.

Welchen Schritt sollten Sie unternehmen, um sicherzustellen, dass die Clients zusätzliche Telefonnummern nach Bedarf anrufen können, wenn diese verfügbar sind?

Antworten

- [ ] 1. Definieren Sie Telefonnummern für sämtliche Links in der Liste der alternativen Telefonnummern für jede Clientverbindung.
- [ ] 2. Definieren Sie Telefonnummern für jeden Port im Portobjekt in Routing und Remote Access auf RASServer01.
- [ ] 3. Aktivieren Sie die Unterstützung für Rückruf auf RASServer01.
- [ ] 4. Aktivieren Sie die Unterstützung für Round-Robin auf RASServer01.

Erklärung

Sie sollten eine Telefonnummer für jeden Port im Portobjekt in Routing und Remote Access auf RASServer01 definieren. Wenn der Client für die Unterstützung von Multilink und BAP konfiguriert ist, wird eine Rückrufanforderung an den Remote Access-Server geschickt, wenn die Verwendung des bestehenden Links (oder der Links) die definierte Schwelle überschreitet. Der Remote Access-Server antwortet mit einer Ruf-Antwort-Meldung, die die Telefonnummer eines zur Verfügung stehenden Ports enthält. Der Client setzt dann diese Nummer ein, um einen zusätzlichen Link anzufordern.

Sie definieren eine Liste alternativer Telefonnummern für jede Clientverbindung, wenn Sie mehrere Telefonnummern für den ersten Versuch der Anwahl eines Remote Access-Servers zur Verfügung stellen wollen. Sollte die erste Nummer auf der Liste nicht verfügbar sein, wird das DFÜ-Netzwerk (DUN) versuchen, die anderen Nummer zu verwenden.

Rückruf ist eine Funktion von Routing und Remote Access, die dem Remote Access-Server erlaubt, die Leitung zu trennen, nachdem ein Clientcomputer eine erste Verbindung herstellt, und dann den Clientcomputer zurückzurufen.

Round-Robin ist eine Funktion des DNS-Dienstes, die die Zuweisung von mehreren IP-Adressen an den gleichen Namen ermöglicht. Wenn Round-Robin aktiviert wird, rotiert der Server die Reihenfolge, in der die betreffenden IP-Adressen für jede Anforderung zurückgeschickt werden. Im Allgemeinen verwendet der Client den ersten Namen auf der Liste, sodass die Clients die Adressen wechseln, wenn sie auf den angeforderten Dienst (zum Beispiel eine Internetseite) zugreifen.

Frage 118

Ihr Unternehmen hat vier Windows 2000 Server mit dem DNS-Serverdienst. DNSServer01 ist der primäre Namensserver für die DNS-Domäne firma.de. DNSServer02 ist der primäre Namensserver für die DNS-Domäne leitung.firma.de und ein sekundärer Namensserver für die Domäne firma.de. DNSServer03 ist ein sekundärer DNS-Namensserver für die DNS-Domäne firma.de und leitung.firma.de. DNSServer03x ist ein sekundärer DNS-Server für die DNS-Domäne leitung.firma.de.

Sie installieren den DNS-Serverdienst auf DNSServer04, einem Windows 2000 Server. Sie wollen, dass DNSServer04 als sekundärer Namensserver für die DNS-Domäne firma.de fungiert. Welche Server können Sie als Master-Namensserver für die DNS-Domäne *firma.de* auf DNSServer04 bezeichnen? (Wählen Sie alle richtigen Antworten.)

Antworten

- ☐ 1. DNSServer01
- ☐ 2. DNSServer03
- ☐ 3. DNSServer02
- ☐ 4. DNSServer03x

Erklärung

Einen sekundären Namensserver kann man konfigurieren, um entweder den primären oder einen sekundären Namensserver für eine Zone als Master Namensserver für die Zone einzusetzen. In diesem Szenario können sowohl DNSServer01 als auch DNSServer02 und DNSServer03 als Master-Namensserver für die firma.de-Standardsekundärzone definiert werden, für die DNSServer04 als Host fungiert. Einen sekundären Namensserver kann man konfigurieren, um mehr als einen Master-Namensserver zu verwenden.

Frage 119

Sie wollen sicherstellen, dass der DNS-Serverdienst auf einem Windows 2000 Server richtig funktioniert. Welches Utility sollten Sie einsetzen, um sowohl DNS zu testen als auch eventuelle Probleme mit DNS zu beseitigen?

Antworten

- [ ] 1. *netdiag*
- [ ] 2. *netstat*
- [ ] 3. *hostname*
- [ ] 4. *nbstat*

Erklärung

Netdiag kann man einsetzen, um DNS-Probleme zu testen und zu beseitigen. Es ist eines der Windows 2000-Hilfsprogramme, das vom *\Support\Tools*-Verzeichnis einer Windows 2000-Installations-CD-ROM installiert werden kann. *Netdiag* startet eine Testreihe, die den Status eines Netzwerkclients auf einem Computer feststellt. Einer dieser Tests ist der DNS-Test. Dieser Test stellt sicher, dass der DNS-Zwischenspeicherdienst gestartet ist, und prüft, ob die Ressourcendatensätze für die Computer richtig in DNS registriert sind. Wenn Sie *netdiag* mit der Option */fix* starten, wird es versuchen, die Ressourcendatensätze wieder zu registrieren, wenn sie nicht richtig registriert sind.

netstat verwendet man, um Information über bestehende TCP/IP-Verbindungen und -Sitzungen anzuzeigen. *nbstat* wird eingesetzt, um Informationen im NetBIOS-Namenszwischenspeicher anzuzeigen und zu verwalten. *hostname* dient zur Anzeige des Hostnamens des Computers.

Frage 120

Sie verwalten einen Windows 2000 Server. Sie aktivieren Routing und Remote Access auf dem Computer und fügen das **N**etwork **A**ddress **T**ranslation-Protokoll (NAT) hinzu. Sie fügen dem NAT zwei Schnittstellen hinzu: Extern, eine DFÜ-Schnittstelle, um Verbindungen mit dem Internet herzustellen, und Lokal, die mit dem lokalen Netzwerk verbundene Netzwerkkarte. Sie wollen drei öffentliche Internet Protocol-Adressen für drei der Computer auf Ihrem Netzwerk reservieren, damit Kunden die auf diesen Rechnern verfügbaren Dienste verwenden können.

Welche Komponente in der Routing-und-Remote Access-Konsole sollten sie einsetzen, um diese Adressen zu reservieren?

Antworten

- ☐ 1. Die Dialogbox für die Eigenschaften der NAT-Schnittstelle Extern.
- ☐ 2. Die Dialogbox für die Eigenschaften von NAT.
- ☐ 3. Die Dialogbox für die Eigenschaften des Remote Access-Servers.
- ☐ 4. Die Dialogbox für die Eigenschaften der NAT-Schnittstelle Lokal.

Erklärung

Sie sollten das Register *Adressenpool* der Dialogbox *Eigenschaften* der NAT-Schnittstelle Extern verwenden. Zunächst fügen Sie die öffentlichen Adressen auf diesem Register hinzu. Dann reservieren Sie eine spezifische öffentliche Adresse für die Privatadresse jedes Computers, der einen Dienst hat, den Sie für das Internet verfügbar machen wollen.

Sie verwenden die Dialogbox für die Eigenschaften der Schnittstelle zum lokalen Netzwerk, um sie als interne Schnittstelle zu definieren.

Sie verwenden die Dialogbox für die Eigenschaften von NAT, um die Protokollebene, die Zeitdauer für das Aufbewahren von TCP und UDP-Mappings sowie Internetanwendungen, die den internen Anwendern zur Verfügung stehen sollen, zu definieren. Weiter dient Ihnen die Dialogbox zur Bestimmung, ob Adressenzuweisungs- und Namemensauflösungsdienste von NAT zur Verfügung gestellt werden sollen.

Sie verwenden die Dialogbox für die Eigenschaften des Remote Access-Servers, um zu definieren, ob er als Router oder Remote Access-Server (oder beides) konfiguriert wird, sowie die Protokollierungsebene und die Parameter für die Remote Verbindungen zu konfigurieren.

Frage 121

Sie verwenden einen Windows 2000 Professional-Computer, auf dem die Windows 2000 Server-Verwaltungstools installiert wurden. Sie verwalten vier Server von diesem Computer und möchten die Namensauflösung für diese Server optimieren. Welchen Schritt können Sie unternehmen, um sicherzustellen, dass die Hostnamen und IP-Adressen von jedem dieser Server in Ihren Auflösungszwischenspeicher geladen werden?

Antworten

1. Fügen Sie die Information der *Hosts*-Datei hinzu.
2. Verwenden Sie den Befehl *ipconfig*.
3. Geben Sie die Information in die *Cache.dns*-Datei ein.
4. Verwenden Sie den Befehl *nbstat*.

Erklärung

Sie können die Information in die Datei *<Systemroot>\System32\Drivers\Etc\Hosts* eingeben. Wenn ein System startet oder die Hostdatei aktualisiert wird, lädt das System den Inhalt der Datei in den Auflösungscache.

Sie verwenden die Datei *Cache.dns*, um Root-Hints für einen Computer mit dem DNS-Serverdienst zu konfigurieren. Diese Datei definiert die IP-Adressen der Namensserver für die Root-Zone.

Sie setzen den Befehl *ipconfig/flushdns* ein, um den Zwischenspeicher zu entleeren. Hierdurch wird jedoch der Inhalt nicht neu geladen. Sie verwenden den Befehl *ipconfig/displaydns* außerdem, um den Inhalt des Zwischenspeichhers zu betrachten.

Sie verwenden den Befehl *nbstat –R*, um den NetBIOS-Namensspeicher mit Informationen aus der Datei *<Systemroot>\System32\Drivers\Etc\Imhosts* zu laden. Sie verwenden den Befehl *nbstat –RR*, um NetBIOS-Namen mit einem WINS-Server erneut zu registrieren.

Frage 122

Sie verwalten einen Computer mit Windows 2000 Server, der Mitglied einer Arbeitsgruppe ist. Welches Utility können Sie einsetzen, um die Server für die Unterstützung von Remote Access-Clients zu konfigurieren?

Antworten

- [ ] 1. Netzwerkverbindungs-Assistenten.
- [ ] 2. Assistenten zum Hinzufügen/Entfernen von Programmen.
- [ ] 3. Routing und Remote Access.
- [ ] 4. Telefon- und Modemoptionen.

Erklärung

Sie setzen den Netzwerkverbindungs-Assistenten ein, um eingehende Verbindungen für Computer mit Windows 2000 Professional oder Server zu konfigurieren, die einer anderen Arbeitsgruppen angehören, also auch keiner Windows 2000-Domäne.

Sie verwenden Routing und Remote Access, um eingehende Verbindungen für Computer mit Windows 2000 Server zu konfigurieren, die einer Windows 2000-Domäne angehören.

Hinzufügen/Entfernen von Programmen dient dazu, Netzwerkdienste hinzuzufügen. Der Assistent unterstützt aber nicht die Installation und Verwaltung für Remote Access.

Sie verwenden die Telefon- und Modemoptionen in der Systemsteuerung, um die Eigenschaften der Modemgeräte zu konfigurieren, die als Host für eingehende und ausgehende Verbindungen fungieren.

Frage 123

Sie verwalten Computer, auf denen die folgenden Betriebssysteme laufen: Windows 2000 Server, Windows 2000 Professional, Windows 95 und OS/2 mit dem LAN Manager 2.2c. Alle Rechner arbeiten auf dem gleichen Subnetz. Sie wollen, dass Anwendungen auf dem OS/2-Client, der NetBIOS-Namen verwendet, in der Lage sind, die NetBIOS-Namen in IP-Adressen der WINS-Datenbank aufzulösen. Sie installieren den WINS-Dienst auf einem Windows 2000 Server.

Welchen Arbeitsschritt müssen Sie ausführen, um den Anwendungen des OS/2-Systems zu ermöglichen, die Namen in IP-Adressen aus der WINS-Datenbank aufzulösen?

Antworten

- [ ] 1. Konfigurieren Sie die IP-Adresse des WINS-Server in den TCP/IP-Parametern des OS/2-Clients.
- [ ] 2. Konfigurieren Sie ein statisches Mapping für OS/2-Clients in der WINS-Datenbank.
- [ ] 3. Legen Sie eine LMHOST-Datei auf dem OS/2-Rechner an, die einen Eintrag für den WINS-Server hat.
- [ ] 4. Konfigurieren Sie einen Windows 2000 Professional-Rechner als WINS-Proxy.

Erklärung

Sie konfigurieren einen der Windows 2000 Professional-Rechner als WINS-Proxy. Ein WINS-Proxy ist ein Rechner, der auf *NetBIOS name resolution broadcasts* reagiert. Hat der WINS-Proxy keine Abbildung des angefragten Namens zu einer IP-Adresse in seinem NetBIOS-Namenscache, sendet er eine Anfrage an den konfigurierten WINS-Server. Erhält der WINS-Proxy eine Antwort vom WINS-Server, kann er dem Fragesteller antworten.

WINS unterstützt den OS/2-LAN-Manager nicht als WINS-Client. Deshalb können Sie die IP-Adresse des WINS-Servers nicht in den TCP/IP-Eigenschaften des Clients konfigurieren.

Das Einrichten eines statischen Mappings für den OS/2-Client in der WINS-Datenbank wird Anwendungen auf dem OS/2-Client nicht erlauben, NetBIOS-Namen in IP-Adressen aufzulösen. Die Einrichtung gestattet lediglich die Weitergabe der IP-Adresse des OS/2-Clients.

Sie sollten keine LMHOST-Datei auf dem OS/2-Rechner mit einem Eintrag für den WINS-Server anlegen. Dadurch wird der Client nicht in die Lage versetzt, Anfragen zur Auflösung von Namen an den WINS-Server zu senden.

Frage 124

Sie verwalten ServerSQL01, einen Windows 2000 Server mit NWLink und SQL-Server. ServerSQL01 ist mit einer Netzwerkkarte ausgestattet. Sie müssen den Zugang zu SQL für Clients freischalten, die mit Windows 98 und dem Novell NetWare-Client arbeiten. Die NetWare-Server in Ihrem Netzwerk arbeiten mit der Version NetWare 4.11. Welchen Schritt müssen Sie unternehmen, damit die NetWare-Clients SQL-Programme ausführen können?

Antworten

- ☐ 1. Konfigurieren Sie eine eindeutige externe Netzwerkadresse für ServerSQL01.
- ☐ 2. Konfigurieren Sie eine eindeutige interne Netzwerkadresse für ServerSQL01.
- ☐ 3. Setzen Sie den Frametyp auf ServerSQL01 für NWLink auf 802.3.
- ☐ 4. Installieren Sie die Datei und Druckdienste für NetWare auf ServerSQL01.

Erklärung

Sie müssen eine eindeutige interne Netzwerkadresse für ServerSQL01 konfigurieren. Ein Dienst wie SQL, der auf Windows 2000 läuft und seine Verfügbarkeit mithilfe des **S**ervice **A**dvertising **P**rotocol (SAP) anbietet, muss hierzu eine eindeutige interne (oder auch virtuelle) Netzwerkadresse besitzen.

Sie konfigurieren eine externe Netzwerkadresse, um jedes Netzwerksegment eindeutig in einem gerouteten IPX-Netzwerk zu identifizieren.

Die Installation von Datei und Druckdiensten für NetWare auf einem Windows 2000 Server wird dann notwendig, wenn NetWare-Clients Zugriff auf Dateien und Drucker vom Windows 2000 Server brauchen. Für den Zugriff auf Anwendungen auf dem Windows 2000 Server wird dieses nicht benötigt. Die Datei und Druckdienste für NetWare sind nicht Bestandteil von Windows 2000 Server, sie müssen separat beschafft werden.

Der Frametyp 802.3 für NWLink wird für NetWare 4.11-Kommunikationen benötigt. Er ist der Standard-Frametyp, wenn NWLink auf einem Windows 2000-Rechner installiert wird, auf dem entweder bereits der Frametyp 802.2 oder kein Frametyp während der Installation gefunden wird.

Frage 125

Sie verwalten einen Windows 2000 Server, auf dem Routing und Remote Access aktiviert ist. Er ist als Remote Access-Server konfiguriert und beschafft sich Adressen für Remote Access-Clients von einem DHCP-Server. Wegen einer Unternehmenskonferenz sind die meisten Mitarbeiter heute im Büro. Der DHCP-Server hat keine verfügbaren Adressen für die Mitarbeiter, die ihre Laptop-Computer an das lokale Netzwerk anschließen wollen. Der Netzwerkverwalter bittet Sie, die Adressen freizugeben, die vom Remote Access-Server verwendet werden.

Welchen Schritt müssen Sie unternehmen, um diese Adressen zur Verfügung zu stellen?

Antworten

- ☐ 1. Den Routing-und-Remote Access-Dienst beenden.
- ☐ 2. Verwenden Sie den Befehl *ipconfig /release*.
- ☐ 3. Setzen Sie die Modems für den Remote Access außer Betrieb.
- ☐ 4. Jeder Mitarbeiter, der Remote Access verwendet, soll die Verbindung trennen.

Erklärung

Sie sollten den Routing-und-Remote Access-Dienst stoppen. Wenn dies erfolgt ist, werden die vom DHCP-Server erhaltenen Adressen freigegeben. Diese Maßnahme wird jedoch die Mitarbeiter, die eine Remote Access-Verbindung hergestellt haben, vom Netzwerk trennen.

Die Adressen werden nicht zur Verfügung gestellt, weil keiner den Remote Access verwendet. Deshalb wird die Trennung der Mitarbeiter, die Remote Access verwenden, die Adressen nicht freigeben.

Das Außerbetriebsetzen des Modems für Remote Access wird die Adressen ebenfalls nicht verfügbar machen.

Der Befehl *ipconfig /release* kann eingesetzt werden, um die gültige Internet Protocol-Adresse des Remote Access-Servers freizugeben. Er kann jedoch nicht verwendet werden, um alle Adressen freizugeben, die zur Zeit vom Routing-und-Remote Access-Dienst eingesetzt werden.

Frage 126

Ihrer Niederlassung ist das **I**nternet **P**rotocol-Netzwerk (IP) 192.168.10.0 zugewiesen worden. Sie wollen drei Adressenbereiche konfigurieren, die von einem DHCP-Server den Computern auf einem spezifischen Subnetzwerk zugeteilt werden sollen. Die drei Bereiche sind:

- 192.168.10.10 – 192.168.10.50
- 192.168.10.75 – 192.168.10.150
- 192.168.10.200 – 192.168.10.250

Sie wollen, dass dies die einzigen Adressen sind, die der DHCP zuweisen darf. Sie verwenden die Subnetzmaske 255.255.255.0. Welche DHCP-Funktion sollten Sie anwenden, um diese Adressen zu definieren?

Antworten

☐ 1. Option class

☐ 2. Superscope

☐ 3. Multicast-Scope

☐ 4. Address exclusion

Erklärung

Sie können nur einen Adressenbereich je Unternetz definieren. In diesem Fall sollten Sie also einen Bereich konfigurieren, der sämtliche gewünschten Adressen auf dem Subnetz umfasst, und dann die Adressbereiche ausschließen, die nicht aufgelistet sind.

Sie erstellen einen Multicastbereich, um einen Adressensatz zu konfigurieren, der für den Einsatz von Multicasting zugeteilt wird. Gruppenanwendungen wie beispielsweise NetMeeting verwenden Multicasting.

Sie konfigurieren einen Superscope, um die Zuweisung von Adressen für mehrfach logische Subnetze an Computern auf demselben physischen Netzwerksegment zu ermöglichen. Sie setzen diese Funktion ein, wenn die Anzahl der Computer auf dem Segment größer ist als die Anzahl der in einem logischen Subnetz verfügbaren Adressen.

Sie verwenden eine Optionsklasse, um die Art von einer anderen zu unterscheiden, damit Sie Unikate, nach Art der Clients maßgeschneiderte Konfigurationsparameter, zuweisen können. Zum Beispiel möchten Sie den Laptop-Computern kürzere Leases ausstellen als den Desktop-Computern.

Frage 127

Sie verwalten ein Windows 2000 Netzwerk. Drei auf Clientcomputern installierte Anwendungen verwenden NetBIOS-Namen. Sie installieren den WINS-Serverdienst auf einem Windows 2000 Server, um eine NetBIOS-Namensauflösung zu ermöglichen. Sie erstellen einen Adressenbereich auf einem Windows 2000 Server mit dem DHCP-Server, um die **I**nternet **P**rotocol-Adresse (IP) des WINS-Servers mit jeder Lease einzubeziehen.

Welche Art von Bereich sollten Sie in den Optionen für diesen Bereich konfigurieren?

Antworten

- [ ] 1. M-Bereich
- [ ] 2. H-Bereich
- [ ] 3. P-Bereich
- [ ] 4. B-Bereich

Erklärung

Sie sollten die Bereichstyp-Option (Options-Code 46) für den Bereich auf *H* (hybrid – 0x8) einstellen. Wenn ein H-Bereichsclient keine IP-Adresse für den durch einen Antrag bezogenen NetBIOS-Namen hat, versucht der Client, zuerst mit seinem konfigurierten Namensserver Kontakt herzustellen, um einen Namen aufzulösen. Wenn der Namensserver den Namen nicht auflösen kann, versucht der Client, die Auflösung durch einen Broadcast zu erledigen. Um sicherzustellen, dass WINS-Clients Kontakt mit dem WINS-Server herstellen können, bevor sie einen Broadcast durchführen, sollten Sie die Art des Bereichs als H-Bereich konfigurieren.

Sie konfigurieren die Art des Bereichs als B-Bereich (broadcast – 0x1), wenn Sie wollen, dass die Clients einen Broadcast verwenden, aber nicht versuchen, einen Namensserver zu erreichen, um einen NetBIOS-Namen zu lösen.

Sie konfigurieren die Art des Bereichs als P-Bereich (peer – 0x2), wenn Sie wollen, dass die Clients versuchen, Kontakt mit einem Namensserver herzustellen, um einen NetBIOS-Namen aufzulösen, aber keinen Broadcast dazu verwenden.

Sie konfigurieren die Art des Bereichs als M-Bereich (mixed – 0x4), wenn Sie wollen, dass die Clients erst einen Broadcast verwenden, um einen NetBIOS-Namen aufzulösen, bevor sie versuchen, Kontakt mit einem Namensserver herzustellen, falls der Broadcast nicht erfolgreich war.

Frage 128

Sie müssen den Computern auf einem Unternetzwerk Host-IDs zuweisen. Welchen Host-ID-Bereich können Sie für eine Subnetz-ID von 190.6.32.0 und eine Subnetzmaske von 255.255.248.0 einsetzen?

Antworten

- [ ] 1. 190.6.32.1 – 190.6.63.254
- [ ] 2. 190.6.32.1 – 190.6.39.254
- [ ] 3. 190.6.32.1 – 190.6.32.254
- [ ] 4. 190.6.32.1 – 190.6.47.254

Erklärung

Sie können 190.6.32.1 bis 190.6.39.254 für die Host-ID verwenden. Eine Subnetzmaske von 255.255.248.0 zeigt, dass 21 Bit für die Subnetz-ID verwendet werden. Die 5 Bit des dritten Oktetts, die für die Definition von Subnetz-ID eingesetzt werden können, erlauben den Einsatz von 8, 16, 24, 32, 40, 48 etc. als Subnetz-ID. Die Subnetz-ID von 190.6.32.0 kann verwendet werden, um Host-IDs von 190.6.32.1 bis 190.6.39.254 zuzuweisen.

Frage 129

Sie verwenden einen Windows 2000 Server und den DHCP-Serverdienst, um einen DHCP-Bereich mit einer Lease-Dauer von zehn Tagen und einer Subnetzmaske von 21 Bit zu erstellen. Später wollen Sie den Bereich mit einer unbefristeten Lease und einer Subnetzmaske von 22 Bit neu konfigurieren. Welche Schritte müssen Sie dazu unternehmen?

Antworten

- ☐ 1. Deaktivieren Sie den Bereich. Editieren Sie anschließend die Eigenschaften des Bereichs, um eine unbefristete Lease und eine Subnetzmaske von 22 Bit einzustellen. Aktivieren Sie den Bereich abschließend wieder.
- ☐ 2. Deaktivieren Sie den Bereich. Editieren Sie die Eigenschaften des Bereichs, um eine Subnetzmaske von 22 Bit einzustellen. Editieren Sie die Eigenschaften des DHCP-Servers, um eine unbefristete Lease einzustellen. Aktivieren Sie den Bereich abschließend wieder.
- ☐ 3. Löschen Sie den Bereich. Setzen Sie den Assistenten für einen neuen Bereich ein, um einen neuen Bereich mit einer unbefristeten Lease und einer Subnetzmaske von 22 Bit zu erstellen. Aktivieren Sie den neuen Bereich abschließend wieder.
- ☐ 4. Löschen Sie den Bereich. Setzen sie den Assistenten ein, um einen neuen Bereich mit einer Subnetzmaske von 22 Bit zu erstellen. Editieren Sie die Eigenschaften des neuen Bereichs, um eine unbefristete Lease einzustellen. Aktivieren Sie den Bereich abschließend wieder.

Erklärung

Sie müssen den Bereich löschen und den Assistenten aufrufen, um einen neuen Bereich mit einer Subnetzmaske von 22 Bit zu erstellen und dann die Eigenschaften des neuen Bereichs zu editieren. Dadurch können Sie eine unbefristete Lease einstellen. Dann können Sie den Bereich aktivieren. Sie können die Subnetzmaske für einen Bereich nicht modifizieren, nachdem der Bereich erstellt worden ist. Den Assistenten für einen neuen Bereich können Sie nicht verwenden, um eine unbefristete Lease zu definieren.

Sie können keine Standard-Lease-Dauer anhand der Dialogbox für die Eigenschaften des DHCP-Servers einstellen. Sie können diese Dialogbox verwenden, um zu konfigurieren, wie der DHCP-Server einen DNS-Server aktualisiert.

Richtige Antworten zu den Übungsfragen

Antworten 1 bis 10

Übungsfrage	Richtige Antwort(en)
Frage 1	3
Frage 2	4
Frage 3	4
Frage 4	2
Frage 5	2
Frage 6	4
Frage 7	1 / 3 / 4
Frage 8	2
Frage 9	2
Frage 10	1 / 2 / 3

Antworten 11 bis 20

Übungsfrage	Richtige Antwort(en)
Frage 11	4
Frage 12	3
Frage 13	2
Frage 14	1
Frage 15	2
Frage 16	2
Frage 17	3
Frage 18	1
Frage 19	4
Frage 20	2

Antworten 21 bis 30

Übungsfrage	Richtige Antwort(en)
Frage 21	2
Frage 22	4
Frage 23	2
Frage 24	2
Frage 25	2
Frage 26	1
Frage 27	4 / 5
Frage 28	3
Frage 29	2
Frage 30	3

Antworten 31 bis 40

Übungsfrage	Richtige Antwort(en)
Frage 31	1
Frage 32	2
Frage 33	3
Frage 34	1 / 4
Frage 35	4
Frage 36	3
Frage 37	4
Frage 38	3
Frage 39	4
Frage 40	2

Antworten 41 bis 50

Übungsfrage	Richtige Antwort(en)
Frage 41	1
Frage 42	2
Frage 43	4
Frage 44	1
Frage 45	2
Frage 46	2
Frage 47	1
Frage 48	1
Frage 49	2
Frage 50	4

Antworten 51 bis 60

Übungsfrage	Richtige Antwort(en)
Frage 51	3
Frage 52	2
Frage 53	3
Frage 54	2
Frage 55	2
Frage 56	1
Frage 57	1
Frage 58	3
Frage 59	4
Frage 60	3

Antworten 61 bis 70

Übungsfrage	Richtige Antwort(en)
Frage 61	4
Frage 62	3
Frage 63	3
Frage 64	1 / 2
Frage 65	1 / 3
Frage 66	4
Frage 67	4
Frage 68	4
Frage 69	1
Frage 70	2

Antworten 71 bis 80

Übungsfrage	Richtige Antwort(en)
Frage 71	4
Frage 72	3 / 5
Frage 73	4
Frage 74	4
Frage 75	2
Frage 76	1
Frage 77	2
Frage 78	1 / 4
Frage 79	3
Frage 80	5

Antworten 81 bis 90

Übungsfrage	Richtige Antwort(en)
Frage 81	3
Frage 82	4
Frage 83	4 / 5
Frage 84	3
Frage 85	1
Frage 86	1
Frage 87	4
Frage 88	4 / 5 / 6
Frage 89	1
Frage 90	2

Antworten 91 bis 100

Übungsfrage	Richtige Antwort(en)
Frage 91	4
Frage 92	3
Frage 93	4
Frage 94	1
Frage 95	1
Frage 96	4
Frage 97	1
Frage 98	3
Frage 99	3
Frage 100	4

Antworten 101 bis 110

Übungsfrage	Richtige Antwort(en)
Frage 101	1
Frage 102	3
Frage 103	2
Frage 104	1
Frage 105	2
Frage 106	4
Frage 107	1
Frage 108	4
Frage 109	1 / 5
Frage 110	4

Antworten 111 bis 120

Übungsfrage	Richtige Antwort(en)
Frage 111	2
Frage 112	2
Frage 113	2
Frage 114	4
Frage 115	5
Frage 116	1
Frage 117	2
Frage 118	1 / 2 / 3
Frage 119	1
Frage 120	1

Antworten 121 bis 130

Übungsfrage	Richtige Antwort(en)
Frage 121	1
Frage 122	1
Frage 123	4
Frage 124	2
Frage 125	1
Frage 126	4
Frage 127	2
Frage 128	2
Frage 129	4

Kapitel 9

Simulation einer realen Prüfungssituation

9. Simulation einer realen Prüfungssituation

Um Ihnen einen Eindruck von der Kombination und Folge der Fragen in der Prüfung zu verschaffen, haben wir Ihnen an dieser Stelle eine typische Prüfungsfragensammlung zusammengestellt.

In der wirklichen Prüfung liegen Ihnen die Fragen natürlich nicht auf Papier, sondern auf dem Monitor vor. Diese Situation können Sie gut mit der Prüfungssimulation auf der CD zum Buch nachvollziehen. Um aber erst einmal einen Eindruck von der Komplexität und Verschiedenartigkeit der Fragen in einer Prüfung zu bekommen, ist ein Test auf dem Papier sicher ausreichend.

Bearbeiten Sie einfach die Fragen nacheinander und schreiben Sie sich die Ihrer Meinung nach richtigen Antworten auf einen Zettel. Im Anhang an diesen Fragenteil finden Sie dann die richtigen Antworten, die Sie mit Ihren Antworten vergleichen können.

Typischer Fragenblock zum Examen 70-216

Dieser Fragenblock umfasst 40 Fragen zum Thema Windows 2000 Server, die an die Prüfung 70-216, Windows 2000 Netzwerk, angelehnt sind.

Lassen Sie sich von den zum Teil recht komplexen Fragen nicht beeinflussen, sondern versuchen Sie, sich mit Notitzen zu den einzelnen Szenarien die Einzelkomponenten der Fragen möglichst deutlich zu machen.

Sie können die richtige Antwort häufig nur durch eine genaue Analyse der Fragestellung herausarbeiten. Lassen Sie sich am Anfang ausreichend Zeit. Es ist nicht sinnvoll, unter Zeitdruck Flüchtigkeitsfehler zu produzieren. Diese kann man in der Prüfung nicht durch die Zahl der in der Schnelle richtig beantworteten Fragen aufwiegen.

Auch wenn der Spruch schon recht alt ist, hier passt er dennoch hin: Keep cool, baby!

Frage 1

Sie aktivieren Ihre DNS-Zone (**D**omain **N**ame **S**ystem), um die dynamische Aktualisierung zu ermöglichen. Zusätzlich aktivieren Sie Ihren DHCP-Server, um dynamische Aktualisierungen zu verschicken. Wo sollten Sie die Liste der Server definieren, an die der DHCP-Server die dynamischen Aktualisierungen verschicken soll?

Antworten

☐ 1. Im Dialogfenster für die Eigenschaften des Bereichs DHCP in der DHCP-Managment-Konsole.

☐ 2. Im Dialogfenster *Eigenschaften* des DHCP-Servers in der DHCP-Managment-Konsole.

☐ 3. In den *TCP/IP-Eigenschaften* des DHCP-Servers.

☐ 4. Im Bereich der DHCP Optionen.

Frage 2

Sie verwalten einen Rechner mit Windows 2000 Professional. Auf diesem rufen Sie das Programm *Ipconfig.exe* auf, um die TCP/IP-Konfiguration für den Computer zu verifizieren. Dabei stellen Sie fest, dass die Subnetzmaske mit den Werten 0.0.0.0 angezeigt wird. Was ist der wahrscheinlichste Grund dafür?

Antworten

- ☐ 1. Der Netzwerkadapter ist nicht an das Netzwerk angeschlossen.
- ☐ 2. Dem Computer wurde eine IP-Adresse per **A**utomatic **P**rivate **IP** **A**ddressing (APIPA) zugeteilt.
- ☐ 3. Auf dem Rechner ist eine statische Verbindung falsch konfiguriert worden.
- ☐ 4. Dem Computer wurde eine IP-Adresse zugeteilt, die bereits für einen anderen Host vergeben wurde.

Frage 3

Auf einem Rechner mit Windows 2000 Professional installieren und aktivieren Sie einen Smartcardleser, der Mitglied einer Domäne ist. Nun aktivieren Sie für den Mitarbeiter an diesem Rechner die Anwenderkonto-Einstellung *Smartcard für interaktives Login notwendig*. Später berichtet der Anwender, dass er sich nicht mit der Smartcard anmelden kann. Was ist der wahrscheinlichste Grund für das Scheitern des Anmeldeversuchs?

Antworten

- [ ] 1. Der Anwender hat keine Netzwerkverbindung für Remote Access konfiguriert.
- [ ] 2. Das Anwenderkonto ist so eingestellt, dass ein Passwortwechsel beim nächsten Login benötigt wird.
- [ ] 3. Sie haben das **E**xtensible **A**uthentification **P**rotocol (EAP) nicht aktiviert.
- [ ] 4. Es steht kein Domänencontroller zur Verfügung.

Frage 4

Sie verwalten Ras_server_A, einen Windows 2000 Server, der als Remote Access-Server konfiguriert ist. Sie wollen die Remote Access-Clients einschränken auf Ressourcen von Ras_server_A und Datenbank_server_B, einem weiteren Windows 2000 Server. Welches Verfahren sollten Sie einsetzen, um den Zugriff zu diesen zwei Servern für die RAS-Clients einzugrenzen?

Antworten

- ☐ 1. Sie modifizieren die Eigenschaften der für den Remote Access eingesetzten Schnittstelle in der Routing-und-Remote Access-Konsole.
- ☐ 2. Sie erstellen einen Eingabefilter in dem auf diese Clients bezogenen Remote Access-Richtlinie definierten Profil.
- ☐ 3. Sie erstellen in der Routing-und-Remote Access-Konsole eine statische Route zu Datenbank_server_B.
- ☐ 4. Sie erstellen einen Ausgabefilter in dem für die auf diese Clients bezogenen Remote Access-Richtlinie definierten Profil.

Frage 5

Sie verwalten eine Windows 2000-Domäne. Sie wollen den DHCP-Serverdienst auf Server XY installieren, einem Windows 2000 Server. Sie wollen anschließend den Server aktivieren, um Clientinformationen im DNS dynamisch zu aktualisieren. Der DNS-Serverdienst ist auf Server ZK installiert, einem anderen Windows 2000 Server. Server XY und Server ZK befinden sich auf verschiedenen Subnetzen. Was müssen Sie in den TCP/IP-Eigenschaften der Lokalverbindung auf Server XY definieren, um die Konfiguration zu unterstützen? (Wählen Sie alle Antworten, die richtig sind.)

Antworten

- ☐ 1. Einen Standardgateway.
- ☐ 2. Eine Subnetzmaske.
- ☐ 3. Eine DNS-Serveradresse.
- ☐ 4. Eine IP-Adresse.
- ☐ 5. Einen DNS-Domänennamen.

Frage 6

Sie verwalten BereichA und BereichB, zwei Windows 2000 Server, auf denen Routing und Remote Access aktivierte wurde. Die Computer sind als Einwahl-nach-Bedarf-Router konfiguriert. Sie wollen alle Kommunikationsverbindungen der Subnetze, die mit den beiden Servern verbundenen sind, für den Einsatz von **I**nternet **P**rotocol **Sec**urity (IPSec) konfigurieren. Wie sollten Sie IPSec konfigurieren, um den Tunnel-Mode zwischen den Subnetzen anzuwenden?

Antworten

- [ ] 1. Durch die Konfiguration der Eigenschaften einer Regel für eine IPSec-Richtlinie.
- [ ] 2. Durch die Konfiguration der Eigenschaften der für das Einwahlrouting verwendeten Schnittstelle.
- [ ] 3. Durch die Konfiguration der Eigenschaften eines von einer Regel in der IPSec-Richtlinie verwendeten Filters.
- [ ] 4. Durch die Konfiguration der allgemeinen Eigenschaften eine IPSec-Richtlinie.

Frage 7

Auf einem Windows 2000 Server aktivieren Sie Routing und Remote Access und fügen das **N**etwork **A**ddress **T**ranslation Protocol (NAT) hinzu. Zwei Schnittstellen werden dem NAT hinzugefügt. Eine öffentliche Schnittstelle für die Verbindung zum Internet und eine private Schnittstelle zum Anschluss an ein privates Netzwerk. Sie wollen den Anwendern auf Ihrem internen Netzwerk den Zugriff auf Access-Anwendungen im Internet ermöglichen.

Welche Komponente in der Routing-und-Remote Access-Konsole sollten Sie einsetzen, um den Zugriff auf diese Anwendungen zu aktivieren?

Antworten

- ☐ 1. Die Dialogbox für die Eigenschaften von NAT.
- ☐ 2. Die Dialogbox für die Eigenschaften des Remote Access-Servers.
- ☐ 3. Die Dialogbox für die Eigenschaften der öffentlichen NAT-Schnittstelle.
- ☐ 4. Die Dialogbox für die Eigenschaften der privaten NAT-Schnittstelle.

Frage 8

Sie verwalten einen Computer mit Windows 2000 Server, auf dem Routing und Remote Access aktiviert wurde. Der Computer ist als Remote Access-Server konfiguriert. Sie wollen, dass der Remote Access-Server Leases für die Remote Access-Clients vom DHCP erhält. Wie sollten Sie den Computer konfigurieren, damit er die Leases durch den Einsatz eines DHCP-Servers auf einem spezifischen Subnetzwerk erwerben kann?

Antworten

- [ ] 1. Verwenden Sie die Eigenschaften für jede von Ihnen erstellte Remote Access-Richtlinie des konfigurierten Remote Access-Profils.
- [ ] 2. Verwenden Sie die Eigenschaften des Remote Access-Servers in der Routing-und-Remote Access-Konsole.
- [ ] 3. Setzen Sie die Netzwerk- und DFÜ-Verbindungen ein, um die Eigenschaften der lokalen Verbindung zum Subnetz zu konfigurieren.
- [ ] 4. Verwenden Sie die Konfigurationsoption für das Remote Access-Modem in den Eigenschaften des betreffenden Ports in der Routing-und-Remote Access-Konsole.

Frage 9

Sie verwalten RAServer001, einen Computer mit Windows 2000 Server, der Mitglied einer Windows 2000-Domäne ist. Sie aktivieren Routing and Remote Access und konfigurieren den Server als Remote Access-Server, der DHCP verwendet, um IP-Adressen für DFÜ-Clients (Einwahlverbindungen) zu erhalten. RAServer001 hat eine Local Area-Netzwerkverbindung LAN001. Diese Verbindung ist als DHCP-Client konfiguriert. Das Gebiet, von dem LAN001 ein Lease erhält, ist mit der IP-Adresse von DNSSrv001, Option 006, bestimmt.

Sie konfigurieren die Eigenschaften von LAN001 manuell mit der IP-Adresse von DNSSrv002 als DNS-Server. Thore01, ein Rechner in einer Zweigstelle Ihrer Firma, erhält eine IP-Adresse von einem dort befindlichen DHCP-Server. Der Bereich, von dem eine Adresse vergeben wird, definiert die IP-Adresse von DNSSrv003, Option 006. Die Eigenschaften der *Local Area Connection* für Thore01 definiert die IP-Adresse von DNSSrv004 als DNS-Server.

Welcher DNS-Server wird für die DFÜ-Verbindung zu Thore01 verwendet, wenn ein Anwender eine Verbindung zu RAServer01 herstellt?

Antworten

- ☐ 1. DNSSrv001
- ☐ 2. DNSSrv002
- ☐ 3. DNSSrv003
- ☐ 4. DNSSrv004

Frage 10

Ihr auf Windows 2000 basierendes Firmennetzwerk umfasst drei Subnetze. Subnetz1 ist in der Hauptverwaltung aufgebaut. Subnetz2 ist an einen Router in der Hauptverwaltung angeschlossen, der die Verbindung zur entfernt liegenden Zweigstelle herstellt. Subnetz3 wiederum ist das Netzwerk der Zweigstelle. Zwei Computer mit Windows 2000 Server dienen Ihnen als Router: Router12 verbindet die Subnetze Subnetz1 und Subnetz2. Für die Verbindung zwischen Subnetz2 und Subnetz3 ist Router23 verantwortlich. Sie verbinden Router12 und Router23 über eine Schnittstelle *Wählen bei Bedarf*.

Welche zwei Schritte sollten Sie unternehmen, damit ein Nutzer, dessen Rechner an Subnetz3 angeschlossen ist, Zugriff auf Verzeichnisse von einem Computer auf Subnetz1 hat?

Antworten

- ☐ 1. Sie konfigurieren eine DFÜ-Schnittstelle am Router23 mit der lokalen Netzwerkverbindung auf Router12 als Standardgateway.
- ☐ 2. Sie konfigurieren eine Einwahlschnittstelle am Router23 mit der DFÜ-Verbindung auf Router12 als Standardgateway.
- ☐ 3. Sie konfigurieren einen Einwahlfilter auf Router23.
- ☐ 4. Sie konfigurieren eine statische Route für Subnetz1 auf der DFÜ-Schnittstelle von Router23.
- ☐ 5. Sie konfigurieren eine statische Route für Subnetz3 auf der DFÜ-Schnittstelle von Router12.
- ☐ 6. Sie konfigurieren eine Einwahlschnittstelle auf Router12 mit der DFÜ-Schnittstelle von Router23.

Frage 11

Sie verwalten ein System mit Windows 2000 Server und Internet Information Services. Die Standardwebseite konfigurieren Sie für den sicheren Zugriff per **S**ecure **S**ockets **L**ayer (SSL) auf dem Standard Port. Der Server ist durch eine Firewall abgesichert. Welchen TCP-Port sollten Sie zur Firewall aktivieren, um den Zugriff auf den Server über das Internet zuzulassen?

Antworten

- [ ] 1. 119
- [ ] 2. 80
- [ ] 3. 443
- [ ] 4. 563

Frage 12

Sie verwalten einen Windows 2000 Server, der als Router eingerichtet ist. Diesem System müssen Sie eine statische Route zu einem anderen Subnetz Ihrer Firma hinzufügen. Der Host dieses Subnetzes adressiert den Bereich von 10.5.64.1 bis 10.5.95.254. In der Routing-und-Remote Access-Konsole wählen Sie den Eintrag *Neue Statische Route* aus dem Kontextmenü des Eintrags *Statische Routen*. Sie geben das Ziel 10.5.64.0 ein.

Welchen Wert müssen Sie im Netzwerkmaskenfeld eintragen, um diese Route zu definieren?

Antworten

- ☐ 1. 255.255.192.0
- ☐ 2. 255.255.248.0
- ☐ 3. 255.255.224.0
- ☐ 4. 255.255.240.0

Frage 13

Sie verwalten zwei Windows 2000 Server, auf denen Sie Zertifikatsdienste installieren. *ZertSVR01* ist als Enterprise Root Certificate Authority (CA) konfiguriert. *ZertSVR02* ist als untergeordneter Firmen-CA eingerichtet. Ihr Windows 2000-Wald beinhaltet zwei Domains: *firma.de* und *abtA.firma.de*. Sie richten jetzt eine neue Domain ein: *abtB.firma.de*. Sie versuchen, ein neues Zertifikat vom *ZertSVR02* für einen neuen Benutzeraccount für einen Nutzer in *abtB.firma.de* einzurichten. Hierbei zeigt Ihnen die Ereignisanzeige einen Fehler an. CA war nicht in der Lage, ein Zertifikat für *abtB.firma.de\Srv03* zu publizieren. *Srv03* ist ein Domain Controller für *abtB.firma.de*.

Was ist der wahrscheinlichste Grund für diese Fehlermeldung?

Antworten

☐ 1. Sie sind kein Mitglied der Gruppe *abtB.firma.de\Domain Admins*.

☐ 2. *CertS* ist nicht Mitglied der Gruppe *firma.de\Cert Ersteller*.

☐ 3. Sie sind kein Mitglied der Gruppe *firma.de\ Enterprise Admins*.

☐ 4. *CertS* ist kein Mitglied der Gruppe *abtB.firma.de\Cert Ersteller*.

Frage 14

Sie implementieren zwei **W**indows **I**nternet **N**ame **S**ervice-(WINS-)Server für die von Ihnen verwaltete Windows 2000-Domäne. Die Server stehen in Hamburg und Frankfurt, den beiden Hauptniederlassungen Ihrer Firma. Sie sind als Replikationspartner konfiguriert. Jeder WINS-Server ist als secondary WINS-Server für die andere Hauptniederlassung eingerichtet. In Frankfurt sind 1.400 Rechner an das Netzwerk angeschlossen, während in Hamburg 450 Computer im Netzwerk arbeiten. Alle sind als WINS-Clients angeschlossen. Normalerweise fahren die Mitarbeiter jeden Freitag ihre Rechner herunter, um sie am Montag Morgen um 8 Uhr neu zu starten.

Ihnen fällt auf, dass sich einige Rechner aus Frankfurt am Montag Morgen am WINS-Server in Hamburg anmelden.

Welche Schritte können Sie unternehmen, um die Wahrscheinlichkeit zu erhöhen, dass die Computer sich an ihrem Server vor Ort anmelden?

Antworten

- ☐ 1. Modifizieren Sie das Erneuerungsintervall des WINS-Servers in Frankfurt.
- ☐ 2. Modifizieren Sie die Maximalanzahl der verifizierten Datensätze pro Periode auf beiden WINS-Servern.
- ☐ 3. Verändern Sie das Burst Handling auf dem WINS-Servern in Frankfurt.
- ☐ 4. Verändern Sie das Löschintervall auf beiden WINS-Servern.

Frage 15

Sie verwalten WINS01 und WINS02, zwei Computer mit Windows 2000, auf denen der **W**indows **I**nternet **N**ame **S**ervice (WINS) installiert ist. WINS01 steht in Ihrem Büro in Düsseldorf, WINS02 ist in der Zweigniederlassung in München aufgebaut. Jedes Büro hat circa 1.000 Rechner. Alle Computer sind Clients ihres lokalen **D**ynamic **H**ost **C**onfiguration **P**rotocol-Servers (DHCP). Jeder DHCP-Server ist so konfiguriert, dass er den lokalen WINS-Server als primären WINS-Server und den entfernten WINS-Server als sekundären WINS-Server zuweist, der Adressen für die Clients vergibt. Beide Standorte sind mit einer 256-KBit-Verbindung verbunden. Deshalb wollen Sie die Menge des Datenverkehrs reduzieren, der für die Replizierung des WINS anfällt.

Wie sollten Sie die Replizierung für WINS01 und WINS02 konfigurieren?

Antworten

- [ ] 1. Konfigurieren Sie WINS01 als Push Partner von WINS02; WINS02 richten Sie als Pull Partner von WINS01 ein. WINS01 wird so eingerichtet, dass er die Anfrage nach den Änderungen um 18 Uhr alle zwölf Stunden abschickt.
- [ ] 2. Konfigurieren Sie WINS01 und WINS02 jeweils als Push and Pull Partners füreinander. WINS01 soll die Anfrage nach den Änderungen um 18 Uhr, WINS02 um 19 Uhr starten, in einem Intervall von jeweils zwölf Stunden.
- [ ] 3. Richten Sie WINS01 und WINS02 als Push Partners füreinander ein, die sich alle 30 Änderungen updaten.
- [ ] 4. Konfigurieren Sie WINS01 als Pull Partner von WINS02, WINS02 als Push Partner von WINS01. WINS02 soll die Anfragen um 18 Uhr und jeweils zwölf Stunden später starten.

Frage 16

Sie verwalten drei Windows 2000 Server, die als Netzwerkrouter konfiguriert sind. Sie fügen das **R**outing **I**nformation **P**rotocol (RIP) für **I**nternet **P**rotocol (IP) allen drei Computern hinzu. Jeder Computer dient als Router für drei Subnetze. Router123 wird mit Subnetz1, Subnetz2 und Subnetz3 verbunden. Auf Router345 greifen Subnetz3, Subnetz4 und Subnetz5 zu, während Router567 die Netze Subnetz5, Subnetz6 und Subnetz7 verwaltet. Obwohl Sie das RIP auf allen drei Routern installieren, können Mitarbeiter mit ihren Rechnern auf Subnetz1 nicht mit Computern auf Subnetz7 kommunizieren.

Welchen Schritt unternehmen Sie zuerst, um sicherzustellen, dass die Computer auf Subnetz1 mit Computern auf Subnetz7 kommunizieren können?

Antworten

- ☐ 1. Aktivieren Sie die Routerauthentisierung.
- ☐ 2. Für jede Schnittstelle konfigurieren Sie die IP-Adresse der anderen mit einem gemeinsamen Segment verbundenen Router als Standardgateway.
- ☐ 3. Löschen Sie sämtliche statischen Routen.
- ☐ 4. Definieren Sie die Schnittstelle oder Schnittstellen, die RIP verwenden sollen.

Frage 17

Sie verwalten ein Netzwerk mit Windows 2000. Der **D**ynamic **H**ost **C**onfiguration **P**rotocol-Serverdienst (DHCP) ist auf einem der Windows 2000 Server installiert. Sie wollen einen einmaligen Satz von Optionen für alle Clients konfigurieren, die auf das Netzwerk mittels einer DFÜ-Verbindung zugreifen. Sie erstellen eine anwenderdefinierte Klasse in der DHCP-Konsole. Welches Utility sollten Sie verwenden, um jeden der DFÜ-Clients als Miglieder dieser Klasse zu konfigurieren?

Antworten

- [ ] 1. Die Netzwerk- und DFÜ-Verbindungen.
- [ ] 2. *Ipconfig*.
- [ ] 3. Die DHCP-Konsole.
- [ ] 4. *netdiag*.

Frage 18

Sie verwalten einen Windows 2000 Server, der als Remote Access-Server konfiguriert ist und Multilinking unterstützt. Sie wollen eine Funktion aktivieren, um jeden Link einzeln zu bestimmen, der gewählt werden kann, um einen Link von einem Client während einer Remote Access-Session hinzuzufügen.

Welche Option sollten Sie zur Konfiguration einer Remote Access-Richtlinie aktivieren, damit Sie einzigartige Kennzeichen definieren können?

Antworten

- ☐ 1. Das erweiterbare Authentisierungsprotokoll.
- ☐ 2. Die **L**ink **C**ontrol **P**rotocol-Erweiterungen (LCP).
- ☐ 3. Dynamische Bandbreitenkontrolle durch BAP oder BACP.
- ☐ 4. BAP für dynamische Multilink-Anfragen.

Frage 19

Sie verwalten einen Windows 2000 Server Server01. Der Rechner ist mit zwei Netzwerkkarten ausgestattet: Extern ist er mit dem Internet verbunden, die interne Netzwerkanbindung erfolgt über die Karte LAN01. Sie installieren das **N**etwork **A**ddress **T**ranslation-Protokoll (NAT), um den Clients einen Zugriff zum Internet zu ermöglichen. Server01 und die Clientcomputer befinden sich in einem entfernteren Raum. Sie wählen die Option *IP-Adressen auflösen für Clients, die DNS (Domain Name System) verwenden*, wenn Sie die Eigenschaften für NAT konfigurieren.

Welchen Schritt müssen Sie unternehmen, um die Namensauflösung für Internetressourcen für die Clientcomputer zu aktivieren, die NAT für den Zugriff auf das Internet einsetzen?

Antworten

- ☐ 1. Sie müssen jeden Client mit der Adresse eines DNS-Servers konfigurieren.
- ☐ 2. Sie müssen den DNS-Dienst auf Server01 installieren.
- ☐ 3. Sie müssen den DNS-Dienst auf einem anderen Computer im Büro installieren.
- ☐ 4. Sie müssen sicherstellen, dass Extern mit der Adresse eines DNS-Servers konfiguriert wird.

Frage 20

Sie verwalten einen Windows 2000 Server, der als ein Remote Access-Server konfiguriert ist. Der Computer ist Mitglied einer Windows 2000-Domäne. Sie aktivieren die Unterstützung für das **C**hallenge **H**andshake **A**uthentication **P**rotocol (CHAP) im Remote Access-Profil und erstellen eine neue Remote Access-Richtlinie. Welchen Schritt (oder welche Schritte) sollten Sie unternehmen, um sicherzustellen, dass Clients, die zum Einsatz von CHAP konfiguriert sind, authentisiert werden können?

Antworten

- ☐ 1. Wählen Sie die Option *Keine Kerberos-Authentifizierung* auf dem Register *Konten* in den Eigenschaften für jeden Anwender, der CHAP einsetzen wird.
- ☐ 2. Konfigurieren Sie Domänepasswörter, die unter Anwendung einer umkehrbaren Verschlüsselung gespeichert werden. Stellen Sie die Passwörter der Anwender, die CHAP einsetzen, neu ein.
- ☐ 3. Aktivieren Sie das Gastkonto auf dem Remote Access-Server.
- ☐ 4. Fügen Sie der Domänegruppe *Nicht Windows 2000 Kompatibler Zugriff* die Gruppe *Jeder* hinzu.

Frage 21

Sie verwalten einen Windows 2000 Server, der als Remote Access-Server konfiguriert worden ist. Ihm angeschlossen sind verschiedene Clients mit Windows 2000 Professional und Windows NT 4.0 Workstation. Sie wollen die sicherste Authentisierungsart aktivieren, die von allen Clients für Wählverbindungen verwendet werden kann. Hierbei sollen auch die zwischen den Clients und dem Remote Access-Server geschickten Daten verschlüsselt werden.

Welches Authentisierungsprotokoll sollten Sie implementieren?

Antworten

- ☐ 1. PAP
- ☐ 2. MS-CHAP
- ☐ 3. MS-CHAP v2
- ☐ 4. MD5-CHAP

Frage 22

Sie verwalten eine Windows 2000-Domäne mit zwei Subnetzen: Subnetz01 und Subnetz02. Sie wollen die Zuweisung von Adressen an die Clients automatisieren. Hierfür installieren Sie den **D**ynamic **H**ost **C**onfiguration **P**rotocol-Serverdienst (DHCP) auf einem Windows 2000 Server pro Subnetz. Den Router, der die Subnetze trennt, konfigurieren Sie als DHCP Relay Agent. Sie erstellen einen Adressenbereich auf jedem DHCP-Server für jedes Subnetz. Die **D**omain **N**ame **S**ystem-Zone (DNS), in der die Datensätze für die Computer der Subnetze erstellt und verwaltet werden, konfigurieren Sie für sichere dynamische Aktualisierungen. Die meisten Clients haben Windows 95. Daher aktivieren Sie die Option *Aktualisierung von DNS-Clients, die dynamisches Aktualisieren nicht unterstützen, aktivieren* auf beiden DHCP-Servern.

Mit welchem Schritt können Sie sicherstellen, dass jeder DHCP-Server in der Lage sein wird, den DNS-Datensatz für einen Client zu aktualisieren, wenn eine neue Adresse einem Client geleast wird, der die vorherige Lease von dem jeweils anderen DHCP-Server erhalten hat?

Antworten

☐ 1. Fügen Sie die Computerkonten für beide DHCP-Server der Gruppe *DHCP-Administratoren* hinzu.

☐ 2. Erstellen Sie eine Reservierung für jeden Client auf beiden DHCP-Servern.

☐ 3. Fügen Sie die Computerkonten für beide DHCP-Server der Gruppe *DNSUpdateProxy* hinzu.

☐ 4. Erstellen Sie einen Superbereich auf jedem DHCP-Server, der die bestehenden Bereiche enthält sowie die neuen Bereiche, die die von dem anderen DHCP-Server verwalteten Adressen definieren.

Frage 23

Sie verwalten Server01, einen Windows 2000 Server, auf dem Routing und Remote Access aktiviert ist. Sie installieren das **I**nternet **G**roup **M**anagement **P**rotocol (IGMP) auf Server01 in der Routing-und-Remote Access-Konsole. Server01 enthält zwei Netzwerkschnittstellenkarten: Intern und Extern. Letztere ist mit einem Netzwerk verbunden, auf dem ein multicastaktivierter Router installiert ist. Intern ist mit dem internen Netzwerk Ihrer Firma verbunden.

Wie sollten Sie das Multicasting auf Extern und Intern konfigurieren?

Antworten

- [ ] 1. Konfigurieren Sie sowohl Extern als auch Intern im IGMP-Proxy-Mode.
- [ ] 2. Konfigurieren Sie Extern im IGMP-Router-Mode. Konfigurieren Sie Intern im IGMP-Proxy-Mode.
- [ ] 3. Konfigurieren Sie sowohl Extern als auch Intern im IGMP-Router-Mode.
- [ ] 4. Konfigurieren Sie Extern im IGMP-Proxy-Mode und Intern im IGMP-Router-Mode.

Frage 24

Sie verwalten verschiedene Computer mit Windows 2000 Server und Windows 2000 Professional. Der Windows Internet Namensservice (WINS) ist auf einem der Computer mit Windows 2000 Server installiert. Sämtliche Windows 2000 Server und die Windows 2000 Professional-Rechner sind als Clients des WINS-Servers konfiguriert. Anwender berichten nun von Problemen. Wenn sie den Befehl *net use* einsetzen, um ein Laufwerk zu einem Verzeichnis auf Server01, einem der WINS-Clients mit Windows 2000 Server, zu mappen, erhalten Sie eine Meldung, dass der Name nicht zu finden ist.

Welches Hlfsprogramm können Sie einsetzen, um sicherzustellen, dass die Datensätze für Server01 mit dem WINS-Server registriert werden?

Antworten

- ☐ 1. *netdiag*
- ☐ 2. *netstat*
- ☐ 3. *nbstat*
- ☐ 4. *ipconfig*

Frage 25

Sie verwalten Einzelplatzrechner mit Windows 2000 Server. Sie wollen das **E**ncrypting **F**ile **S**ystem (EFS) auf dem Computer außer Kraft setzen, um die folgenden Schritte durchzuführen:

- Ein Backup für die EFS-Wiederherstellungszertifizierung erstellen.
- Ein Backup für den Privatschlüssel des EFS-Wiederherstellungs-Agenten erstellen.
- Die Zertifizierung des Wiederherstellungs-Agenten entfernen.
- Den Privatschlüssel des Wiederherstellungs-Agenten entfernen.

Sie unternehmen Folgendes:

- Login mit dem Administratorenkonto.
- Die lokale Sicherheitsrichtlinien-Konsole öffnen und den Bereich der Richtlinien öffentlicher Schlüssel erweitern.
- Die Zertifizierung exportieren, die dem Verwalter für Dateiwiederherstellung im Bereich Verschlüsselter-Datenwiederherstellungs-Agent ausgestellt wurde.
- Die Option für das Exportieren des Privatschlüssels wählen.
- Die Option für das Löschen des Privatschlüssels wählen, falls der Export gelingt.
- Die Zertifizierung und den Privatschlüssel auf einer Diskette speichern.
- Die dem Administrator für Dateiwiederherstellung ausgestellte Zertifizierung löschen.

Welche Ergebnisse werden durch diese Aktionen erfolgen? (Wählen Sie alle Antworten, die gelten.)

Antworten

- ☐ 1. Ein Backup für den Privatschlüssel des EFS-Wiederherstellungs-Agenten.
- ☐ 2. Ein Backup für die Zertifizierung des EFS-Wiederherstellungs-Agenten.
- ☐ 3. Die Entfernung der Zertifizierung des Wiederherstellungs-Agenten.
- ☐ 4. Die Entfernung des Privatschlüssels des Wiederherstellungs-Agenten.

Frage 26

Sie verwalten einen Windows 2000 Server, auf dem der **W**indows **I**nternet **N**ame **S**erver-(WINS-)Dienst installiert ist. Dieser WINS-Server repliziert Daten mit vier anderen WINS-Servern in Ihrem Unternehmen. Sie stellen fest, dass einer der WINS-Server meldet, dass Ihr eigener WINS-Server eine ungültige **I**nternet **P**rotocol-(IP-)Adresse besitzt. Sie besitzen jedoch keine Administratorenrechte auf den anderen WINS-Servern.

Mit welchem Schritt können Sie sicherstellen, dass die ungültige Information von allen WINS-Servern entfernt wird?

Antworten

- [ ] 1. Löschen Sie den Datensatz nur auf Ihrem WINS-Server.
- [ ] 2. Führen Sie eine autorisierte Wiederherstellung der WINS-Datenbank durch, die gesichert wurde, bevor der ungültige Datensatz erstellt wurde.
- [ ] 3. Wählen Sie die Option *Datenbankkonsistenz überprüfen ...* aus dem Kontextmenü Ihres WINS-Servers in der WINS-Konsole.
- [ ] 4. Führen Sie das Tombstone-Verfahren mit dem Datensatz auf Ihrem WINS-Server durch.

Frage 27

Sie verwalten einen Windows 2000 Server, der mit einer statischen IP-Adresse konfiguriert ist. Sie wollen den Computer zur DNS-Auflösung konfigurieren. Welchen Schritt sollten Sie unternehmen?

Antworten

- ☐ 1. Installieren Sie den DNS-Clientdienst auf dem Computer und konfigurieren Sie ihn, um ein Konto zu verwenden, das Mitglied der Gruppe *DNS-Administratoren* ist.
- ☐ 2. Installieren Sie den DNS-Serverdienst auf dem Computer.
- ☐ 3. Konfigurieren Sie den Computer für den Einsatz des *DNSUpdateProxy*.
- ☐ 4. Konfigurieren Sie die Adresse des bevorzugten DNS-Servers in den TCP/IP-Eigenschaften der lokalen Verbindung.

Frage 28

Sie verwalten RASsrever01, einen Windows 2000 Server, der Mitglied einer Windows 2000-Domäne ist. Sie aktivieren Routing und Remote Access auf RASsrever01 und konfigurieren den Rechner als Remote Access-Server. Sie wollen eine Remote Access-Richtlinie mit einem verbundenen Remote Access-Profil für RASsrever01 definieren, das die maximale Länge einer Remote Access-Verbindung auf 120 Minuten begrenzt, den Einsatz des **B**andwidth **A**llocation **P**rotocol (BAP) aktiviert, die Art der einkommenden Pakete für das **P**oint-to-**P**oint **P**rotocol (PPP) einschränkt, nur das **Micro**s**o**ft **C**hallenge **H**andshake **A**uthentication **P**rotocol (MS-CHAP) als Authentisierungsprotokoll erlaubt und die Ausnutzung der Richtlinie auf die Mitglieder der Universalgruppe *MeineMitarbeiter* begrenzt.

Welche Schritte müssen Sie unternehmen, um diese Parameter zu konfigurieren?

Antworten

- ☐ 1. Definieren Sie die Maximallänge der Verbindung und den ausschließlichen Einsatz von PPP im Remote Access-Profil. Definieren Sie den Einsatz der Richtlinie durch *MeineMitarbeiter*, den Einsatz von BAP und den Einsatz von MS-CHAP als Authentisierungsprotokoll als Bedingungen der Remote Access-Richtlinie.
- ☐ 2. Definieren Sie die Maximallänge der Verbindung, den Einsatz von BAP und den Einsatz von MS-CHAP als Authentisierungsprotokoll in dem Remote Access-Profil. Definieren Sie den ausschließlichen Einsatz von PPP und die Benutzung der Richtlinie durch die Mitglieder von *MeineMitarbeiter* als Bedingungen der Remote Access-Richtlinie.
- ☐ 3. Definieren Sie den ausschließlichen Einsatz von PPP und den Einsatz der Richtlinie durch Mitglieder von *MeineMitarbeiter* im Remote Access-Profil. Definieren Sie die Maximallänge der Verbindung, den Einsatz von BAP und den Einsatz von MS-CHAP als Authentisierungsprotokoll in der Remote Access-Richtlinie.
- ☐ 4. Definieren Sie den Einsatz von BAP und die Benutzung der Richtlinie durch Mitglieder von MeineMitarbeiter im Remote Access-Profil. Definieren Sie den ausschließlichen Einsatz von PPP, die Maximallänge einer Verbindung und den Einsatz von MS-CHAP als Authentisierungsprotokoll als Bedingungen der Remote Access-Richtlinie.

Frage 29

Ihr Unternehmen verwendet einen Proxy-Server für den Zugriff aufs Internet. Sie setzen den Active Directory-Dienst und den DNS-Serverdienst für das Unternehmen ein. Sie installieren den DNS-Serverdienst auf drei Windows 2000 Servern: DNSServer01, DNSServer02 und DNSServer03. Sie konfigurieren DNSServer01 als Host für die DNS-Domäne *firma.de*, DNSServer02 als Host für die DNS-Domäne *europa.firma.de* und DNSServer03 als Host für die DNS-Domäne *amerika.firma.de*. Sie wollen drei Active Directory-Domänen unter Benutzung dieser drei Domänenamen erstellen.

Welche Schritte sollten Sie unternehmen, um alle drei DNS-Server zu aktivieren, sodass sie Namen für alle Computer in der Windows 200-Domäne auflösen können?

Antworten

☐ 1. Konfigurieren Sie die Datei *Cache.dns* auf DNSServer01 mit Namensserverdatensätzen der Computer, die die Root-Domäne für das Internet unterhalten. Konfigurieren Sie die Datei *Cache.dns* auf DNSServer02 und DNSServer03 mit Namensserverdatensätzen für DNSServer01.

☐ 2. Erstellen Sie eine Root-Zone auf DNSServer01. Konfigurieren Sie die *Cache.dns*-Datei auf DNSServer02 und DNSServer03 mit Namensserverdatensätzen für DNSServer01.

☐ 3. Erstellen Sie eine Root-Zone auf DNSServer01, DNSServer02 und DNSServer03. Konfigurieren Sie die Datei *Cache.dns* auf jedem DNS-Server mit Namensserverdatensätzen für die jeweils anderen Server.

☐ 4. Erstellen Sie eine Root-Zone auf DNSServer01. Konfigurieren Sie die *Cache.dns*-Datei auf DNSServer01 mit Namensserverdatensätzen für DNSServer02 und DNSServer03.

Frage 30

Sie installieren Computer in einer neuen Niederlassung Ihres Unternehmens. Die Rechner werden der Windows 2000-Domäne der Firma angehören. Die Mitarbeiter in der Niederlassung brauchen Zugriff sowohl zum Internet als auch zu den Ressourcen in der Zentrale. Sie wollen feststellen, ob Sie die Netzwerk-Adressen-Übersetzung (**N**etwork **A**ddress **T**ranslation, NAT) aktivieren oder einen Router in der Niederlassung installieren sollen.

Sollten Sie einen Router installieren, welche zwei Protokolle werden Sie unterstützen können, die mit NAT nicht zusammenarbeiten? (Wählen Sie mindestens zwei Antworten.)

Antworten

- ☐ 1. **R**emote **P**rocedure **C**all (RPC)
- ☐ 2. **P**oint-to-**P**oint **T**unneling **P**rotocol (PPTP)
- ☐ 3. **F**ile **T**ransfer **P**rotocol (FTP)
- ☐ 4. Kerberos
- ☐ 5. **I**nternet **P**rotocol **Sec**urity (IPSec)

Frage 31

Sie verwalten drei Computer mit Windows 2000 Server, die als Netzwerkrouter konfiguriert sind. Router0102 wird mit Subnetz01 und Subnetz02 verbunden. Router0203 wird mit Subnetz02 und Subnetz03 verbunden. Router 0304 wird mit Subnetz03 und Subnetz04 verbunden. Mitarbeiter, die Computer im Subnetz01 haben, brauchen den Zugriff auf eine NetMeeting-Sitzung, für die das Subnetz04 als Host fungiert. Der Netzwerk-Infrastruktur-Administrator für Ihr Unternehmen will Router0203 nicht konfigurieren, um den Multicastverkehr zu unterstützen.

Welche Funktion von Routing und Remote Access können Sie auf Router0102 und Router 0304 einsetzen, um den Zugriff zur NetMeeting-Sitzung auf Subnetz01 zu ermöglichen?

Antworten

- ☐ 1. RIP
- ☐ 2. statisches Routing
- ☐ 3. IP Packet-Filtering
- ☐ 4. IP-in-IP-Tunneling

Frage 32

Sie verwalten Windows 2000 Server, ServerXY. Sie installieren den **G**ateway **S**ervice for **N**et**W**are (GSNW) auf diesem Server. Sie verwenden den Assistenten *Neuer Drucker*, um PrinterXY zu erstellen, einen Drucker auf ServerXY, der Druckaufträge an

```
\\nvserver\
```

printxy schickt. Der Computer *nvserver* ist ein NetWare-Server, der Bindery-Security anwendet. Ein Anwender, der auf einem Windows 2000 Professional-Computer arbeitet, berichtet, dass er PrinterXY nicht finden kann, wenn er den Assistenten zum Hinzufügen von Druckern auf seinem Computer einsetzt.

Welchen Schritt sollten Sie unternehmen damit der Anwender eine Verbindung zu PrinterXY herstellen kann?

Antworten

- ☐ 1. PrinterXY freigeben.
- ☐ 2. Ändern Sie den Rahmentyp auf dem Anwendercomputer.
- ☐ 3. Installieren Sie NWLink auf dem Anwendercomputer.
- ☐ 4. Fügen Sie den Anwender der Gruppe *NTGATEWAY* hinzu.

Frage 33

Sie verwalten vier Windows 2000 Server und den DNS-Serverdienst. Sie müssen feststellen, ob einer der Server, der als Host für eine primäre Standardzone fungiert, Zonentransfer-Anforderungen korrekt verarbeitet. Welches Utility können Sie auf Ihrem Windows 2000 Professional-Rechner einsetzen, um einen Zonentransfer zu simulieren, damit Sie die Daten mit dem Netzwerkmonitor sammeln können?

Antworten

- ☐ 1. *netdiag*
- ☐ 2. *netsh*
- ☐ 3. *ipconfih*
- ☐ 4. *nslookup*

Frage 34

Sie verwalten zwei Organisations-Einheiten (OU) in der Windows 2000-Domäne Ihres Unternehmens. Die Computer in der OU Server-Thor enthalten vertrauliche Personaldaten. Die Computer in der OU Client-Odin werden von Mitarbeitern eingesetzt, denen Zugriff auf die Personaldaten gestattet wird. Die Computer in beiden OU stehen im gleichen Bürogebäude. Sie wollen sicherstellen, dass diese Daten geschützt werden, wenn sie von den Servern auf die Computer der Mitarbeiter transferiert werden. Sie erstellen Internet Protocol-Sicherheits-Richtlinien (IPSec) für die Gruppenrichtlinien-Objekte (GPO), die mit jeder OU verbunden sind.

Wie sollten Sie in jeder IPSec-Richtlinie den Modus in der Regel konfigurieren, die die Kommunikation zwischen den Servern und den Computern der Mitarbeiter steuert?

Antworten

- ☐ 1. Konfigurieren Sie die Regel in der Richtlinie für jede OU, um den Tunnel-Mode zu verwenden.
- ☐ 2. Konfigurieren Sie die Regel in der Richtlinie für jede OU, um den Transport-Mode zu verwenden.
- ☐ 3. Konfigurieren Sie die Regel in der Richtlinie für Server-Thor, um den Transport-Mode zu verwenden. Konfigurieren Sie die Regel in der Richtlinie für Client-Odin, um den Tunnel-Mode zu verwenden.
- ☐ 4. Konfigurieren Sie die Regel in der Richtlinie für Server-Thor, um den Tunnel-Mode zu verwenden. Konfigurieren Sie die Regel in der Richtlinie für Client-Odin, um den Transport-Mode zu verwenden.

Frage 35

Sie stellen eine Windows NT 4.0-Domäne auf Windows 2000 um. Ihr DHCP-Serverdienst wird auf einem Mitgliedsserver installiert. Nach der Aufrüstung Ihrer Domänencontroller und Mitgliedsserver auf Windows 2000 erhalten die Microsoft Windows 98-Clients keine **I**nternet **P**rotocol-Adressen (IP) vom DHCP-Server. Was ist die Ursache dieses Problems?

Antworten

- [ ] 1. Der DHCP-Server hat keine für Windows 98-Clients definierte Optionsklasse.
- [ ] 2. Der DHCP-Server aktualisiert den DNS-(Domänenamens-System-)Server nicht einwandfrei.
- [ ] 3. Der DHCP-Server ist im Active Directory nicht autorisiert.
- [ ] 4. Dem DHCP-Server wurde eine Adresse durch das **A**utomatic **P**rivate **IP** **A**ddressing (APIPA) zugewiesen und er kann deshalb jetzt nicht mit den Windows 98-Clients kommunizieren.

Frage 36

Sie starten *Dcpromo.exe,* um Server01, einen Windows 2000 Server, zum ersten Domaincontroller für *firma.de*, die Root-Domäne des Windows 2000-Walds Ihrer Firma, zu erheben. Ausgehend vom Active Directory Installations-Assistenten installieren Sie den **D**omain **N**ame **S**ystem-Dienst (DNS) auf Server01. Anschließend installieren Sie Windows 2000 Professional auf zehn Computern. Sie weisen jedem der zehn Computer eine statische IP-Adresse zu und konfigurieren die IP-Adresse des DNS-Servers für diese Computer.

Welchen Schritt müssen Sie unternehmen, um sicherzustellen, dass sowohl die A-Datensätze als auch die PTR-Datensätze für die Computer mit Windows 2000 Professional richtig auf Server01 erfasst werden, wenn Sie die Computer der Domäne *firma.de* hinzufügen?

Antworten

- ☐ 1. Sie erstellen eine Reverse Lookup-Zone für das Netzwerk und aktivieren das Netzwerk, um dynamische Aktualisierungen zu akzeptieren.
- ☐ 2. Konvertieren Sie die Zone *firma.de* zu einer Active Directory-integrierten Zone.
- ☐ 3. Konfigurieren Sie die Computer mit Windows 2000 Professional, um dynamische Aktualisierungen an Server01 zu schicken.
- ☐ 4. Aktivieren Sie Server01, um dynamische Aktualisierungen zu akzeptieren.

Frage 37

Sie verwalten einen Windows 2000 Server. Der Rechner setzt ein Modem für die Verbindung zum Internet und eine Netzwerkkarte zur Verbindung zum internen Netzwerk ein. Sie aktivieren Routing und Remote Access auf dem Computer und erzeugen Schnittstellen für das Modem und die Netzwerkkarte. Sie fügen das Netzwerkadressen-Translation-Protokoll (NAT) hinzu. Was ist der nächste Schritt, den Sie unternehmen müssen, um NAT zu aktivieren?

Antworten

- ☐ 1. Starten Sie den Routing-und-Remote Access-Dienst wieder.
- ☐ 2. Konfigurieren Sie die Eigenschaften vom Modem, um NAT zu aktivieren.
- ☐ 3. Fügen Sie die externen und internen Schnittstellen dem NAT-Routingprotokoll hinzu.
- ☐ 4. Definieren Sie statische Routen.

Frage 38

Ihre Firma hat ein Windows 2000-Netzwerk implementiert, das drei Domänen in einem Baum eines Active Directory-Walds hat. Die Domänen sind *firma.de, einkauf.firma.de* und *verkauf.firma.de*. Sie installieren Zertifizierungsdienste auf Basis01, einem Windows 2000 Server, der Mitglied von *verkauf.firma.de* ist. Sie konfigurieren Basis01 als Enterprise Root-Zertifizierungsserver (CA). Sie installieren die Zertifizierungsdienste auch auf Basis02, einem Windows 2000 Server, der Mitglied von *firma.de* ist. Sie konfigurieren Basis02 als untergeordnete Zertifizierungsstelle.

Wenn Basis01 die Zertifizierung für Basis02 im Active Directory veröffentlicht, auf welchen Computern werden die Zertifizierungs- und die CRLD-Objekte repliziert?

Antworten

- ☐ 1. Nur auf dem Domänencontroller in *verkauf.firma.de*.
- ☐ 2. Nur auf den Domänencontroller in *firma.de* und *verkauf.firma.de* und allen globalen Katalog-Servern im Domänenwald.
- ☐ 3. Auf allen Domänencontrollern im Domänenwald.
- ☐ 4. Nur auf Domänencontrollern in *firma.de*.

Frage 39

Sie installieren Zertifizierungsdienste auf einem Windows 2000 Server und konfigurieren den Computer als untergeordnete Enterprise-Zertifizierungs-Autorität (CA). Sie wollen die Zertifizierungs-Einstellungsprozedur für Computer der Mitglieder der von Ihnen verwalteten Windows 2000-Domäne automatisieren. Welches Windows 2000-Werkzeug sollten Sie verwenden, um diese Prozedur zu automatisieren?

Antworten

- [ ] 1. Die Zertifizierungs-Konsole.
- [ ] 2. Die Zertifizierungsdienste-Internetseite.
- [ ] 3. Den Zertifizierungs-Anforderungs-Assistenten.
- [ ] 4. Die Richtlinien für öffentliche Schlüssel.

Frage 40

Sie verwalten einen Windows 2000 Server, auf dem der DNS-Serverdienst installiert ist. Sie konfigurieren eine Standardprimärzone auf dem Server. Sie konfigurieren die Zone, um einen Windows Internet Namensdienst-Server (WINS) zu verwenden, der NetBIOS-Namen bei Bedarf auflösen soll. Wenn Sie den Kommandozeilenbefehl *nslookup* einsetzen, um den DNS-Server nach Informationen über einen Computer Server01 zu befragen, stellen Sie fest, dass die zurückgeschickte IP-Adresse falsch ist. Sie schicken eine zweite *nslookup*-Anforderung, um sicherzustellen, dass die Daten wirklich falsch sind.

Welche Funktion der zurückgeschickten Information können Sie einsetzen, um festzustellen, ob die falsche Information vom WINS-Server stammt?

Antworten

☐ 1. Die als Antwort auf die *nslookup*-Anforderung zurückgeschickten Datensätze, die von einem WINS-Server stammen, werden als autoritativ gekennzeichnet und der Time-to-Live-Wert (TTL) wird auf die darauf folgenden Anforderungen der gleiche sein wie zuvor.

☐ 2. Die als Antwort auf die *nslookup*-Anforderung zurückgeschickten Datensätze, die von einem WINS-Server stammen, werden als nichtautoritativ gekennzeichnet und der Time-to-Live-Wert wird auf die darauf folgenden Anforderungen der gleiche sein wie zuvor.

☐ 3. Die als Antwort auf die *nslookup*-Anforderung zurückgeschickten Datensätze, die von einem WINS-Server stammen, werden als nichtautoritativ gekennzeichnet und der Time-to-Live-Wert wird auf die darauf folgenden Anforderungen kürzer sein als zuvor.

☐ 4. Die als Antwort auf die *nslookup*-Anforderung zurückgeschickten Datensätze, die von einem WINS-Server stammen, werden als autoritativ gekennzeichnet und der Time-to-Live-Wert wird auf den darauf folgenden Anforderungen kürzer sein als zuvor.

Die richtigen Antworten zur Testprüfung

Antwort **Frage 1**

3. In den TCP/IP-Eigenschaften des DHCP-Servers.

Antwort **Frage 2**

4. Dem Computer wurde eine IP-Adresse zugeteilt, die bereits für einen anderen Host vergeben wurde.

Antwort **Frage 3**

4. Es steht kein Domänencontroller zur Verfügung.

Antwort **Frage 4**

2. Sie erstellen einen Eingabefilter in dem auf diese Clients bezogenen Remote Access-Richtlinie definierten Profil.

Antwort **Frage 5**

1. Einen Standardgateway.

2. Eine Subnetzmaske.

3. Eine DNS-Serveradresse.

4. Eine IP-Adresse.

Antwort **Frage 6**

1. Durch die Konfiguration der Eigenschaften einer Regel für eine IPSec-Richtlinie.

Antwort **Frage 7**

1. Die Dialogbox für die Eigenschaften von NAT.

Antwort **Frage 8**

2. Verwenden Sie die Eigenschaften des Remote Access-Servers in der Routing-und-Remote Access-Konsole.

Antwort **Frage 9**

2. DNSSrv002

Antwort **Frage 10**

4. Sie konfigurieren eine statische Route für Subnetz1 auf der DFÜ-Schnittstelle von Router23.

5. Sie konfigurieren eine statische Route für Subnetz3 auf der DFÜ- Schnittstelle von Router12.

Antwort **Frage 11**

4. 443

Antwort **Frage 12**

3. 255.255.224.0

Antwort **Frage 13**

4. CertS ist kein Mitglied der Gruppe *abtB.firma.de\Cert Ersteller.*

Antwort **Frage 14**

3. Verändern Sie das Burst Handling auf dem WINS-Servern in Frankfurt.

Antwort **Frage 15**

2. Konfigurieren Sie WINS01 und WINS02 jeweils als Push and Pull Partners füreinander. WINS01 soll die Anfrage nach den Änderungen um 18 Uhr, WINS02 um 19 Uhr starten, in einem Intervall von jeweils zwölf Stunden.

Antwort **Frage 16**

4. Definieren Sie die Schnittstelle oder Schnittstellen, die RIP verwenden sollen.

Antwort **Frage 17**

2. *Ipconfig*

Antwort **Frage 18**

2. Die **L**ink **C**ontrol **P**rotocol-Erweiterungen (LCP).

Antwort **Frage 19**

4. Sie müssen sicherstellen, dass Extern mit der Adresse eines DNS-Servers konfiguriert wird.

Antwort **Frage 20**

2. Konfigurieren Sie Domänenpasswörter, die unter Anwendung einer umkehrbaren Verschlüsselung gespeichert werden. Stellen Sie die Passwörter der Anwender, die CHAP einsetzen, neu ein.

Antwort **Frage 21**

2. MS-CHAP

Antwort **Frage 22**

3. Fügen Sie die Computerkonten für beide DHCP-Server der Gruppe *DNSUpdateProxy* hinzu.

Antwort **Frage 23**

4. Konfigurieren Sie Extern im IGMP-Proxy-Mode und Intern im IGMP-Router-Mode.

Antwort **Frage 24**

3. *nbstat*

Antwort **Frage 25**

1. Ein Backup für den Privatschlüssel des EFS-Wiederherstellungs-Agenten.
2. Ein Backup für die Zertifizierung des EFS-Wiederherstellungs-Agenten.

Antwort **Frage 26**

4. Führen Sie das Tombstone-Verfahren mit dem Datensatz auf Ihrem WINS-Server durch.

Antwort **Frage 27**

4. Konfigurieren Sie die Adresse des bevorzugten DNS-Servers in den TCP/IP-Eigenschaften der lokalen Verbindung.

Antwort **Frage 28**

2. Definieren Sie die Maximallänge der Verbindung, den Einsatz von BAP und den Einsatz von MS-CHAP als Authentisierungsprotokoll in dem Remote Access-Profil. Definieren Sie den ausschließlichen Einsatz von PPP und die Benutzung der Richtlinie durch die Mitglieder von *MeineMitarbeiter* als Bedingungen der Remote Access-Richtlinie.

Antwort **Frage 29**

2. Erstellen Sie eine Root-Zone auf DNSServer01. Konfigurieren Sie die *Cache.dns*-Datei auf DNSServer02 und DNSServer03 mit Namensserverdatensätzen für DNS Server01.

Antwort **Frage 30**

4. Kerberos
5. **I**nternet **P**rotocol **Sec**urity (IPSec)

Antwort **Frage 31**

4. IP-in-IP-Tunneling

Antwort **Frage 32**

1. PrinterXY freigeben.

Antwort **Frage 33**

4. *nslookup*

Antwort **Frage 34**

2. Konfigurieren Sie die Regel in der Richtlinie für jede OU, um den Transport-Mode zu verwenden.

Antwort **Frage 35**

3. Der DHCP-Server ist im Active Directory nicht autorisiert.

Antwort **Frage 36**

1. Sie erstellen eine Reverse Lookup-Zone für das Netzwerk und aktivieren das Netzwerk, um dynamische Aktualisierungen zu akzeptieren.

Antwort **Frage 37**

3. Fügen Sie die externen und internen Schnittstellen dem NAT-Routingprotokoll hinzu.

Antwort **Frage 38**

3. Auf allen Domänencontrollern im Domänenwald.

Antwort **Frage 39**

4. Die Richtlinien für öffentliche Schlüssel.

Antwort **Frage 40**

4. Die als Antwort auf die *nslookup*-Anforderung zurückgeschickten Datensätze, die von einem WINS-Server stammen, werden als autoritativ gekennzeichnet und der Time-to-Live-Wert wird auf den darauf folgenden Anforderungen kürzer sein als zuvor.

Prüfungssimulation auf der CD zum Buch

Auf der CD-ROM zum Buch stellen wir Ihnen ein Prüfungssimulationsprogramm zur Verfügung. Sie erhalten bei jedem Prüfungsdurchgang 40 Fragen mit Antworten und nach Beendigung der Fragen eine Übersicht über die richtigen und falschen Antworten.

Das Programm MCPTest erlaubt es, Prüfungen zu simulieren, die an das Microsoft Education and Certification-Programm, kurz MCP, bzw. an die Prüfung zum Microsoft Certified Systems Engineer, kurz MCSE, angelehnt sind. Das Prüfungsprogramm greift seinerseits auf spezielle Datenbanken mit verschlüsseltem Fragenkatalog zurück, über die die einzelnen Prüfungsfragen sowie deren Antworten verwaltet und ausgewertet werden. Der Fragenkatalog umfasst mehrere Prüfungsfragen, die Grundlage einzelner Prüfungen sind.

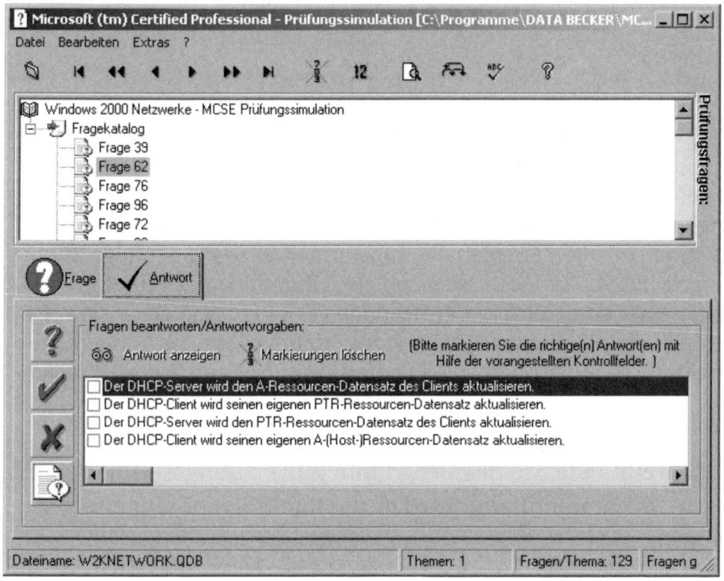

MCPTest – Prüfungsschulung per Programm

Für eine einzelne Prüfung wird per Zufall ein bestimmtes Kontingent an Fragen aus dem Fragenkatalog übernommen. Diese können Sie anschließend in vorgegebener oder beliebiger Reihenfolge beantworten. Jede beantwortete Frage kann gesondert gekennzeichnet werden, um Ihnen eine einfache Nachbearbeitung zu ermöglichen.

Sie können Antworten als korrekt, eventuell korrekt oder falsch markieren. Fragen, die Sie nicht oder nicht unmittelbar korrekt beantworten können, können Sie dann später über eine Strukturansicht erneut anwählen.

Haben Sie sämtliche Fragen bearbeitet, können Sie eine Prüfungsauswertung vornehmen lassen. Das Programm kann wahlweise eine Benotungstabelle zur Bewertung heranziehen oder lediglich beurteilen, ob die Prüfung bestanden wurde oder nicht.

Das Programm nutzt in diesem Zusammenhang Auswertungskriterien, die ggf. von echten MCSE- bzw. MCP-Prüfungen abweichen. Auch die Anzahl der Fragen je Prüfung, die Formulierung der Fragen im Einzelnen und auch der Umfang des Fragenkatalogs selbst können variieren.

Haben Sie eine Prüfung ausgewertet und ggf. einzelne fehlerhafte Antworten korrigiert, können Sie eine neue Prüfung generieren lassen und erneut eine Prüfung simulieren. Je mehr Prüfungen Sie durchführen, umso sicherer werden Sie auch bei der Beantwortung der Fragen des jeweils zugrunde liegenden Prüfungsthemas.

Im Falle eines Falles: Lösungshinweise

Das Prüfungssimulationsprogramm verwaltet den Fragenkatalog mit den zugehörigen Lösungen. Die interne Verschlüsselung verhindert, dass während der Prüfung Lösungen abgerufen werden können. Können Sie eine Frage nicht fehlerfrei beantworten, erhalten Sie spezielle Hinweise über das zugehörige Buch. Die Fragen werden innerhalb des Buches und auch innerhalb des Prüfungsprogramms unter einer einheitlichen Bezeichnung verwaltet, also beispielsweise *Frage 71*. Innerhalb des Buches werden zu jeder Prüfungsfrage die Antwortvarianten, die korrekten Lösungen sowie die Erläuterungen zu den Lösungen zusammengefasst.

Dieses Kapitel beschreibt, wie Sie das Programm zur Prüfungssimulation einsetzen. In diesem Zusammenhang werden die nachfolgend angeführten Themen behandelt:

- Prüfungsprogramm einrichten, starten und beenden
- Prüfungen generieren und bearbeiten
- Fragen kennzeichnen und nachbearbeiten
- Prüfungen auswerten und Prüfungsfragen korrigieren
- Optionen zur Prüfungsauswertung anpassen

Programm und Fragenkatalog einrichten

Bevor Sie das Prüfungsprogramm einsetzen können, müssen Sie es zunächst auf Ihrem Rechner einrichten. Durch die Programmeinrichtung werden sowohl das Programm, der Fragenkatalog als auch gemeinsam genutzte Komponenten eingerichtet und registriert. Nach der Einrichtung finden Sie im Startmenü einen Eintrag für den Programmstart.

Die Programmeinrichtung erfolgt einheitlich unter allen Windows-Versionen. Im Rahmen der Programmeinrichtung werden ggf. veraltete Systemkomponenten ausgetauscht und erneuert. Sie erhalten in diesem Fall entsprechende Hinweise angezeigt und müssen ggf. nach Aufforderung das System neu starten. Nachfolgend wird beschrieben, wie die Einrichtung erfolgt, wenn keine Systemkomponenten aktualisiert werden müssen.

TCP/IP-Testversion

DATA BECKER stellt eine kostenfreie Version des Prüfungssimulationsprogramms mit einem Fragenkatalog zu TCP/IP über das Internet zur Verfügung. Das Programm und dessen Komponenten, die Sie über das Internet erhalten, sind nicht kompatibel zum Prüfungsprogramm, das Sie mit diesem Buch erhalten. Bevor Sie das Programm der Buch-CD einrichten, müssen Sie daher die Testversion des Programms über das Modul *Software* der Systemsteuerung zunächst entfernen.

Installation und Programmstart

Um die Programmeinrichtung durchführen zu können, legen Sie die Einrichtungs-CD in das CD-ROM-Laufwerk des Rechners ein. Ist die Auto-Start-Funktion des CD-ROM-Laufwerks aktiv, startet das Installationsprogramm bereits automatisch. Alternativ können Sie das Einrichtungsprogramm auch manuell ausführen.

1. Startet das Einrichtungsprogramm für das Prüfungssimulationsprogramm nicht automatisch, wechseln Sie im Windows-Explorer auf das CD-ROM-Laufwerk und wählen Sie den Programmeintrag *Autorun.exe* im CD-ROM-Wurzelverzeichnis per Doppelklick an. Alternativ können Sie auch das Programm *Setup.exe* im Unterverzeichnis *Setup* der Einrichtungs-CD direkt per Doppelklick ausführen.

2. Nachdem das Einrichtungsprogramm gestartet und diverse Temporärdateien auf die Festplatte kopiert wurden, bestätigen Sie den Eröffnungsdialog mit *Weiter*.

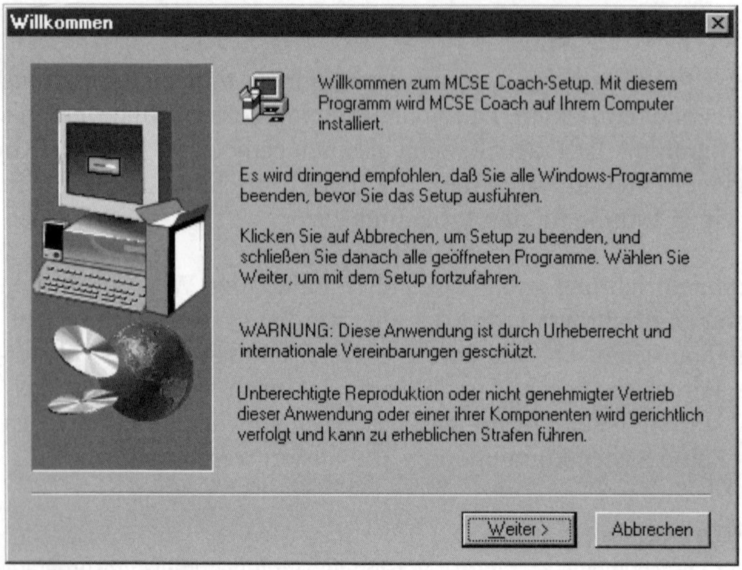

Der Eröffnungs-dialog zur Programm-einrichtung

3. Um die Einrichtung vornehmen zu können, müssen Sie zunächst den Software-Lizenzvertrag in einem weiteren Dialogfeld lesen und mit *Ja* bestätigen. Sind Sie mit der Lizenzvereinbarung nicht einverstanden, können Sie die Programmeinrichtung vorzeitig mit *Nein* beenden. Ohne Bestätigung des Lizenzvertrags ist keine Einrichtung des Prüfungsprogramms möglich.

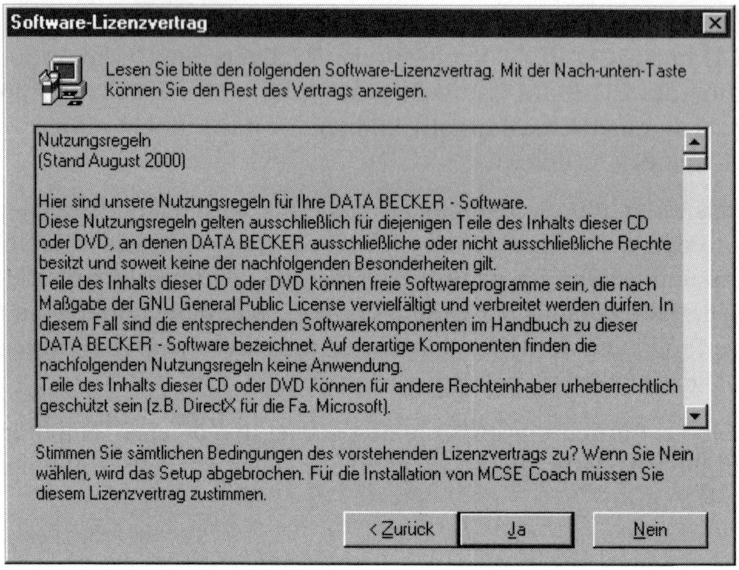

Zielverzeichnis festlegen

4. Nun werden allgemeine Informationen zum Softwareprodukt gegeben und darüber, wie Sie bei Bedarf Unterstützung erhalten können. Diese Informationen können Sie später auch gezielt über das Startmenü von Windows aufrufen. Bestätigen Sie auch diesen Dialog mithilfe der Schaltfläche *Weiter*.

Informationen zum Anwender-Support

5. Standardmäßig wird das Programm im Verzeichnis *\Programme\DATA BECKER\MCSE Coach – Prüfungssimulation* eingerichtet. Wollen Sie das Verzeichnis wechseln, wählen Sie die Schaltfläche *Durchsuchen*, legen im nachfolgenden Dialog das gewünschte Zielverzeichnis fest und bestätigen mit *OK*.

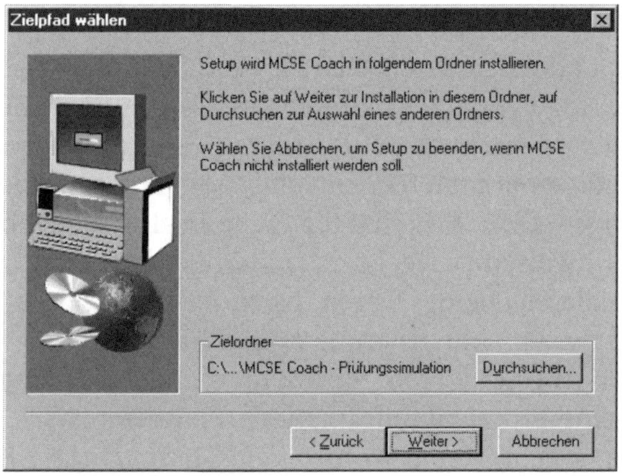

Zielverzeichnis festlegen

6. Haben Sie das Zielverzeichnis gewechselt oder wollen Sie das vorgegebene Installationsverzeichnis übernehmen, setzen Sie die Programmeinrichtung durch Anwahl der Schaltfläche *Weiter* fort.

7. Nun können Sie in einem weiteren Schritt den Namen für die Programmgruppe im Startmenü festlegen. Er ist mit *DATA BECKER\ MCSE-Coach – Prüfungssimulation* vorgegeben und braucht in der Regel nicht geändert zu werden. Bestätigen Sie den Dialog mit *Weiter*.

Programmgruppe einrichten

8. In einem abschließenden Dialog werden nun noch einmal grundlegende Informationen zur Programmeinrichtung zusammengefasst. Kontrollieren Sie diese Daten und bestätigen Sie abschließend mit *Weiter*.

9. Nun werden die Programmdateien bereits auf die Festplatte übertragen. Der Fortschritt wird per Anzeige veranschaulicht. Ist eine Systemdatei bereits vorhanden und liegt diese in einer aktuelleren Fassung vor oder wird sie aktuell bereits von einer anderen Anwendung genutzt, werden Sie gesondert darauf hingewiesen. Erhalten Sie einen Dialog mit einem Versionskonflikt oder Hinweisen ausgegeben, sollten Sie den jeweiligen Anweisungen innerhalb dieses Dialogs folgen. Nachdem die Komponentenregistrierung und Systemaktualisierung erfolgt ist, ist die Programmeinrichtung bereits abgeschlossen. Sie erhalten nun per Dialog die Möglichkeit, allgemeine Programminformationen über den Windows-Editor anzuzeigen, indem Sie das Kontrollfeld *Ja, die Datei LIESMICH.TXT jetzt einsehen* markieren, oder aber das Prüfungssimulati-

onsprogramm unmittelbar zu starten, indem Sie das Kontrollfeld *Ja, MSCSE Coach jetzt starten* markieren. Bestätigen Sie die gewählten Optionen mit *Weiter*. Im vorliegenden Beispiel wird auf die Markierung der zuvor genannten Optionen verzichtet.

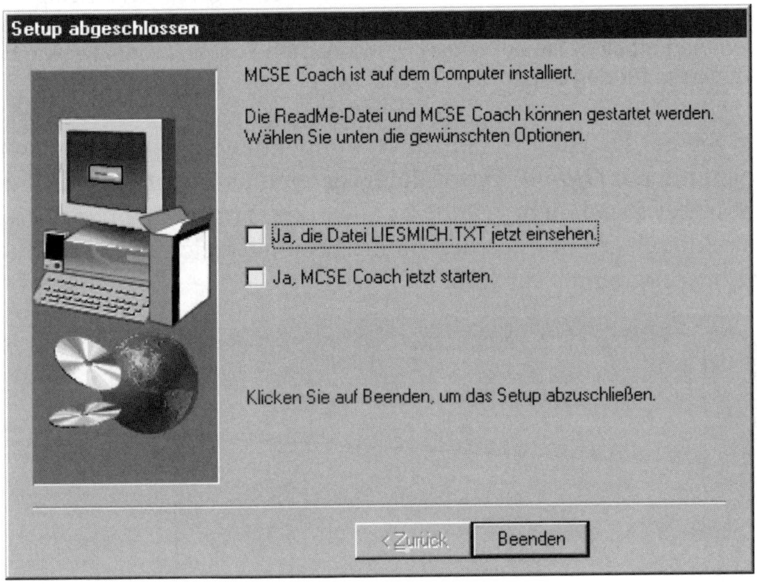

Abschluss der Installation

Der Programmstart

Nachdem Sie das Programm eingerichtet haben, können Sie es über das Windows-Startmenü ausführen. Beim ersten Programmstart müssen Sie den zu verwendenden Fragenkatalog manuell auswählen. Bei späteren Programmstarts wird der jeweils zuletzt gewählte Katalog automatisch zur erneuten Bearbeitung geöffnet. Über das *Datei*-Menü können Sie, sofern Sie Zugriff auf mehrere Fragenkataloge haben, jederzeit den gewünschten Katalog wechseln.

1. Rufen Sie den Befehl *Start/Programme/DATA BECKER/MCSE-Coach – Prüfungssimulation/MCSE Coach – Prüfungssimulation* auf.

Programm starten

Informationen und Deinstallation

Über den Startmenü-Eintrag *Deinstallation* können Sie das Prüfungssimulationsprogramm jederzeit mitsamt seiner Komponenten wieder von Ihrem Rechner entfernen. Alternativ deinstallieren Sie das Programm über die Windows-Systemsteuerungskomponente *Software* sowie den darüber aufgeführten Programmeintrag *MCSE Coach – Prüfungssimulation*. Mit dem Startmenü-Eintrag *Allgemeine Informationen* erhalten Sie bei Bedarf Hinweise zum Sofwareprodukt sowie eine Kontaktadresse für den Support.

2. Wählen Sie per Dateidialog den zu verwendenden Fragenkatalog an und bestätigen Sie mit *Öffnen*. Das Katalogverzeichnis ist voreingestellt und braucht in der Regel nicht geändert zu werden. Fragenkataloge nutzen das Dateikürzel *qdb* und werden im Programmverzeichnis des Prüfungssimulationsprogramms verwaltet.

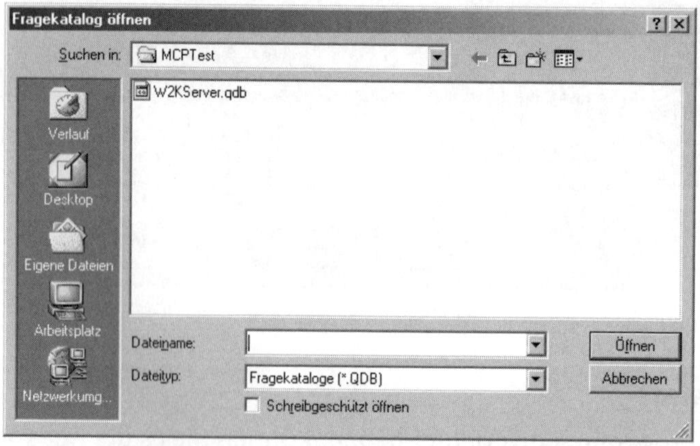

Fragenkatalog öffnen

Wiederholte Programmstarts

Starten Sie das Prüfungsprogramm zu einem späteren Zeitpunkt erneut, wird der zuletzt bearbeitete Fragenkatalog automatisch reaktiviert. Um den Katalog zu wechseln, rufen Sie den Befehl *Datei/Fragenkatalog öffnen* ab. In diesem Fall wird der Dateidialog erneut zur Anzeige gebracht. Der Wechsel des Fragenkatalogs ist nur dann sinnvoll, wenn Ihnen mehrere Fragenkataloge zur Bearbeitung vorliegen. Die Anlage von Fragenkatalogen über das Prüfungsprogramm wird nicht unterstützt. Fragenkataloge erhalten Sie ausschließlich mit Büchern des DATA BECKER Verlags.

3. Nach Anwahl eines Fragenkatalogs wird automatisch die erste Prüfung generiert. Eine Prüfung besteht aus 40 Fragen, die lediglich einen Auszug des gesamten Fragenkatalogs darstellen. Ist die Prüfung generiert, wird ein Urheberrechtsvermerk zum Fragenkatalog angezeigt. Durch Anwahl der Schaltfläche *Hilfe* erhalten Sie interne Informationen zur Kataloganlage, wie dem Erstellungs- und letzten Berabeitungsdatum

sowie dem eingebenden Autor. Bestätigen Sie den Urheberrechtsvermerk und die angezeigten Informationen mit *OK*.

Urheberrechts-vermerk zum Fragenkatalog

Arbeitsbildschirm der Prüfungssimulation

Das Programm zur Prüfungssimulation besitzt einen speziellen Arbeitsbildschirm. Die einzelnen Elemente sind nachfolgend kurz erläutert:

Titelleiste

Die Titelleiste ist die Leiste am oberen Rand des Fensters. Sie enthält den Namen des Fensters und einige Schaltflächen. Die Schaltflächen am rechten Rand der Titelleiste stehen von links nach rechts für die Funktionen *Minimieren* (Fenster auf Symbolgröße verkleinern), *Maximieren* oder *Wiederherstellen* (wechselt abhängig von der aktuellen Fenstergröße zum Vollbild- oder Fenstermodus) und *Schließen*. Die Titelleiste dient auch zum Verschieben des kompletten Fensters. Dazu müssen Sie die Leiste mit der linken Maustaste anklicken und dann das Fenster mithilfe der Maus an den gewünschten Ort ziehen. Dort angekommen, lösen Sie die Maustaste. Innerhalb der Titelleiste werden außerdem der Programmname sowie der aktuell geöffnete Fragenkatalog mitsamt dem Katalogverzeichnis angeführt.

Titelleiste

Menüleiste

Direkt unterhalb der Titelleiste befindet sich die Menüleiste. Hier werden die verschiedenen Funktionen, die im Prüfungsprogramm zur Verfügung stehen, ausgewählt. Über das Menü *Datei* können Sie Fragenkataloge auswählen und das Programm jederzeit beenden. Das Menü *Bearbeiten* erlaubt das Anwählen von Fragen sowie das Löschen von bereits eingegebenen Antworten. Über das Menü *Extras* können Sie die Benotungstabelle anpassen, neue Prüfungen generieren sowie die aktuelle Prüfung auswerten lassen.

Menüleiste

Symbolleiste

Unterhalb der Menüleiste werden die wichtigsten Befehle noch einmal in Form von Symbolen angeboten. Die Symbolanwahl erfolgt mit der Maus. Um die Schaltflächenfunktionen angezeigt zu bekommen, bewegen Sie den Cursor auf ein bestimmtes Symbol und lassen ihn anschließend einen Moment ruhen. Die Funktion wird dann per Tooltip (Schnellhilfe) ausgegeben. In der Symbolleiste finden Sie Funktionen zum Öffnen eines Fragenkatalogs, zum Anwählen und Wechseln von Fragen, zum Löschen von Antworten, zum Festlegen von Prüfungsoptionen, zum Generieren neuer Prüfungen sowie zum Auswerten von Prüfungen.

Symbolleiste

Statusleiste

Die Leiste am unteren Fensterrand ist die Statusleiste. Hier finden Sie Informationen zum aktuell geladenen Fragenkatalog und der Anzahl der darin verwalteten Themen und Fragen. Ferner werden in der Statusleiste das aktuelle Datum und die Uhrzeit angegeben.

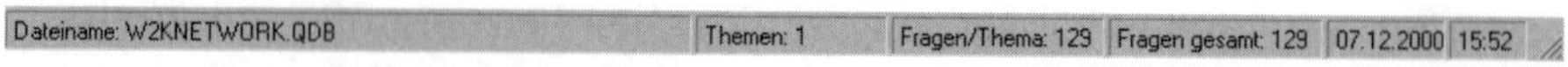

Statusleiste

Strukuransicht

Per Strukturansicht werden die Themen und Fragen hierarchisch gegliedert. Den Fragen selbst ist jeweils ein Symbol vorangestellt, über das eine gesonderte Kennzeichnung erfolgt. Standardmäßig sind die Fragen als nicht bearbeitet gekennzeichnet. Haben Sie eine Frage beantwortet, können Sie eine spezielle Markierung voranstellen, die die Frage als korrekt, fehlerhaft oder nicht beantwortet ausweist. Über die vorangestellten Symbole können Sie erkennen, ob die Frage noch einmal bearbeitet werden muss oder nicht.

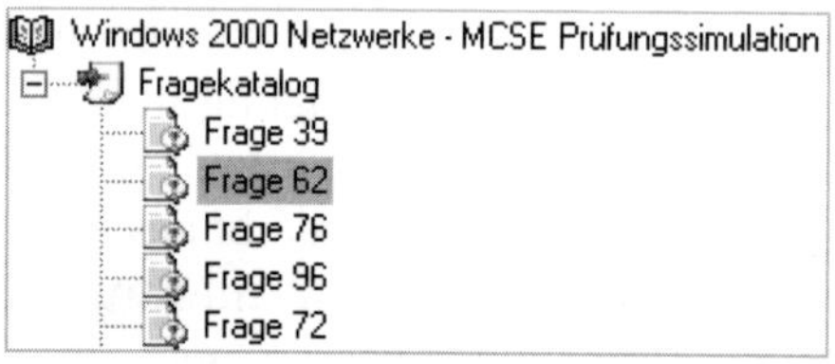

Strukturansicht mit Prüfungsfragen

Im Rahmen der Prüfungsauswertung werden weitere Symbole genutzt, die eine Antwort als falsch oder richtig kennzeichnen. So können Sie nach erfolgter Prüfungsauswertung sehr leicht Korrekturen machen, um im Anschluss daran die Auswertung erneut vornehmen zu lassen.

Kontextmenü zur Strukturansicht

Mithilfe des Kontextmenüs zur Strukturansicht können Sie alternativ Fragen anwählen und Antworten löschen. Das Kontextmenü entspricht dem Menü, das Sie über das Menü *Bearbeiten* anzeigen lassen. Sie öffnen das Kontextmenü mithilfe der rechten Maustaste, nachdem Sie den Mauscursor über die Strukuransicht bewegt haben.

Kontextmenü zur Strukturansicht

Registerseite

Innerhalb des Prüfungsprogramms werden die angewählten Fragen sowie die verfügbaren Antworten per Register verwaltet. Nach Anwahl einer beliebigen Frage in der Strukturansicht wird automatisch der zugehörige Fragetext aktiviert. Nachdem Sie die Frage eingesehen haben, können Sie über die Registerschaltfläche *Antwort* zu den angebotenen Antworten wechseln. Mithilfe der Schaltfläche *Frage* können Sie jederzeit zum Fragetext zurückkehren.

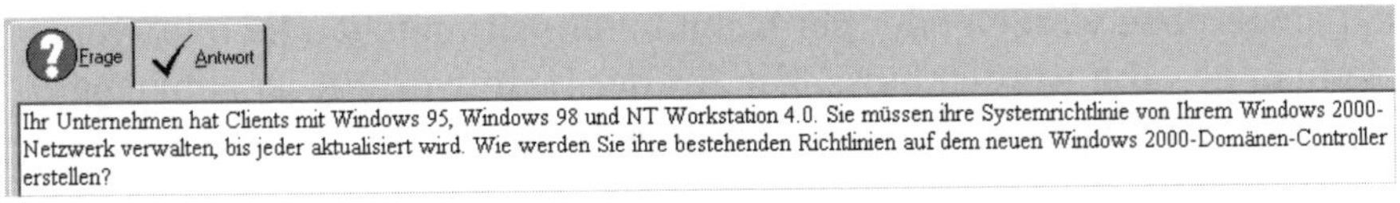

Register mit Fragetext und Antworten

Damit haben Sie die Hauptelemente des Prüfungsprogramms bereits kennen gelernt. Das Abarbeiten einer Prüfung und die anschließende Prüfungsbewertung werden später noch gesondert erläutert.

Beenden der Simulation

Sie können die Prüfung und das Prüfungsprogramm jederzeit beenden. Der aktuelle Arbeitsstand wird gesichert und bei einem späteren Programmneustart automatisch reaktiviert.

Sie können sich also bei Problemen zunächst dem jeweiligen Prüfungsthema praktisch zuwenden, um erst später die Aufgaben zu lösen.

1. Um das Prüfungsprogramm zu beenden, rufen Sie den Befehl *Datei/ Beenden* auf.
2. Bestätigen Sie die nachfolgende Sicherheitsabfrage mit *Ja*.

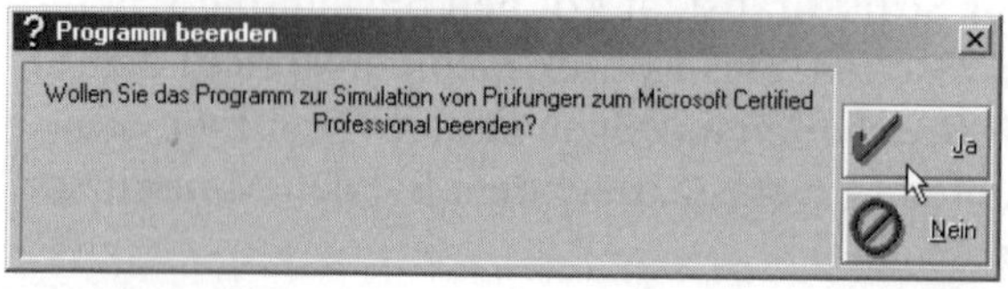

Prüfungssimulation beenden

Die Prüfungssimulation von A bis Z

Bevor Sie eine Auswertung einer generierten Prüfung durchführen können, müssen Sie zunächst sämtliche Fragen anzeigen und beantworten. Die Beantwortung einer einzelnen Frage erfolgt durch die Markierung vorgegebener Antwortvarianten. Es gibt Fragen, bei denen eine einzelne Antwort korrekt ist, oder Fragen, bei denen auch mehrere vorgegebene Antworten korrekt sind. Ist lediglich eine einzelne Antwortvariante korrekt, kann im Regelfall auch nur eine Antwort markiert werden.

Sind mehrere Antworten möglich, sind auch mehrere Antwortvarianten markierbar. Dieses Prüfungsverfahren wird auch als Multiple-Choice-Verfahren bezeichnet. Mitunter werden auch Fragen angezeigt, bei denen die Antwort direkt eingegeben werden oder per Kombinationslistenfeld oder auch Kalenderblatt gewählt werden muss. Die Art der Beantwortung ist abhängig vom geladenen Fragenkatalog und Prüfungsthema.

Nach der Markierung der angebotenen Antwortvarianten müssen Sie diese als korrekt, als eventuell fehlerhaft oder als falsch beurteilen. Ihre Beurteilung sorgt dafür, dass die Frage als bearbeitet markiert und mit einem gesonderten Symbol in der Strukturansicht gekennzeichnet wird. Die Markierung erleichtert eine spätere Nachbearbeitung.

Haben Sie eine Frage beantwortet, wird automatisch die jeweils nachfolgende Prüfungsfrage zur Beantwortung angezeigt. So wird so lange verfahren, bis Sie sämtliche Prüfungsfragen abgearbeitet haben.

Sind sämtliche Fragen bearbeitet, wird in der Regel automatisch eine Auswertung vorgenommen. Per Dialog wird eine Note angezeigt, die angibt, ob die Prüfung bestanden oder nicht bestanden wurde. Das Prüfungsprogramm ist standardmäßig so konfiguriert, dass die Prüfung nach Schulnoten beurteilt wird. Im Rahmen der Benotung werden zudem alle Fragen in der Strukturansicht als falsch oder fehlerfrei gekennzeichnet. Dies ermöglicht es Ihnen, nach der Auswertung fehlerhafte Fragen erneut zu bearbeiten.

Eine Prüfung durchführen

Nachfolgend wird davon ausgegangen, dass Sie das Prüfungsprogramm bereits gestartet, einen Fragenkatalog gewählt und einhergehend damit eine Prüfung generiert haben. Die erste Frage wird dann bereits über das Register *Frage* angezeigt.

1. Betrachten Sie auf dem Register *Frage* die gestellte Frage. Wechseln Sie anschließend auf das Register *Antwort*, um die Anwortvarianten einzusehen.

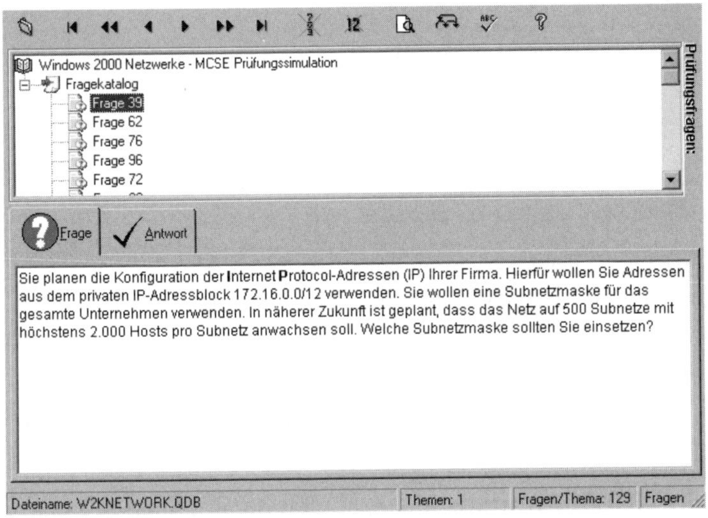

Fragenkatalog und Frageanzeige

2. Markieren Sie nun die Antwort(en), die Sie für korrekt halten, mithilfe der jeweils vorangestellten Kontrollkästchen. Beachten Sie, dass Sie je nach Frage eine oder auch mehrere Antworten markieren können. Ob Mehrfachanwahlen gewünscht sind, können Sie ggf. dem Fragetext selbst entnehmen.

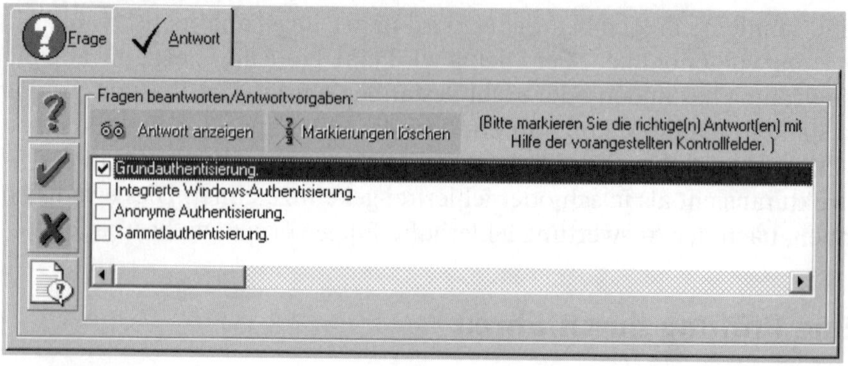

Fragen beantworten

3. Sind einzelne Antwortvarianten nicht komplett einsehbar, können Sie diese mithilfe der horizontalen Bildlaufleiste verschieben. Alternativ können Sie den Eintrag nach Anwahl und anschließender Bestätigung mit *Antwort anzeigen* auch per Dialogfeld ausgeben lassen. Mithilfe der Schaltfläche *OK* blenden Sie den Informationsdialog später wieder aus.

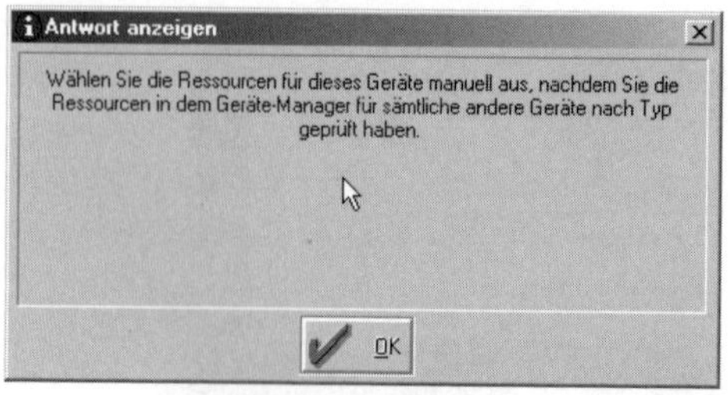

Antwort anzeigen

4. Sind bei einer Frage Mehrfachmarkierungen zulässig, können Sie diese jederzeit wieder durch Anwahl der Schaltfläche *Markierungen löschen* entfernen lassen.

   Erlaubt eine Frage lediglich eine Einfachanwahl einer Antwortvariante, ist die zuvor genannte Schaltfläche ohne Funktion.

5. Nachdem Sie die Beantwortung übernommen haben, müssen Sie diese sichern, indem Sie eine Bestätigungsschaltfläche drücken. Daraufhin wird automatisch die jeweils nachfolgende Prüfungsfrage aktiviert. Setzen Sie die Fragebearbeitung also nun bei Arbeitsschritt 1 fort.

   Die einzelnen Schaltflächen sind nachfolgend erläutert:

   - ***Ich bin unsicher bei der Fragebeantwortung:*** Die Frage wurde zwar beantwortet, die Antwort ist jedoch nicht in jedem Fall korrekt. Die Frage wird hiermit zwar als bearbeitet markiert, die Markierung mit dem Fragezeichen garantiert jedoch, dass diese über die Strukturansicht sehr leicht zur Nachbearbeitung angewählt werden kann.

- ***Die Frage ist meines Erachtens korrekt beantwortet:*** Sind Sie sich bei der Beantwortung einer Frage sicher, bestätigen Sie das über diese Schaltfläche. In der Struktruransicht sorgt das grüne Häkchen dafür, dass die Beantwortung der Frage als korrekt eingestuft wird. Anhand des Symbols erkennen Sie später, dass Sie die Frage nicht noch einmal nachbearbeiten möchten.
- ***Ich kenne die richtige Antwort nicht:*** Können Sie eine Frage nicht beantworten, bestätigen Sie die Beantwortung mit dieser Schaltfläche. Das rote Kreuz in der Strukturansicht zeigt dann, dass Sie die falsche Beantwortung in Kauf nehmen und nicht davon ausgehen, dass Sie die korrekte Antwort über eine Nachbearbeitung festlegen können.
- ***Durch den Anwender gesetzte Markierung entfernen:*** Wollen Sie eine bearbeitete Frage als nicht bearbeitet kennzeichnen, so setzen Sie zu einer Frage diese Markierung. Dies sorgt gleichermaßen dafür, dass eine Prüfungsauswertung nicht unterdrückt wird, da jede Frage vor der Auswertung als bearbeitet markiert werden muss. Die entsprechenden Bearbeitungsmarkierungen werden nur von den zuvor genannten Schaltflächen gesetzt.

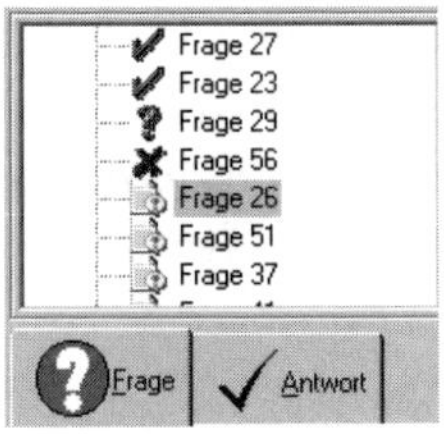

Nachbearbeitung leicht gemacht – Fragen können per Strukturansicht zur erneuten Bearbeitung angewählt werden

6. Haben Sie die letzte Prüfungsfrage beantwortet, können Sie die Prüfung auswerten lassen. Bestätigen Sie den automatisch angezeigten Hinweis mit *Ja*. Wollen Sie die Prüfung zu einem späteren Zeitpunkt auswerten lassen, bestätigen Sie die Meldung mit *Nein*.

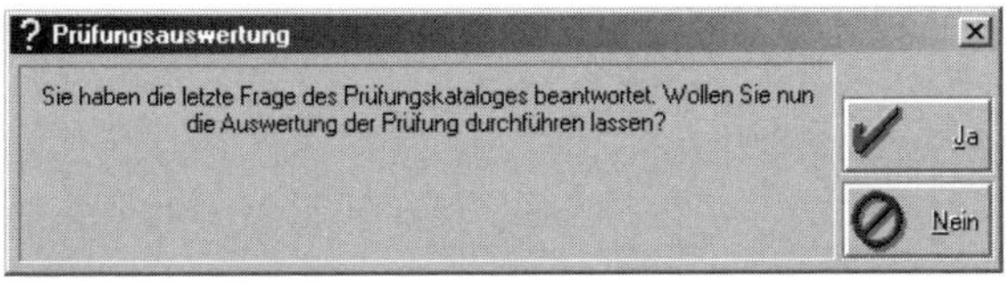

Prüfungsauswertung

Manuelle Prüfungsauswertung
Wollen Sie die Prüfungsdauswertung gezielt vornehmen, nachdem sämtliche Fragen der aktuellen Prüfung bearbeitet wurden, rufen Sie den Befehl *Extras/Prüfungsauswertung* ab. Es wird das vorangehend dargestellte Dialogfeld angezeigt.

7. Wie Sie die Prüfung bestanden haben, wird nun über ein gesondertes Dialogfeld gemeldet. Bestätigen Sie die Meldung mit *OK*.

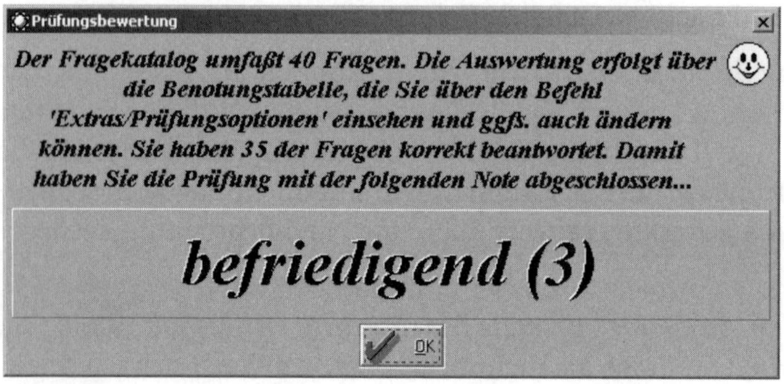

Beurteilung

Das Prüfungsthema vertiefen

Haben Sie eine erste Prüfung durchgeführt und mitunter nicht oder nur schlecht bestanden, können Sie, ausgehend von den bewerteten Eingaben, Korrekturen vornehmen. Nach einer Prüfung werden in der Strukturansicht fehlerhafte Antworten mit gesondertem Symbol (vgl. nachfolgende Abbildung) gekennzeichnet. Korrekt beantwortete Fragen erhalten alternativ ein violettes Häkchen.

Fehlerhafte Fragen können Sie sich demnach entsprechend der jeweiligen Symbole durch Anwahl in der Strukturansicht jederzeit erneut zur Bearbeitung anzeigen lassen.

1. Wählen Sie eine als fehlerhaft gekennzeichnete Frage in der Strukturansicht aus. Lesen Sie über die entsprechende Registerseite die Frage und die zugehörigen Antwortvarianten und nehmen Sie ggf. Korrekturen vor.

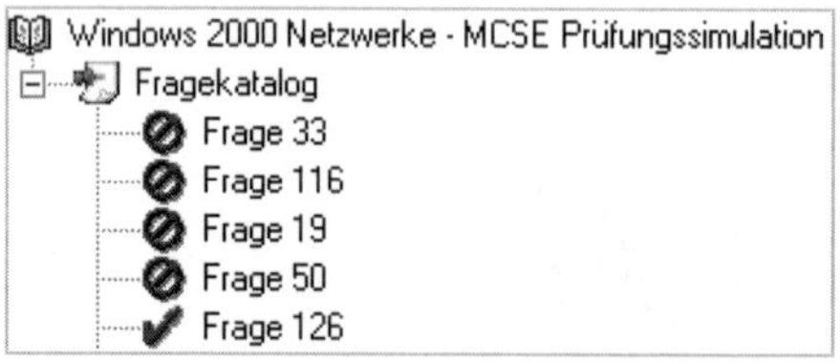

Hinweise zu falsch beantworteten Fragen

2. Bestätigen Sie die geänderten Antworten über die bereitgestellten Symbole auf dem Register *Antwort*.
3. Verfahren Sie so mit allen Fragen, die als fehlerhaft bewertet wurden. Haben Sie alle falsch beantworteten Fragen nachbearbeitet, starten Sie die Prüfungsauswertung über den Befehl *Extras/Prüfungsauswertung* erneut.

Eine neue Prüfung erzeugen

Zum aktuell geladenen Fragenkatalog können Sie jederzeit eine neue Prüfung generieren lassen. Dabei gehen jedoch die aktuell angezeigte Prüfung und sämtliche zugehörigen Antworten verloren.

1. Rufen Sie den Befehl Extras/Neue Prüfung generieren auf.
2. Bestätigen Sie die nachfolgende Sicherheitsabfrage mit *Ja*.

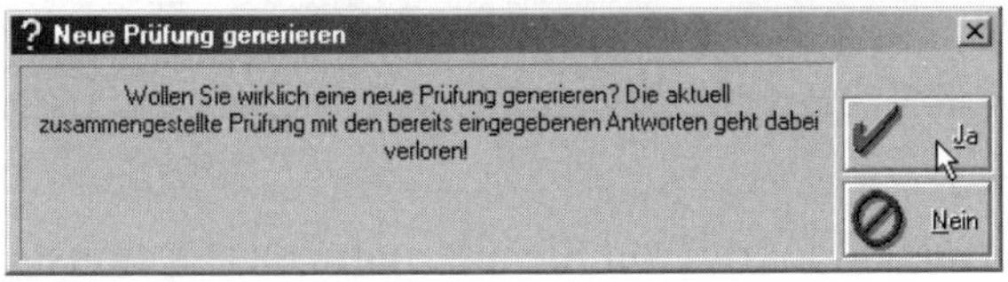

Neue Prüfung anlegen

3. Nun werden die Daten der Strukturansicht neu initialisiert. Ferner wird die erste Frage zur Beantwortung angezeigt. Die Prüfungsbearbeitung erfolgt wie zuvor beschrieben.

Anpassen der Prüfungsoptionen

In welcher Form die Prüfungsauswertung erfolgt, ist per Fragenkatalog vordefiniert, kann jedoch eingeschränkt über das Prüfungsprogramm auch selbst angepasst werden. Welche Auswertungskriterien aktuell sind, ermitteln Sie über die Prüfungsoptionen.

Bei Bedarf können Sie die vorgegebene Benotungstabelle bearbeiten oder auch dafür sorgen, dass lediglich zwischen bestanden und nicht bestanden unterschieden wird.

1. Rufen Sie den Befehl *Extras/Prüfungsoptionen* auf.
2. Markieren Sie das Optionsfeld *Bewertung erfolgt anhand obiger Benotungstabelle*, wenn die Prüfung mit einer Note bewertet werden soll. Wie viele korrekt beantwortete Fragen für eine bestimmte Note erforderlich sind, geben Sie über die entsprechenden Textfelder ein (vgl. Abbildung).

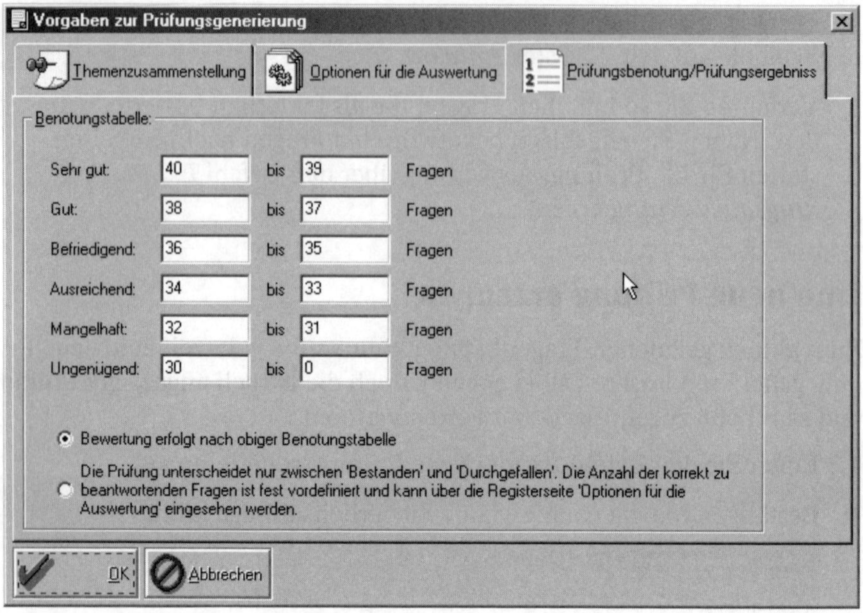

Optionen zur Prüfungsauswertung

3. Soll keine Benotung erfolgen, markieren Sie alternativ das Optionsfeld *Die Prüfung ...* In diesem Fall müssen Sie jeweils 38 von 40 Fragen korrekt beantworten, um eine Prüfung zu bestehen.
4. Bestätigen Sie gemachte Änderungen mit *OK*.

Zusatzinformationen

Wird eine Prüfungsauswertung ohne Benotungstabelle durchgeführt, gelten bei einer Auswertung die Einstellungen, die Sie auf der Registerseite *Optionen für die Auswertung* finden. Über die Registerseite *Themenzusammenstellung* erhalten Sie Zusatzinformationen zur internen Struktur des aktuellen Fragenkatalogs und wie ggf. bei einer Themenunterteilung Prüfungen zusammengestellt werden. Beachten Sie jedoch, dass die Themenunterteilung in der Regel bei MCP- und MCSE-Tests keine Verwendung findet.

Mithilfe des Prüfungsprogramms MCPTest und des Fragenkatalogs können Sie sich in Prüfungen einarbeiten, schulen und intensiv für den späteren MCP- undf MCSE-Test vorbereiten. Dafür wünschen wir Ihnen nicht nur viel Spaß, sondern natürlich auch viel Erfolg.

Stichwortverzeichnis

A

B

C

D

E

F

G

H

I

K

L

M

N